Allgemeines
R… …ktisches

…berg

Zwischen Haßbergen
und Steigerwald

Steigerwald

Maindreieck

Würzburg

Mainviereck

Aschaffenburg

INHALT

KARTENVERZEICHNIS

Zeichenerklärung für die Karten und Pläne

A 70 Autobahn	Berggipfel	Information
mehrspurige Straße	Höhle	P Parkplatz
26 Asphaltstraße	Aussichtspunkt	Post
Fußweg	Burg	BUS Bushaltestelle
Gewässer	Ruine	TAXI Taxistandplatz
Grünanlage	Kirche	
Weinberg	Denkmal/Bildstock	
Winzer mit Wirtschaft	Campingplatz	

Was haben Sie entdeckt?

Haben Sie eine gemütliche Gaststätte gefunden, ein freundliches Hotel mit Atmosphäre, einen schönen Wander- oder Radweg oder ein neues Weingut?

Wenn Sie Ergänzungen, Verbesserungen oder neue Tipps zum Buch haben, lassen Sie es uns bitte wissen.

Schreiben Sie an

Hans-Peter Siebenhaar

Stichwort „Mainfranken"

c/o Michael Müller Verlag GmbH

Gerberei 19

91054 Erlangen

hp.siebenhaar@michael-mueller-verlag.de

ALLES IM KASTEN

Vorwort

„Trudele durch die Welt. Sie ist so schön, gib dich ihr hin, und sie wird sich dir geben“, empfahl Kurt Tucholsky – einst selbst als Tourist in Mainfranken unterwegs – dem Reisenden. In Mainfranken gibt es eine Vielzahl von Möglichkeiten, diesen Rat zu befolgen. Das vorliegende Buch möchte Sie dabei unterstützen. Mit vielen praktischen Tips zu Weinstuben, Gasthöfen, Winzern, Hotels und zu Sehenswürdigkeiten in den Städten und auf dem Land versucht es, ein verlässlicher und nützlicher Begleiter bei der Begegnung mit Mainfranken zu sein.

In der Form eines Dreiecks und Vierecks mäandert der Main durch Keuper, Muschelkalk und Buntsandstein. Wie an einer Perlenschnur reihen sich die Weiler, Dörfer und Städte zwischen Bamberg und Aschaffenburg auf. Manche sind berühmt, andere weniger bekannt, einige verkannt – doch alle haben sie eines gemeinsam: Massentourismus mit aufgesetzter Folklore hat in Mainfranken noch nicht Einzug gehalten. Die Region ist viel zu kleinräumig, vielfältig und individuell, als daß findige Tourismusmanager sie im Stile Oberbayerns für Millionen von Touristen vermarkten könnten. Dieser vielleicht wirtschaftliche Nachteil gereicht dennoch Einheimischen und Besuchern gleichermaßen zum Vorteil. Mit ganz wenigen Ausnahmen ist selbst in den Ferienmonaten kein Ort, kein Museum oder keine Weinstube überrannt.

Aktuelle Informationen unterliegen freilich ständig Veränderungen. Haben Sie ein exzellentes Restaurant, ein behagliches Hotel, einen außergewöhnlichen Wein oder eine spannende Wanderung entdeckt, bitte schreiben Sie uns. Wir freuen uns über jede Zuschrift. Ihr Hinweis kommt der nächsten Auflage und damit anderen Lesern zugute.

Dr. Hans-Peter Siebenhaar
c/o Michael Müller Verlag
Kennwort „Mainfranken“
Gerberei 19
91054 Erlangen
hp.siebenhaar@michael-mueller-verlag.de

Schnatterloch in Miltenberg:
eines der beliebtesten Fotomotive in Mainfranken

Überblick

Mainfranken – mediterranes Licht, mildes Klima, mauerumringte Städtchen, üppiger Barock, verführerische Weine und lukullische Genüsse prägen die Fluss- und Weinregion zwischen Bamberg, Würzburg und Aschaffenburg.

Der Main geht auf seinem Weg von Ost nach West spielerisch mit der Landschaft um. In vielen Schlingen und Schleifen trennt er Steigerwald und Haßberge und durchquert schließlich den Spessart. Die Vielfalt des Flusslaufs ist beispielhaft für die gesamte Landschaft. Mainfranken ist nicht mit einem Klischee zu fassen. Es ist nicht nur Bocksbeutelland, es ist viel mehr: eine Kulturlandschaft europäischen Ranges, die in weiten Teilen noch auf ihre Entdeckung wartet.

Mainfranken ist keine scharf abgegrenzte Region. Als offiziellen Namen gab es die Bezeichnung Mainfranken nur unter den Nationalsozialisten. Seitdem ist sie nicht unbelastet, doch die nüchterne Verwaltungseinheit „Unterfranken" wird dieser vielfältigen Region nicht gerecht. Denn kulturell und geschichtlich gehören auch das badische Wertheim oder das oberfränkische Bamberg dazu, auch wenn es zentralistische Politiker nicht gerne wahrhaben wollen. Politische Grenzen können diese gewachsene Kulturlandschaft, die vom alles verbindenden Main geprägt ist, nicht erfassen. Dieses Reisebuch spricht daher von Mainfranken und gliedert die Region nach dem Einzugsbereich des Flusses, der im Osten von Bamberg und im Westen von Aschaffenburg begrenzt wird und seit Jahrhunderten Landschaft sowie Menschen prägt.

Mainfranken-Highlights

Die vielfältige Region entlang des Mains hält so manche angenehme Überraschung bereit. Gehen Sie selbst auf Entdeckungsreise. Hier eine kleine und natürlich subjektive Auswahl des Autors zur ersten Orientierung:

Romantische Städte

Würzburg, s. S. 162
Bamberg, s. S. 33
Lohr am Main, s. S. 205
Wertheim, s. S. 215
Miltenberg, s. S. 229
Königsberg i. B., s. S. 69
Zeil am Main, s. S. 65
Karlstadt, s. S. 193

Weinorte

Sommerhausen, s. S. 151
Iphofen, s. S. 102
Frickenhausen, s. S. 145
Dettelbach, s. S. 131
Randersacker, s. S. 157
Sulzfeld. S. S. 139
Eibelstadt, s. S. 155

Kirchen

Kiliansdom, Würzburg, s. S. 179
Hofkirche in der Residenz, Würzburg, s. S. 176
Dom, Bamberg, s. S. 45
Maria im Weingarten, Volkach, s. S. 121
Maria Limbach bei Eltmann, s. S. 59
Ritterkapelle Haßfurt, s. S. 71

Schlösser/Burgen

Fürstbischöfliche Residenz, Würzburg, s. S. 174
Festung Marienberg, Würzburg, s. S. 177
Burgruine, Wertheim, s. S. 219
Pompejanum (Nachbildung einer römischen Villa), Aschaffenburg, s. S. 251
Schloss Mespelbrunn, s. S. 242
Alte Hofhaltung Bamberg, s. S. 46
Residenz Bamberg, s. S. 47

Gärten/Parks

Rokokogarten, Veitshöchheim, s. S. 187
Hofgarten der Residenz, Würzburg, s. S. 176
Schloss Schönbusch, Aschaffenburg, s. S. 252
Garten von Schloss Seehof, Bamberg/ Memmelsdorf, s. S. 54
Rosengarten der Neuen Residenz, Bamberg, s. S. 48

Museen

Museum Georg Schäfer, Schweinfurt, s. S. 82
Mainfränkisches Museum, Würzburg, s. S. 177
Städtische Galerie, Würzburg, s. S. 184
Museum im Kulturspeicher, Würzburg, s. S. 184
Museum am Dom, Würzburg, s. S. 184
Deutsches Fastnachtsmuseum im Falterturm, Kitzingen, s. S. 138
Kirchenburgmuseum, Mönchsondheim, s. S. 109
Spessartmuseum, Lohr am Main, s S. 209
Museum der Stadt Miltenberg, s. S. 232
Grafschaftsmuseum, Wertheim, s. S. 221
Museum Römerhaus, Obernburg, s. S. 245

Weingüter

Juliusspital, Würzburg, s. S. 171
Rudolf Fürst, Bürgstadt, s. S. 227
Johann Ruck, Iphofen, s. S. 105
Schloss Sommerhausen, Sommerhausen, s. S. 155
Fürstlich Castellsches Domänenamt, Castell, s. S. 99
Horst Sauer, Escherndorf, s. S. 127
Glaser-Himmelstoß, Nordheim, s. S. 126
Fürst Löwenstein, Kreuzwertheim, s. S. 224
Schmitt's Kinder, Randersacker, s. S. 159
Am Stein, Würzburg, s. S. 172
Hans Wirsching, Iphofen, s. S. 106

Die Festung Marienberg thront seit Jahrhunderten über Würzburg

Geschichte

Mainfranken war politisch in der Vergangenheit nie eine Einheit. Mit dem Wiener Kongress und der Einverleibung fränkischer Gebiete in das Königreich Bayern änderte sich das. Doch selbst heutzutage durchschneiden Landes- und Regierungsbezirksgrenzen Gebiete, die kulturell zusammengehören. Das baden-württembergische Wertheim und sein Gegenüber auf der anderen Mainseite, das bayerische Kreuzwertheim, sind nur ein Beispiel. Legendär ist der kleine Bach, der in Roßstadt (Landkreis Haßberge) bis heute die Bistümer Würzburg und Bamberg voneinander trennt – und damit auch das kleine Dorf. Auch die wirtschaftliche Ausrichtung Mainfrankens ist alles andere als einheitlich. Aschaffenburg im Westen gehört fast schon zum Ballungsraum Rhein-Main, Würzburg führt als Regionalzentrum sein Eigenleben und Bamberg tendiert zum mittelfränkischen Städtedreieck Nürnberg–Fürth–Erlangen.

Die nachfolgende **Zeittafel** stellt nur eine knappe Orientierungshilfe dar, um die komplizierte Geschichte im kleinräumigen Mainfranken zu verstehen.

600.000–10.000 v. Chr.	Funde aus der Altsteinzeit auf dem Schwanberg bei Iphofen.
ca. 4000 v. Chr.	Seit dem Neolithikum ist das mainfränkische Gebiet besiedelt.
1000 v. Chr.	Keltische Fliehburg auf dem Marienberg, dem heutigen Würzburg, und an anderen Orten, z. B. auf dem Knetzberg (Landkreis Haßberge).
um 83–85 n. Chr.	Anlage römischer Kastelle entlang dem Limes bei Obernburg/Miltenberg, Römerlager in Marktbreit.
233–260	Aufgabe des Limes, Vordringen der Alemannen.

um 500	Franken erobern Gebiete am Main und errichten in Würzburg einen Herzogsitz.
689	Die irischen Mönche Kilian, Kolonat und Totnan werden in Würzburg ermordet.
704	Erste urkundliche Erwähnung Würzburgs.
742	Bonifatius gründet das Bistum Würzburg.
777	Erstmals wird der Weinbau in Franken (Hammelburg) genannt.
um 982	Aschaffenburg und das Umland gehen an das Erzstift Mainz über.
1007	Gründung des Bistums Bamberg durch Kaiser Heinrich II.
1156	Kaiser Friedrich I. Barbarossa heiratet in Würzburg Beatrix von Burgund. Der Bischof von Würzburg wir zum Herzog von Ostfranken erhoben.
um 1230	Tod des Dichters Walther von der Vogelweide in Würzburg.
1282	Schweinfurt wird freie Reichsstadt.
1298	Rintfleisch-Pogrom: Ein blindwütiger Mob zieht eine Blutspur durch Franken. Zwischen 4.000 und 5.000 Juden werden ermordet. Innerhalb eines Tages werden allein in Würzburg fast 1.000 jüdische Bürger umgebracht.
1348	Die Pest haust in Franken. In Würzburg und anderen mainfränkischen Orten werden Synagogen zerstört und Juden verfolgt.
1390	Grundsteinlegung der Ritterkapelle in Haßfurt durch Fürstbischof Gerhard von Schwarzburg.
1436	Regiomontanus (= Johannes Müller) wird in Königsberg i. B. geboren.
1483	Tilman Riemenschneider lässt sich in Würzburg nieder, 1531 stirbt der Bildhauer und Politiker hier.
um 1518	Beginn der Reformation.
1525	Der blutige Bauernkrieg tobt in Franken. Vergeblich fordern die Bauern ihre Befreiung in den „Zwölf Artikeln“. Die Fürsten und Bischöfe siegen und nehmen blutige Rache an den Anführern der Bauernrevolte.
1545	Julius Echter von Mespelbrunn geboren.
1552/54	Markgrafenkrieg: Markgraf Albrecht Alcibiades von Brandenburg-Kulmbach greift die Reichsstadt Nürnberg und die Hochstifte Bamberg und Würzburg an. Aschaffenburg und Schweinfurt werden niedergebrannt, Würzburg wird geplündert.
1576	Fürstbischof Julius Echter gründet das Juliusspital in Würzburg.
1582	Gründung der Würzburger Universität.
1605–14	Bau des Renaissance-Schlosses Johannisburg in Aschaffenburg.
1617	Fürstbischof von Würzburg und Gegenreformator Julius Echter stirbt.
1623–29	Zahlreiche Hexenprozesse im Hochstift Würzburg.
1631	Während des 30-jährigen Krieges erobern schwedische Truppen unter König Gustav Adolf weite Teile Mainfrankens. Das Land wird mehrmals ausgeplündert, viele Bewohner werden ermordet.
Mitte 17. Jh.– Mitte 18. Jh.	Schönbornzeit in Würzburg und Bamberg.
1670	Grundsteinlegung für das Würzburger Stift Haug nach Plänen des italienischen Architekten Antonio Petrini.

1711–53	Architekt Balthasar Neumann in Würzburg.
1719	Johann Philipp von Schönborn wird Fürstbischof.
1720	Grundsteinlegung der Fürstbischöflichen Residenz in Würzburg.
1751–53	Der italienische Künstler Giovanni Battista Tiepolo malt seine Fresken in der Würzburger Residenz.
1788	Der Orientalist und Schriftsteller Friedrich Rückert wird in Schweinfurt geboren.
1791	Karl Alexander verkauft seine Markgrafschaft Ansbach-Bayreuth. Prichsenstadt und Mainbernheim werden preussisch.
1803	Reichsdeputationshauptschluss und Säkularisation. Bayern erhält die Hochstifte Würzburg und Bamberg zugesprochen. Klöster und Kirchengüter werden aufgehoben. Das Fürstentum Aschaffenburg wird gegründet.
1806	Rheinbund unter Napoleon, die Grafschaft von Castell verliert ihre politische Unabhängigkeit, Großherzog Ferdinand III. von Toskana herrscht über Würzburg.
1814/16	Mainfranken kommt endgültig zum Königreich Bayern.
1841	Erste Dampfschiffe auf dem Main zwischen Aschaffenburg und Bamberg
1854	Würzburg erhält einen Anschluss an das Eisenbahnnetz.
1882	Der Schriftsteller Leonhard Frank wird in Würzburg geboren.
1883	Erste Kugellagerfabrik in Schweinfurt.
1895	Der Physiker Wilhelm Conrad Röntgen, Professor in Würzburg, entdeckt die nach ihm benannten Strahlen.
1919	Revolutionäre Räteaufstände in Würzburg, Schweinfurt und Aschaffenburg. Die bayerische Regierung unter Johannes Hoffmann (SPD) flüchtet nach Bamberg.
1922-26	Otto Modersohn besucht Mainfranken. Längere Aufenthalte in Wertheim.
9./10.11.1938	Reichspogromnacht, Synagogen in Mainfranken werden in Brand gesteckt und jüdische Bürger misshandelt.
ab 1943	Bombenangriffe zerstören die Industriestadt Schweinfurt.
1943	Christian Schad, Maler der Neuen Sachlichkeit, lässt sich in Aschaffenburg nieder.
16.3.1945	Fast vollständige Zerstörung Würzburgs.
1947	Eröffnung des Mainfränkischen Museums in Würzburg.
1949	Treffen der Gruppe 47 in Marktbreit.
bis 1970	Wiederaufbau Würzburgs abgeschlossen.
1979	Wiedereröffnung der Bamberger Universität.
1991	Würzburg wird an das ICE-Netz angeschlossen.
1992	Eröffnung des Main-Donau-Kanals, damit Wiederbelebung der Binnenschifffahrt.
1993	Aufnahme Bambergs in die Liste des Weltkulturerbes der Unesco.
1996	Tiepolo-Ausstellung in der Würzburger Residenz.
1997	Spitzenjahrgang für Frankenweine.
2000	Eröffnung des Museums Georg Schäfer in Schweinfurt.
2002	Eröffnung des Kulturspeichers Würzburg.
2003	Eröffnung des Museums am Dom Würzburg.

Unter der Sonne Mainfrankens: Weinberg bei Sommerach

Mainfranken von A bis Z

Antiquitäten

Mainfranken gilt seit vielen Jahren als Eldorado für Liebhaber alter Möbel und Gegenstände. Vor allem aus der Zeit des Barocks und des Rokokos konnte vieles bis heute erhalten werden. Neben Würzburg ist vor allem Bamberg ein Zentrum des Antiquitätenhandels. In der Altstadt, zwischen Rathaus und Dom, haben sich Dutzende von Spezialgeschäften niedergelassen. Aber auch in vielen Winzerdörfern wie Volkach, Sommerhausen, Iphofen, Frickenhausen oder Klingenberg bieten Händler Antiquarisches an.

Allee im Maindreieck, ideal zum Fahrradfahren

Anreise

Mainfranken ist mit dem eigenen Fahrzeug über die Autobahn A 3 Frankfurt–Würzburg, von Norden über Kassel–Würzburg (A 7) und von Süden über die A 81 Heilbronn–Würzburg zu erreichen. Allerdings ist an Wochenenden und in der Ferienzeit gerade die mainfränkische Hauptachse Frankfurt–Nürnberg häufig überlastet; im Würzburger Raum kommt es oft zu kilometerlangen Staus. Die Maintalautobahn A 70 verbindet die A 7 bei Schweinfurt/Werneck mit der A 9 bei Kulmbach/Bayreuth und erschließt parallel zum Flusslauf den östlichen Teil Mainfrankens einschließlich Bamberg. Die neue A 71 führt von der A 70 bei Schweinfurt nach Erfurt in Thüringen.

Die Region besitzt ein ausgezeichnetes Schienennetz, über das die meisten größeren Orte im Maintal zu erreichen sind. Würzburg liegt an der ICE-Strecke nach Hannover und Hamburg, zudem gibt es IC-Verbindungen nach Frankfurt und Nürnberg/München. Die nächsten internationalen Flughäfen sind Frankfurt und Nürnberg.

Auskunft

Informationsmaterial liefern die örtlichen Tourist-Infos, die unter den jeweiligen Städten und Dörfern aufgeführt sind. Die Informationen und der Service der einzelnen Tourismusbüros haben sich in den letzten Jahren sehr stark verbessert. Da das Gebiet verwaltungstechnisch zersplittert ist, werden viele mainfränkische Orte z. B. dem Steigerwald, den Haßbergen, dem Spessart oder dem Odenwald zugerechnet und daher unterschiedlich „vermarktet". Dies führt durchaus zu manchen Kuriositäten. Das Maindreieck mit Würzburg als Zentrum wurde von Tourismusmanagern mit dem künstlichen Namen „Fränkisches Weinland" versehen. In der Sprache der Einheimischen hat dieser Begriff trotz der intensiven Bemühungen von Marketingexperten nicht Einzug gehalten. Leider gibt es in ganz Mainfranken so gut wie keine Tourist-Infos, die am Sonntag geöffnet sind, und nur wenige am Samstag.

Baden

An Badegewässern ist Mainfranken nicht gerade reich gesegnet. Außer ein paar Bagger- und Stauseen sowie Fischteichen gibt es keine natürlichen Bademöglichkeiten. Ein absolutes Highlight für Wasser- und Naturfreunde gleichermaßen ist der Ellertshäuser See bei Stadtlauringen im Landkreis Schweinfurt, der größte See in Unterfranken (www.wwa-sw.bayern.de). Er wurde in den 60er Jahren als Trinkwasserreservoir künstlich aufgestaut und lockt mit seiner einmaligen Lage mitten im Wald. Eine Badebucht, Tretbootverleih, Zeltplatz, Gastwirtschaft mit Terrasse, Feriensiedlung und ein kleiner Segelhafen runden das Freizeitangebot ab. Herrliche Wanderwege führen um den See herum und zu seinen Biotopen sowie zu den landschaftlichen Schönheiten der Umgebung, unter anderem in das reizvolle Wässernachtal.
Außer den Seen unterhalten die meisten Kommunen wie anderswo auch Hallen- und Freibäder. Hotels, die über einen kleinen Swimmingpool verfügen, sind selten.

Bayern

Franken ist nicht Bayern, meinen eingefleischte Regionalisten. Obwohl weite Teile Mainfrankens seit dem Wiener Kongress von 1815 zumindest politisch und verwaltungstechnisch dazugehören, ist die Identifikation mit der Münchner Zentralgewalt nicht übermäßig ausgeprägt. Das krachlederne, bierselige Altbayern ist den weinfröhlichen Mainfranken eher fremd. In den letzten Jahren mehren sich zudem Stimmen, die eine Benachteiligung in Sachen Infrastruktur und Kultur durch den Wasserkopf München beklagen. Unterdessen wächst das fränkische Selbstbewusstsein, die fränkische Mundartliteratur ist dafür ein Beispiel. Und statt Weiß-Blau wird in den Regionalfarben Rot und Weiß beflaggt. Die Rautenfahne der Wittelsbacher gilt bei vielen Franken als Fauxpas bei Festlichkeiten.

Bier

Mainfranken ist Weinfranken, Bier spielt nur eine Nebenrolle. In Weinstuben ist der Gerstensaft sogar verpönt. Bierfranken beginnt erst im östlichen Randbereich, genauer gesagt kurz vor Bamberg. Noch genauer: Die Weinstadt Zeil am Main mit der renommierten Brauerei Göller (seit 1514) markiert exakt die Grenze zwischen Weinfranken

Rauchbier-Hochburg: das Schlenkerla in Bamberg

Fachwerk in Marktbreit

und Bierfranken. Östlich davon liegt die Stadt, die sich rühmt, die größte Brauereidichte in Deutschland zu besitzen: Eltmann (Eltmanner Biertage). Fränkische Hauptstadt des Bieres ist Kulmbach, Biertouristen zieht es allerdings eher nach Bamberg. Die Bischofsstadt an der Regnitz ist allerdings gleich eine ausgesprochene Hochburg des Biers. Hier wird als lokale Spezialität das Rauchbier gebraut. Wie beliebt der gewöhnungsbedürftige Gerstensaft mit dem unorthodoxen Nachgeschmack ist, kann man bei einem Besuch „auf" einer der Bamberger Kellerwirtschaften testen (S. 43).

Denkmäler

Abgesehen von den kirchlichen Sehenswürdigkeiten gibt es in Mainfranken wohl kaum einen Ort, der nicht wenigstens ein Baudenkmal von hohem Rang besitzt. Mainfranken ist darüber hinaus ein Fachwerkland, das selbst Bauforscher immer wieder in Erstaunen setzt. Das vermeintlich schlichte Bauernhäuschen entpuppt sich beim näheren Hinsehen nicht selten als aufgeschlagenes Geschichtsbuch, dessen mehrfach verwendete Balken aus Eichenholz bis ins Mittelalter verweisen. Der Laie steht bewundernd vor dem Können vergangener Zeiten, als aus einfachsten Materialien mit simplen Werkzeugen Werke geschaffen wurden, die scheinbar für die Ewigkeit gebaut sind. Viele Eigentümer von Fachwerkhäusern in Mainfranken restaurieren ihre Anwesen mit viel Liebe – ein Highlight in Franken.

Flurbereinigung

Mit Lineal und Zirkel machten sich einst die Flurbereinigungsdirektionen, heute beschönigend in Direktionen für ländliche Entwicklung umbenannt, über die Flusslandschaft her. In Zeiten, als die Steuergelder noch sprudelten, wurden mit Millionenaufwand Weingärten, Obstwiesen und Äcker „bereinigt". Eher wie Narben durchziehen heute die breiten Straßen die Rebhänge am Main. Wie vielfältig die fränkische Landschaft einst war, lässt sich an historischen Fotos nachvollziehen. Freilich hatte die Flurbereinigung, die als Neuordnung der Flur unter Zusammenlegung kleinerer, zu einem Betrieb gehörender Parzellen zu größeren Einheiten definiert wird, wirtschaftliche Vorteile. Sie stärkte die Position des fränkischen Weinbaus, um auf dem europäischen Markt wettbewerbsfähig zu sein. In den letzten Jahren setzte ein Umdenken ein. Nachdem fast alles flurbereinigt wurde, will die ländliche Entwicklung jetzt wieder traditionelle Landschaftsformen fördern. Und die vor 20 Jahren kanalisierten Bäche dürfen sich plötzlich wieder durch die Wiese schlängeln.

Getränke

Im Vergleich zu manch anderen deutschen Regionen ist das Trinken in Mainfranken – egal ob Wein oder Wasser – noch eine preiswerte Angelegenheit. Viele Gasthöfe und Restaurants finanzieren eben nicht durch überteuerte Getränkepreise ihr scheinbar günstiges Essen. Vor allem in den Weindörfern des Maindreiecks sind eine Flasche Mineralwasser und ein Bocksbeutel noch erschwinglich. Traditionell bestellt man zu einem mehrgängigen Essen nicht nur Wein, sondern auch eine Flasche Wasser (am besten mit wenig oder ohne Kohlensäure).

Hecken- oder Häckerwirtschaften

Die Adressen beliebter Heckenwirtschaften kleinerer Winzer, auch unter den Namen Häcker,- Besen- und Straußenwirtschaft bekannt, werden unter Einheimischen wie Geheimtipps gehandelt. Am Untermain bei Klingenberg und Bürgstadt sowie im Maindreieck, in Haßbergen und im Steigerwald (Sand am Main ist eine Häcker-Hochburg!) gibt es noch zahlreiche Heckenwirtschaften, die hausgemachte Brotzeiten und vor allem preiswerten Wein aus eigenem Anbau anbieten. Wer wann und wo offen hat, erfragt man aktuell am besten bei den Tourismus-Stellen. Die Heckenwirtschaften gehen auf einen Erlass von Karl dem Großen zurück, der den Weinbauern erlaubte, einen Teil ihres Weins direkt im eigenen Hof auszuschenken. Zu erkennen sind die Wirtschaften an Besen, Wedeln, Büschen oder einem Fichtenkranz, die an der Eingangstür oder vor dem Hoftor hängen sowie an langen Schlangen von Autos mit auswärtigen Kennzeichen. Der Zeitraum für den Ausschank ist begrenzt.

Weinhaus am Alten Markt, Miltenberg

Hotels

Spitzenhäuser der internationalen Hotelketten sucht man in Mainfranken vergeblich. Selbst in Würzburg beherrschen eigenständige Familienbetriebe die Hotelszenerie. Gerade diese Struktur sorgt für eine liebenswerte Vielfalt an Herbergen. Ob in einem Nobelhotel wie dem Würzburger „Rebstock“, in einem traditionsreichen Weingut wie dem Frickenhäuser „Meintzinger“ oder in einem malerischen Gasthof am Main wie dem „Schiff“ in Winterhausen – die Auswahl ist fast unbegrenzt. Gerade in den Winzerdörfern sind in den 80er und 90er Jahren eine Reihe von kleinen Hotels – oft in historischen Gebäuden – entstanden, die auch anspruchsvolle Gäste zufrieden stellen.

Industrie

Sie ist ein Teil der mainfränkischen Geschichte, vor allem im 20. Jh., hat den Menschen Arbeit und Brot gebracht und manches Ortsbild furchtbar verunstaltet. So sind die Gefühle heute zwiespältig, wenn immer mehr Industriezweige in Mainfranken wegbrechen. Neue Branchen sind kaum in Sicht und die Zukunftsangst geht um, wenn etwa die Zuckerfabrik in Zeil nach 40 Jahren stillgelegt und abgerissen wird.

Jugendherbergen

Traditionell die günstigste Art zu reisen (nicht nur für Jugendliche). In Mainfranken gibt es zahlreiche Unterkünfte, zu finden im Internet auf den Seiten des Deutschen Jugendherbergswerks (www.jugendherberge.de). In besonders schönem und historischem Ambiente nächtigt der Gast auf Burg Rothenfels bei Lohr, in Ochsenfurt im Klingentorturm und in Königsberg in Bayern am Fuße der Burg.

Kanu

Der Main zwischen den Mittelgebirgen Haßbergen und Steigerwald, Spessart und Odenwald bietet für Bootswanderer ein ideales Revier. Egal, ob nur für einen Tag oder mit Campingausrüstung für eine ganze Woche und länger, der Fluss mit seinen abwechslungsreichen Uferlandschaften ist ein Erlebnis. Besonders schöne Abschnitte sind die Mainschleife bei Volkach sowie der Untermain zwischen Wertheim und Miltenberg. Aber auch die Nebenflüsse des Mains wie Fränkische Saale und Tauber sind als sportliche Wanderflüsse sehr beliebt.

Literatur

Als regionale Urlaubslektüre empfehlen wir:

Leonhard Frank, *Das Ochsenfurter Männerquartett.* Ein heiterer, trauriger und vor allem menschlicher Roman, der im Maindreieck zur Zeit der Weltwirtschaftskrise spielt. Der in Würzburg geborene Schriftsteller, der vor den Nationalsozialisten 1933 in die USA emigrierte, schrieb dieses heute in Vergessenheit geratene Buch.

Gerhard C. Krischker/Robert Gernhardt, *Das Wirtshaus im Spessart.* Der Bamberger Schriftsteller Gerhard C. Krischker begab sich mit dem Literaten und Maler Robert Gernhardt auf die Spuren von Kurt Tucholsky, der im September 1923 Franken bereist hatte. Dabei ist ein interessantes und amüsantes Buch herausgekommen, das 1996 im Bamberger Kleebaum-Verlag erschien.

Karlheinz Deschner, *Dornröschenträume und Stallgeruch.* Der in Bamberg geborene Schriftsteller Karlheinz Deschner, der in Dettelbach zur Schule ging, schrieb ein spannendes, historisch kenntnisreiches Buch über die Landschaft seines Lebens. Auch Kenner Mainfrankens werden hier neue Einblicke gewinnen. Das Buch erschien 1989 bei Knesebeck & Schuler in München.

Doris und Dieter Schiller, *Literaturreisen – Der Main*: Ein sorgfältig recherchiertes Buch, das speziell für Literaturinteressierte eine Fundgrube sein wird. Es werden insbesondere Orte im Maindreieck bzw. Mainviereck und ihre Beziehung zur deutschen Literatur dargestellt. Der Band erschien 1994 im Stuttgarter Ernst-Klett-Verlag.

Carl Gottfried Scharold, *Würzburg und die umliegende Gegend für Fremde und Einheimische kurz beschrieben*. Wer historische Reisebücher liebt, kommt bei dem 1805 erstmals erschienenen Band auf seine Kosten. Das historische Dokument wurde 1980 von der Erlanger Verlagsbuchhandlung Palm & Enke nachgedruckt.

Lucia Longo, *Antonio Petrini*: Der italienische Architekt hat die Barockarchitektur in Franken entscheidend mitgeprägt. Als erster führte er den „Würzburger Stil", den fränkischen Barock, ein. Die Kunsthistorikerin Lucia Longo, die bereits über Petrini promovierte, stellt seine bedeutenden Bauwerke aus dem 17. Jh. in Mainfranken ausführlich vor. Der reich illustrierte Band erschien 1985 beim Münchner Verlag Schnell & Steiner.

Öffnungszeiten von Sehenswürdigkeiten

Museen und Schlösser besitzen wie anderswo auch höchst unterschiedliche Öffnungszeiten. Die meisten von ihnen haben am Montag zu, viele sind gar zwischen 15. Oktober und 15. März ganz geschlossen oder machen eine genau eingehaltene Mittagspause. Leider sind sogar Publikumsmagnete wie das Schloss Johannisburg und Pompejanum in Aschaffenburg oder das Schloss Veitshöchheim und die Bamberger Neue Residenz, die dem Bayerischen Staatsministerium für Finanzen in München untersteht, davon betroffen. Ab dem späten Nachmittag sind die Schmuckstücke sowieso nicht mehr zu besichtigen. Bei kleineren Museen, vor allem bei privat geführten, können sich öfter die Öffnungszeiten ändern. Wer speziell für einen Museumsbesuch anreist, sollte sich deshalb vorab nochmals informieren. Die jeweiligen Telefonnummern sind angegeben.

Schmuckstück von Balthasar Neumann: die Hofkirche der Würzburger Residenz

Radfahren

Die reizvolle Landschaft Mainfrankens zieht von Jahr zu Jahr mehr Fahrradfahrer an, die auch mehrtägige Touren, vor allem im Maindreieck, unternehmen. Die abwechslungsreiche Flusslandschaft kommt hier nahezu ohne Steigungen aus. In jüngster Zeit wurden verstärkt Fahrradwege ausgebaut, dennoch ist es in den engen Täler vor allem im Mainviereck kaum zu vermeiden, dass auch stark befahrene Straßen benutzt werden müssen. Zu den reizvollsten Strecken gehören die Abschnitte Volkach–Dettelbach–Sulzfeld–Frickenhausen–Sommerhausen–Randersacker–Würzburg–Veitshöchheim, Gemünden–Lohr–Homburg–Urphar–Wertheim sowie Kleinheubach–Miltenberg–Bürgstadt–Freudenberg–Stadtprozelten. Im Flusstal zwischen Bamberg und Aschaffenburg verläuft der grün markierte Maintal-Radwanderweg, der inzwischen zu den beliebtesten Fernradwegen in Deutschland gehört (www.mainradweg.com). Das Maindreieck kann man auf dem rot markierten Werntal-Radwanderweg zwischen Schweinfurt und Gemünden abkürzen.

Tipp: Geführte *Radwanderungen* durch Main-Spessart, Maindreieck oder Steigerwald und Haßberge bietet Rad-Touren-Teufel an. Infos bei Peter Teufel, Postfach 3213, 97042 Würzburg, ✆ 09333/9045970, www.radtourenteufel.de

Reisezeit

Die klassischen Reisemonate für Mainfranken sind zweifellos September und vor allem Oktober, die Zeit der Weinlese. Immer beliebter wird auch der Sommer, schließlich bieten der Main und seine Seitenarme nicht nur hervorragende Fahrradwege, sondern auch viele Wassersportmöglichkeiten. Außerdem finden zwischen Juni und August die meisten Kulturfestivals und Konzertreihen statt (z. B. Mozartfest in Würzburg), so kann der Reisende Kulturelles und Kulinarisches auf wunderbare Weise verbinden. Das Frühjahr ist vor allem bei Fahrradfahrern und Wanderern beliebt, die das milde Klima am Main, in den Seitentälern oder an den geschützten Hängen des Steigerwalds schätzen. Zudem kann man zu dieser Zeit die Blütenpracht im Rokokogarten von Veitshöchheim oder in der Würzburger Residenz genießen.

Schifffahrt

Eine Alternative zu Straße und Schiene ist die Main-Schifffahrt, die leider linienmäßig stark abgebaut wurde. Informationen erhalten Sie in den örtlichen Tourist-Infos. Besonders schöne Strecken sind die von Würzburg nach Veitshöchheim oder nach Ochsenfurt.

Wandern

Die Landschaft entlang des Mains ist ein ideales Wandergebiet. In vielen Kurven schlängelt sich der Fluss von Ost nach West. Ein Spaziergang an den oft steilen Hängen eröffnet immer wieder neue Aus- und Einblicke. Besonders reizvoll sind die oft verwunschenen Täler der Main-Zuflüsse, die nur zum Teil mit Wanderwegen erschlossen sind (Wässernachtal), nach dem „Trubel“ des Maintals aber oft in geradezu unberührte Landschaften oder „vergessene“ Weiler führen. Wer beim Besuch Mainfrankens ein bisschen mehr Zeit mit bringt, kann hier auf Entdeckungsreise gehen. Die waldreichen Mittelgebirgslandschaften von Spessart, Steigerwald und Haßbergen sind besonders im Herbst, wenn sich die Blätter der Laubbäume hellgelb bis dunkelorange verfärben, ein lohnendes Ziel. Die Bezirke und Kommunen haben zahlreiche Wanderwege markiert. Als Karten empfehlen wir die Blätter aus dem Fritsch-Verlag bzw. die Topographischen Karten des Bayerischen Landesvermessungsamts (Buchhandel). Es gibt inzwischen viele Themenwanderwege, so z. B. den Friedrich-Rückert-Wanderweg von Schweinfurt nach Coburg, den Fränkischen Marienweg, im Mainviereck (bei Miltenberg) den Rotweinweg oder im Steigerwald (bei Oberschwappach) den Keltenweg.

Fahrradfahrer bei Schloss Johannisburg, Aschaffenburg

Wasserqualität

Der Main zwischen Bamberg und Aschaffenburg ist längst nicht mehr so verschmutzt wie noch vor 30 Jahren. Seit dem letzten großen Fischsterben im Jahr 1975 hat sich die Wasserqualität kontinuierlich verbessert. Während der Flusslauf noch vor einem Vierteljahrhundert von Experten als stark bis sehr stark verschmutzt eingestuft wurde, weist er heutzutage je nach Jahreszeit eine mäßige bis kritische Belastung auf. Gemäß der offiziellen bayerischen Gewässergütekarte bedeutet dies eine Güteklasse zwei bis drei. Nach Auskunft des Wasserwirtschaftsamts Würzburg seien Schwermetalle wie Quecksilber, Cadmium und Blei nicht mehr nachweisbar; die Belastung durch stickstoff- und phosphorhaltige Düngerrückstände habe deutlich abgenommen. Diese ökologischen Fortschritte haben auch die Artenvielfalt im Main und seinen Nebenflüssen deutlich vergrößert. Selbst Muscheln und Kleinkrebse sind in Mainfranken wieder heimisch geworden. Während Mainfische wie Aal, Hecht oder Zander noch in den 70er Jahren vom Geschmack her kaum genießbar waren, besitzen heutzutage die „Meefischli" eine ausgezeichnete Qualität. Durch den Ausbau der Kläranlagen hofft man, weitere Verbesserungen zu erreichen. Der weniger stark verschmutzte Oberlauf des Mains etwa bis Eltmann soll verstärkt auch touristisch erschlossen werden (Flussparadies Franken), wobei bewusst Wert darauf gelegt wird, ökologische Nischen zu erhalten oder neu zu schaffen und die kahle Baggerseen-Landschaft erheblich aufzuwerten. In der Mainaue zwischen Eltmann und Haßfurt ist mit Förderung durch die EU das Life-Naturprojekt Mainaue entstanden – ein europaweit bedeutsamer Rast- und Brutplatz für viele vom Aussterben bedrohte Tierarten. Dieses Gebiet soll Zug um Zug durch Fahrrad- und Wanderwege und zum Teil mit Beobachtungstürmen auch für den Fremdenverkehr erschlossen werden.

Eingang zum Restaurant Peiferhannes in Wertheim

Mainfränkische Küche

Für Feinschmecker ist Mainfranken ein Paradies. Im Gegensatz zu manch anderen Regionen in Deutschland hat sich die Küche ihren eigenen Charakter erhalten. Die vielen traditionellen Familiengasthöfe, aber auch eine junge Generation ambitionierter Köche tragen dafür Sorge, dass dem Gast regional- und saisontypische Gerichte serviert werden.

Immer mehr Gäste – die Einheimischen sowieso – schätzen die kulinarische Landschaft der Region. Nicht nur, dass es auf relativ kleinem Raum eine Vielzahl überdurchschnittlicher Lokale gibt, die Restaurants, Gasthöfe und Weinstuben zwischen Bamberg und Aschaffenburg sind zudem noch preiswert.

Meefischli

Die so genannten Meefischli sind die berühmteste Spezialität aus dem Main (= Mee). Pro Person sind hierfür etwa ein Dutzend Rotaugen oder Ukeleis notwendig. Die kleinen Fische aus dem Fluss werden in Semmelbrösel und Ei gewälzt und goldbraun gebraten. Übrigens werden Meefischli mit Kopf, Flossen und Gräten verspeist. Dazu isst man Weißbrot und trinkt einen Frankenwein, am besten Silvaner, Scheurebe oder Riesling.

Weitere Fischspezialitäten sind Zander, Hecht, Forelle, Waller im Wurzelsud und Aal mit Salbei. Auch der Karpfen zählt zu den traditionellen Fischen Mainfrankens. Der Wärme liebende Fisch, der ursprünglich aus dem Schwarzmeerraum stammt, fühlt sich in den Seitenarmen des Mains besonders wohl. Gute Weinjahre sind gute Karpfenjahre, heißt die Devise bei Feinschmeckern, denn bei milden Temperaturen gedeiht auch der bauchige Fisch besonders gut. Übrigens darf der Karpfen nie modrig schmecken, denn das bedeutet, dass der Fisch nicht ausreichend in klarem Wasser gewässert wurde. Lassen Sie Ihr Gericht in diesem Fall zurückgehen, gute Gastronomen haben dafür stets Verständnis.

Die Vielfalt der Region spiegelt sich auch in den anderen Rubriken der mainfränkischen Speisekarten wider. So liefern Steigerwald und Spessart Wildschwein, Reh, Damwild und Pilze, die Rohprodukte für hervorragende Wildgerichte. Aus der waldarmen, rauen Rhön kommen die Milchlämmer zu Ostern. In der Gegend um Volkach wächst der Spargel, der im Schwemmland der Mainschleife von Mai bis Juni hervorragend gedeiht. Und schließlich erntet man rund um Kitzingen vielfältiges Gemüse, das in den Gasthöfen der Region erntefrisch serviert wird. Eines gibt es natürlich das ganze Jahr: blaue Zipfel. Die Bratwürste im Essig-Wein-Sud mit Zwiebelringen und ein wenig Karotten sind eine Art „mainfränkisches Nationalgericht" (Günter Strack). Dazu kommen die allgegenwärtigen Bratwürste mit Sauerkraut und Brot (zum Sattessen schon für weniger als 5 € zu haben) und Deftiges wie Schnickerli (essigsauer gekochte Innereien mit Mehlklößen), Dutschn und Bohna (Kartoffelpuffer und Bohnengemüse) und als klassische Grundlage zum Wein der Gerupfte (angemachter Camembert). Der passt ebenso wie der Zwiebelkuchen (Zwiebelplootz) auch in die Jahreszeit, die in Franken als kulinarische Bewährungsprobe gilt: Wenn die Wirtshäuser und Häckerstuben zur Weinlesezeit den Federweißen (Bremser) kredenzen, scheidet sich die Spreu vom Weizen, denn wer den Liter halb vergorenen Traubensaft ohne Nebenwirkungen verträgt, kann sich schon als echter Weinfranke fühlen. Zu den „großen" Essen der schlichten und schmackhaften fränkischen Küche gehören der Sauerbraten (hier zeigt sich, was der Koch kann!) und der Schweinebraten (typisch in Franken: Schäufele oder Schäuferle oder Schäuferla, komplett mit Knochen gegart). Bei den Vorspeisen greift der Franke gern zur Suppe mit Einlagen (Leberknödel und/oder Schwimmerli), bei den Nachspeisen am liebsten zum schlichten Kuchen vom Blech mit Streuseln, Zwetschgen oder Quark (von überregionalem Ruf ist der hausgemachte Käsplootz aus Sand am Main).

Welcher Wein zu welchem Gericht? Diese Frage wird heutzutage längst nicht mehr so orthodox wie früher beantwortet. Ein kräftiger Müller-Thurgau zum Wildschweinbraten ruft mittlerweile kein Augenverdrehen des Kellners mehr hervor. Dennoch ein paar Tipps zu diesem Thema: Ein kräftiger Silvaner ist fast ein Alleskönner. Er passt zu mildem Käse, Forelle, Schweinebraten, aber auch zu Spargelgerichten. Auch ein junger Müller-Thurgau ist vielfältig genießbar, er harmoniert mit einem Salat mit Olivenöl und mit Gemüse genauso gut wie mit einem leichten Fischgericht und feinem Kalbfleisch. Der Riesling ist ein vornehm-eleganter Begleiter für anspruchsvolle Fische. Samtige Spätburgunder passen gut zu Wild und Rohmilchkäse.

Literaturtipps

Meefischli – Die besten Fischrezepte mainfränkischer Familien, von Peter Wondrak und Horst Hansen, Echter Verlag, Würzburg.

Broschüre **Fischeinkauf bei Teichwirten und Flussfischern**, Bezirk Unterfranken, Fachberatung für Fischerei, Silcherstr. 5, 97074 Würzburg.

Broschüre (kostenlos) **Genießen mit Rezepten und Gutsweinen aus Franken**, herausgegeben von Verband Deutscher Prädikatsweingüter (VDP) Franken (Schlossplatz 5, 97355 Castell, ✆ 09325/60170, Fax 09325/60185); der Iphöfer Winzer Johann Ruck hat hier seine Lieblingsgerichte zum Nachkochen verraten.

Weinberg unterhalb des Pompejanums in Aschaffenburg

Wein

Wein als Synonym für eine ganze Landschaft: Viele Liebhaber edler Tropfen sprechen lieber von Weinfranken oder Bocksbeutelland als von Mainfranken. Der Weinbau in dieser Region hat eine lange Tradition, die bis ins 8. Jh. zurückreicht. Als der irische Bischof Kilian, heute Schutzpatron der fränkischen Winzer, im Jahr 686 mit der Christianisierung begann, musste der wichtige Messwein noch mühselig aus fernen Landen herangeschafft werden. Das sollte sich schnell ändern. Missionierende Mönchen sorgten schon 777 in der Nähe von Hammelburg für den ersten professionellen Weinbau, schon im Jahr 790 folgte Würzburg. Eine Erfolgsgeschichte nahm ihren Anfang.

Franken besitzt die wichtigsten Voraussetzungen für einen überdurchschnittlichen Wein: vielfältige Böden, mildes Mikroklima, interessante Rebsorten und ehrgeizige Winzer. Auch wenn die Rebfläche zwischen Steigerwald und Spessart von einst 40.000 ha im Mittelalter auf heute rund 6.000 ha geschrumpft ist, der Tropfen in der barock-bauchigen Bocksbeutelflasche ist noch immer das prägende Element der Region.

Heute produzieren 7600 Weinbaubetriebe jährlich 50 Millionen Liter Traubenmost. Das entspricht etwa 6 % des gesamten Ertrags in der Bundesrepublik. Damit wird deutlich: Der fränkische Wein nimmt eine Außenseiterrolle ein. In seiner Vielfalt ist der Rebensaft aus Franken jedoch unübertroffen. Im Steigerwald wächst der Wein auf Keuper, im Maindreieck auf Muschelkalk und im Mainviereck auf Buntsandstein. Der klassische Frankenwein ist ein trocken ausgebauter Silvaner. Auf den Muschelkalkböden am Main erreicht er seine Höchstform. Diese Sorte dominierte bis in die 60er Jahre. Dann kam der Müller-Thurgau, der von anspruchsvollen Weinliebhabern aufgrund seiner übermäßigen Fruchtbarkeit kritisch beäugt wird und als Zecherwein verschrien ist. Heute sind etwa 45 % Prozent der fränkischen Anbaufläche mit Müller-Thurgau (mutmaßlich aus Silvaner und Riesling hervorgegangen) bestockt. Die „Brotsorte der fränkischen Winzer" kann durchaus interessante Weine hervorbringen. Eine Gruppe junger Winzer unternahm 1997 den Versuch, dem „Müller" ein neues Image zu verschaffen (vgl. Kasten, S. 28). 15 Güter schlossen sich zusammen, um den neuen Wein unter der Bezeichnung „Müller" mit einem einheitlichen Erscheinungsbild im Bocksbeutel abzufüllen. Auf dem Rückenetikett ist jedoch nach wie vor der Name des Weinguts vertreten. Übrigens, seine besten Lagen hat der Müller-Thurgau auf den Gips- und Keuperböden an den Steigerwaldhängen. Auffallend sortentypisch geprägt sind in Franken auch Riesling und Spätburgunder.

In Castell gedeihen an den Steigerwaldhängen exzellente Trauben

Der Klimawandel mit der langsamen Erwärmung, die in den letzten zehn Jahren immer wieder zu Rekordtemperaturen geführt hat, macht es möglich, dass immer mehr höherwertige Sorten in den Weinbergen Einzug halten. Der Rieslaner zählt heute zu den mainfränkischen Spitzenweinen von internationalem Rang und selbst für einen Chardonnay muss man heute nicht mehr nach Frankreich reisen. Dessen ungeachtet steht der Weinbau wohl vor einer Revolution, da nach und nach ganz neue Sorten in den Handel gelangen, die derzeit noch in den Versuchsanstalten erprobt werden. Hier geht es vor allem um die Resistenz gegen die gefürchteten Pilzerkrankungen (*Peranospera*). Da immer mehr Kunden Wert auf chemiefrei angebauten Öko-Wein legen, sagt man neuen Sorten einen baldigen Siegeszug voraus - auch wenn man sich noch nicht recht daran gewöhnen mag, Abalonga, Alpha, Rondo oder Regent zu trinken.

Quantitativ noch eine Seltenheit, qualitativ aber auf dem Vormarsch ist der mainfränkische Rotwein. Auf dem roten Buntsandstein des Untermains zwischen Aschaffenburg und Bürgstadt gedeihen Spätburgunder besonders gut. Klingenberg wird mittlerweile sogar als die Rotwein-Stadt Mainfrankens gefeiert, nachdem die Würzburger Hofkellerei vor Jahrzehnten neue Rebgärten für Rotwein angelegt hatte.

Bemerkenswert am Weinbaugebiet Franken ist die große Zahl kleiner, engagierter Winzer, die zunehmend mit interessanten Rebsorten experimentieren und überraschende Ergebnisse erzielen. Für eigene Entdeckungen gibt es viel Raum. Dabei können Weinliebhaber sicher sein, dass die Ansprüche an die Qualität hoch sind.

Denkmal für den Weinbau

Der Begriff „trocken“ wird beispielsweise sehr ernst genommen: Nicht mehr als vier Gramm Restsüße pro Liter dürfen es sein – ein Unikum in der deutschen Weinproduktion. Die fränkisch-trockenen Weine passen am besten zu einer herzhaft-deftigen Küche, wie sie in vielen Gasthöfen und Restaurants angeboten wird.

Seinen Wein kann man auch erwandern: Auch wenn durch die Flurbereinigung vieles vom Charme der Rebhänge unwiederbringlich zerstört wurde, so lohnt sich immer noch ein ausgedehnter Spaziergang durch die Lagen. Zu den schönsten gehören die Wege über den Schwanberg und den Julius-Echter-Berg bei Rödelsee/Iphofen, der fränkische Rotwein-Wanderweg bei Miltenberg, der Abt-Degen-Weg (S. 67) mit seinen Weinberg-Biotopen bei Zeil und natürlich die berühmten Weingärten von Würzburg. Gleich hinterm Hauptbahnhof liegt beispielsweise der Stein, eine der berühmtesten Weinlagen Frankens.

„Frank & Frei“: Müller-Thurgau vor einer Renaissance?

Müller-Thurgau-Weine haben unter Kennern keinen besonderen Ruf. Oft wird dieser Rebensaft als wenig charaktervoller Zecherwein kritisiert. Um zu zeigen, was in dieser Rebe steckt, die als Brotsorte der fränkischen Weinbauern gilt, schlossen sich mehr als ein Dutzend junger Winzer zu einer Initiative unter dem Namen „Frank & Frei“ zusammen, darunter Artur Steinmann (Sommerhausen), Horst Sauer (Escherndorf), Dr. Heigel (Zeil), Walter Erhard (Volkach) oder das Weingut am Stein (Würzburg). „Ein Wein für den europäischen Menschen, für aufgeschlossene, das Leben bejahende Leute. Für Menschen, für die der Wein Ausdruck eines modernen Lebensgefühls ist, ohne dabei elitär, kompliziert und abgehoben zu wirken“, erklären die Initiatoren und empfehlen spritzige Müller-Thurgau-Weine zur gesunden mediterranen Küche. Das Aroma des neuen „Müller“ erinnert an Apfel, Melone bis zu Ananas. Die jungen Weine sollten gut gekühlt bei ungefähr 8 °C getrunken werden.

Seit 1954 rollten über die Gesamtrebfläche 110 Flurbereinigungsverfahren hinweg, die dem Steuerzahler über 200 Mio. Euro kosteten. Die Produktionsbedingungen wurden durch die Neuordnung durchaus verbessert, allerdings die Landschaft trostloser. Heute versuchen manche Weinbauern, diese Entwicklung wieder umzukehren, auch auf eine naturnahe Bewirtschaftung wurde in den letzten Jahren immer mehr Wert gelegt.

Die **Wein- und Winzerfeste** in Franken haben eine lange Tradition. Leider sind viele Festivitäten reine Geschäftemacherei ohne viel Atmosphäre, angefangen von oberbayerischen Musikklängen bis hin zu billigem Wein. Aber es gibt auch noch andere Weinfeste. Das Angebot reicht vom Hofschoppenfest im Frickenhäuser Weingut Meintzinger bis hin zum Traubenfest in der Wiesentheider Steigerwaldhalle. Die Gebietsweinwerbung Frankenwein-Frankenland GmbH (✆ 0931/390110) gibt alljährlich ein Faltblatt mit den Terminen aller wichtigen Feste heraus.

Kleine Tipps

– Probieren Sie vor dem Kauf, lassen Sie sich nicht beeindrucken von irgendwelchen Hitlisten und Etiketten und entdecken Sie Ihren Frankenwein. Ein Winzer, der etwas auf sich hält, verkauft keine Flasche Wein, den der Kunde nicht gekostet hat.
– Bocksbeutel sehen nicht nur schöner aus, sondern beinhalten auch qualitativ anspruchsvollere Weine (ausschließlich Qualitätsweine) als Literflaschen.
– Geschmackssache ist der Flaschenverschluss: Puristen schwören auf den Korken, der allerdings auch in Franken mehr und mehr vom Schraubverschluss verdrängt wird. Top-Weine gibt es nach wie vor nur im Bocksbeutel mit Naturkorken.
– Meiden Sie touristische Weinfeste, die einem kleinen Münchner Oktoberfest ähneln. Frankenwein kann man ohne Musikgedröhne und Menschenmassen oft besser genießen.
– Trinken Sie Wein mit der richtigen Temperatur: leichte Weißweine gut gekühlt bei 8–12 °C, Rotweine bei 16–18 °C. Eine falsche Temperierung kann selbst den besten Tropfen zum Negativerlebnis werden lassen.

Die wichtigsten Rebsorten

Weißweine

Silvaner: klassische fränkische Sorte, die besonders auf den Muschelkalkböden des Maindreiecks zur Geltung kommt.
Charakter: gehaltvoll, bodenbetont, kräftige Art. In guten Jahrgängen von feinem Spiel und großer Eleganz.

Müller-Thurgau: Diese 1882 von H. Müller gekreuzte Rebsorte aus Riesling und Silvaner ist heute die meistangebaute in Franken.
Charakter: frisch, lebendig, mit ausgeprägter Frucht und harmonischer Säure. Müller-Thurgau-Weine genießt man am besten jung.

Riesling: Die Rebsorte gilt als Königin des Weißweins, sie beansprucht die sonnigsten Lagen Mainfrankens.
Charakter: rassige Qualitätsweine bis zu eleganten Spitzengewächsen mit unübertroffenem Frucht-Säure-Spiel. Oft eine duftige Blume mit einem Hauch Pfirsich.

Rieslaner: eine fränkische Spezialität, gekreuzt aus Silvaner und Riesling. Exzellent geeignet für große, edelsüße Weine.
Charakter: kräftig, edle Frucht mit feinem Säurespiel.

Bacchus: beliebte Sorte in Franken. Kreuzung aus Silvaner/Riesling und Müller-Thurgau.
Charakter: würziges Aroma, fruchtiges Geschmacksbild.

Scheurebe: aus einer Kreuzung von Silvaner und Riesling hervorgegangen. Die Scheurebe beansprucht beste Lagen.
Charakter: feinwürzig, mit ausgeprägter Frucht und pikanter Säure, im Bukett an schwarze Johannisbeeren erinnernd.

Kerner: eine junge Züchtung aus Trollinger und Riesling.
Charakter: kräftig, anregend frisch und rassig mit fruchtigem Bukett.

Weißburgunder: anspruchsvolle Rebsorte aus der Burgunderfamilie.
Charakter: kräftig, feinfruchtig mit eleganter Säure.

Grauburgunder: für Franken klassische, alte Rebsorte.

Winzer auf dem Weg zur Arbeit, gesehen am Katzenkopf in Sommerach

Charakter: körperreich, vollmundig, mit großer Fülle und dezentem Aroma.

Traminer: begehrte Spezialität mit nachhaltiger Kraft und Würze. Im Bukett erinnert der Traminer an Wildrosen und Vanille.

Rotweine

Spätburgunder: berühmte Rebsorte, die in Franken auf Buntsandstein Spitzenweine garantiert.
Charakter: elegant, vielschichtiges Aroma, samtig, mit großer Fülle, Geschmack von Brombeeren und Bittermandeln.

Schwarzriesling: Spielart des Spätburgunders.
Charakter: feiner, kerniger Geschmack, zartes Bukett, rubinrote bis dunkelrote Farbe.

Portugieser: alte Rebsorte.
Charakter: große Geschmacksvielfalt, von leicht, frisch bis vollmundig, kräftig, mit tief dunkler Farbe; Burgundercharakter.

Domina: Kreuzung aus Portugieser und Spätburgunder.
Charakter: körperreich, zartes Fruchtaroma mit kräftiger Farbe.

VDP Franken – Club der Spitzenwinzer

„Es ist politisch unbequem, dass Klasse und Masse sich ausschließen, aber es liegt in der Natur der Qualität, elitär zu sein, ob das nun passt oder nicht", schrieb der führende britische Weinexperte Hugh Johnson den deutschen Winzern ins Stammbuch. Der Verband Deutscher Prädikats- und Qualitätsweingüter (VDP) bemüht sich, exzellente Weingüter, die konsequent auf Qualität setzen, nach ökologischen Grundsätzen arbeiten und die strengen Auswahlkriterien erfüllen, unter seinem Dach zu versammeln. Viele der in diesem Buch (und auf der informativen Internetseite) aufgeführten Winzer sind Mitglieder im VDP, der gerade in Franken die Besten unter den Besten vereinigt. Eine aktuelle Mitgliederliste erhält man bei VDP Franken, Geschäftsstelle, Jutta Hemberger, Gräfenneuses 21, 96160 Geiselwind, ✆ 09556/981029, 📠 09556/981031, www.vdp-franken.

Destillate

Neben dem Schwarzwald und dem Bodensee gibt es keine deutsche Region mit mehr Brennereien als Franken. Obwohl die Zahl der Brennereien in den letzten Jahren drastisch zurückgegangen ist, erlebt die Destillationskunst einen neuen Boom. Die meisten Produzenten von Schnäpsen und Geisten setzen konsequent auf Qualität. Zum guten Ruf haben insbesondere die Brenner beigetragen, die sich im Zeichen des Rosenhuts zusammengefunden haben und exzellente Schnäpse herstellen. Die Streuobstwiesen in den Tälern, die Heckenfrüchte der Ebenen, die Beeren des Spessarts – Mainfranken mit seinem milden Klima bietet ideale Voraussetzungen für exzellente Früchte und damit Destillate.

Grundsätzlich ist anzumerken, dass Brände und Wässer die reinste Form von Destillaten sind, denn sie dürfen nur den aus fruchteigenem Zucker gewonnenen Alkohol enthalten. Die meisten Hausbrennereien setzen auf die traditionelle Herstellung. Die Edelobstbrände und -geiste reifen in Glasballons oder zunehmend auch in Eichenfässer. Sie sind mindestens ein Jahr alt, wenn sie in den Verkauf kommen. Das Ergebnis dieses sorgfältigen Produktionsprozesses sind Obstbrände mit ausgesprochen fruchtigem Geschmack, vollem Aroma und einer angenehmen Milde.

Ein Fass als Fensterrahmen: Der Traditionsgasthof Düll in Sommerhausen

Rosenhut: fränkische Brennerkunst

Die besten Destillateure der Region haben sich zur „Vereinigung Fränkischer Edelbrenner Rosenhut“ zusammengeschlossen. Die rund zwei Dutzend Brennereien haben sich als Zeichen den Rosenhut gewählt, einen tütenförmigen, kupfernen Aufsatz über dem Brennkessel, an dem das Destillat kondensiert. Der Name geht ursprünglich auf die spitzen Hüte der Damen im Mittelalter zurück, an die der kupferne Aufsatz erinnert. Die noch immer wenig bekannte Vereinigung hat sich dem naturbelassenen Schnaps in Top-Qualität verschrieben. „Rosenhut“ ist heute der Inbegriff fränkischer Brennerkunst. Kontakt und Information: Rosenhut, c/o Lothar Hausstein, Am Dreschplatz 18, 97222 Rimpar, ✆ 09365/3667, 📠 5410, www.rosenhut.de

Edelobstbrände aus Sommerhausen haben Tradition

Anspruchsvolle Brennereien verwenden ausschließlich erstklassige Früchte, die oft von der eigenen Wiese oder aus nahe gelegenen Wäldern und Hecken stammen und den höchsten Reifegrad erreicht haben. Früchte, die zum Verzehr verwendet werden, haben noch nicht die nötige Reife erlangt. Durch die sorgsame Auswahl der Früchte sowie durch langsames Brennen wird der unangenehm kratzige Geschmack vermieden, der oft billige Schnäpse auszeichnet. Auch angefaulte oder schlechte Früchte sorgen für Kratzen in der Kehle. Das Brennen ist noch immer Handarbeit. Freilich können daher die mainfränkische Hausbrennereien mit den preiswerten Industrieschnäpsen nicht konkurrieren. Doch ein paar Euro mehr für die Flasche eines individuellen Destillats auszugeben, lohnt sich in der Regel. Der Gaumen wird's danken.

In Mainfranken werden vor allem Äpfel, Birnen, Kirschen und Zwetschgen verarbeitet. Als regionale Spezialitäten sind Zwetschgenwasser, Kirschwasser und Obstler sogar EU-weit geschützt. Repräsentativ für die Region sind die Schlehendestillate: Die herben, schwarzblauen Steinfrüchte des dornigen Strauchs, typisch für die Waldränder und Hecken Mainfrankens, entwickeln ihr feines Aroma erst nach dem ersten Frost. Viele Edelbrennereien haben das Angebot zunehmend vergrößert. Manche experimentieren mit Früchten, die fast in Vergessenheit geraten sind. So entdeckte der bundesweit renommierte Schnapsbrenner Alfred Wecklein (Arnstein-Binsbach) die Früchte des Speierlingbaums. Die apfel- bzw. birnenähnlichen, bis 3 cm großen Früchte wurden einst wegen ihres hohen Gerbstoffgehalts als Heilmittel gegen Durchfall und Erbrechen verwendet. Eine Spezialität ist auch die Spessart-Himbeere mit ihrem unverwechselbaren Aroma. Empfehlenswert in der Weinregion sind auch die zahlreichen Tresterbrände, die vor allem von ambitionierten Weingütern hergestellt werden: Silvaner, Scheurebe, Riesling ... die Liste ist lang.

Innerhalb Frankens gibt es etwa 3400 Brennrechte, davon werden weniger als die Hälfte ausgeübt. Dreiviertel aller fränkischen Destillateure sind allein in Mainfranken zu Hause. Die Preise sind so unterschiedlich wie die Produkte der jeweiligen Brennerei. Übrigens besitzen die Brände einen Alkoholgehalt um 40 %. Um das volle Aroma genießen zu können, muss die Nase tief in das bauchige Glas mit schlankem Hals gesteckt werden. Anschließend lässt man sich wenige Tropfen auf Zunge und Gaumen zergehen, um Duft- und Geschmacksstoffe des Brands in ihrer ganzen Komplexität entdecken zu können. Schnäpse genießt man am besten bei einer Trinktemperatur von 15–17 °C.

Tipp: Auf der Messe desta in Volkach stellen alljährlich im Februar die fränkischen Brennereien ihre Geiste und Brände vor. Informationen unter ✆ 09381/40112, Tourist-Information Volkach, www.volkach.de

Am Alten Kranen mit Blick auf den Michelsberg

Bamberg

Der Bischofs- und ehemalige Kaisersitz, in einer weiten Talmulde der Regnitz gelegen, zählt bereits mehr als 1000 Jahre. Die verwinkelten, kopfsteingepflasterten Gassen und prächtigen barocken Fassaden lassen das „fränkische Rom" fast südländisch anmuten. Eine Stadt auf sieben Hügeln, eine Stadt zum Bummeln, aufregend schön und lebensfroh. Obwohl Bamberg noch nicht unmittelbar zu Mainfranken gehört, lohnt sich ein Besuch der größten intakten mittelalterlichen Altstadt Deutschlands.

Der tief konservative Geist der Einwohner und die abgeschiedene Grenzlage während des Kalten Kriegs hatten eine übermäßige Modernisierung verhindert. Große Teile der romantischen Altstadt wurden erst in den letzten Jahrzehnten behutsam saniert. 1993 wurde sie von der Unesco unter einen ganz besonderen Schutz gestellt und kam auf die „Liste des Weltkultur- und Naturerbes der Menschheit".

Der „heilige Bezirk" der Stadt zieht sich am westlichen Ufer der Regnitz den Hang hoch. Hier konzentrieren sich Klosterbauten, prunkvolle Bischofsresidenzen, Paläste des Geldadels und der mächtige Dom. Hier verwandelte sich das Selbstwertgefühl der absolutistischen Fürstbischöfe in Stein. Aus vielen Ecken, Winkeln und Eingängen blicken Madonnen, 200 allein im historischen Stadtzentrum. Im Dom ruht Papst Clemens II. in einer Gruft – das einzige Grab eines Pontifex maximus nördlich der Alpen. Nebenan liegt der schönste aller Bamberger Höfe: die Alte Hofhaltung – holpriges Kopfsteinpflaster, Stein, Holz und Fachwerk unter gotischem Steildach. Mittelpunkt Bambergs ist heute die Fußgängerzone um den Grünen Markt und den Maxplatz. Auch wenn die Innenstadt in den letzten Jahren als Einkaufsort angesichts der prekären Parksituation gelitten hat, lohnt sich ein

Kaiserin Kunigunde, Frau von Heinrich II., in voller Pracht auf der Rathausbrücke

Bummel. Der *Maxplatz* wurde zwar stark modernisiert, doch steht hier das Neue Rathaus mit seiner barocken Fassade. Wochentags drängen sich die Menschen zwischen den dicht an dicht stehenden Ständen der Gemüsebauern. Gleich daneben, in Richtung Regnitz, liegt der *Grüne Markt* mit der 1693 erbauten barocken *Martinskirche.* Am Platz steht auch das originelle Wahrzeichen der Stadt, der *Neptunsbrunnen Goblmo* (Gabelmann) – im Sommer der Jugendtreff.

Die 71.000 Einwohner große Stadt wird heute durch die junge *Universität* mit knapp 9000 Studenten geprägt. Die Neugründung der Universität 1979 war sozusagen eine Wiedergutmachung des bayerischen Staats, der die alte Hochschule 1802 bei der Besetzung kurzerhand geschlossen hatte. Es waren vor allem die Studenten, die aus dem verschlafenen Bamberg in den letzten Jahren eine quicklebendige, liebenswerte Universitätsstadt machten. Durch die zahlreichen internationalen Austauschprogramme genießt die Bamberger Uni auch im Ausland einen guten Ruf.

Bambergs Urzelle war das *Castrum Babenberg* (im Bereich des heutigen Doms). Die Anfänge dieser karolingischen Siedlung reichen bis ins 8. Jh. zurück. 997 begann der spätere deutsche König *Heinrich II.* (ab 1002) mit dem Ausbau der Burg. 1007 wurde sie zum Sitz eines neu gegründeten Bistums erhoben, dem die älteren Diözesen Würzburg und Eichstätt Gebiete abtreten mussten. *Clemens II.* war hier später Bischof, bis er 1046 zum Papst gewählt wurde. Bamberg stieg in dieser Zeit zu einer der wichtigsten Städte des Heiligen Römischen Reichs auf. Wiederholt fanden an der Regnitz Hof- und Reichstage statt.

Während des 2. Weltkriegs blieb die Stadt vom Bombenhagel der Alliierten fast verschont. Die Nationalsozialisten rotteten allerdings in den Jahren ihrer Herrschaft die seit dem 11. Jh. bestehende jüdische Gemeinde Bambergs aus. Beim Novemberpogrom von 1938, der so genannten „Reichskristallnacht", wurden Juden von der Bamberger Bevölkerung schwer misshandelt, 81 Männer kamen ins KZ Dachau, die Synagoge (am heutigen Synagogenplatz) wurde in Brand gesetzt. Manche Mitglieder der jüdischen Gemeinde konnten noch rechtzeitig emigrieren, die meisten gingen in die USA, nach Großbritannien und Palästina, aber auch nach Kuba, China, Argentinien und Südafrika.

Bambergs prominente Bürger hatten stets ein kritisches Verhältnis zur Stadt. *E. T. A. Hoffmann*, der ein fünfjähriges Intermezzo an der Regnitz gab, schrieb am Tag seiner Abreise, dem 21. April 1813: „Meine Lehr- und Marterjahre sind nun in Bamberg abgebüßt.“ Ein Jahr vor Hoffmann war der Philosoph *Georg Wilhelm Friedrich Hegel* nach Bamberg gekommen, der als Redakteur der „Bamberger Zeitung“ einen kritischen Journalismus begründen wollte und an der Zensur scheiterte. Eine Zeitlang lebte der bekannte Schriftsteller und Literaturübersetzer Hans Wollschläger in Bamberg, bevor er 1998 in die nahe gelegenen idyllischen Haßberge zog.

Bamberger Symphoniker: Klang von Weltruf

Von der Moldau kamen 1946 die Musiker an die Regnitz. Instrumentalisten aus Prag und ganz Böhmen gründeten im Exil die Bamberger Symphoniker. Im Lauf eines halben Jahrhunderts brachten es die Musiker (mittlerweile in internationaler Besetzung) zu einem Spitzenorchester mit Weltruf. Tourneen führen die Symphoniker rund um den Globus. Unter ihrem früheren Intendanten Rolf Beck haben sich die „Bamberger“ – wie das Orchester kurz genannt wird – einen jahrzehntelang gehegten Wunsch erfüllt: eine eigene Konzerthalle in der Heimatstadt. Die architektonisch gelungene „Sinfonie an der Regnitz“ löste 1993 den viel zu engen Dominikanerbau ab.

Seit 2005 sind die Symphoniker neu organisiert: Sie nennen sich nun „Stiftung Bamberger Symphoniker – Bayerische Staatsphilharmonie“. Der Chefdirigent ist seit dem Jahr 2000 Jonathan Nott. Adresse: Mußstr. 1, ✆ 9647100, www.bamberger-symphoniker.de

Information/Verbindungen

- *Vorwahl* ✆ 0951.
- *Information* Tourismus & Kongress Service Bamberg, Geyerswörthstr. 3, 96047 Bamberg, ✆ 2976-200 bis -204 ✆ 2976222. Mo–Fr 9.30–18 Uhr, Sa 9.30–14.30 Uhr, 1. April bis 31.Dez. auch So 9.30–14.30 Uhr. www.bamberg.info

Stadtführungen mit Besuch des Doms, der Alten Hofhaltung, des Alten Rathauses, Klein-Venedigs und weiterer historischer Bauten mit kundigen Fremdenführern April bis Oktober täglich um 10.30 Uhr und 14 Uhr, Nov. bis März täglich 10.30 Uhr. Preis: 5 €, erm. 3,50 €.

Die **Bamberg card** enthält den Eintritt zu fast allen wichtigen Museen der Stadt, 48 Stunden lang die Benutzung sämtlicher kommunaler Busse, eine Stadtführung und ein Gratisexemplar der Tageszeitung Fränkischer Tag. Die Karte kostet für eine Person 7,50 €, für zwei 14,50 €. Erhältlich bei der Tourist-Information oder dem Service-Point im Bahnhof.

- *Verbindungen* Bamberg ist per **Zug** gut mit seinen Nachbarstädten verbunden. Zahlreiche Züge nach Haßfurt, Schweinfurt, Würzburg und Nürnberg. Service-Point im Bhf., ✆ 832353, tägl. 6.10–20.45 Uhr.

Der **zentrale Omnibusbahnhof** (ZOB) befindet sich am Obstmarkt im Zentrum. Verbindungen nach Seehof, Altenburg, Gaustadt etc. Es wird ein *Touristenticket* für 6,60 € angeboten, das 48 Std. gilt. Auskunft ✆ 09561/749484. www.verkehrsbetriebe.de

Außerdem werden **Schifffahrten** angeboten: Rundfahrten auf der Regnitz und dem Main-Donau-Kanal, ab Mai täglich im Stundentakt, Preis Erw. 6 €, Anlegestelle: Am Kranen, ✆ 26679. Internet: www.personenschiffahrt-bamberg.de

Essen & Trinken

1 Kaiserdom
2 Fäßla
6 Pelikan
7 Hans Rockenbachs Garten
8 Palais Schrottenberg
9 Café Müller
14 Messerschmitt
15 Rathausschänke
19 Bassanese
21 Bischofsmühle
22 Keesmann Bräu
24 Hofbräu
26 Bolero
27 Klosterbräu
28 St. Nepomuk
29 Galerie am Stephansberg
30 Bierkeller Spezial
31 Biergarten Mahrs
32 Greifenklau
34 Wilde Rose

Übernachten

5 Residenzschloss
8 Palais Schrottenberg
13 Alt Ringlein
14 Messerschmitt
18 Domherrenhof
20 Brudermühle
23 Villa Geyerswörth
28 St. Nepomuk
33 Campingplatz
35 Jugendherberge

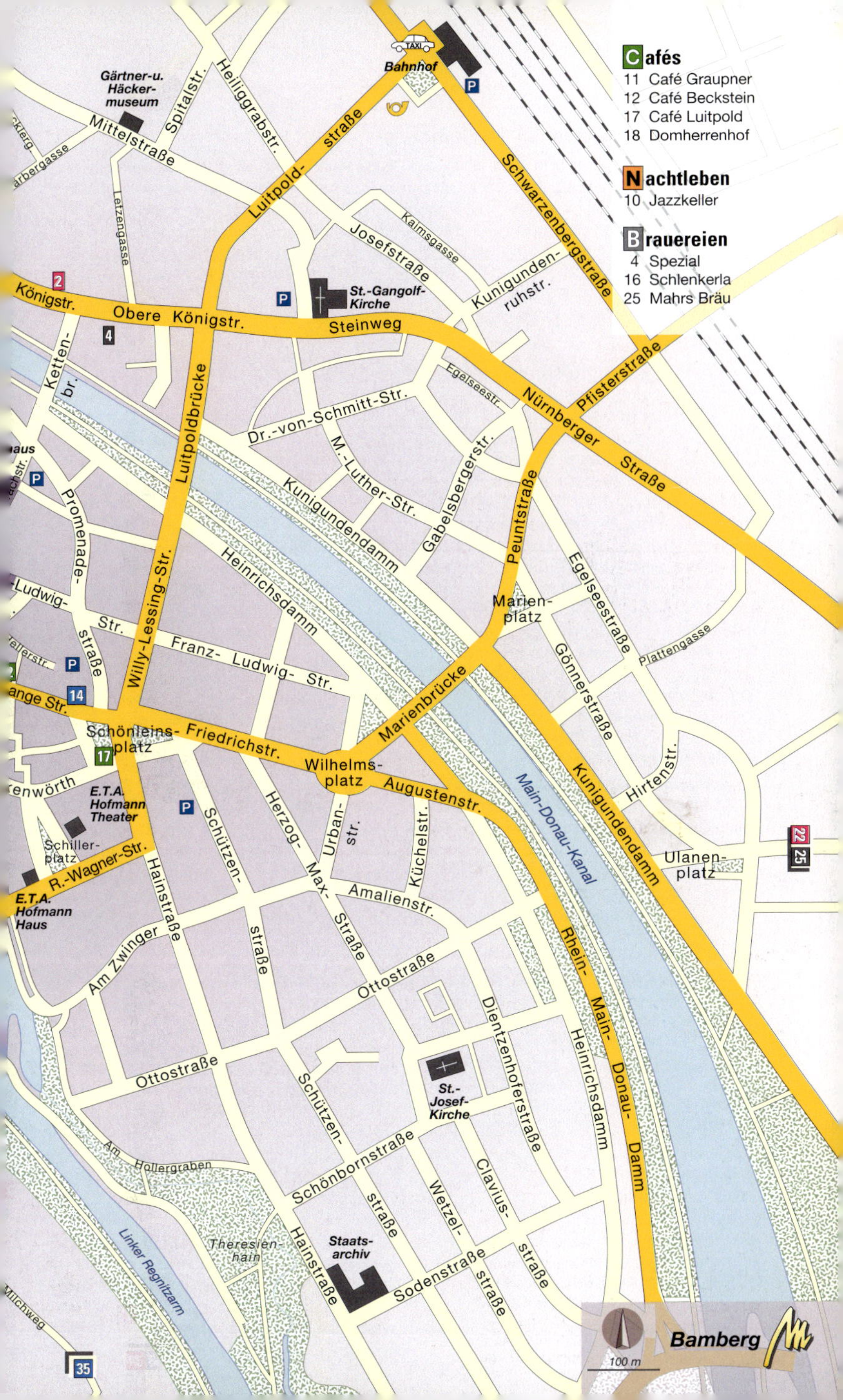
Cafés
11 Café Graupner
12 Café Beckstein
17 Café Luitpold
18 Domherrenhof
Nachtleben
10 Jazzkeller
Brauereien
4 Spezial
16 Schlenkerla
25 Mahrs Bräu
Bahnhof
TAXI
Gärtner-u. Häcker-museum
Mittelstraße
Spitalstr.
Heiliggrabstr.
Luitpold-straße
Schwarzenbergstraße
Letzengasse
Josefstraße
Kaimsgasse
Kunigunden-ruhstr.
St.-Gangolf-Kirche
Königstr.
Obere Königstr.
Steinweg
Ketten-br.
Luitpoldbrücke
Dr.-von-Schmitt-Str.
Egelseestr.
Nürnberger Straße
Pfisterstraße
M.-Luther-Str.
Gabelsbergerstr.
Peuntstraße
Kunigundendamm
Promenade-straße
Heinrichsdamm
Willy-Lessing-Str.
Ludwig-Str.
Franz-Ludwig-Str.
Marien-platz
Egelseestraße
Plattengasse
Gönnerstraße
Marienbrücke
Lange Str.
Schönleins-platz
Friedrichstr.
Wilhelms-platz
Augustenstr.
Main-Donau-Kanal
Hirtenstr.
Kunigundendamm
Ulanen-platz
E.T.A. Hofmann Theater
Schiller-platz
R.-Wagner-Str.
E.T.A. Hofmann Haus
Hainstraße
Schützen-straße
Herzog-Max-Straße
Urban-str.
Küchelstr.
Amalienstr.
Am Zwinger
Ottostraße
Ottostraße
Rhein-Main-Donau-Damm
Dientzenhoferstraße
Heinrichsdamm
St.-Josef-Kirche
Schützen-straße
Am Hollergraben
Schönbornstraße
Wetzel-straße
Clavius-straße
Theresien-hain
Linker Regnitzarm
Hainstraße
Staats-archiv
Sodenstraße
Mühlweg
100 m
Bamberg

Parken – „Jagdszenen" in Bamberg

Viele Einheimische und Touristen beklagen sich bitter über die kommunalen Parküberwacher, kurz Püd genannt. Für Falschparker gibt es kein Entrinnen, da das gesamte Stadtgebiet, insbesondere die Altstadt mit ihren Hotels und Restaurants, auch in den frühen Morgenstunden und an Wochenenden kontrolliert wird. Auch kleinste Regelverstöße wie Reifen über der Linie werden ohne Pardon geahndet. Vor allem die Straßen um die Bamberger Bierkeller werden im Sommer in kurzen Abständen überprüft.

Übernachten/Essen & Trinken (siehe Karte S. 36/37)

• *Hotels* **Hotel Residenzschloss (5)**, 1990 eröffnete das mondäne 4-Sterne-Hotel zu Füßen des Michelsbergs seine Pforten. Ursprünglich war das Gebäude ein Krankenhaus, das Fürstbischof Franz Ludwig von Erthal 1789 erbauen ließ. Die Herberge am Ufer der Regnitz, gegenüber der Konzerthalle, bietet allen Komfort (Sauna, Solarium, Dampfbad, Fitnessraum, Fahrradverleih etc.), dazu 185 luxuriös ausgestattete Zimmer und Suiten, darunter Nichtraucherzimmer, behindertenfreundliche Zimmer und Familienzimmer. Zwei Restaurants verwöhnen den Gaumen: die ungezwungene Orangerie und das elegante Fürstbischof Erthal. EZ ab 105 €, DZ ab 125 €. Untere Sandstr. 32, ✆ 60910, ℻ 6091701. www.residenzschloss.com

Messerschmitt (14), Das Restaurant und Hotel (3 Sterne) am Schönleinsplatz ist eine Institution in Bamberg. Bereits seit 1832 – dem Gründungsjahr – zählt es zu den bevorzugten Adressen der Stadt. Hier war auch das Elternhaus des Flugpioniers Prof. Willy Messerschmitt. Selbst Willy Brandt wusste schon die vorzügliche fränkische Küche, die im Messerschmitt gepflegt wird, zu schätzen. In den gemütlichen Gasträumen (gediegen eingerichtet, Holztäfelung) werden Spezialitäten aufgetischt: viele frische Fischgerichte, je nach Saison z. B. Mainaal, Hecht und Zander. An warmen Sommertagen speist man im Brunnengärtchen. Das Messerschmitt verfügt über 19 komfortable Zimmer: EZ 55–80 €, DZ mit DU 120–160 €. Lange Straße 41, ✆ 297800, ℻ 2978029. Kein Ruhetag. www.hotel-messerschmitt.de

Palais Schrottenberg (8), das malerische Barockpalais aus dem Jahr 1710, früher Residenz der fränkischen Adelsfamilie Schrottenberg, ist heute ein stilvolles Hotel im Herzen der Altstadt. Dank einer umfassenden Renovierung wurde ein architektonisches Schmuckstück wiedererweckt. Die Zimmer sind aufwändig ausgestattet (Marmorbäder). Zum Hotel gehören eine Bar mit Blick zum malerischen Patio des Hauses und ein Restaurant im eleganten Barocksalon (mit Stuckdecken). Auf der Speisekarte stehen internationale Gerichte (gute Crêpes), die frisch zubereitet werden . Kleine Weinkarte (leider nur wenige fränkische Tropfen) . EZ ab 100 €, DZ ab 130 €. Kasernstr. 1, ✆ 955880, ℻ 9558810.

St. Nepomuk (28), die oberen Mühlen, traumhaft in die Regnitz gebaut, haben längst ausgedient. Heute beherbergt das wie ineinander geschoben wirkende Fachwerkhaus auf der Pfahlinsel, das nur über eine Brücke zu erreichen ist, einen Hotel- und Restaurantbetrieb. Das Hotel der Familie Grüner (mit Gästehäusern Steinmühle und Molitorhaus) verfügt über komfortable Zimmer, DZ 112 €, EZ ab 80 €, Suiten 160–270 €. Das Gästehaus Steinmühle ist ein Neubau, das Molitorhaus und das Haupthaus, das quasi mitten im Wasser steht, sind historische Gebäude. Obere Mühlbrücke 9, ✆ 298420, ℻ 2978029. Kein Ruhetag. www.hotel-nepomuk.de

Hotel-Café Domherrenhof (18), bis 1990 führte der Musiker Ingo Graupner unterhalb des fränkischen Vatikans diesen legendären Bamberger Intellektuellentreff. Der Musiker verabschiedete sich aus der Domstadt, die beeindruckenden Räume des im 16. Jh. erbauten Palais – einst Wohnhaus des Domherrn Karl Dietrich von Aufseß – wurden mit einer neuen Inneneinrichtung ausgestattet. Manche erinnern sich melancholisch an das frühere Kaffeehaus zurück. Doch ein wenig von der Vergangenheit hat sich in den noblen Räumen des Barockanwesens gehalten, dessen Decken einst prächtig vom Bamberger Hofstuckateur Franz Vogel gestaltet wurden. Angenehme Atmosphäre auf der Terrasse. 1995 wurde

Fränkische Lebensart: Speisen im Rosengarten

dem Barockbau auch ein kubischer, architektonisch wenig gelungener Hotelanbau mit 17 DZ angefügt, das Hotel Domherrenhof, das als Gästehaus dem Palais Schrottenberg angegliedert ist. Die Zimmer sind geschmackvoll-modern eingerichtet, teilweise mit schönem Blick. Nette Rezeption, allerdings nur mäßiges Frühstück. DZ 90–95 €, Rezeption im Palais Schrottenberg. Karolinenstr. 24, ✆ 955880, 📠 9558810.

Villa Geyerswörth (23), eine der stilvollsten Übernachtungsmöglichkeiten Bambergs, die auf mehrere Häuser verteilte Nobelherberge direkt an der Regnitz gibt es seit Sommer 2003. 40 Zimmer für gehobene Ansprüche (in verschiedenen Ausführungen), manche mit Blick zur Regnitz, alle Sehenswürdigkeiten sind von hier leicht zu Fuß zu erreichen, diverse Konferenzräume und das empfehlenswerte Bistrorant „La Villa" im Erdgeschoss (oberes Preissegment, mit sonniger Terrasse). Allerdings trauen sich nicht viele Besucher dorthin. EZ 120–145 €, DZ 150–175 €, Frühstücksbuffet inkl. Geyerswörthstr. 15–21a, ✆ 91740, 📠 9174500, www.villageyerswoerth.de

Hotel Alt Ringlein (13), bereits um 1300 wird das Altstadthaus als Glockengießer- und Münzwerkstatt erwähnt und dient ab 1545 als Gast- und Brauhaus zum Ringlein. Seit 1987 beherbergt es eines der schönsten Mittelklassehotels Bambergs. Das hohe Gebäude verbindet alte und moderne Architektur. Zimmer in gediegen-rustikalem Stil. Fränkisch-derbes Restaurant, elegant-barocker Frühstücksraum und malerische Terrasse. Tiefgarage direkt unter dem Hotel. Reichhaltiges Frühstücksbuffet. EZ ab 65 €, DZ 90–100 €. Dominikanerstr. 9, ✆ 95320, 📠 9532500. www.alt-ringlein.com

Brudermühle (20), bis in die Mitte des 19. Jh. drehten sich hier die Mühlräder, später entstand daraus das erste Wasserwerk Bambergs. Heute ist die Brudermühle eines der behaglichsten Hotels der Altstadt. Nur einen Katzensprung vom Alten Rathaus entfernt, bietet das Restaurant mit rustikalem Ambiente auf zwei Etagen fränkische Spezialitäten mit saisonalen Höhepunkten wie Spargel, Pilze, Forellen aus eigener Zucht und Wild aus eigener Jagd. Im Sommer sitzt man herrlich im Freien. Dazu kredenzen Erna und Georg Vogler fränkische Weine – offen oder im Bocksbeutel. Das Hotel (3 Sterne) bietet 16 Zimmer: EZ 79 €, DZ 110–125 €. Fahrradverleih. An der Hausecke eine prächtige barocke *Himmelfahrt Mariens*. Schranne 1, ✆ 955220, 📠 9552255. Kein Ruhetag. www.brudermuehle.de

Hotel-Gasthof Wilde Rose (34), ein traditionsreiches Haus (3 Sterne) inmitten der Fußgängerzone, am „Gabelmann-Brunnen". In dem gemütlichen Restaurant, einem ehemaligen Brauhaus, kommen fränkische

Spezialitäten auf den Tisch. Viele saisonbedingte Gerichte. Gesetztes Publikum. DZ ab 90 €. Kesslerstr. 7, ✆ 981820. So ab 16 Uhr geschlossen. www.hotel-wilde-rose.de

• *Jugendherberge/Camping* **Jugendherberge Wolfsschlucht (35)**, romantisch und abgelegen an der Regnitz im Stadtteil Bug (15 Min. zu Fuß entlang am Regnitzufer in die Altstadt; Busverbindung). Das Haus umfasst 84 Betten, aufgeteilt in 2-, 4-, 6- und 8-Bett-Zimmer. Oberer Leinritt 70, ✆ 56002, 📠 55211, Mitte Dez. bis Ende Jan. geschlossen. Übernachtung 16–20 € . DJH-Ausweis erforderlich.

www.djh.de/Jugendherbergen/bamberg

Campingplatz Insel (33), ganz im Süden der Stadt (Stadtteil Bug) befindet sich in idyllischer Lage die sympathische Anlage. Sie bietet rund 170 Stellplätze und verfügt auch über Waschmaschinen etc. Gaststätte mit ständiger Kunstausstellung. Preise pro Person 2,80–3, € , Stellplatz 6,70 €. Am Campingplatz 1, ✆ 56320, 📠 4073209. www.campinginsel.de.

Privatunterkünfte kann man bekommen unter: bed and breakfast Privat-zimmervermittlung, ✆ 49736, 📠 4073209. www.bed-and-breakfast-bamberg.de

Restaurants (siehe auch unter Hotels; siehe Karte S. 36/37)

Hans Rockenbachs Garten (7), das verwinkelte Haus in der Sandstraße, inklusive seiner Bamberger Walhalla für verdiente Bürger der Stadt, ist allein schon eine Sehenswürdigkeit. Die beliebte Gaststätte besteht aus mehreren kleinen, kurios eingerichteten Zimmern. Es werden exzellente Weine insbesondere aus Zeil kredenzt, die ausgesprochen preiswert sind. Erstklassiges Bier. Im Sommer zieht die wunderschöne Galerie im Patio zahlreiche Gäste an. Stets sehr freundliche, sympathisch unprofessionelle Bedienung. Untere Sandstr. 41.

Hofbräu (24), die stimmungsvolle Gaststätte (ursprünglich eine Münzmeisterei) am Alten Rathaus zählt zu den beliebtesten Lokalen der Altstadt. Die dunkle, schlichte Einrichtung, die schweren Holzstühle und die kunstvolle Drehtür erinnern eher an Prag oder Wien als an Franken. Das Restaurant bietet vielfältige Gerichte mit saisonalen Produkten. Auch Anhänger der fränkischen Küche kommen auf ihre Kosten. Rauchbier vom Fass. Im Sommer Außenbewirtung. Hauptgerichte zwischen 8 und 15 €. Am Wochenende durchgehend warme Küche. Geöffnet täglich 10–1 Uhr. Unterschiedlicher Service. Karolinenstr. 7, ✆ 53321. www.hofbraeu-bamberg.de

Cafés (siehe Karte S. 36/37)

Café Luitpold (17), der Wintergarten des schicken Cafés im Hotel Bamberger Hof ist wie ein Aquarium: sehen und gesehen werden. An Wochenenden ist in dem populären Café mit seiner rustikal-nostalgischen Einrichtung kaum ein Stehplatz zu bekommen. Die Terrasse mit Blick in einen kleinen Park ist im Sommer ein Publikumsmagnet. Schönleinsplatz 4, ✆ 29715899.

Café Beckstein (12), 1887 wurde die Bäckerei in der Langen Straße gegründet und zählt zu den besten der Stadt, glaubt man kundigen Bambergern. Das Café ist wie Bamberg: gemütlich, rustikal und ein bisschen grob. Ein Kachelofen wärmt an kalten Wintertagen und auf den Sofas lässt es sich stundenlang aushalten. Von der Wand blickt unverdrossen der Bamberger Reiter die Gäste an. Wer einmal die leckeren *Bamberger Hörnchen* probieren möchte, sollte das im Beckstein tun. Im Sommer verwandelt es sich durch die zu öffnende Fensterwand beinahe in ein Straßencafé. Schüler fühlen sich in dem rustikalen Ambiente genauso wohl wie ältere Damen. Preiswert. Lange Straße 9, ✆ 25435.

Café Graupner (11), das Graupner ist Bambergs feinste Patisserie. Vor allem die Kuchen sind vom Feinsten, etwa hausgemachter Baumkuchen. Auf bequemen Sesseln lässt sich bei einer Tasse Kaffee das Straßenleben beobachten. Gesetztes, konservatives Publikum. Das Graupner vermietet auch Zimmer, ohne Du/WC ab 45 €, mit Du/WC ab 60 €. Lange Str. 5, ✆ 980400, 📠 9804040.

Café Müller (9), hier heißt es sehen und gesehen werden. Im Sommer sitzt man vor dem Café und beobachtet das Straßengeschehen (Fußgängerzone). Austraße, ✆ 202943.

Eiscafé Bassanese (19), herrliche Lage direkt an der Brücke vor dem Alten Rathaus, der richtige Platz für einen Cappuccino zwischendurch. Karolinenstraße.

Café Bassanese – dolce vita am Alten Rathaus

Kneipen (siehe Karte S. 36/37)

Galerie am Stephansberg (29), das unscheinbare historische Gebäude am Unteren Stephansberg, dem Pilgerweg zu den Bamberger Kellern, gilt als Bamberger Institution. Das 1971 eröffnete Haus ist Weinstube, Künstlertreffpunkt und vor allem kleine Galerie, die sich der Gegenwartskunst widmet. Fränkische Maler wie Oskar Koller oder Mike Rose, aber auch Künstler aus Israel, Indien oder Japan werden hier gezeigt. Die Galerie wird vom freundlichen Peter Hofmann geleitet, der auch den Bamberger Campingplatz führt. In der urgemütlichen Weinstube (einen Stock darüber befinden sich die Ausstellungsräume) kommen Weine vor allem aus Steigerwaldlagen zum Ausschank. Unterer Stephansberg 5. Ab 19 Uhr geöffnet, ✆ 56000.

Pelikan (6), schlichtweg *die* Studentenkneipe. Der Pelikan überlebte alle Moden und blieb bis heute unverändert. Noch immer ist er Abend für Abend brechend voll. Im Sommer wird der kleine Innenhof als Biergarten genutzt. Untere Sandstraße 45, ✆ 62110.

Bolero (26), spanisches Restaurant, empfohlen vom Feinschmecker 2004. Junges Publikum, berüchtigte Tapas, schöner, eingewachsener Biergarten. Essen ab 7 €, Sonntagsbrunch für 9,80 €. Im Sommer täglich von 10–1 Uhr nachts geöffnet, samstags bis 2 Uhr, im Winter 17–1 Uhr Judenstr. 7, ✆ 5090290. www.bolero-bamberg.de

Bischofsmühle (21), in der historischen Mühle am Rande der Altstadt kommen Weintrinker auf ihre Kosten. Hier werden nicht nur sorgfältig ausgesuchte fränkische Tropfen kredenzt, sondern auch Gewächse aus Frankreich, Italien und Spanien bis hin zu Kalifornien, Chile, Südafrika oder Australien. Insbesondere Flaschenweine sind preiswert. Viele Gäste schätzen die leckeren kleinen Speisen. Liebenswerte Bedienung. Geyersworthstr. 4, ✆ 27570.

Jazzkeller (10), die urige Musikkneipe in der Altstadt bietet oft gute Live-Musik im Kellergewölbe. Allerdings nur bei Veranstaltungen am Wochenende geöffnet. Obere Sandstr. 18, ✆ 53740. www.jcbamberg.de

Rathausschänke (15), noch vor einigen Jahren war das alte Haus an der Oberen Brücke ein heruntergekommenes Baudenkmal, jetzt ist es eine urige Kneipe, in und vor der man sehr gut sitzen kann. Obere Brücke Nr.3, ✆ 2080890.

Flusszigeiner

heißt die neueste von inzwischen acht CDs des fränkischen Liedermachers und Kabarettisten *Wolfgang Buck*. Der Fürther startete seine außergewöhnliche Karriere als evangelischer Pfarrer von Trabelsdorf bei Bamberg. „Unkraud vergehd ned“ hieß seine erste CD 1998. Vor einigen Jahren hat er den Talar an den Nagel gehängt und sich ganz der Musik verschrieben – und dies sehr erfolgreich. Aus seiner Feder stammen Lieder wie „Schaunerhie“ oder „Sambesi“, die schon als fränkische Klassiker gelten. Ein Erlebnis ist es, Wolfgang Buck und seine Band live zu erleben. Infos und Termine finden sich auf der Houmbaidsch des Musikers im Internet: www.wolfgang-buck.de

Brauereigaststätten (siehe Karte S. 36/37)

Auswahl an Brauereigaststätten hat man genug, es gibt neun Brauereien in der Stadt, die meisten haben ihre eigene Wirtschaft direkt neben dem Sudhaus. Wer hier zu Mittag isst, wird auf keinen Fall enttäuscht, auch nicht vom Preis. Außerhalb der normalen Essenszeiten kann auch die mitgebrachte Brotzeit auf den blank gescheuerten Ahorntischen ausgepackt werden - in Privileg, das sich die Bamberger nicht nehmen lassen.

Die lokale Bierspezialität ist das **Rauchbier**. Den herben, rauchigen Geschmack des tief dunkelbraunen Gerstensafts gewinnt man durch Räuchern des Malzes über Buchenholz.

Schlenkerla (16), die bekannteste Brauereigaststätte – nicht wegen ihrer Lage unterhalb des Dombergs, sondern vor allem wegen des Rauchbiers hocken hier Touristen und Einheimische harmonisch beisammen – fränkische Gemütlichkeit hinter Fachwerkfassade und Butzenscheiben. Das Schlenkerla ist das Mekka der Rauchbierfans. Seinen Namen verdankt das Haus einem Brauer, der hier im 17. Jh. lebte und durch seinen schlenkernden Gang auffiel. Es gibt gute Brotzeiten und ein Bier mit extra starkem Rauchgeschmack (eigene Mälzerei). Dominikanerstr. 6 ✆ 56060. Di Ruhetag. www.schlenkerla.de

Klosterbräu (27), liegt in einer ruhigen Altstadtgasse und zählt zu den schönsten und ältesten Brauereigaststätten der Stadt. Das 1533 als Fürstbischöfliches Braunbierhaus gegründete Klosterbräu produziert eines der besten Biere Bambergs. Im Hinterhof befindet sich die Braustätte, die jährlich rund 5000 hl Bier produziert. Zu den Spezialitäten der Brauerei zählen Schwärzla, Braunbier und saisonal der Schwärzla-Bock. Fränkische Küche. Obere Mühlbrücke 1–3. ✆ 52265, 📠 500274. www.klosterbraeu.de

Kaiserdom (1), im Arbeitervorort Gaustadt liegt dieser untypische Brauereigasthof. Die meisten Gäste kommen nicht wegen des Biers, sondern wegen der überdurchschnittlichen Küche. Raffiniert zubereitete fränkische und internationale Speisen kommen hier auf den Tisch. Auch gute Frankenweine. Nette Bedienung und freundlich-rustikales Ambiente. Der Gasthof (3 Sterne) vermietet auch moderne Zimmer . Gaustadter Hauptstr. 26 (2,5 km von der Altstadt), ✆ 965140, 📠 9651444.

Spezial (4), fast immer voll, vormittags, nachmittags – erstaunlich, denn Touristen verschlägt es weniger hierher. Hauptsächlich sind es Bauern aus dem Umland und Eingesessene. Übrigens, der Name „Spezial“ – so vermutet man – stammt vom Ausdruck Spezeln (Freunde), die in der Wirtschaft zusammenkamen. Die Brauerei Spezial wurde erstmals 1536 urkundlich erwähnt. Die Spezialität ist das berühmte Rauchbier. In einer eigenen Mälzerei trocknet das Malz auf einer Darre über offenem Buchenholzfeuer. So wird der charakteristische Rauchgeschmack erzielt. Gute, einfache fränkische Küche (Bratwürste, Schweinsknöchla, Spießbraten etc.) und eigenes Rauchbier. Geöffnet täglich 9–23 Uhr, Sa nur bis 14 Uhr. Obere Königstr. 10, ✆ 24304, 📠 26330. www.brauerei-spezial.de

Fäßla (2), gleich gegenüber vom Spezial – ein Stück Ur-Bamberg. In dem mit dunklem Holz verkleideten Gastzimmer werden bodenständige Gerichte und deftige Brotzeiten serviert. Fässer als Bar im Eingangsbereich, der noch bis in die 50er Jahre mit Pferdefuhrwerken durchfahren wurde. An heißen Sommertagen lädt ein Biergarten zum Verweilen ein. Obere Königstr. 19, ✆ 22998 oder 26516.

Greifenklau (32), oben am Kaulberg, mit Biergarten hinterm historischen Zehnthaus. Lager-, Fest- und Bockbier der kleinen Brauerei werden von Einheimischen sehr geschätzt. Gründer der Brauerei war 1719 der Domherr Graf von Greiffenclau (siehe auch Keller). So ab 14 Uhr und Mo Ruhetag. Laurenziplatz 20. ✆ 53219. www.greifenklau.de

Mahrs Bräu (25), traditionsreiche Brauerei (seit 1670). Seit 100 Jahren hat sich ihr originelles Erscheinungsbild kaum verändert. Zum Ausschank kommt ungespundetes Bier aus dem Eichenholzfass von der Privatbrauerei Gebrüder Michel. Gute, preiswerte Küche aus Franken. Vorm Haus stehen im Schatten von Kastanienbäumen Holztische. Geöffnet täglich 9–23 Uhr. Wunderburg 10, ✆ 915170. www.mahrs-braeu.de

Keesmann Bräu (22), etwas moderner, bürgerlicher. Gute Auswahl an fränkischen Gerichten und Brotzeiten. Zu den Spezialitäten gehören Knöchla mit Kraut und Erbsen sowie Karpfen blau. Mitte Oktober der populäre Bockbieranstich. Schattiger Wirtschaftsgarten. Auf Anfrage gibt es für Gruppen Führungen durch die Brauerei. Wunderburg 5, ✆ 26646. So Ruhetag.

Bierkeller (siehe Karte S. 36/37)

An warmen Sommerabenden ist Bambergs Innenstadt fast ausgestorben. Wenn die Schatten länger werden, spazieren seit Jahrzehnten die Bamberger hoch zu Stephans- und Kaulberg. „Auf dem Keller" wird das saubere Tischtuch ausgebreitet, die Brotzeit ausgepackt und ein kühles Fassbier bestellt. Geöffnet sind die Bierkeller von Anfang Mai bis Ende September.

Spezial (30), die „demokratisierende Kraft des Bieres" (Gerhard C. Krischker) spürt man auf dem **Spezi-Keller** – wie er von Einheimischen genannt wird – am besten: Hier diskutieren Studenten mit Professoren, Leser mit Journalisten, Bürger mit Stadträten. Der Bierkeller auf dem Stephansberg, neben der Sternwarte, bietet einen malerischen Blick aufs Domviertel und vorzügliches Rauchbier. Schon der Schriftsteller Günter Eich verewigte vor Jahrzehnten Keller, Bier und Blick in seinem Gedicht „Aussicht vom Spezial-Keller". Während des Sommersemesters fungiert der Spezi-Keller als Wallfahrtsort für Bambergs Studenten. Leckere fränkische Brotzeiten wie Ziebeleskäs (Quark mit Salz, Pfeffer, Schnittlauch oder Kümmel) und fränkische Bratwürste. Nette Bedienung. Kinderspielplatz vorhanden. Sternwartstraße. Geöffnet ab 15 Uhr, So ab 10 Uhr. Mo Ruhetag, ✆ 54887, 📠 54862.

Mahrs (31), idyllischer Biergarten mit sehr gutem Essen. Bei aufziehenden Gewittern kann man in die gemütliche Gaststube im Haupthaus des Mahrs-Bräus flüchten. Zahlreiche fränkische Spezialitäten. Oberer Stephansberg 36, ✆ 53486, Mo Ruhetag.

Wilde Rose (34), weitläufiger Keller am Stephansberg, viel Schatten durch alten Baumbestand, kein Ausblick. In den Sommermonaten gibt es bisweilen Konzerte. Selbstbedienung. Geöffnet Mo–Fr 16–23 Uhr, Sa/So ab 15 Uhr. Oberer Stephansberg 49, ✆ 57691.

Greifenklau (32), auf dem Kaulberg am Laurenziplatz (10 Min. vom alten Rathaus) liegt hinter einer unscheinbaren Fassade der idyllische Biergarten. Auf dem Greifenklau geht es zünftig zu und an den langen Bänken sind jung und alt vereint. Fränkische Brotzeiten, prima Bratwürste, aber auch Bratenküche mit Bamberger Wirsing und Schweinshaxe in Biersoße mit rohen Klößen. Gaststube im Hauptgebäude. Im November Bockbierwoche. Laurenziplatz 20. ✆ 53219. www.greifenklau.de

Baden/Rudern

• *Baden* Das originellste Freibad Bambergs ist das Licht-, Luft- und Sonnenbad im Hain am Rand des gleichnamigen Stadtviertels (10 Min. von der Altstadt). Es liegt direkt an einem der schönsten Abschnitte der alten Regnitz. Auf großen Holzplanken

Am Ufer der Regnitz: „Klein-Venedig“

kann man sich sonnen oder Abkühlung im klaren Fluss suchen, in dem noch immer bedenkenlos gebadet werden kann. Kinderplanschbecken und Spielplatz sind vorhanden. Das Schwimmbad öffnet in der Regel am 15. Mai. Direkt nebenan hat der Bamberger Ruderverein sein Domizil. Im gleichen Haus gibt es eine idyllische Gartenwirtschaft, von deren Biergarten man bei einer kühlen Halben die Sportler auf der Regnitz beobachten kann.

• *Rudern* Am Leinritt im pittoresk-dörflichen Stadtteil Bug, dort wo sich die Regnitz in einen linken und rechten Flussarm teilt, werden Boote verliehen.

„Fischerstechen“ auf der Regnitz

Die Fischerstecher, bewaffnet mit 4 m langen Holzstangen, balancieren auf dem Bug der langen, schmalen Kähne. Der Fahrer des Boots muss sich dabei möglichst ruhig fortbewegen, nicht ruckartig, denn sonst wird sein Kompagnon eine leichte Beute für den Gegner und prompt in den Fluss gestoßen. Alljährlich Ende August zur **Sandkerwa**, dem größten Volksfest der Region, treten die Besten zum Wettbewerb an. Die Sandstraße verwandelt sich während der Kirchweih in eine kilometerlange Theke. Die Kerwa ist dabei kein von oben verordnetes Fest, sondern wurde von den Bürgern selbst, erstmals 1950, initiiert. Vielleicht erklärt das ihre Beliebtheit. Jeweils am Kirchweihsamstag gegen 22 Uhr gibt es ein prächtiges Feuerwerk, das Zehntausende von Besuchern in die Altstadt lockt.

Theater

E.T.A.-Hoffmann-Theater, das städtische Theater wurde gerade neu saniert und bietet ein gemischtes Programm aus Schauspiel, Komödie, Tragödie, Märchen, Musical usw. E.T.A.-Hoffmann-Platz 1, ✆ 873030. www.theater.bamberg.de

Chapeau Claque Kindertheater, das als Verein organisierte Theater betreibt in Bamberg ein professionelles Theater für Kinder und führt Kinderkulturprojekte in ganz Bayern durch. Theater: Grafensteinstr. 16, ✆ 39333, ✆ 31555. www.chapeau-claque-bamberg.de

Marionettentheater Loose, barockes Theater in der Barockstadt Bamberg. Es werden klassische Stücke in klassischer Ausstattung auf einem antiken Marionettentheater aus dem Jahr 1821 in einem Palais in der Altstadt gespielt. Untere Sandstr. 30, ✆ 67600. www.bamberger-marionettentheater.de

„Ein Platz für die leisen Töne" – das Brentano-Theater von Martin Neubauer

Maximal 32 Zuschauer passen in das vielleicht kleinste Theater Deutschlands, die Bühne ist nicht einmal 2 qm groß, mehr als fünf Schauspieler haben darauf kaum Platz. Aber genau die Nähe von Publikum und Akteuren und die intime Atmosphäre sind auch das Besondere am Bamberger Brentano Theater. Im zum „Theatersaal" umfunktionierten Wohnzimmer werden unter Leitung des Schauspielers und Rezitators Martin Neubauer u. a. Stücke der Romantik und des Jugendstils aufgeführt. Das Ausgraben vergessener und vernachlässigter Dichter/innen ist dabei ein Herzensanliegen, Überraschungen sind zu erwarten. Die Höhe des Eintritts bestimmt der Besucher dabei selbst – nach dem Vorbild von Brentanos Traumtheater. Einen „Platz für die leisen Töne" nennt der Prinzipal seine kleine Bühne. Im Sommer veranstaltet das Brentano-Theater seit Jahren einen „Literarischen Spaziergang", zum Beispiel im Bamberger Hain. Martin Neubauer, als Rezitator deutschlandweit unterwegs, verwirklichte in der kleinen Erkerbühne seinen Traum eines stillen, lyrischen und nicht kommerziellen Literaturtheaters. ✆ 54528 (Kartenbestellung und Information), Gartenstr. 7 (Anfahrt über den Unteren Kaulberg, beim Karmelitenplatz rechts abbiegen, dann durch die Ziegelgasse in die Gartenstraße).

Bamberg/Sehenswertes

Dom: Neben den Kaiserdomen in Speyer, Mainz und Worms ist der Bamberger Dom eines der imposantesten deutschen Bauwerke des Mittelalters. Seine vier schlanken Türme beherrschen seit Jahrhunderten das Bild der Stadt. Der Bau entstand in der Zeit des Übergangs von der Romanik zur Gotik, die wuchtigen Tonnengewölbe des Mittelalters zeigen hier schon eine gewisse Leichtigkeit. 1237 erhielt der heutige Dom St. Peter und Georg unter Bischof *Eckbert von Andechs-Meranien* seine feierliche Weihe. Er steht an der Stelle einer von Heinrich II. errichteten Kathedrale, die 1012 geweiht wurde. Nach dem 30-jährigen Krieg wurde der Dom vollständig modernisiert und erhielt eine barocke Innenausstattung. In der Romantik wurde der gesamte barocke Zierrat wieder entfernt – „Stilreinigung" nannte man das 1836 unter König Ludwig I. Das bekannteste Kunstwerk im Dom ist das Standbild des *Bamberger Reiters*, die älteste erhaltene, lebensechte Reiterplastik des Mittelalters. Dieses Werk eines unbekannten Bildhauers, entstanden um 1235, wurde als Idealbild des mittelalterlichen Königs- und Rittertums von den Nationalsozialisten propagandistisch missbraucht.

• *Beachtenswert* Zwischen den Treppen zum Georgenchor befindet sich das vom Würzburger Bildhauer Tilman Riemenschneider zwischen 1499 und 1513 in Juramarmor geschaffene **Hochgrab** für Kaiser Heinrich II. und seine Gemahlin Kunigunde. Lohnenswert ist die Betrachtung der Reliefs, die die Legenden der beiden heiligen

Bistumsgründer erzählen: die Feuerprobe der Kaiserin, bei der Kunigunde über glühende Pflugscharen (Zeichen der Fruchtbarkeit) gehen musste, um ihre Unschuld zu beweisen, da sie des Ehebruchs angeklagt war; ihre Entlohnung der unzufriedenen Bauarbeiter von St. Stephan; die Sterbeszene Heinrichs II.; die Wägung der Seele durch den Erzengel Michael und die Heilung eines Steinleidens Kaiser Heinrichs durch den heiligen Benedikt.

Marienaltar von Veit Stoß (1523) im südlichen Querschiff. Im Zentrum des Altars aus Lindenholz steht die Geburt Christi. Das ursprünglich für Nürnberg bestimmte Meisterwerk blieb wegen der Ausbreitung der Reformation im katholischen Bamberg, wohin sich der fränkische Bildhauer aus dem gleichen Grund zurückgezogen hatte.

Papstgrab (nicht zugänglich): Papst Clemens II. (ehemaliger Bischof von Bamberg) war nur neun Monate lang das höchste Kirchenamt vergönnt. Er wurde 1047 vermutlich von seinem abgesetzten Vorgänger vergiftet!

Ecclesia und Synagoge: An den südlichen Chorschranken stehen die beiden berühmten Plastiken aus der ersten Hälfte des 13. Jh. Während die Synagoge mit verbundenen Augen und gebrochenem Stab als Besiegte dargestellt wird, soll Ecclesia, die Verkörperung der Kirche, durch ihre Krone als Herrscherin wirken.

Die beiden Domkühe (-esel) am nordwestlichen Turm wurden aus Dankbarkeit für die fleißigen Dombauhelfer angebracht. Die alte Garnitur kann aus nächster Nähe im Dommuseum besichtigt werden. Die jetzt an der Fassade angebrachten Kopien wurden zwar erst nach dem 2. Weltkrieg der Witterung ausgesetzt, sind aber heute schon stark angegriffen.

Ostchor-Krypta: Die dreischiffige Hallenkrypta beherbergt das Grab des Bischofs Gunther von Bamberg. Hier ist auch König Konrad III. begraben, der 1152 starb und die Krone an Friedrich Barbarossa weitergab.

Fürstenportal: Haupttür des Doms (um 1230) am nördlichen Seitenschiff mit einer Darstellung des Jüngsten Gerichts und Christus als Weltenrichter.

Gnadenpforte: Die romanische Pforte (am Ostchor) zeigt den heiligen Georg (links) als Ritter, Petrus mit dem Buch, die thronende Maria sowie das heilig gesprochene Königspaar Heinrich und Kunigunde (rechts).

• *Öffnungszeiten* Apr.–Okt. 9.30–18 Uhr, Nov.–März 9.30–17 Uhr. Eintritt frei. Eine Besichtigung während der Gottesdienste ist nicht möglich. Es finden regelmäßige Führungen statt.

Diözesanmuseum: Das Museum links neben dem Dom war ursprünglich das Kloster der St. Georgenbrüder. Aus dieser Bruderschaft entwickelte sich das so genannte Metropolitan-Kapitel, die Verwaltungsgemeinschaft des Bistums. Das heutige Kapitelhaus wurde 1773 nach den Plänen von Balthasar Neumann fertig gestellt. Herzstück der Sammlung (im Obergeschoss) sind die prächtigen mittelalterlichen Textilien, darunter der *Sternenmantel* Kaiser Heinrichs II. (1002–24) und der Mantel seiner Gattin Kunigunde. Der um 1020 aus blauem Seidendamast gefertigte Mantel des Bistumsgründers Heinrich beschreibt mit seinen Goldstickereien die gesamte Himmelssphäre mit vielen Sternbildern und religiösen Symbolen. Der Durchmesser des eindrucksvollen Gewands beträgt fast 3 m. Der mit aufwändigen Goldstickereien geschmückte *Kunigundenmantel* zeigt Darstellungen aus der Weihnachtsgeschichte und dem Leben von Petrus und Paulus. Beachtenswert sind auch die teilweise erhaltene Tunika Kaiser Heinrichs II. (11. Jh.), der Chormantel der heiligen Kunigunde (um 1000) und das Grabtuch des Bamberger Bischofs Gunther (11. Jh.).

Öffnungszeiten Di–So 10–17 Uhr; Eintritt 3 €, erm. 2 €. Domplatz 5 (das Museum ist durch den Dom zu erreichen), ✆ 502316 oder 502329, 📠 502320. www.erzbistum-bamberg.de

Die **Alte Hofhaltung** am Domplatz steht an der Stelle der ehemaligen königlichen Pfalz, die bei der Gründung des Bistums (1007) in den Besitz des Bischofs überging. Die meisten Gebäude, die heute zu sehen sind, stammen jedoch aus dem 15. und 16. Jh. Die Front zum Domplatz wird vom **Kanzleibau** (1568) bestimmt. Den schönsten Teil der Alten Hofhaltung, den Innenhof, betritt man durch die *Schöne*

Pforte, die ein Relief mit Maria schmückt, flankiert von Kaiser Heinrich II. und Kunigunde. Der Innenhof wird durch hohe spätgotische Fachwerkgebäude (häufig auch als deutsche Renaissance bezeichnet) mit malerischen Galerien bestimmt, die in der zweiten Hälfte des 15. Jh. entstanden. Im Sommer dient das Ensemble als Kulisse für die Freilichtinszenierungen der *Calderón-Festspiele.* Gegen Ende des 16. Jh. hatte die Alte Hofhaltung als Fürstensitz weitgehend ausgedient. Beamte und Diener zogen ein, Stallungen und Wirtschaftsräume entstanden.

Neue Residenz: Der fürstbischöfliche Barockpalast lohnt einen Besuch

In den Renaissancebauten der Alten Hofhaltung ist das stimmungsvolle **Historische Museum** untergebracht. Zur Zeit werden weitere Flügel der früheren Bischofs- und Kaiserpfalz saniert und für Museumszwecke hergerichtet. Nach Fertigstellung des Ausbaus werden dem Museum künftig etwa 4000 qm Ausstellungsfläche zur Verfügung stehen. Das Museum verwahrt Ausstellungsgut von der vorgeschichtlichen Zeit bis ins 21. Jh. Zur Sammlung gehören Skulpturen aus tausend Jahren (z. B. die so genannten „Bamberger Götzen"), Gemälde vom Mittelalter bis zur Gegenwart. Weiterhin ergänzen Objekte des Handwerks und des Zunftwesens, wissenschaftliche Instrumente und Uhren des 16.–19. Jh. die kunst- und kulturhistorischen Sammlungen der Stadt Bamberg. Wertvolle Tafelgemälde befinden sich als Leihgaben in der Staatsgalerie der Neuen Residenz.

• Öffnungszeiten Mai–Okt. Di–So 9–17 Uhr (Nov.–April nur bei Sonderausstellungen); Eintritt 3 €, erm. 2 €. Domplatz 7, ✆ 5190746 (Kasse). Informationen zur Alten Hofhaltung und zur Residenz: Schloss- und Gartenbauverwaltung Bamberg, Domplatz 8, 96049 Bamberg, ✆ 519390

Neue Residenz: Der fürstbischöfliche Barockpalast wurde 1695 begonnen. Auftraggeber war der Fürstbischof von Bamberg und Kurfürst von Mainz, *Lothar Franz von Schönborn,* der als großer Barockbauherr in die Geschichte einging, obwohl vom Domkapitel ein Bauverbot ausgegeben wurde, um Geld zu sparen. Doch 1697 schaffte der Papst dieses Verbot ab und Schönborns Architekt Johann Leonhard Dientzenhofer bekam den Auftrag für die Neue Residenz. Schon 1704 war alles in Rekordzeit fertig. Bis heute ist der prächtige Barockbau unverändert. Frühere großzügigere Planungen, unter anderem von Balthasar Neumann, zu deren Verwirklichung ein Teil der Alten Hofhaltung hätte abgerissen werden müssen, sind aus Geldmangel verworfen worden. Ein Teil des riesigen Palasts kann im Rahmen einer 45-minütigen Führung besichtigt werden: viel Stuck, fränkische und französische Möbel, Porzellan und Fayencen aus China und Holland – an nichts wurde in den fürstbischöflichen Wohn- und Repräsentationsräumen gespart. Höhepunkt

Rosengarten mit Blick auf den Michelsberg

jeder Führung ist zweifellos der *Kaisersaal* mit seiner plastischen Deckenbemalung: Zentralperspektive von der Mitte des Raumes. Durch die Fresken versuchte Hofmaler Melchior Steidl, den niedrigen Raum höher wirken zu lassen. Die Säle wurden mit aus Wien importierten Fayenceöfen beheizt; die Befeuerung erfolgte durch separate Bedienstetengänge. In den Räumen lebte *König Otto I.* von Griechenland bis zu seinem Tod 1867, nachdem der Wittelsbacher fünf Jahre zuvor aus Hellas vertrieben worden war.

Im ersten Stock des Gebsattelhauses (westlicher Flügel) ist die **Staatsgalerie** der Bayerischen Staatsgemäldesammlung mit dem Schwerpunkt Spätgotik und Barock untergebracht. Wichtigstes Exponat ist die *Lucretia* von Lukas Cranach d. Ä. Ein Flügel der Neuen Residenz wird auch von der Bayerischen Staatsbibliothek genutzt.
Öffnungszeiten April–Sept. 9–18 Uhr, Okt.–März 10–16 Uhr); Eintritt 4 €, erm. 3 €. Domplatz 8, ✆ 519390.

Rosengarten: Die von der Residenz eingerahmte Terrasse, im Sommer voll vom Duft der tausend Rosenbüsche, bietet einen malerischen Blick zum Michelsberg und über die Stadt. Um den Springbrunnen sind Rosenbeete mit Rokokofigürchen (antike Götter und Jahreszeiten) von Ferdinand Tietz symmetrisch angeordnet. Im Rosengarten stehen allerdings nur Kopien, die Originale werden im Historischen Museum aufbewahrt. Der pittoreske Pavillon wurde als Teehaus mit chinesischem Rokokodach erbaut und dient heute tagsüber als Café.

Karmelitenkloster: Hinter einer barocken Eingangsfassade wartet ein wunderschöner romanischer Kreuzgang (1392) mit schönen Kapitellmotiven auf seine Entdeckung. Sehenswert ist auch die *Karmelitenkirche*, die von Leonhard Dientzenhofer zwischen 1692 und 1701 barock umgestaltet wurde.
Öffnungszeiten tägl. 8.30–11.30 Uhr und 14.30–17.30 Uhr. Karmelitenplatz (Kaulberg).

Obere Pfarre: Der hohe Turm mit seiner schön geschwungenen Kuppel prägt die Kulisse der Bamberger Altstadt. Die Obere Pfarre – Bauprojekt des 14. Jh. – ist die größte gotische Kirche Bambergs. Beachtenswert sind die Brautpforte an der Nordseite und das Gnadenbild der thronenden Muttergottes im Zentrum des Hochaltars. Unterer Kaulberg.

Michelsberg: Auf Ausläufern des Steigerwalds thront das ehemalige Benediktinerkloster St. Michael über der Stadt. Gegründet wurde es schon unter Heinrich II., als der Ostgau noch nicht vollständig christianisiert war. Als mächtiger Streiter gegen das Heidentum erhielt der Erzengel Michael die Patenschaft. Besonders im 12. Jh. erlebte das Kloster seinen geistigen und ökonomischen Höhepunkt. Nach Brandkatastrophen und starker Beschädigung während des Bauernkriegs gestalteten Leonhard und Johann Dientzenhofer die mittelalterliche Klosterburg zwischen 1696 und 1725 zu einer weitgehend barocken Anlage um. Davon zeugt auch das Innere der *Klosterkirche*. Kurios ist am Ende des rechten Seitenschiffs die Heilig-Grab-Kapelle: An der Decke befindet sich ein bildreicher Totenspiegel. Die Stuckreliefs sind ungewöhnlich konzipiert. Da holt der Tod Arme und Reiche, Kinder und Alte, aber er bläst auch Seifenblasen und denkt, einen Totenschädel betrachtend, über sich selbst nach. Heute befinden sich im ehemaligen Benediktinerkloster ein Altersheim und das Biermuseum (siehe Museen, S. 53).

Tipp: Im Café-Restaurant neben dem Kloster im Schatten sitzen und den Blick genießen! Auch ein Restaurant findet sich in den mittelalterlichen Klostergemäuern. ✆ 57484.

Der Himmelsgarten – ein gemaltes Kräuterbuch

Die Katastrophe kam abends gegen 10 Uhr am 27. April 1610. Die Michaelskirche, wie die Bamberger das Gotteshaus nennen, brannte lichterloh ab. Nur die Fundamente blieben stehen. Als das eingestürzte Gewölbe und das Dach vier Jahre später völlig neu errichtet waren, ging der Abt daran, sich für die Ausstattung des gotischen Deckengewölbes etwas ganz Besonderes einfallen zu lassen. Ein Himmelsgarten zum Lob Gottes sollte daraus werden. Versierte Freskenmaler pinselten 578 Pflanzen botanisch genau an die Decke – kurzum, ein gemaltes Blumen- und Kräuterbuch: Maiglöckchen, Enzian, Tabak, Seifenkraut, Kamille, Jasmin, Tomate ...

Altes Rathaus: einmalige Lage auf einer künstlichen Insel mitten in der Regnitz. Eine Brücke „durch" das Rathaus verbindet hier die Ober- mit der Unterstadt.
Die Ursprünge des Gebäudes gehen zurück auf das 11. Jh., im Kern ist es gotisch. Nach einer Explosion 1440 wurde das Alte Rathaus neu gebaut, 1668 wurde ihm ein originelles Fachwerkgebäude, das *Rottmeisterhaus*, angefügt. Heute dominieren barocke Elemente, denn der gotische Bau wurde Mitte des 18. Jh. von dem Bamberger Architekten Michael Küchel umgestaltet. Die Außenfassade ist über und über mit Fresken bemalt. Die Fassadenmalereien sind Allegorien von Herrschertugenden. Das Mittelbild auf der Ostseite zeigt die bischöfliche Regierungsführung. Prächtige Rokokobalkone mit dem Wappen der Stadt und des Bischofs hat der Brückenturm aufzuweisen. Im Inneren befindet sich im ersten Stock der Rokokositzungssaal für Repräsentationszwecke der Stadt. Lohnenswert ist ein Besuch des Alten Rathauses wegen der weltbekannten Sammlung barocker Fayencen und Porzellan der Kölner Kunstmäzene und Schokoladenfabrikanten Peter und

Bamberg
Karte S. 36/37

Irene Ludwig, die seit 1995 hier untergebracht ist. Unter den 450 Exponaten befinden sich Straßburger Fayencen und Porzellan aus der Manufaktur in Meißen.

Öffnungszeiten **Sammlung Ludwig**, 9.30–16.30 Uhr, Mo geschlossen, Eintritt 3,50 €, erm. 2,50 €, ✆ 871871 (Kasse). www.bamberg.de/museum

Klein-Venedig: kleine, schiefe Fachwerkhäuser mit Balkonen und winzigen Vorgärten am Ufer, davor nostalgische Fischerkähne – das typische Bamberger Postkartenmotiv! Der Flussabschnitt von der Unteren Brücke bis zur Markusbrücke ist im August Mittelpunkt der Sandkirchweih mit Fischerstechen und Feuerwerk.

Schloss Geyerswörth: In der Nachbarschaft des Alten Rathauses, über eine Holzbrücke erreichbar, liegt das Ende des 16. Jh. errichtete fürstbischöfliche Stadtschloss, das mit seinem prächtig ausgemalten Renaissancesaal der Stadt für repräsentative Zwecke dient. Außerdem sind Verwaltungsräume untergebracht. Der Turm des Schlosses bietet den wohl schönsten Blick auf die Bergstadt (Schlüssel erhältlich bei der Tourist-Information). Geyerswörthstraße.

Böttingerhaus: der schönste Bürgerpalast in der Altstadt. Das karamellfarbene Barockpalais ließ sich der hohe Beamte Ignaz Tobias Böttinger, Berater des Fürstbischofs Lothar Franz von Schönborn, von 1706 bis 1713 nach dem Vorbild italienischer Palazzi erbauen. „Tropisch wuchernde Ornamentik“ nannte einst Bundespräsident Theodor Heuss die Ausstattung des Palais im Genueser Barock. Judenstraße 14.

Concordia-Schloss: Nur 200 m vom Böttingerhaus ließ sich Böttinger wenige Jahre später (1716–22) ein romantisch an der Regnitz gelegenes Wasserschloss von Johann Dientzenhofer bauen, das zu einem internationalen Künstlerhaus – einer fränkischen Villa Massimo – umgestaltet wurde. Außerdem finden hier Veranstaltungen, Konzerte und Ausstellungen statt. Concordiastraße (schönster Blick auf den Palast vom Mühlwörth).

St. Martin: Jesuitenkirche der Gebrüder Dientzenhofer am Grünen Markt. Da sich der arme Orden keine Kuppel leisten konnte, malte Giovanni Francesco Marchini 1714 eine originelle Illusion. Beachtenswert ist die Pietà im rechten Seitenaltar aus dem frühen 14. Jh.

Hain: Schon E. T. A. Hoffmann genoss ausgedehnte Spaziergänge durch den malerischen Hain zwischen den beiden Regnitzarmen. Im Mittelalter stand hier noch ein wilder Auwald, der 1803 von *Stephan Freiherr von Stengel* auf Wunsch des bayerischen Königs nach dem Vorbild des Englischen Gartens in

München gestaltet wurde. Mit seinen Pavillons, Denkmälern, Tempelchen und seinem botanischen Garten ist der Hain ein lohnenswerter, zentrumsnaher Ort der Ruhe und Erholung.

Altenburg: Der 33 m hohe Burgturm auf dem höchsten der sieben Hügel der Stadt ist von überall zu sehen. Die markante Lage wurde sogar einst für eine schnellere Kommunikation genutzt: Der am Turm hängende Eisenkorb diente der Übermittlung von Feuersignalen an die 20 km entfernte Giechburg bei Scheßlitz. Die wuchtige Burg mit ihrer hohen Ringmauer wurde bereits 1108 urkundlich erwähnt und diente knapp 150 Jahre später als Wohnsitz der Bischöfe. 1553 wurde sie im so genannten Markgrafenkrieg schwer zerstört. Im Lauf des 19. und frühen 20. Jh. wurde infolge der Burgbegeisterung des neu gegründeten Altenburgvereins viel ergänzt und

Auf einer künstlichen Insel steht Bambergs altes Rathaus

Schloss Concordia an der Regnitz dient heute als internationales Künstlerhaus

neu gebaut, wie etwa die Kapelle (1834) und der 1902 geschaffene Bau, in dem das Restaurant untergebracht ist. Von hier aus hat man eine schöne Aussicht auf Bamberg.

Die Altenburg ist mit dem Bus vom ZOB (Promenadenstr.) in 15 Min. erreichbar. Unterhalb der Burg liegt ein großer Parkplatz.

Bamberg/Museen

E. T. A.-Hoffmann-Haus: Nach zweijähriger Arbeitslosigkeit wurde 1808 Ernst Theodor Amadeus Hoffmann (1776–1822) eine Stelle als Theaterkapellmeister in Bamberg angeboten, die er gerne annahm. Er lebte hier mit seiner Frau bis zum Jahr 1813. „Überhaupt bin ich mit dem Orte meines Aufenthaltes sehr zufrieden, da er sich ganz dazu eignet, ein ruhiges Künstlerleben zu führen", berichtete er in einem Brief neun Monate nach seiner Ankunft. Der Jurist aus Königsberg, der Opfer einer Intrige missgünstiger Ensemblemitglieder wurde, verließ jedoch schon bald wieder seinen Posten. Fortan wirkte er in der Domstadt auch als Musikkritiker, Bühnenbildner, Regisseur und nicht zuletzt als Komponist. Am Schillerplatz (!), gegenüber dem heutigen E. T. A.-Hoffmann-Theater, steht das unscheinbare, schmale Häuschen, in dem der Künstler lebte. Die vier Räume seiner ehemaligen Wohnung können besichtigt werden, eingerichtet sind sie im Stil der damaligen Zeit. Unverändert blieb bis heute das Dichterstübchen in der Mansarde. Hier entstand auch seine erste Oper Undine. Übrigens hat auch die Stadt dem Dichter ihre Referenz erwiesen, indem sie ihn zusammen mit dem Kater Murr in Bronze gießen ließ. Das Denkmal steht schräg gegenüber vom Museum.

Öffnungszeiten Mai–Okt. Di–Fr 16–18 Uhr, Sa/So und feiertags 10 12 Uhr, Eintritt 2 €, erm. 1 €; Schillerplatz 26, ✆ 871431.

Gärtner- und Häckermuseum: Bamberg war einst eine bedeutende Gärtnerstadt mit bis zu 550 Meistern. Im 16. Jh. notierte ein Chronist: „Keine Landschaft Deutschlands erzeugt mehr und größere Zwiebeln, keine größere Rüben und Kohlköpfe. Füg hierzu die Süßwurzel, die im Bamberger Land in solcher Menge ausgegraben wird, dass man hoch getürmte Wagen damit beladen sieht." Dieses Süßholz, besonders wichtig für die Lakritzproduktion, wurde bis nach Prag, Wien und Ungarn exportiert. Das 1979 als Museum eröffnete Gärtnerhaus mit Garten im Stil der Jahrhundertwende dokumentiert diese Tradition. Ausgestellt sind Geräte und Möbel, die einen Einblick in die Lebens- und Arbeitswelt um 1900 geben.

Öffnungszeiten Mai–Okt. Mi/So 14–17 Uhr; Eintritt 1 €, erm. 0,50 €. Mittelstraße 34, ✆ 31477 (Josef Oswald).

Naturkundemuseum: Allein schon das Gebäude des ehemaligen *Jesuitenkollegs*, das auf Pläne von Leonhard Dientzenhofer zurückgeht, ist eine Sehenswürdigkeit. Im Westflügel ließ 1795 Fürstbischof Franz Ludwig von Erthal den „Vogelsaal“ einrichten. Dieser frühklassizistische Museumsraum erfüllt noch heute seine Dienste. Die Wandvertäfelungen, die umlaufende Galerie und die reich verzierten Vitrinen machen den Saal selbst zum Ausstellungsstück. In der interessant gestalteten Dauerausstellung wird die Geschichte der Erde und des Lebens in den Bereichen Geologie, Mineralogie, Bodenkunde, Paläontologie und Zoologie mithilfe moderner Medien dargestellt.

Öffnungszeiten Di–So, Apr.–Sept. 9–17 Uhr, Okt.–März 10–16 Uhr; Eintritt 2 €, erm. 1,50 €. Fleischstraße 2, ✆ 8631248, 📠 8631259. www.naturkundemuseum-bamberg.de

Fränkisches Brauereimuseum: „Das Bier hier ist gut“, lobte schon der Philosoph Hegel vor fast 200 Jahren. Daran hat sich bis heute nicht viel geändert. Die Verarbeitung von Hopfen und Malz hat in Bamberg eine lange Tradition. Um die Jahrhundertwende gab es noch 60 Brauereien. Neun davon sind noch übrig geblieben. 1979 gründete sich ein Förderverein, der in den historischen Gewölben der ehemaligen Benediktinerbraustätte auf dem Michelsberg das kleine Museum mit 600 Exponaten einrichtete. Historische Geräte dokumentieren den Produktionsprozess von der Herstellung des Malzes bis zum fertigen Bier. Michelsberg 10f.

Öffnungszeiten Apr.–Okt. Mi–So 13–17 Uhr; Eintritt 2 €, erm. 1,50 €. ✆ 53016, 📠 52540. www.brauereimuseum.org

Das E.T.A Hoffmann-Museum ...

... und das Denkmal auf dem Schillerplatz (!)

Stadtgalerie Bamberg – Villa Dessauer: Galerie für internationale und regionale Kunst, die im Rahmen von Sonderausstellungen gezeigt wird.

Öffnungszeiten Di–Do 10–16 Uhr, Fr–So 12–18 Uhr, Eintrittspreise variieren je nach Ausstellung; Hainstr. 4a, ✆ 871861 (Kasse)

Wanderung vom Alten Rathaus zur Altenburg

Bamberg zu erleben heißt spazieren gehen. Eine der schönsten Exkursionen per pedes ist die rund einstündige Wanderung von der Altstadt hinauf zur Altenburg. Sie nimmt ihren Anfang beim Alten Rathaus. Halten Sie sich dann in Richtung Dom, nach 150 m biegt rechts die Lugbank ab, die zum Pfahlplätzchen, dem Wohnhaus Hegels, führt. Von dort geht die breite Straße Unterer Kaulberg steil den Berg hinauf. Auf der Höhe der Oberen Pfarre mit ihrem originellen Turm (lohnende Besichtigung) biegen Sie rechts in das Gässlein Hinterer Bach (Treppe) ab. Nach wenigen Metern treffen Sie auf den Fuß- und Radweg im Domgrund, der zwischen dem Kaul- und Domberg durch malerische Gärten führt. Er endet an einer kleinen Kreuzung (Sutte). Von dort gibt es zwei Möglichkeiten. Die kürzere Variante: Geradeaus vor Ihnen beginnt die Altenburger Straße. Die bequeme Asphaltstraße (wenig befahren) führt direkt nach 1,5 km zum Ziel. Die romantische Variante: An der Kreuzung biegen Sie in die kurze Ziegelgasse ab und dort nach wenigen Schritten in die Gartenstraße, die nach 100 m einen scharfen Knick (bei einer Villa) macht und sich jetzt wie das Tal Teufelsgraben nennt. Die dichte Wohnbebauung endet hier. Nach 300 m macht der Weg eine Rechtskurve, Sie halten sich links und folgen der Bezeichnung Teufelsgraben. Von fern sieht man bereits den Bergfried der Altenburg. Der Weg führt vorbei an Hausgärten und Wochenendhäuschen. Das Tal wird immer enger. Am Ende des Weges, etwa 700 m nach der Biegung, halten Sie sich links. Der steile Pfad mündet in den Rübezahlweg, der das letzte Stück durch den Wald der Bergkuppe nach oben führt.

Bamberger Schleichwegla

Wer die Stadt abseits der Touristenpfade kennen lernen möchte, den lädt der Verein „Bamberger Schleichwegla“ zu kulturgeschichtlichen Spaziergängen ein. Die spannenden thematischen Rundwege beleuchten zum Beispiel die Hexenverfolgungen, eines der dunkelsten Kapitel der Stadt, führen durch das literarische Bamberg, durch das Gärtnerviertel oder auf den Spuren des Frankenweins. Unbekannte Ecken, vergessene Persönlichkeiten und unscheinbare Straßen gewinnen eine ganz neue Bedeutung. Der Verein hat sich mit dem Verein „Geschichte für Alle“ zusammengeschlossen und ist über die zentrale Telefonnummer ✆ 0911/307360, (℻ 0911/3073616) in Nürnberg erreichbar (Mo–Fr 9–13 Uhr, Mo–Do zusätzlich 15–17 Uhr, Wiesentalstr. 32, 90419 Nürnberg, www.geschichte-fuer-alle.de).

Bamberg/Umgebung

▸ **Schloss Seehof**: Der Park mit seiner sprudelnden Kaskade, den blendend weißen Plastiken und dem alten Baumbestand ist ein beliebtes Ausflugsziel. Obwohl das Schloss nicht vollständig öffentlich zugänglich ist, zieht das malerische *Seehof-Café* an schönen Nachmittagen viele Gäste an (tägl. 11–19 Uhr). Die quadratische vierflügelige Schlossanlage mit ihren haubenbekrönten Eckpavillons wurde von dem italienischen Architekten Antonio Petrini zwischen 1686 und 1696 geschaffen.

Opulente Pracht: Schloss Seehof

Bamberg Karte S. 36/37

Der auf einer kleinen Anhöhe gelegene Bau sollte der Macht und Würde des absolutistischen Bauherrn, Fürstbischof Marquard Sebastian Schenk von Stauffenberg, Ausdruck verleihen. Im 18. Jh. wurde das Schloss von so berühmten Baumeistern wie Johann und Heinrich Dientzenhofer, Balthasar Neumann und Johann Michael Küchel verändert und erweitert. Der wuchtige Komplex besitzt auch reizvolle Innenräume wie den im Stil des Rokoko ausgestatteten Hauptsaal, das Treppenhaus und die Kapelle mit einem Altar von Antonio Bossi. Einst standen im Park 400 Figuren, heute sind es lediglich 18. Die Kopien sind wie die Originale einst strahlend weiß, schon damals sollte so weißer Marmor imitiert werden. Die Originale stehen im *Ferdinand-Tietz-Museum* in der westlichen Orangerie, die 1733 Justus Heinrich Dientzenhofer nach Plänen von Balthasar Neumann erbaute. In der Ausstellung sind auch die arg verwitterten Skulpturen der Wasserspiele des Rokoko-Bildhauers Ferdinand Tietz und seiner Werkstatt (1764/65) aufbewahrt. Neben den Schauräumen ist im Schloss eine Außenstelle des Bayerischen Landesamtes für Denkmalpflege untergebracht.

• *Öffnungszeiten* **Schlossmuseum**, April–Okt. 9–18 Uhr, Mo geschlossen. Nov.–März geschlossen. Besichtigung des Schlosses nur mit Führung (Dauer 35 Minuten).

Schlossgarten, April–Okt. täglich 7–19 Uhr, Nov.–März 9 Uhr bis zum Einbruch der Dunkelheit.

Wasserspiele, 1.Mai bis 7. Okt. täglich 10–17 Uhr zu jeder vollen Stunde.

• *Anfahrt/Information* Verkehrsmittel nach Seehof: Bus Nr. 7 ab Bamberg, Informationen unter ✆ 409571 oder 519390.

• *Übernachten/Essen & Trinken* Der Brauereigasthof **Drei Kronen** (3 Sterne) im Ortszentrum von Memmelsdorf (1 km von Seehof) wird seit vielen Jahren von Bierkennern geschätzt. Hier kommt das dunkle Kellerrauchbier „Stöffla" zum Ausschank. Doch in den Drei Kronen (seit 1457) trinkt man nicht nur gut, sondern isst und schläft auch hervorragend. Auf der Speisekarte steht frische, fränkische Küche und die Gästezimmer (auch für Nichtraucher) sind gemütlich eingerichtet. Nette Atmosphäre. EZ 52 €, DZ 80 €. Hauptstr. 19, ✆ 0951/944330, Fax 9443366. So ab 15 Uhr bis Mo um 17 Uhr geschlossen.

Blick über die Schweinfurter Weinberge im Frühjahr

Zwischen Haßbergen und Steigerwald

Zwischen den Haßbergen und dem Steigerwald grenzt Weinfranken an Bierfranken. So besitzt das idyllische Fachwerkstädtchen Zeil nicht nur hervorragende Weinlagen an den südlichen Hängen zum Main, sondern auch eine traditionsreiche Brauerei mit zünftigem Biergarten. Genießer kommen hier doppelt auf ihre Kosten.

Der Main zwischen dem städtebaulichen Juwel Bamberg und der ehemaligen Reichsstadt Schweinfurt zieht sich durch ein breites Tal, das von den nördlich gelegenen Haßbergen und dem Steigerwald im Süden umrahmt wird. Die Region an der Bezirksgrenze von Unter- und Oberfranken ist trotz verstärkter Bemühungen der Gemeinden kein typisches Ferienziel. Das hat seine Vorteile: Die Gasthöfe sind auf Einheimische eingestellt, die Dörfer und Städte sind selbst am Wochenende nicht überlaufen, die vielen Wanderwege noch wahre Entdeckungspfade und der Wein wird nirgendwo in Massen produziert. Die Schönheit des östlichen Mainfrankens erschließt sich dem Besucher erst auf den zweiten Blick. Auch wenn die Maintalautobahn als Ost-West-Verkehrsachse das Tal streckenweise durchschneidet und der Blick Tausender Autofahrer zwangsläufig auf weitläufige Industriegebiete fällt, lohnt sich ein Aufenthalt. Die Region ist ländlich geprägt, das macht sich nicht nur im moderaten Preisniveau für Essen und Übernachten bemerkbar, sondern auch in einem unvermuteten Reichtum der Kulturlandschaft. Der Landkreis Haßberge ist mit seinen rund 1900 Baudenkmälern sehr reich an historischem Gemäuer. In nahezu jedem Ort trifft der Besucher auf ein Schloss oder eine Burg. Etliche kleine Museen und Sammlungen, in der breiten Palette vom Spezialmuseum wie dem Archäologischen Museum im Schloss Oberschwappach über den typischen „Gemischtwarenladen“ wie dem Heimatmuseum Eltmann oder Ebern, versetzen den Betrachter in andere Zeiten. Die liebliche Landschaft, übrigens ideal zum Wandern und Radfahren, und die Ruhe, die man dort finden kann, zogen in den letzten Jahrzehnten viele kreative Geister an: berühmte Schriftsteller, Varietékünstler und Bildende Künstler haben hier ihren Lebensmittelpunkt gefunden. Auch die große Baukunst ist vertreten: hier sind zuallererst die von Balthasar Neumann erbaute Wallfahrtskirche Maria Limbach bei Eltmann und die spätgotische Ritterkapelle in Haßfurt zu nennen. Professionelle Museen wie das Museum Georg Schäfer in Schweinfurt ziehen deutschlandweit Touristen an.

Eltmann

Mit der Kirche Maria Limbach, der von Balthasar Neumann konzipierten Wallfahrtskirche (Einweihung 1755), besitzt das 4000 Einwohner große Mainstädtchen Eltmann, das sich gerne als „nördliches Eingangstor zum Steigerwald“ bezeichnet, einen wahren Publikumsmagneten. Das prominente Gotteshaus, wenige Kilometer mainabwärts von Eltmann, zieht vor allem im Sommer viele Besucher an. Doch auch die Stadt, die vom gewaltigen Bergfried einer früheren Burg („Krautstücht“) überragt wird, lohnt einen ausgedehnten Besuch.

Nicht nur etliche Privatbrauereien in der Kernstadt und in den Stadtteilen locken neben der Kirche (nach Plänen Leo von Klenzes von 1835–1838 erbaut) und dem Rathaus manchen Besucher an, sondern auch das originelle Heimatmuseum, die

Schinderei für den Stein

Wer etwas auf sich hielt, baute in der zweiten Hälfte des 19. Jh. sein Anwesen aus Eltmanner Sandstein. Das Kurhaus von Bad Kissingen, die Baumwollbörse in Hamburg oder der Norddeutsche Lloyd in Bremen haben eines gemeinsam: Der Stein stammt aus der Gegend um Eltmann. Ende des 19. Jh. lebten hier rund 1100 Steinhauer. Freilich verdienten die Arbeiter in der Steingewinnung und -bearbeitung ihr tägliches Brot sehr hart. „Die regelmäßige Arbeitszeit dauert von morgens 6.00 Uhr bis abends 7.00 Uhr. Erwachsenen Arbeitern steht es frei, die Arbeit von morgens 5.00 Uhr bis abends 8.00 Uhr zu verlängern“, hieß es in der Arbeitszeitverordnung eines größeren Unternehmens im Jahr 1896. Oft mussten die Männer zudem täglich mehrstündige Fußmärsche zurücklegen, um zu ihrer Arbeit zu kommen. Nur an Regen- und Frosttagen ruhte die Arbeit fast vollständig. Dann gab es allerdings auch keinen Pfennig Lohn. Außerdem hatten die Unternehmer völlig freie Hand bei der Lohn- und Akkordfestsetzung. Doch am meisten machten den Steinhauern die unmenschlichen Arbeitsbedingungen zu schaffen. Augenzeugenberichte schildern, dass die Staubentwicklung so stark war, dass zwischen Eltmann und Zeil im Sommer eine einzige Staubwolke in der Luft hing. Die Staublunge führte bei vielen Steinmetzen zur Frühinvalidität oder gar zum Tod. Eine Statistik aus dem Jahr 1908 berichtet nüchtern, dass die Lebenserwartung der mainfränkischen Steinhauer bei 30,3 Jahren bei einer durchschnittlichen Beschäftigungsdauer von 15 Jahren lag.

Karte S. 58

malerische Heilig-Kreuz-Kapelle im Friedhof, die Ölbergkapelle (13. Jh.) hinter der Stadtpfarrkirche und die schöne Aussicht von der Wallburg über das Maintal. Von der Festung ist mit Ausnahme des 28 m hohen Turms nichts mehr zu sehen. Einst gab es auf dem Berg hoch über dem Städtchen ein bedeutendes Amtsschloss des fürstbischöflichen Hochstifts Würzburg.

• *Vorwahl* ✆ 09522.

• *Information* **itz Eltmann**, regionales Informations- und Tourismuszentrum für die Naturparks Steigerwald und Haßberge, Marktplatz 7, 97483 Eltmann, ✆ 89970, 📠 89960. Geöffnet Mo–Fr 9.30–12.30 Uhr, sehr freundlicher Service, großes Informationsangebot. www.ritz-eltmann.de

Im nördlichen Steigerwald haben sich fünf Gemeinden, nämlich die Stadt Eltmann, die Gemeinden Knetzgau, Oberaurach, Rauhenebrach und Sand am Main zu den so genannten „Fünf Sternen im nördlichen Steigerwald" zusammen geschlossen. Informationen erhält man jeweils bei der einzelnen Gemeinde oder im ritz.

• *Übernachten/Essen* **Hotel Wallburg**, das Haus in Eltmann-Süd, wie die Einheimischen süffisant das Neubaugebiet nennen, ist an seiner Fassadenmalerei leicht zu erkennen. Das am Fuß des Wallbergs, unweit des Freibads, gelegene Hotel besitzt ein Restaurant, das allerdings erst ab 16 Uhr geöffnet ist. DZ ab 47 €. Wallburgstr. 1, ✆ 601112, 📠 8138.

Hotel Haus am Wald, das am Ortsrand (Nordhang) gelegene Hotel garni (2 Sterne) bietet viel Ruhe. Großzügige Aufenthaltsräume mit offenem Kamin. EZ ab 28,50 €, DZ ab 47 €. Georg-Göpfert-Str. 31, ✆ 231, ✆ 70620. www.haus-am-wald-eltmann.de

Landgasthof Schramm, im Stadtteil Rosstadt, 6 km von Eltmann gelegen, bietet fränkische Küche mit Wild aus eigener Schlachtung, Hausmacher – Brotzeiten, freundlicher Service, durchgehend geöffnet. Mo Ruhetag. DZ 52 €. Frankenstr. 24, Roßstadt, ✆ 399, ✆ 70421. www.landgasthof-schramm.de

Gasthof Weißes Kreuz, in dem mitten in der Altstadt gelegenen Gasthaus sind Radfahrer willkommen. Fränkische Küche. DZ 42,50 €, EZ 23,50 €. Zinkenstr. 2, ✆ 397.

Sehenswertes

Wallburgturm: Der begehbare Turm ist ein Überrest der Wallburg, deren Ursprung auf das 11. Jh. zurückgeht. Einst diente er als letzter Zufluchtsort und als Warte vor möglichen Feinden. Ursprünglich war der Turm 43 m hoch, jedoch wurde er wegen Baufälligkeit bis auf 28 m abgetragen.

Wallfahrtskirche Maria Limbach

Die 3 km (Richtung Knetzgau) entfernt gelegene Wallfahrtskirche Mariä Heimsuchung ist eines der letzten Werke des berühmten Barockbaumeisters Balthasar Neumann. Äußerlich wirkt der in der Mitte des 18. Jh. entstandene, weiß verputzte Bau streng und schlicht. Um so größer ist die Überraschung beim Betreten des Gotteshauses: Eine prächtige Rokokoausstattung mit aufweändigen Stuckarbeiten, in der Mitte der von Johann Peter Wagner (in Obertheres geboren) geschaffene Gnadenaltar mit einer spätgotischen Madonna, die das Christuskind auf dem linken Arm hält und von einem flammenden Strahlenkranz umgeben ist. Wagner schuf auch die prachtvollen Seitenaltäre und die eindrucksvolle Kanzel. Beachtenswert ist außerdem die Orgel des Würzburger Hoforgelmachers Philipp Seuffert. Architekt Neumann erlebte die Einweihung der Kirche im September 1755 nicht mehr. Übrigens ist Maria Limbach kein Kunstmuseum, sondern eine bis heute populäre Wallfahrtskirche. Noch immer stimmen Pilger fromme Lieder an: „Ich hab mich besonnen, o himmlische Zierd'! Nach Limbach zu wallen vor Lieb' und Begierd'. Und wenn ich dort sehe dein liebreich' Gesicht; an Hilf', o Maria, es niemals gebricht ..."

Heilig-Grab-Kapelle: Das ovale Kirchlein, flankiert von zwei Buchsbäumen, stammt aus dem Jahr 1768. Fast 200 Jahre später wurde die barocke Kapelle, die zehn Kirchenbänke beherbergt, abgebrochen und am westlichen Rand des Eltmanner Friedhofs (Richtung Bamberg) wieder aufgebaut. Beachtenswert ist auch die ungewöhnliche **Pfarrkirche** am Marktplatz, die nach Plänen des berühmten Münchner Architekten Leo von Klenze entstand.

Heimatmuseum: Die 1985 eröffnete Sammlung zeigt in neun Räumen rund 1500 Exponate zur Geschichte und Kultur des Mainstädtchens. Ein Schwerpunkt der Sammlung liegt auf den Themen Handwerk und Industrie, beispielsweise die für die Region typischen Gewerbe Flößerei, Sandsteinbearbeitung und Kugellagerherstellung.

• *Öffnungszeiten* vom 2. So im Mai bis Nov. jeweils So 14–16 Uhr. Führungen nach Vereinbarung möglich, 09522/7944 (Frau Schad).

Tipp: Die Museumssaison wird alljährlich mit einem Fest am 2. So im Mai eröffnet.

Scharfe Sachen

Einer der besten Schmiede der Welt ist in Knetzgau zu Hause: Fred Schmalz. Der Meister an Amboss und Esse fertigt nicht nur schöne Gebrauchsgegenstände wie Zäune und Tore aus glühendem Eisen, sondern als besondere Spezialität auch Messer aus Damaszener-Stahl. Das uralte Verfahren in kraftraubender Handarbeit beruht darauf, dass spezieller Stahl immer wieder gefaltet und gehämmert wird, bis am Ende eine sehr dünne Klinge aus vielen Schichten entstanden ist. Daraus wird ein Messer gemacht, das extrem scharf und widerstandsfähig ist und ein charakteristisches Muster zeigt, das an ein Hologramm erinnert. 500 € und mehr kostet ein solch scharfes Kunstwerk aus Meisterhand. Mit dieser Technik sicherte sich Schmalz 2005 den Titel des Weltmeisters der Schmiede bei einem Wettbewerb im tschechischen Olmütz (Fred Schmalz, Maingasse 2, 97478 Knetzgau ✆ 09527/591, 📠 09527/7528.

Oberschwappach (Gemeinde Knetzgau)

Das Schloss von Oberschwappach, einst Amtshof des Zisterzienserklosters Ebrach, gehört zweifellos zu den schönsten Anlagen zwischen Bamberg und Schweinfurt. Schon von Ferne ist das wuchtige, gelb-weiße Schloss am Ortsrand des Weilers zu erkennen. Doch nicht nur wegen der Kunst lohnt sich ein Ausflug in das Dörfchen, sondern auch wegen der Heckenwirtschaften, die kräftige Frankenweine und deftige Brotzeiten anbieten.

Maintal-Steigerwald-Museum: Das barocke Hauptgebäude mit den beiden Eckflügeln wurde im 18. Jh. als Amtshof des Zisterzienserklosters Ebrach erbaut. Oftmals wird es als Sommerresidenz der Ebracher Äbte bezeichnet, was es allerdings nie war. Über einen nach hinten gelegenen Schlosshof erreicht man einen zentralen Wirtschaftshof mit den Stallungen und einer Remise. Im Norden (gegenüber dem heutigen Eingang) liegen die Terrassengärten, die wie Kaskaden zum Dorfkern hin abfallen. Im Inneren des Schlosses verdient insbesondere der Spiegelsaal mit seinen Stuckaturen Beachtung. In den Ecken werden die vier damals bekannten Erdteile dargestellt, an den Seiten die acht freien Künste. Den Innenhof schmückt ein aufwändig gestalteter Neptunbrunnen. Das *Archäologische Museum* mit dem Titel „Auf den Spuren unserer Vorfahren" mit herausragenden Fundstücken vom nahe gelegenen Großen Knetzberg ermöglicht im Kellergewölbe einen Blick in die Vor- und Frühgeschichte der Region. Ungewöhnlich ist, dass die zeitliche Spanne mit archäologischen Funden bis in die Zeit des 18. Jh. abgedeckt wird, bis in die Zeit also, in der Balthasar Neumann die Glashütte in Fabrikschleichach betrieb. Grundlage dieses Museums im Museum ist die Sammlung von Paul Hinz, einem Pionier der Archäologie zwischen Steigerwald und Haßbergen, bereichert noch durch hochwertige Leihgaben, u. a. aus der Prähistorischen Staatssammlung München. In den Obergeschossen ist ein Zweigmuseum der Diözese Würzburg zur kirchlichen Kunst untergebracht.

• *Öffnungszeiten* April–Okt. jeden So von 14–17 Uhr. sowie jederzeit nach Voranmeldung bei der Gemeinde Knetzgau, ✆ 09527/ 7912). Eintritt 2 €.

• *Essen & Trinken* **Café & Tenne**, im Westflügel des Hauptgebäudes gelegen, mit Gartenterrasse im Schlosspark, auch für große Personengruppen geeignet. Geöffnet Fr/Sa ab 16 Uhr, Sonntag ab 11 Uhr, Schlossstr. 6, ✆ 7280, 📠 810135. www.schloss-oberschwappach.de

Kirche Hl. Dreifaltigkeit bei Eschenau

Heckenwirtschaft Hetzel, in der Hauptstraße Nr. 18, bietet Tafel- und Qualitätsweine aus eigenem Anbau, preiswerte kleine Brotzeiten, empfehlenswerter Ziebeläskäs.

Heckenwirtschaft Udo Vogt, gemütliche Wirtschaft, geöffnet März–April und Sept.–Okt. (jeweils Fr–Mo). Scherenbergstr. 41, ✆/℡ 09527/650.

• Umgebung **Schmitt'n Hof**, am Ortsrand von Wohnau und gleichzeitig am Fuße des Zabelsteins liegt der Betrieb, der Ferienwohnungen (für 2–5 Pers., ab 33 €/Tag für 2 Pers.) vermietet. Außerdem kann man auch auf der Wiese zelten, es gibt einen Hofladen und einen Brotzeitkeller. Reiterhöfe und Kinderspielplatz in der Nähe. Zabelsteinstr. 15, ✆/℡ 09528/1285. www.schmittn-hof.de

Eschenau (Gemeinde Knetzgau)

Der zur Gemeinde Knetzgau gehörende Ort liegt sehr idyllisch am Rande des Steigerwalds und ist ca. 2 km von **Oberschwappach** entfernt. Von dort aus kann man herrliche Spaziergänge unternehmen. Lohnenswert ist beispielsweise ein Spaziergang zur kleinen Bergkirche Heilige Dreifaltigkeit etwas außerhalb des Ortes in Richtung Westheim. Von dort hat man eine herrliche Aussicht auf die Hügel des Steigerwaldes.

Galerie im Saal: eine kleine, aber feine Kunstgalerie, betrieben von Eleonore und Egon Stumpf im ehemaligen Tanzsaal der historischen Dorfwirtschaft. Sie zeigt Wechselausstellungen und eine Dauerausstellung zeitgenössischer Künstler, nicht nur aus der Region.

• Öffnungszeiten So 11–18 Uhr sowie nach Vereinbarung. Gangolfsbergstr. 10, ✆ 09527/810501, ℡ 810502. www.galerie-im-saal.de

• Übernachten/Essen & Trinken **Zum Böhlgrund**, am Ortsrand von Eschenau (Ausgangspunkt von Wanderungen z. B. zum Forsthaus Neuhaus) liegt der beliebte Gasthof mit fränkischer Küche. Es werden auch Zimmer, Appartements und Ferienwohnungen vermietet. EZ 24 €, DZ 42 €, August-Wacker-Str. 25, ✆ 376 ℡ 7016.

• Wandern an der Straße zwischen Eschenau und Fabrikschleichach bzw. Hundelshausen liegt der Zugang zum Böhlgrund (Parkplatz links an der Straße).

Zwischen Haßbergen und Steigerwald
Karte S. 58

herman de vries: Meine Poesie ist die Welt

„meine poesie ist die welt
ich schreibe sie jeden tag
ich schreibe sie jeden tag neu
ich sehe sie jeden tag
ich lese sie jeden tag
ich esse sie jeden tag
ich schlafe sie jeden tag
die welt ist meine chance
sie ändert mich jeden tag
meine chance ist meine poesie“

herman de vries schrieb dieses Gedicht 1972. Es wurde seither in 57 Sprachen übersetzt.
Der 1931 in Alkmaar (Niederlande) geborene, international bekannte Künstler spricht oft von seinem 200 qkm großen Atelier und meint damit den Steigerwald, der seit über 30 Jahren seine Heimat ist. Er lehnt Hierarchien grundsätzlich ab, deshalb die konsequente Kleinschreibung seines Namens. Er arbeitet in und mit der Natur. Sand und Erde aus allen Teilen der Welt hat er gesammelt, die von den Bäumen fallenden Blätter liest er auf, ein Grashalm ist in seinen Augen ein vollendetes Kunstwerk und der Farn auf der baufälligen Friedhofsmauer ist kein lästiges „Straßenbegleitgrün“, sondern ein wichtiger Teil der Welt. Der Künstler aus dem Steigerwald hat mit seiner Philosophie längst Eingang in die großen Galerien der Welt gefunden. herman de vries ist in Amsterdam und New York ein Begriff. Aber zu Hause fühlt er sich vor allem im Steigerwald. Jetzt hat er sich einen Lebenstraum erfüllt und den Steigerwald selbst zur Galerie oder zum Kunstobjekt gemacht. Mit dem Projekt „Spuren“ führt herman de vries in die Natur zwischen Zell am Ebersberg/Böhlgrund und Eschenau (Gemeinde Knetzgau).

Zell am Ebersberg

Steile Weinberghänge erheben sich am Ebersberg rings um Zell herum. Hier wird noch wie in alter Zeit in extremer Steillage fast ausschließlich in Handarbeit gewirtschaftet. Zell ist der Ausgangspunkt für schöne Wanderungen, etwa über Schlossberg und Ebersberg nach Sand oder Maria Limbach im Maintal, durch den Böhlgrund in die Tiefen des Steigerwaldes oder zum Zabelstein.

• *Heckenwirtschaften* Weinverkauf bei **Peter Götz**, Höhstr. 10, ✆ 09529/617 oder 618.

Weinstube und Weingut **Nico Scholtens**, Rieneckstr. 6, Fatschenbrunn (Gemeinde Oberaurach) mit Weinen aus Zell, ✆ 09529/326.

Weiki-Hof Alois Endres, Gartenstr. 10, Zell. Obst und Liköre, Gemüse, Spargel in Direktvermarktung, ✆ 09529/592.

• *Wandern* Einer der schönsten Naturräume der Region ist der **Böhlgrund**. Den Eingang in den idyllischen Bachgrund finden Sie, wenn Sie kurz vor dem Ortsende von Zell Richtung Oberschleichach nach rechts abbiegen, dann das Auto vor dem letzten Haus abstellen. Ab hier kann man das herrliche Tal des Böhlbachs entlang wandern. Verschiedene Abzweigungen vom Grund aus sind möglich, so führt z. B. ein Weg rechts hinauf zum historischen Forsthaus Neuhaus. Empfehlenswert ist auch der urtümliche und verwunschene „Schlangenweg“, der linker Hand des Böhlgrundes parallel zu diesem auf einer Anhöhe im Wald verläuft.

Ebelsbach/Gleisenau

Hier beginnt Weinfranken: Westlich von Ebelsbach wachsen im breiten Maintal die ersten Reben, es ist das östlichste zusammenhängende Weinbaugebiet in Franken. Ein Abstecher nach Ebelsbach lohnt sich vor allem wegen des malerischen, allerdings renovierungsbedürftigen ehemaligen *Wasserschlosses*, ursprünglich im Besitz der *Freiherren von Rotenhan*. Es ist allerdings nur von außen zu besichtigen. Das im Kern mittelalterliche Schloss ist ein außergewöhnliches Zeugnis der Baugeschichte. Herausragend sind der Wassergraben und die Wehrmauer und die in allen Details nachvollziehbaren Umbauten und Ergänzungen.

Die *Schlosskapelle St. Maria Magdalena* entstand 1580 und wurde um die Wende vom 17. zum 18. Jh. ausgestattet. Hier ist vor allem die doppelte Holzempore mit der Loge für die adelige Familie erwähnenswert, die mit wertvollen Dekorationen ausgestattet ist.

Gegenüber der Anlage steht ein *Gedenkstein*, der an die Vertreibung und Ermordung der jüdischen Bürger Ebelsbachs in der Zeit des Nationalsozialismus erinnert. Wie viele in den Todesfabriken der Nazis umkamen, ist bis heute unbekannt.

Kellerkind

Der Ebelsberg, der hinter Ebelsbach steil aufragt, ist ein außergewöhnliches zeitgeschichtliches Denkmal: Im Zweiten Weltkrieg ließen die Nationalsozialisten von Zwangsarbeitern in seinem Inneren ein ausgedehntes Tunnelsystem anlegen. Die Produktion aus dem Kugelfischer-Werk sollte nach untertage verlagert werden, da die Luftangriffe der Briten und Amerikaner immer wieder große Schäden verursachten. Zu ihrem eigentlichen Zweck konnten die Stollen im Ebelsberg jedoch nicht mehr genutzt werden und die US-Armee hat nach dem Krieg einen Teil der Gänge gesprengt. Dann gerieten sie in Vergessenheit. Erst in den letzten Jahren wurden sie zum Teil restauriert und wieder zugänglich gemacht, wenn auch großteils nur als Unterschlupf für riesige Fledermauskolonien. Einige Gänge nutzt der Winzer Martin Fischer aus Steinbach (✆ 09522/70396 oder 5065) für die Produktion von hochwertigem Frankensekt. Die Gemeinde Ebelsbach (✆ 09522/7250, www.vg.ebelsbach.de) bietet Führungen für Gruppen an.

Im nördlichen Nachbarort Gleisenau (2 km entfernt) steht das 1772/73 erbaute *Schloss Gleisenau* mit seinem weitläufigen Park und einer Kapelle. Das heitere Anwesen aus dem späten Rokoko beherbergt heute die Dorfschule – eine der schönsten Schulen in Franken. In den Verwaltungs- und Wirtschaftsgebäuden des Schlosses ist die Gemeindeverwaltung untergebracht. Der weitläufige, von einer Mauer umgrenzte Park dient oft als Kulisse für stimmungsvolle Dorffesten und Veranstaltungen (Ebels-Bach-Fest). Gleisenau ist der Ausgangspunkt für Touren ins Ebelsbachtal und in die so genannten Heiligen Länder rund um die Gemeinde Kirchlauter mit ihren idyllischen Dörfern.

In *Steinbach*, 2 km westlich von Ebelsbach in Richtung Hassfurt, hat sich ein *Golfplatz* etabliert. Spektakulär ist der Blick in den Steigerwald, der sich von den Greens des 18-Loch-Platzes auf dem Höhenrücken bietet (✆ 09522/7085500, 📠 7085501, www.golfclub-hassberge.de).

Fischgrät-Weinberge

Wer Weinberge kennen lernen möchte, wie sie einst in Mainfranken vielfach verbreitet waren, sollte Steinbach besuchen. Hier haben sich Weinbergterrassen, die in Fischgrätform angelegt und mit Trockenmauern befestigt wurden, bis auf den heutigen Tag erhalten. Als die Flurbereinigung in den 70er und 80er Jahren in Steinbach Einzug hielt, blieb die historische Weinbergsanlage zur Freude vieler Frankenweinliebhaber verschont. Übrigens wird Weinbau in dem Winzerdörfchen am Main seit 1335 betrieben. Einst besaß das Bamberger Katharinenspital hier Weingärten. Die Lagen Nonnenberg und Pfaffenberg (heute Naturschutzgebiete) erinnern bis heute daran.

• *Information* **Verwaltungsgemeinschaft Ebelsbach**, Schlossanlage Gleisenau, 97500 Ebelsbach, ✆ 09522/7250, 📠 72566.

• *Übernachten/Essen* **Brauereigasthof Klosterbräu**, bereits 1735 wurde auf dem Gelände des ehemaligen Nonnenstifts in Ebelsbach eine Braustätte errichtet. Hier gibt es noch hausgebrautes Bier wie das Klosterbräu-Dunkel und fränkische Küche zu soliden Preisen. Zu den Spezialitäten zählen Hausmacher Wurstwaren und Süßwasserfische, aber auch die Brauerplatte sowie Delikates während der Wildwochen im Herbst.. Schattiger Biergarten vorhanden. Der schlichte Gasthof mit familiärem Charakter vermietet auch Zimmer. Georg-Schäfer-Str. 11, ✆ 709370, 📠 7093789, www.klosterbraeu-ebelsbach.de

Landgasthof Neeb, im Winzerort Steinbach, direkt an der lauten B 26, liegt der moderne, großzügige Landgasthof, der innen rustikal mit Holzdecke und Kachelofen ausgestaltet wurde. Preiswertes Essen mit fränkischem Schwerpunkt. Mo Ruhetag. Funktionale Zimmer für 28 € pro Pers., zum Teil mit Balkon (allerdings zur Bundesstraße). Dorfstr. 1, Steinbach, ✆ 950350, 📠 950353.

Pension Maintal, Renate und Heinrich Albert vermieten Zimmer für 19–28 € und Ferienwohnungen für 210–300 €. Stettfelder Straße 2, Ebelsbach, ✆ 950350, 📠 950353.

Der Main lädt zu gemütlichen Spazierfahrten ein

Zeil am Main

Lassen Sie sich von dem weitläufigen Industriegebiet um die Altstadt nicht täuschen, das Weinstädtchen am Main, von der Wallfahrtskirche Käppele überragt, zählt zu den schönsten Zielen zwischen Bamberg und Schweinfurt. Im idyllischen Zentrum bildet der halbkreisförmige Marktplatz mit seinen Fachwerkhäusern und der Stadtpfarrkirche St. Michael samt eigenwilligem Kirchturm die gute Stube der Stadt. Der Platz ist wie schon vor Jahrhunderten noch immer ein Ort zum Handeln, Versammeln und Feiern, wie das Weinfest Jahr für Jahr beweist. Allerdings hat das Städtchen unter stetig zunehmendem Durchgangsverkehr zu leiden.

Zeil besitzt nicht nur wegen seines attraktiven Stadtbilds einen klangvollen Namen, sondern vor allem wegen seiner Weine. Bereits um 1018 pflanzten die Mönche des Bamberger Klosters St. Michael hier Reben. Ein gebürtiger Zeiler, der Ebracher Abt Alberich Degen, war es, der 1665 die aus Österreich stammende Silvanerrebe nach Franken brachte: der Anfang einer Erfolgsgeschichte bis auf den heutigen Tag. Der Weinbau in Zeil erlebte in den letzten beiden Jahrzehnten einen neuen Aufschwung. Es werden insbesondere die Rebsorten Müller-Thurgau, Silvaner, Bacchus und Riesling angebaut.

Information/Verbindungen

• *Vorwahl* ✆ 09524.

• *Information* Die **Touristeninformation** befindet sich in der ehemaligen Ratsdienerwohnung (Grohehäuschen) neben dem Rathaus. Sehr freundlicher und hilfsbereiter Service. Marktplatz 8, 97475 Zeil, ✆ 9490 Stadt zeil und ✆ 94977 Tourist Info, ℻ 94949; Apr.–Okt. Fr 12–18 Uhr, Sa 10–16 Uhr, So 10–13 Uhr. Stadtführungen nach Absprache. Stadtturmbesteigung nach Vereinbarung bei Franz Hoffmann, Sander Str. 18, ✆ 1441. www.zeil-am-main.de; Infos zum Weinfest unter www.zeiler-weinfest.de.

• *Verbindungen* **Bahn**, Zeil besitzt einen Bahnhof und liegt an der Strecke Bamberg-Schweinfurt.

Taxi, Gertrud Pfaff, ✆ 1304, Taxi Will, Wildgarten, ✆ 850905.

Übernachten/Essen & Trinken

Hotel Kolb, Hotel mit Café (hausgemachte Kuchen) und schöner Weinstube mit handgefertigten Glasfenstern. Angenehme Terrasse, die abends stimmungsvoll beleuchtet wird. Funktionelle, komfortable Zimmer, allerdings etwas klein. Übernachtung ab 34 €. Krumer Str. 1, ✆ 9011, ℻ 6676. www.hotel-kolb-zeil.de

Altes Forsthaus, im schön gelegenen Ortsteil Bischofsheim liegt der traditionelle Gasthof mit fränkischer Küche. Terrasse. DZ 45 €. Bischofsheim 18, ✆ 1821, ℻ 5257.

Das Weinhaus am Marktplatz Nr. 1

Das Weinhaus ist ein Wahrzeichen von Zeil. Von den Eigentümern mit viel Liebe renoviert, findet der Weinfreund in den schönen Verkaufsräumen alles, was das Herz begehrt. Aus den eigenen Weinbergen in Zeil bieten Anton und Roger Nüßlein ein breit gefächertes Sortiment vom vielfach ausgezeichneten Spitzenwein bis zum gefälligen Zecher-Schoppen an. Herausragend sind der Riesling, der sich durch Rasse und Frucht auszeichnet, und für Rotweinfreunde ein samtweicher Spätburgunder. Mit 5 € pro Flasche beginnt bei Nüßleins das Weinvergnügen. Es werden auch Weinproben in den Weinbergen angeboten. ✆ 279.

• *Essen & Trinken* **Zur Alten Freyung, Brauerei zum Hirschen (Göller)**, eine fränkische Brauerei ohne Schnickschnack. Das preiswerte Wirtshaus im Zentrum von Zeil (unmittelbar an der Stadtmauer) ist im Sommer mit seinem riesigen Biergarten ein beliebtes Ziel für Einheimische und Touristen. Gutbürgerliche Küche, hervorragendes Bier, verschiedene Hausbrände (Schlehe, Quitte etc.) Speiersgasse 21, ✆ 9554. Di Ruhetag (in den Sommermonaten ohne Ruhetag).

Weinstube Martinsklause, Ausflugslokal mit idyllischer Terrasse, Blick auf die Weinberge. Deftige, fränkische Küche. Im Herbst lockt die bekannte Spezialität „gefüllte Flugente" viele Gäste an. Dazu werden Weine aus eigenem Anbau kredenzt. In der Martinsklause werden auch Weine verkauft. Ziegelanger 6, ✆ 5422.

Zur Sonne, das Weinhaus im Ortsteil Ziegelanger ist seit 1912 im Familienbesitz. In dem freundlichen Gasthaus werden fränkische Küche und Weine aus kontrolliert ökologischem Anbau angeboten. Besondere Spezialitäten sind gerupfter Käse, Brotzeiten (eigene Schlachtung), selbst gebackenes Brot, selbst gebrannter Schnaps und in der Saison Spargel. Übrigens werden von der Familie Zimmermann auch Führungen durch die eigenen Weinberge angeboten. Ziegelanger 19, ✆ 5460, 📠 7529. Mi/Do Ruhetag, geöffnet ansonsten ab dem späten Nachmittag, am Wochenende ab 10 Uhr.

Berninger, mitten in den Weinbergen zwischen Ziegelanger und Steinbach liegt das moderne, große Restaurant, das bereits 1946 eröffnet wurde. Besitzer Berninger steht selbst am Kochherd und bietet saisontypische, preiswerte Gerichte wie Spargel, Fisch und Wild. Spezialitäten sind Steaks. Dazu gibt es eigene Weine wie Silvaner und Müller-Thurgau aus der Lage Ziegelanger Ölschnabel. Relativ laut wegen der benachbarten Bundesstraße. Ziegelanger 33, ✆ 5300. Mo–Fr ab 16 Uhr, Sa/So ab 10 Uhr. Di Ruhetag.

Zeiler Bürgerstube, Gasthaus Rose, gutbürgerliche Küche im Herzen der Altstadt (Obere Torstr. 1) mit originellem Biergarten, allerdings unmittelbar neben der B26. ✆ 302751.

Winzerhof Schick, im Stadtteil Ziegelanger gelegene Häckerstube mit hausgemachten Brotzeiten (Brot aus eigenem Holzbackofen) und Spezialitäten, dazu Wein aus eigenem Anbau (wirklich fränkisch-trockene Weine, sehr zu empfehlen der Silvaner), Bergstr. 22, ✆ 892.

Wein

In Zeil gibt es zahlreiche Winzer- und Heckenwirtschaften, vor allem im Ortsteil Ziegelanger.

Wir empfehlen neben den Weinen von Anton Nüßlein (s. o.) das **Weingut Dr. Heigel**, das für seine hochwertigen sortentypischen Weine aus den Lagen Zeiler Mönchshang und Randersackerer Sonnenstuhl bekannt ist. Auch Barrique-Weine und hausgemachte Gelees werden angeboten. Das Weingut zählt inzwischen zu den besten in Franken. Haßfurter Str. 30, Zeil, ✆ 3110, 📠 3109. Dem **Weingut Erich Martin** gehört das Wahrzeichen von Ziegelanger: ein Weinberghäuschen, mit einem strahlenden Gesicht bemalt. Verkauf über die Weinstube Martinsklause (s. o.).

Wandern

Zur Ruine Schmachtenberg: Die Höhenburg aus dem frühen 15. Jh. ist ein lohnenswertes Ziel. Einst war die Feste, erstmals 1466 urkundlich erwähnt, ein wichtiger Teil der Burgenkette westlich von Bamberg. Noch heute sind von dem Sitz eines bischöflich-bambergischen Amtmanns noch eindrucksvolle Mauern und Gräben erhalten. Bereits im 17. Jh. begann die Befestigung allerdings zu verfallen. Der eindrucksvolle Ausblick freilich ist geblieben. Der Weg führt vom Stadtzentrum in den Stadtteil Schmachtenberg, beim Schloss Schmachtenberg (links) geht es kontinuierlich bergauf. Nach ca. 15 Min. stößt man auf eine Weggabelung. Links geht es zum Zeiler Käppele, rechts zu einem Parkplatz. Von dort führt in südlicher Richtung ein breiter Feldweg, der in ein Waldstück mündet, zur Burgruine (Hinweistafel). Von der Burg führt der so genannte Eselssteig bergab zu den Weingärten vom Eulengrund, dann sind es nur noch wenige hundert Meter zum Stadtrand von Zeil. Für eine

Rundwanderung vom Marktplatz zur Burgruine und zurück sollte man mit 1,5 Std. rechnen. Eine Tagestour ist der große Rundgang um Zeil: Vom Marktplatz durch die Speiersgasse und den Brühlweg in die klammartige Brühlsteige (Schwedenschlucht) Richtung Bischofsheim. Am Ausgang der Schlucht über die Hochebene zum Käppele (Einkehrmöglichkeit im Berghospiz, ✆ 1009), von dort zur Ruine Schmachtenberg und über den Eselssteig und Ziegelanger (Einkehrmöglichkeiten) durch die Weinberge zurück nach Zeil. Dauer etwa 6 Stunden.

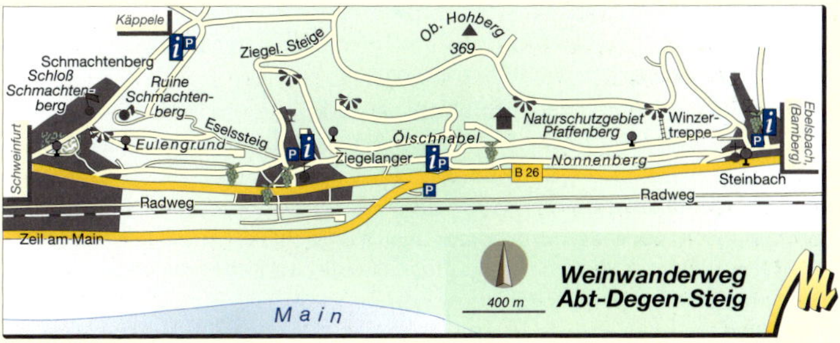

Wandern auf den Spuren von Abt Degen

Zweifellos zu den schönsten Weinwanderwegen in Mainfranken zählt der Abt-Degen-Steig, der von Zeil über den Winzerweiler Ziegelanger nach Steinbach führt. Auf gut ausgebauten Wegen (mit Kinderwagen befahrbar) geht es oberhalb des Mains durch die teilweise historischen Rebgärten mit Panoramablick auf die Höhen des Steigerwalds. Auf mehreren Schautafeln werden der Weinbau und seine Geschichte erklärt. Die Wegstrecke von Zeil nach Steinbach ist leicht in einer Stunde zu bewältigen. In den Weinbergen des Abt-Degen-Steigs wachsen Silvaner, Müller-Thurgau, Riesling, Bacchus, Kerner, Scheurebe, Weißburgunder und die Rotweinsorten Schwarzriesling, Domina und Spätburgunder. Abt Degen, ein aus Zeil stammender Mönch (sein Geburtshaus steht noch), soll 1665 die Silvaner-Rebe in Franken heimisch gemacht haben.

Zeil/Sehenswertes

Käppele: Das Wahrzeichen der Stadt steht auf dem 375 m hohen Kapellenberg. Als 39 Zeiler Söhne 1870/71 gegen Frankreich in den Krieg zogen, gelobten sie, im Falle einer unversehrten Rückkehr eine Madonna vergolden zu lassen. Tatsächlich kehrten alle 39 Soldaten wieder heim. 1894 wurde mit dem Bau der neuromanischen Kirche begonnen, die heute ein beliebtes Ziel für Wallfahrer und Ausflügler ist. Beachtenswert sind die kleine Mariengrotte und die Mirakelkammer mit Wachspuppen als Weihegaben.. Vom Käppele kann man einen grandiosen Blick über das Maintal zum Steigerwald genießen. Ein herrlicher Kreuzweg mit Sandsteinfiguren von 1880 führt von der Stadt durch den Wald hinauf (Ausgangspunkt/Einstieg: am Ortsende von Zeil Richtung Bischofsheim auf der rechten Seite), Einkehrmöglichkeit im Berghospiz.

Stadtpfarrkirche St. Michael: Bis heute beherrscht das auf einer Anhöhe gelegene Gotteshaus den Marktplatz. Der von einer teilweise erhaltenen Wehrmauer umgebene Bau wurde Anfang des 18. Jh. auf den Fundamenten einer mittelalterlichen Kirche errichtet. Das imposante Rahmenwerk des Hochaltars schuf der Bamberger

Martin Walter, der auch später die Seitenaltäre fertigte. Beachtenswert ist die vermutlich aus dem 14. Jh. stammende Turmhalle, die als Taufkapelle diente. Sie beherbergt über 600 Jahre alte Fresken. An der Westwand sind die Bistumsgründer Heinrich II. und Kunigunde dargestellt, in den Händen der Bamberger Dom. An der schmucklosen Fassade der Kirche befindet sich eine Ölberg-Darstellung. Sie zeigt drei vom Schlaf überwältigte Jünger, während Jesus vor der Felswand zusammengesunken seinem Tod entgegensieht und ein Engel ihm den Kelch des Leidens reicht.

Die **Kapelle St. Anna** gegenüber der Pfarrkirche zählt zu den ältesten Bauwerken der Stadt (Weihe 1412). Einst war sie eine Totenkapelle mit Beinhaus. Im Inneren ein schlichter Rokokoaltar und Renaissancemalereien.

Marktplatz: Das dreigeschossige **Rathaus** am Marktplatz mit dem streng gegliederten Fachwerkobergeschoss ist ein Werk mehrerer Epochen. Das gotische Hauptportal lässt sich ins 14. Jh. datieren. Der Abschlussstein des Fachwerkgeschosses nennt 1540. Ein Kuriosum am Rathauseck: Neben der Bamberger Elle, die 67 cm maß, hat sich ein Relikt des mittelalterlichen Strafrechts erhalten, der **Pranger**. Gegenüber vom Rathaus das ehemalige **Rosenbergische Zehnthaus**, das dem Bamberger Barockbaumeister Küchel zugeschrieben wird.

Das nur wenige Meter unterhalb des Rathauses gelegene **Jörg-Hofmann-Haus** in der Hauptstraße 3 zählt zu den kunstvollsten Fachwerkhäusern in Franken. Der Zeiler Zimmermann Hofmann schuf innerhalb des Fachwerks stark plastische Formen, die man zu seiner Zeit nur aus Stein kannte. Die Holzarbeiten hatten damals auch einen praktischen Sinn: So sollten Schreckensmasken beispielsweise die bösen Geister vertreiben. Das 1689 erbaute Haus gab der wohlhabende Schwager Hofmanns in Auftrag.

Propstenhof: 1706 als Propstei des Klosters Michelfeld von Leonhard Dientzenhofer erbaut.

Verhext

Die Stadt Zeil erlangte traurige Berühmtheit durch die Hexenverfolgung, die in der Zeit des 30-jährigen Krieges ihren Höhepunkt erreichte. Dabei war gar nicht Zeil selbst eine Hochburg der Verfolgung, sondern die Bischofsstadt Bamberg, und es wurden beileibe nicht nur „Hexen“ verbrannt, sondern ganze Familien aus dem ganzen Großraum Bamberg systematisch ausgelöscht. Warum ausgerechnet Zeil als Richtplatz herhalten musste, ist bis heute unklar, ebenso die Zahl der Opfer. Es dürften mehrere hundert gewesen sein, darunter ein Zeiler Bürgermeister (Johann Langhans) samt seiner Familie. Aus seinen Tagebuchaufzeichnungen, die erhalten sind, weiß man bis heute mit am meisten über die grauenvollen Details der Hexenprozesse.

Heute gibt es in Zeil spezielle Stadtführungen zu diesem Thema, denn viele Originalschauplätze aus dem 17. Jh. sind erhalten. Im Stadtturm etwa, der in jener Zeit wegen akuter Raumnot zum Gefängnis umfunktioniert wurde, findet sich die in Stein geritzte Signatur eines der Opfer des Hexenwahns. Makaber: Anfangs wurden die Frauen, Männer und Kinder auf dem Marktplatz verbrannt. Um das Verfahren effektiver zu machen, die Bürger nicht mit dem Rauch zu belästigen und Holz zu sparen, wurde später auf freier Flur ein Brennofen gebaut.

Fürstbischöfliches Schloss (heute Finanzamt): erbaut unter dem Bamberger Fürstbischof Lothar Franz von Schönborn (1693–1729).

Foto- und Filmmuseum: Die Ausstellung beherbergt über 800 historische Kameras und ist der Privatinitiative des Arztes Gerhard Binder zu verdanken. Schwerstes Exponat ist eine 1,5 t schwere und rund 7 m lange Reprokamera der Erlanger Firma Gossen. In der Sammlung spiegelt sich die Geschichte der Fotografie: angefangen bei einer Voigtländer Metallkamera von 1841 über Nassplattenkameras bis hin zu den Klassikern aus dem Hause Leica. Daneben präsentiert das Museum auch eine Reihe von seltenen Stücken zur Kinogeschichte, zu 3-D-Techniken und Fotonippes. Alljährlich wird im Sommer auch eine Openair-Fotobörse in der Parkanlage vor dem Museum veranstaltet.

Öffnungszeiten So 13–17 Uhr, Eintritt 1,50 €, erm. 1 €. Schulring 2, ✆ 9490 (Stadtverwaltung) oder 7460.

Synagoge: Seit dem 14. Jh. gab es in Zeil eine jüdische Gemeinde. In der Judengasse 18 steht die ehemalige Synagoge (nicht zugänglich). Bereits 1920 löste sich die jüdische Gemeinde aus Mangel an Mitgliedern auf und schloss sich den Glaubensbrüdern in Haßfurt an. Die beiden Thorarollen aus dem 18. Jh. wurden ebenfalls dorthin gebracht, wo sie beim Judenpogrom der Nazis 1938 vernichtet wurden.

Schloss Schmachtenberg: Außerhalb des Altstadtkerns im Viertel Schmachtenberg liegt versteckt das große Schloss, das im 16. Jh. erbaut und um 1700 für Jagdaufenthalte der Bamberger Bischöfe umgebaut wurde.

Sternstunden: Königsberg – ein Bilderbuchstädtchen

Ein lohnender Abstecher führt von Zeil nach Königsberg (Königsberg in Bayern/Franken, nicht zu verwechseln mit der großen Schwester in Ostpreußen!). Von Zeil sind es via Krum und *Altershausen* (ein interessantes Öko-Dorf mit einem außergewöhnlichen Industriebau: die Firma Benkert im Gewand der Architektur des renommierten Schweizer Architekten Mario Botta) etwa 10 km nach Königsberg, das durch sein geschlossenes mittelalterliches Stadtbild besticht – gekrönt von einer Burg. Ein Städtchen wie aus dem Bilderbuch. Das Rathaus mit dem Glockenspiel, der Salzmarkt, ein Kunsthandwerkerhof und die verwunschenen Gässchen laden zur Entdeckungsreise ein. Stichwort Reise: Das hat in Königsberg Tradition, denn hier steht das Geburtshaus eines der bedeutendsten Mathematiker und Astronomen, Johannes Müller, genannt *Regiomontanus* (* 1436, + 1476 in Rom). Er gilt als einer der Wegbereiter des modernen Weltbildes und hat einen wenig beachteten Beitrag zur Entdeckung der Welt geleistet: Seine außergewöhnlich präzisen Sterntafeln nutzten die Seefahrer Kolumbus und Vasco da Gama für die Navigation. Das Regiomontanus-Haus am Salzmarkt wurde jüngst restauriert. Hier befindet sich jetzt eine Ferienwohnung im einzigartigen historischen Ambiente (✆ 09525/92220, 📠 950343, www.koenigsberg.de). In Königsberg hat auch der Maler Ludwig Heinrich sein Atelier, und zwar im ehemaligen Totenhaus der Stadt vor den Stadtmauern an der Straße nach *Unfinden*. Dieses Dorf, 2 km von Königsberg entfernt, ist eine wahre Schatzkammer für Fachwerk-Freunde (Einkehr im urgemütlichen Wirtshaus Schwarzer Adler, Unfinden 26, ✆ 09525/303, Do Ruhetag).

Karte S. 58

Haßfurt

Wer aus Bamberg kommt, hat Pech: Der unansehnliche Einkaufs- und Industriegürtel im Osten und im Westen Haßfurts wirkt nicht gerade einladend. Doch der erste Eindruck täuscht. Tatsächlich besitzt das über 750 Jahre alte Haßfurt eine malerische, historisch gewachsene Altstadt mit kunstvollen Fachwerkfassaden, alten Bürgerhäusern und sehenswerten Kirchen wie die Stadtpfarrkirche mit zwei Werken Tilman Riemenschneiders oder die spätgotische Ritterkapelle mit ihrem eindrucksvollen Westportal.

Das schmucke mainfränkische Städtchenzählt gerade mal 14.000 Einwohner und ist Kreisstadt des Landkreises Haßberge. Das Leben spielt sich in der sanierten Altstadt ab, begrenzt vom Oberen und Unteren Turm. Entlang der breiten Oberen Hauptstraße mit dem weitläufigen Marktplatz samt Rathaus reiht sich Laden an Laden. Lohnenswert ist ein Spaziergang zum alten Zisterzienserinnenkloster Mariaburghausen am Südufer des Mains (1,5 km vom Zentrum) – ein Musterbeispiel gotischer Kirchenbaukunst.

Information/Verbindungen/Adressen

- *Vorwahl* ✆ 09521.
- *Information* **Verkehrsamt**, Hauptstr. 5, 97437 Haßfurt, ✆ 688227, 📠 688280. Mo–Fr 8–12 Uhr, Mo–Mi 14–16 Uhr, Do 14–17Uhr, www.hassfurt.de.
- *Verbindungen* **Bahn**, Haßfurt liegt an der Strecke Bamberg–Würzburg, Fahrkartenausgabe✆ 3933. Es gibt keinen Fahrradverleih.
- *Adressen* **Flugplatz**, Verkehrslandeplatz Haßfurt, Flugplatzstr. 20, ✆ 1319; Rundflüge, Fallschirmspringen.

Baden, Haßfurt besitzt ein weitläufiges und sehr gepflegtes Erlebnisbad, das nicht nur verschiedene Pools bietet, sondern auch eine 127 m (!) lange Wasserrutschbahn, Wärmehalle, Dampfgrotte und im Winter eine Eissporthalle. Großer Anger 21, ✆ 5131.

Übernachten/Essen & Trinken

Meister Bär (ehemals Altstadthotel), das geschmackvolle Hotel im Herzen Haßfurts (bei der Pfarrkirche St. Kilian) steht an der Stelle der 1869 erbauten Volksschule und bietet alle Annehmlichkeiten eines modernen Mittelklassehotels. Sämtliche Zimmer sind mit Fax(modem)anschluss ausgerüstet; Fitnessräume mit Solarium und Sauna sind vorhanden. Es gibt sogar behindertengerechte und spezielle Allergikerzimmer. EZ ab 54 €, DZ ab 79 €. Das 1997 eröffnete Hotel besitzt ein schlicht-elegant eingerichtetes Café-Restaurant namens **Alte Schule**. Freundlicher, professioneller Service. Pfarrgasse 2, ✆ 9280, 📠 928888. www.MB-Hotel.de

Hotel Goger, an der Straße nach Bamberg, 3 km westlich von Haßfurt, liegt das neu erbaute, rustikale Hotel. Aufgrund seiner verkehrsgünstigen Lage und der großzügigen Räumlichkeiten eignet sich das Haus auch für Busgesellschaften. Die Zimmer sind im rustikalen Stil eingerichtet. Am besten Zimmer mit Balkon zur Südseite nehmen (an der Nordseite liegt die B26). Sauna und Solarium vorhanden. Frühstück leider nur bis 9.30 Uhr. Gutbürgerliche Küche mit fränkischen Spezialitäten, insbesondere Wild (preiswert). Dazu werden Weiß- und Rotweine kredenzt, die aus den drei Lagen des familieneigenen Weinguts stammen. Große Gartenterrasse und Spielplatz. Kein Ruhetag. EZ 40 €, DZ 64 €. Bamberger Str. 22, Haßfurt-Augsfeld, ✆ 9250, 📠 5339.

Walfisch, einst war das Gebäude im Herzen der Stadt, dessen Ursprünge bis ins Mittelalter zurückreichen, das Lokal der ehrwürdigen Fischerzunft. Konservative, rustikale Einrichtung. Hauseigene Garage. In der Region besitzt das Restaurant des Hauses einen guten Ruf. EZ 29 € (ohne Dusche 21 €), DZ ab 49 €, Radfahrer sind willkommen.. Vorstadt 8, ✆ 92270, 📠 922750.

Jüngling, nur aus ein paar Tischen besteht die einfache Weinstube, in der sich tagsüber viele Haßfurter treffen. Hauseigene Bäckerei, kleine Gerichte. Hauptstr. 26, ✆ 1456.

Relief an der Ritterkapelle

Elsenkeller, uriges Kellerlokal in der Altstadt, Hauptstr. 15 (Eingang Alte Brückenstraße), ✆ 951251.

Tipp: Maintal-Obstindustrie, Das Traditionsunternehmen ist vor allem für seine Hiffenmark-Marmelade (Hagebutten) bekannt. Am Mittwoch und Donnerstag ist jeweils von 11–16 Uhr Fabrikverkauf. Industriestr. 11, ✆ 94950, 📠 949530. www.maintal-frucht.de

Haßfurt/Sehenswertes

Ritterkapelle: Im 15. Jh. wurde die spätgotische Ritterkapelle zu Ehren Mariens errichtet, eine der bedeutendsten spätgotischen Kirchenbauten in Deutschland, jedoch wurde sie in den nachfolgenden Jahrhunderten immer wieder verändert. Beachtenswert an der einschiffigen Anlage mit eingezogenem Chor ist der an der Choraußenseite angebrachte dreifache Fries mit insgesamt 230 Wappen, zu denen noch weitere 25 Wappen an den Rippenkreuzungen im Chorinneren kommen – eine Art steinernes Adelsregister. Eindrucksvoll sind auch das Westportal mit dem aufwändigen Relief, das die Legende der Heiligen Drei Könige erzählt, und der bis heute rätselhafte „Viertugendmann“ im Gewölbe der Eingangshalle.

Pfarrkirche St. Kilian, Kolonat und Totnan: Noch immer ist die spätgotische Hallenkirche mit eingezogenem Chor zwischen den beiden Osttürmen der Mittelpunkt der Stadt. Berühmt ist das Gotteshaus am Marktplatz, das zuletzt Anfang der 90er Jahre renoviert wurde, wegen zweier um 1490 entstandener Plastiken von *Tilman Riemenschneider:* Johannes der Täufer und Maria mit dem Kind stehen links und rechts des Chors. Im Zentrum prunkt der neu geschaffene Hochaltar mit den drei Frankenaposteln und Namenspatronen Kilian, Kolonat und Totnan, die aus der Werkstatt Riemenschneiders stammen.

Altes Rathaus: Gegenüber von der Stadtpfarrkirche steht das rechteckige, dreigeschossige Rathaus, das zu Beginn des 16. Jh. erbaut wurde. Hier befindet sich heute unter anderem das Bürgerbüro.

Zehntscheuer (Stadthalle): Die einstige fürstbischöfliche Zehntscheune, ein mächtiger dreigeschossiger Bau mit Staffelgiebel, entstand im 15. Jh. und wurde im

17. Jh. erweitert. Ende der 80er wurde das Gebäude vom Architekten Alexander Freiherr von Branca zur Stadthalle umgebaut.

Rathaus: gegenüber von der Zehntscheuer das hochstiftliche Amtshaus aus dem 18. Jh., das heute als Rathaus mit Tourist-Information dient.

Herrenhof: Das Gebiet des heutigen Herrenhofs gilt als die Urzelle der städtischen Besiedelung in Haßfurt (13. Jh.). Das Gebäude diente schon vielfältigen Zwecken, unter anderem war es das ehemalige fürstbischöfliche Amtshaus und beherbergte die Oberschule. Heute hat hier das Landratsamt seinen Sitz, historische Spuren sind teilweise noch zu erkennen. Die benachbarte Stadthalle wurde Ende des 15. Jh. als fürstbischöfliche Zehntscheuer errichtet. Heute finden dort zahlreiche Kulturveranstaltungen statt (www.hassfurt.de).

Haßfurt/Umgebung

Interessant ist die kleine Kirchenburg in **Prappach** und in **Sylbach** lockt die historische Hammerschmiedsmühle zu einer gemütlichen Einkehr (Mittwoch bis Sonntag und an Feiertagen ab 18 Uhr, ✆ 2277, www.hammerschmiedsmuehle.de). Außerdem ist das malerische Rathaus aus dem Jahr 1598 sehenswert.

Unterhohenried: Hier sollte man sich die evangelische Kirche anschauen mit ihrem Turm aus dem frühen 15. Jh. und dem Langhaus von 1706. Im Inneren prunkt ein spätgotischer Flügelaltar. Die katholische Kirche ist ein klassizistischer Rundbau von 1812.

Wülflingen (an der B26 Richtung Schweinfurt gelegen) ist als Ausgangspunkt für Wanderungen im **Wässernachtal** interessant. Hier gibt es mehrere Rundwege in einer ursprünglichen Tallandschaft mit dichtem Wald, kleinen Wiesen und vielen Tieren. Ein Wanderweg führt bis zum **Ellertshäuser See** bei Stadtlauringen. Auch der Abstecher in das „Bergdorf" **Sailershausen** mit seiner romantischen Wanderstube (✆ 5663) lohnt sich.

Zisterzienserinnenkloster Mariaburghausen: Über die 1962/63 errichtete Mainbrücke, die an der Stelle eines Vorgängerbaus von 1867 Haßfurt mit dem südlichen Umland verbindet, gelangt man zum ehemaligen Nonnenkloster (1,5 km außerhalb von Haßfurt), das Fürstbischof Julius Echter von Mespelbrunn 1582 der Universität Würzburg schenkte. Seitdem wird das Kloster schon nicht mehr von Ordensfrauen bewohnt, heute dient es als Hofgut. Beachtenswert ist die 1300 entstandene Klosterkirche, die Johannes dem Täufer geweiht ist und eine eindrucksvolle Gruft beherbergt. Leider ist das Gotteshaus normalerweise geschlossen; es kann jedoch nach Voranmeldung besichtigt werden. Informationen: Katholisches Pfarramt Haßfurt, Pfarrgasse 8, ✆ 1484.

▸ **Obertheres**: Das einstige Kloster und heutige Schloss Theres, das an der Bundesstraße 26 liegt, die von Haßfurt nach Schweinfurt führt, ist heute in Privatbesitz. Die fast tausend Jahre alte *Benediktinerabtei St. Stephan und Vitus* prägte mit ihrem Reichtum die ganze Umgebung. In den Klosterdörfern wie Wagenhausen, Horhausen und Buch stehen noch heute Bau- und Flurdenkmäler von herausragender Bedeutung und selbst in der Nachbarstadt Haßfurt hatte das einst mächtige Kloster Besitzungen (ehemalige Renkersmühle). Mit der Säkularisation Anfang des 19. Jh. erlosch das Klosterleben jäh. Viele Kulturschätze gingen unwiederbringlich verloren,

wie die barocke Klosterkirche in Obertheres, die von Meistern wie Johann Peter Wagner ausgestattet worden war.
Obertheres ist die Heimat einer bedeutenden Bildhauerfamilie. Berühmtester Vertreter dieser Familie war *Johann Peter Wagner*, der Sohn von *Johann Thomas Wagner*. Er schuf in ganz Franken Kunstwerke von überragendem Wert. Von seinem Geburtshaus steht heute nur noch die Toranlage. Wagner-Werke findet der Interessierte unter anderem in der Marienkapelle am Friedhof in Obertheres und in der Kirche im Nachbarort Untertheres.
Sehenswert in Obertheres ist auch das neugotische *Schloss Dithfurt*, das sich ebenfalls wie das ehemalige Kloster an der B26 befindet. Es ist allerdings nicht zugänglich. Erbaut wurde die Schlossanlage 1857 von Georg Freiherr von Ditfurth, der übrigens der Bruder von Franz Wilhelm Freiherr von Ditfurth war. Dieser gilt als der bedeutendste Sammler fränkischer Lieder (www.theres.de).

Weinberg bei Zeil

• *Übernachten/Essen & Trinken* Einkehrmöglichkeit bietet das **Hotel Schafhof** an. Der Gasthof mit Biergarten und Kinderspielplatz liegt 500 m von der Bundesstraße in nördliche Richtung (ausgeschildert). EZ mit Frühstück 32 €, DZ 52 €. Schafhofweg 12, ✆ 94480. www.landhotel-schafhof.de
Familie **Pfeiffer** vermietet liebevoll eingerichtete Zimmer in einem geschmackvoll restaurierten, ehemaligen Gasthof in der Ortsmitte von Obertheres, Kahlberg 1, ✆ 618045.

Kinderträume

Viele Gestalten, die sich in den Büchern des bekannten Kinderbuchautors *Paul Maar* finden, sind Oberthereser. Denn der gebürtige Schweinfurter Paul Maar (heute Bamberg und Birkenfeld) verbrachte einige Kinderjahre bei seinem Großvater in Obertheres, als Schweinfurt im Bombenhagel versank. Noch heute erinnert sich Paul Maar gerne an die Zeit im Dorf und erzählt immer wieder davon. Bekannt geworden ist Paul Maar vor allem durch die Geschichten vom Sams. Was nur wenige wissen: Paul Maar arbeitete eine Zeitlang als Bühnenbildner und Fotograf am Fränkischen Theater Schloss Maßbach (Landkreis Schweinfurt), das seine Tochter *Anne Maar* heute leitet. Anne Maar ist ebenfalls eine bekannte Kinderbuchautorin. Aus der gleichen Theaterfamilie stammt Michael Ballhaus, einer der gefragtesten Kameramänner in Hollywood („Das fliegende Auge"), der unter anderem mit Martin Scorsese Filme drehte und bereits für einen Oscar nominiert wurde.

Wonfurt: Hier ist die klassizistische Kirche sehenswert, die 1817–1820 nach dem Vorbild des Pantheon in Rom errichtet wurde.

Zwischen Haßbergen und Steigerwald
Karte S. 58

Schloss Mainberg

Das Bauwerk 5 km östlich von Schweinfurt macht der Bezeichnung Schloss alle Ehre: Die imposante Anlage mit ihren drei markanten Stufengiebeln und dem Bergfried erhebt sich malerisch über die Weinberge am Main.

Zu den Gästen des Schlosses gehörten einst Ludwig Bechstein, König Ludwig I., Otto von Bismarck und Graf Zeppelin. Die Ursprünge des vierflügeligen Gebäudes in dem gleichnamigen Ort reichen bis ins 13. Jh. zurück, als der Turm entstand. Im Lauf der Jahrhunderte wechselte Mainberg mehrmals die Besitzer, welche die Anlage immer wieder umbauten und erweiterten. 1542 ging es schließlich in den Besitz des Würzburger Hochstifts über, bis es nach einer kurzen Herrschaft des Großherzogs Ferdinand von Toskana (1806–1815) schließlich an Bayern fiel. Die Anlage war in jüngerer Zeit Eigentum der Industriellenfamilie Sachs und der Stadt Schweinfurt, heute ist sie wieder in Privatbesitz

Gunter Sachs: Frauenheld, Unternehmer, Fotograf, Kunstsammler

„Die Playboys sind so tot wie die Musketiere oder Troubadoure“, erklärte der am 14. November 1930 in Mainberg geborene Industriellensohn Gunter Sachs, der dennoch das Image des Lebemanns nie richtig los wurde. Der ehemalige Ehemann der französischen Schauspielerin Brigitte Bardot war nicht nur Mitglied im exklusiven Kreis des Jet-Sets, sondern machte sich auch einen Namen als sachkundiger Kunstsammler und international renommierter Fotograf. Seine persönlichen Kontakte zu Malern wie Salvador Dalí halfen ihm, bereits in jungen Jahren eine bedeutende Kunstsammlung aufzubauen. Jahrelang war der gebürtige Mainberger einer der meistbeschäftigten Fotografen der legendären Modezeitschrift Vogue. Übrigens fließen sämtliche Erlöse seiner Fotografien in eine Stiftung seiner Frau Mirja, die notleidenden Kindern in aller Welt hilft. Die jüngste Leidenschaft von Sachs ist die Astrologie. Hierfür gründete er ein Forschungsinstitut in der Schweiz. Jahrelang geisterte Sachs lediglich als Frauenheld durch die internationale Regenbogenpresse. Auf der Strecke blieb dabei im Bild der Öffentlichkeit seine Tätigkeit als Manager im eigenen Unternehmen.

Sein Großvater hatte einst den Fahrradfreilauf erfunden und war Mitbegründer der in Schweinfurt angesiedelten Kugellager- und Motorenwerke Fichtel & Sachs AG, die als Automobilzulieferer mit Kupplungen, Stoßdämpfern und Antrieben heute zu einem global agierenden Top-Unternehmen der Branche zählt. In die Managerzeit von Gunter Sachs fiel 1968 der so genannte Sprung über den Main, die Erweiterung der Fabrik am Schweinfurter Südufer auf die doppelte Größe. Seit 1987 gehört das einstige Familienunternehmen zum Mannesmann-Konzern und firmiert unter dem Namen Mannesmann Sachs AG. Rund 20.000 Sachs-Beschäftigte erwirtschafteten 1996 an 40 Standorten in 17 Ländern einen Jahresumsatz von fast 4 Milliarden DM. Vom ältesten Produktsegment trennte sich die Firma erst 1997: Den Bereich Fahrradkomponenten veräußerte die AG an den US-Hersteller SRAM aus Chicago. Info: www.gunter-sachs.de

Schriftsteller Friedrich Rückert blickt über den Marktplatz in Schweinfurt

Schweinfurt

In Schweinfurt wird zwar immer noch Wein angebaut, doch bekannter ist die 55.000 Einwohner große Stadt am Main als wichtiger Industriestandort. Als Friedrich Fischer im Jahre 1883 die Kugelschleifmaschine erfand, war dies die Geburtsstunde der Wälzlagerfabrikation.

Weltweit tätige Firmen aus der Wälzlager- und Autoteilezubehörproduktion, wie zum Beispiel FAG Kugelfischer, Rexroth-Star, SKF und Mannesmann–Sachs (s. o.) prägen seit vielen Jahrzehnten das Bild der Stadt. Eine schwere Strukturkrise Anfang der 90er Jahre konnte Gott sei Dank überwunden werden. Noch ist der Strukturwandel in vollem Gange, das kulturelle Leben aber blüht: Historie und zeitgenössisches Kunst- und Kulturleben gehen eine interessante Mischung ein. „Industrie und Kunst“ lautet das Schlagwort, und Namen wie das Museum Georg Schäfer oder die Bibliothek Otto Schäfer spielen hierbei eine bedeutende Rolle. Dementsprechend hat sich der Tourismus in Schweinfurt weiterentwickelt.

Die Industriestadt – heute mehrheitlich protestantisch – zählt zu den ältesten Orten Mainfrankens. Bereits 791 wurde Schweinfurt zum ersten Mal urkundlich erwähnt. Die einstige freie Reichsstadt umfasste ein Territorium von gerade mal 53 qkm. Erst 1802 verlor die Stadt durch die Annektierung durch Bayern ihre politische Selbstständigkeit. Leider haben sich nicht allzu viele historische Gebäude erhalten, denn als Zentrum der kriegswichtigen Wälzlagerindustrie in Nazideutschland wurde Schweinfurt zur Ruinenwüste bombardiert. Doch in den letzten Jahren wurden die verbliebenen Bereiche, beispielsweise der Zürch, Zug um Zug saniert und restauriert. So entstand auch eine große Fußgängerzone, die Schweinfurt mittlerweile als Einkaufsstadt interessant macht.

Schweinfurter Schlachtschüssel: Frischgekochtes vom Borstenvieh

Nürnberg hat die Rostbratwürste und Schweinfurt die Schlachtschüssel. Die Stadt, die das Borstenvieh im Namen führt, pflegt von Oktober bis März einen deftigen kulinarischen Brauch: Ein ganzes Schwein kommt in vielen Gängen auf den Tisch, Teller gibt es nicht. Bei der Schweinfurter Schlachtschüssel isst man gekochte Fleischstücke, das so genannte Krettelfleisch, einfach von blank gescheuerten Holztischen. Und zwar nicht allein oder zu zweit, sondern mit 20, 50 oder gar 100 Leuten. Vor dem eigentlichen Essen gilt es, seine Beilagen gut zu ordnen: Bauernbrot mundgerecht in Stückchen schneiden, kleine Häufchen von Pfeffer, Salz und frisch geriebenem Kren bilden. Schließlich wird das heiße Sauerkraut aufgetragen. Jetzt kann es mit der „Schlacht" losgehen: Zum Auftakt gibt es meist Bauchfleisch, dann folgen Schulter, Kamm und Nacken, den Abschluss bilden Innereien wie Zunge, Nieren und Herz, für Spezialisten gar Ohren, Rüssel und Bries. Pro Person sollte man für den fröhlich-derben Essgenuss mit ungefähr 20 € rechnen. Übrigens, zur Schlachtschüssel trinkt man Frankenwein (am besten einen trockenen Silvaner) oder Most (Apfelwein), später noch einen Zwetschgengeist; Bier ist verpönt. Noch eines ist zu beachten: „Lautes Rülpsen, Grölen und Politisieren, Zank der an der Schlachtschüssel, das ist all verboten. Die Leut seynd fröhlich und lustig mit einem ehrbaren Liedlein bis die Polizey Feyerabend macht", erklärt ein Paragraf der Schlachtschüssel-Ordnung aus dem Jahr 1926.

Die Stadtinformation vermittelt entsprechende Gasthöfe, ungefähr 15 sind es in und um Schweinfurt. Beliebte Schlachtschüssellokale sind der Gasthof Zum Grafen Zeppelin, Cramerstr. 7, ✆ 22173, oder die Gaststätte Weißes Rössl, Wolfsgasse 19, ✆ 21721. Informationen unter www.schweinfurt.de

In den letzten 150 Jahren entwickelte sich die kleine Fischer-, Schiffer- und Handwerkersiedlung zu einer bedeutenden Industriestadt, die sich mit Kugellagern, Stoßdämpfern und Kleinmotoren europaweit einen Namen gemacht hat. Durch die wirtschaftliche Monostruktur haben hier konjunkturelle Krisen allerdings besonders hart zugeschlagen, vor allem in den 90er Jahren. Diese Krise ist heute überwunden und die Stadt unternimmt zunehmende Aktivitäten im touristischen und kulturellen Bereich.

Information/Verbindungen

- *Vorwahl* ✆ 09721.
- *Information* **Schweinfurt-Information**, Brückenstr. 20, 97421 Schweinfurt, ✆ 51-498, 📠 51-588. April–Okt. Mo–Fr 10–18 Uhr, Sa 10–14 Uhr, Nov.–März 10–16 Uhr. Sehr freundlicher Service. Umfangreiches Informationsmaterial, Wanderkarten, Stadtpläne, Zimmervermittlung, Main-Schifffahrten etc. Man erhält auch sehr viele Infos zur erreichbaren Umgebung, z. B. Landkreis Haßberge, Würzburg, Mainschleife etc. www.schweinfurt.de .
- *Verbindungen* **Bahn**; Schweinfurt liegt an der Strecke Bamberg–Würzburg. Reiseauskunft ✆ 935344. Busbahnhof am Bahnhof, ✆ 804277, Verbindungen nach Bamberg, Kitzingen, Würzburg. Übrigens besitzt Schweinfurt zwei Bahnhöfe: Neben dem im Zentrum gelegenen Stadtbahnhof gibt es 2 km westlich einen weiteren Bahnhof. Hier handelt es sich um den eigentlichen Hauptbahnhof, an dem alle Züge halten.

  Ins Zentrum gelangt man am besten mit dem **Stadtbus**. Haltestelle vor dem Bahn-

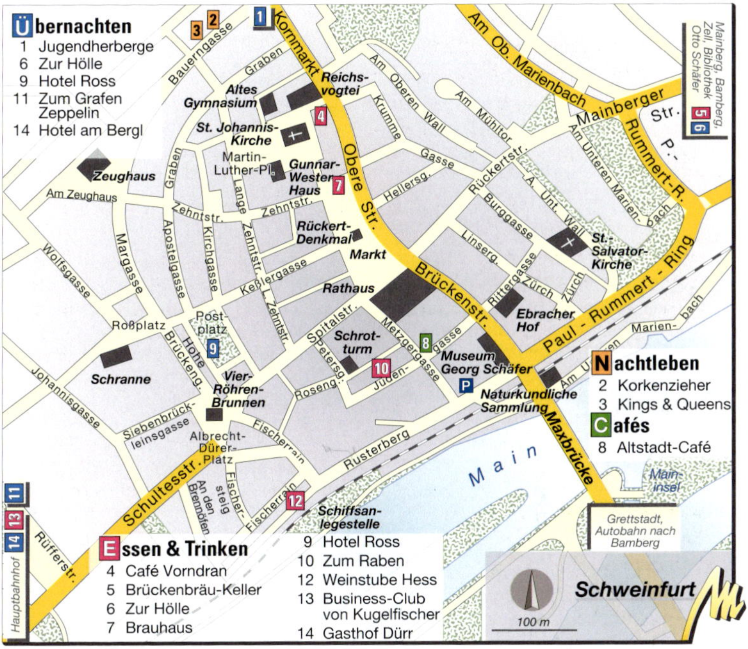

hof neben einer hölzernen Unterstellmöglichkeit (Richtung Roßmarkt). Omnibusverkehr Oswald Kleinhenz, Verbindung nach Gerolzhofen, ✆ 09382/7055. Außerdem Busse nach Arnstein und Volkach (Info-✆ 62620).

• *Fahrradverleih* Rennsport Hofmann, Friedrich-Stein Str. 12, ✆ 24862

• *Parken* Sämtliche Parkhäuser liegen nahe bei der Fußgängerzone. Das Parkhaus Brückenstraße liegt direkt unter dem Museum Schäfer und der Stadtinformation.

Übernachten/Essen & Trinken

• *Übernachten/Essen* **Ross (9)**, traditionsreiches und gepflegtes Haus im Herzen der Stadt. Im Jahr 1918 erbaute der Hotelier Julius Süß den Gasthof, drei Generationen später präsentiert es sich als komfortables 4-Sterne-Hotel. Das in der Fußgängerzone gelegene Haus bietet modern eingerichtete Zimmer, Schwimmbad und Sauna. EZ 75–105 €, DZ 85–125 €. Empfehlenswertes Restaurant „Rossstuben" mit durchgehend warmer Küche von 11–23 Uhr (außer an Sonn- und Feiertagen). Zu den Spezialitäten des Hauses, das vor allem fränkische Gerichte serviert, gehören neben Fisch insbesondere Wild und Lamm, in der Saison Spargel. Hauptgerichte ab 13 €. Postplatz 79, ✆ 20010, ✆ 200113. So und Mo-Mittag geschlossen. www.hotel-ross.de

Am Bergl (14), das gepflegte, komfortable Mittelklassehotel liegt außerhalb des Zentrums in einem ruhigen Wohngebiet des Stadtteils Bergl, direkt am Wasserturm. Das Haus, erst 1990 eröffnet, besitzt 42 Zimmer mit modernem Komfort. EZ 55 €, DZ 85 €. Zum Hotel gehört das traditionsreiche **Gasthaus Dürr (14)** (gute fränkische Küche, eigene Schlachtung). Berliner Platz 1, ✆ 9360 oder 82243, ✆ 93699. www.gasthof-duerr.de

Zum Grafen Zeppelin (11), eine gastronomische Institution in Schweinfurt, die seit 1909 in dritter Generation von der Familie Ankenbrand geführt wird. Außerhalb vom historischen Stadtzentrum liegt der schlichte Gasthof, der in der Stadt für seine Schlachtschüssel (im Winterhalbjahr) bekannt ist. Zu den Spezialitäten des Hauses gehören auch die Sennfelder Lauchsuppe sowie in den Monaten mit „R" Karpfen. Es wird eigener Weinbau in Oberschwarzach betrieben: Das Ergebnis ist ein kräftiger Kerner. Cramerstr. 7, EZ ab 35 €, DZ ab 51 €. ✆ 22173, 📠 25472.

Jugendherberge (1), in der lauten Niederwerrner Straße gelegen, allerdings neu renoviert. 108 Betten in 2-, 4- und 6-Bettzimmern. Garten hinter dem Haus. Übernachtung ab 14,50 €. Niederwerrner Str. 17 1/2, ✆ 21404 📠 23581

• *Essen & Trinken* **Hess (12)**, im historischen Fischerviertel der Altstadt gelegen. Die gemütliche, rustikale Weinstube (Blick auf den Main) zählt zu den beliebtesten Restaurants im historischen Zentrum. Hier gibt es exzellente Fischgerichte (Forelle, Waller etc.) und überdurchschnittliche viele offene Weine (z. B. aus Mainberg) zu vernünftigen Preisen. Neben der einladenden Gaststube im Erdgeschoss befindet sich noch ein elegantes Speisezimmer im 1. Stock. Sehr freundlicher Service. Di–Sa ab 17.30 Uhr. Preiswerte Tagesgerichte. Fischerrain 67, ✆ 185888. www.weinstube-hess.de

Brückenbräu-Keller (5), hinter der denkmalgeschützten Fassade ist die berühmte Schweinfurter Schlachtschüssel zu Hause. Der Brückenbräu-Keller, unterhalb der Peterstirn (am östlichen Stadtrand, Richtung Haßfurt) gelegen, ist ein Klassiker der Schweinfurter Gastronomie. Gutbürgerliche bis gehobene Küche. Beliebter Ort für Festlichkeiten. Netter Biergarten. Geöffnet täglich 10–24 Uhr. Mainberger Str. 52, ✆ 34540, 📠 34570.

Brauhaus am Markt (7), zentraler geht es nicht mehr: Direkt am Markt liegt das konservativ eingerichtete Lokal, das vor allem bei älterem Publikum beliebt ist. Gute Lammgerichte, mittlere Preislage. Durchgehend warme Küche. Geöffnet täglich 11–24 Uhr. Markt 30, ✆ 16316.

Zur Hölle (6), im Stadtteil Deutschhof gelegene Gaststätte (Zufahrt über B26, am Stadtende von Schweinfurt links abbiegen) mit schönem, schattigem Biergarten in idyllischer Lage, großer Kinderspielplatz. Geöffnet täglich außer Di 11–24 Uhr. Es werden auch einige Zimmer vermietet (DZ 36 €). Höllental 28, ✆ 22351.

Zum Raben (10), italienisches Restaurant, auch deutsche Küche, gemütliche Einrichtung auf mehreren Ebenen. Empfehlenswert: frische Muscheln. Geöffnet täglich 11.30–14.30 und 17–1 Uhr. Judengasse 10, ✆ 948844.

Altstadt-Café (8), liebevoll eingerichtetes Café, im Sommer sitzt man in einem großen Innenhof am historischen Schrotturm, ✆ 186161.

Café Vorndran (4), beliebtes Café im Herzen der Stadt. Jüngeres Publikum. Im Sommer Tische und Stühle auf dem idyllischen Martin-Luther-Platz bei der Johannis-Kirche. Große Frühstücksauswahl. Obere Str. 9. Tägl. bis 23 Uhr, am Wochenende bis 24 Uhr.

Korkenzieher (2), Wein- und Kaminstube, sehr gemütliches, verwinkeltes Lokal, fränkische Küche, große Auswahl an Frankenweinen. Geöffnet täglich ab 16 Uhr, Samstag ab 18 Uhr, kein Ruhetag. Bauerngasse 103, ✆ 25995.

Kings & Queens (3), das winzige Lokal wirkt sehr einladend. Dass große Küche auch im kleinen Raum Platz hat, beweisen Marc Wiederer und Sabine Büchs immer wieder aufs Neue. Feine Fischgerichte gibt es im Menü ab 28 € oder à la carte ab 22 €. Mo Ruhetag. Bauerngasse 101, ✆ 533242.

Tipp: Wer gut essen will, steuert nicht unbedingt die Kantine eines großen Industriebetriebes an. Der **Business-Club von FAG Kugelfischer (13)** gilt aber inzwischen nicht nur bei den Krawattenträgern der Industrie als erste Adresse, sondern auch beim gemeinen Publikum, seit Küchenchef Max Matreux, der sich seine Sporen unter anderem in den Schweizer Stuben bei Fritz Schilling verdiente, zum Open House einlädt. Hier gibt es feine Sachen wie Rehrücken und Wachtelbrust. Am Wochenende ist der feine Laden mit dem nüchternen Charme leider geschlossen. Georg-Schäfer-Straße 30, ✆ 914702.

Wandern/Baden/Kulturelles

• *Wandern* Von der östlichen Stadtgrenze von Schweinfurt führt ein malerischer Weg auf dem Rücken der Haßberge nach **Mainberg**. Die Spaziergang beginnt beim kleinen Bastionsturm Peterstirn (gehört noch zum Stadtgebiet von Schweinfurt). Dort bietet sich eine malerische Aussicht über die Mainlandschaft. Unterhalb des Turms führt eine ausgebaute Hohlgasse (Zufahrt zu den Wochenendhäusern am Hang) in Richtung Osten nach Mainberg. Die Route ist **Teil des Friedrich-Rückert-Wegs**, der mit dem Porträt des Dichters markiert ist. Der rund einstündige, bequeme Spaziergang nach Mainberg führt durch aufgelassene Weinberge, Streuobstwiesen und Wälder.

Wildpark an den Eichen, der vor allem bei Familien beliebte städtische Wildpark liegt im Stadtteil Steinberg. In naturnahen und artgerechten Gehegen sind europäische Tiere wie Wildschweine, Rotwild, Elche, Esel, Vögel und einige Raubtiere (Luchs) zu beobachten. Außerdem gibt es mehrere große Spielplätze (im Sommer einen beliebten Wasserspielplatz), auch Waldschänke und Gaststätte (am Rande des Parks) sind vorhanden. Infos beim Städtischen Forstamt, ✆ 51503 und 51504, oder im Internet unter www.wildpark-schweinfurt.de.

• *Baden* Im **Silvana Freizeitbad** kann man in vielen verschiedenen Innen- und Außenbecken das Wasser genießen. Wasserrutsche, Sauna Dampfbad etc., Massagen und Wellness im Haus, Gastronomie. Geöffnet Mo–So 9–22 Uhr, An den unteren Eichen 1. ✆ 931399. www.silvana.de

Ebenfalls zu empfehlen ist der **Sennfelder Baggersee** an der Schweinfurter Stadtgrenze. Informationen bei der Gemeinde Sennfeld, ✆ 09721/76510.

• *Kulturelles Angebot* **Kulturwerkstatt Disharmonie**, Kulturzentrum, das jährlich ca. 180 Veranstaltungen aus den Bereichen Kabarett, Theater, Jazz, Weltmusik, Kinderkultur, Literatur anbietet. Gutermannpromenade 7, ✆ 28895, 186175. www.disharmonie.de

Kleinkunstbühne Schrotturmkeller, das romantische Kellertheater fasst ca. 50 Personen. Es wird vorwiegend von der Hans-Sachs-Gruppe bespielt und ist idealer Veranstaltungsort für Lesungen und Kleinkunst jeder Art. ✆ 09722/1717 1717 (Hans Driesel).

Das Rathaus von Schweinfurt

Stattbahnhof, Jugendkulturhaus im alten Stadtbahnhof mit Kneipe und Veranstaltungen, Alte Bahnhofstr. 10, geöffnet So 10–1 Uhr, Mi und Do 15–1 Uhr, Fr 15–3 Uhr, Sa 10–3 Uhr. www.stattbahnhof.de

Schweinfurt/Sehenswertes

Rathaus: Das prachtvolle Wahrzeichen der Stadt mit seiner fein gegliederten Fassade gilt als ein frühes Beispiel deutscher Renaissance. Zwischen 1570 und 1572 wurde es vom Baumeister Nikolaus Hofmann errichtet. Beachtenswert ist der Erkerturm mit dem Wappen Kaiser Maximilians (1564–76), in den Fängen des Doppeladlers das Schweinfurter Stadtwappen. An der Balkonfront sind die Wappen der sieben Kurfürsten zu sehen, an den Giebeln allegorische Figuren. In der Eingangshalle, die früher als Kaufhalle diente, finden heute wechselnde Kunstausstellungen statt (Markt 1).

Öffnungszeiten bei Ausstellungen: Di–Fr 10–13 und 14–17 Uhr.

Marktplatz: An der Südostecke steht das Geburtshaus (Markt 2) von Friedrich Rückert, in der Mitte des Marktplatzes erhebt sich sein Denkmal. Zu Füßen des Schriftstellers und Orientalisten symbolisieren allegorische Figuren seine beiden Hauptwerke, „Die Weisheit des Brahmanen“ und „Geharnischte Sonette“.

Friedrich Rückert – Lyriker, Übersetzer, Professor

Um den berühmten Sohn der Stadt kommt niemand herum. In nachdenklicher Pose thront er in einem großen Sessel auf dem Schweinfurter Marktplatz. Ein paar Meter weiter steht sein Geburtshaus mit der bronzenen Gedenktafel (schräg gegenüber vom Rathaus). Am 16. Mai 1788 kam Friedrich Rückert hier zur Welt. Der spätromantische Dichter und sprachgewandte Übersetzer liebte Franken, aber haderte mit dem Namen seiner Heimatstadt. „Hättest Mainfurt, hättest Weinfurt, weil du führest Wein, heißen können, aber Schweinfurt, Schweinfurt sollt' sein?" Friedrich Rückert, der am 31. Januar 1866 in Neuses bei Coburg starb und dort begraben liegt, gelang es dank seines außergewöhnlichen Sprach- und Übersetzertalents, bedeutende Werke der persisch-arabischen Dichtung für deutsche Leser zu erschließen. Seine berühmtestes Werk ist „Die Weisheit des Brahmanen", das 1836–39 in sechs Bänden erschien und in Form klassischer Alexandriner östliche und westliche Lebensweisheiten zusammenfasst. Diese Arbeit faszinierte später auch Hermann Hesse, der in seinem Roman „Das Glasperlenspiel" dem Dichter ein literarisches Denkmal setzte. Rückert, ab 1826 Professor für Orientalistik an der Universität Erlangen, später in Berlin, ist in Franken, insbesondere in seiner Geburtsstadt, unvergessen: Straßen, Schulen, Apotheken, Buchhandlungen tragen bis heute seinen Namen. Seit 1998 werden in der sogenannten Schweinfurter Edition alle Werke Rückerts herausgegeben, inzwischen sind es bereits neun.

Information www.rueckert-gesellschaft.de

Kirche St. Johannis: Die evangelische Stadtpfarrkirche ist das älteste und einzige erhaltene mittelalterliche Bauwerk der Stadt. Bereits im 13. Jh. stand hier eine romanische Basilika, die zu Beginn des 15. Jh. durch einen gotischen Neubau ersetzt wurde. Als sich die freie Reichsstadt Schweinfurt 1542 der Lehre Martin Luthers anschloss, wurde die Johanniskirche Zentrum der evangelischen Gemeinde. Der Übergang vom Katholizismus zum Protestantismus vollzog sich gewaltlos. Auch hat es hier nie einen Bildersturm gegeben – ein Grund dafür, dass die Kirche bis auf den heutigen Tag wertvolle Kunstschätze beherbergt, die bis in die Romanik zurückreichen. Beachtenswert sind im Inneren der gotische Taufstein (1367) mit seinen Aposteldarstellungen, die prunkvolle, von einem triumphierenden Christus gekrönte Barockkanzel (1694) und der frühklassizistische Stuckmarmor-Hochaltar des Würzburger Hofstuckateurs Materno Bossi (1783) sowie eine Reihe von Grabdenkmälern, wie das des Reichsvogts Konrad von Seinsheim (1369) und des Junkers Wolf Christoph von Steinau (1585).

Georg Meistermann: Abstrakte Kunst in der Kirche

Ein mustergültiges Beispiel für sakrale Architektur der Moderne ist die 1953 wiederaufgebaute **Kirche St. Kilian**. Ein Spaziergang dorthin lohnt sich vor allem wegen der Kirchenfenster des abstrakten Künstlers Georg Meistermann. Der 1911 in Solingen geborene Maler war unter anderem Kunstprofessor in Düsseldorf und Karlsruhe. Er schuf ein 250 qm (!) großes Kirchenfenster, das Wesen und Wirken des Heiligen Geists zum Thema hat. Das Werk ist von den für Meistermann typisch facettierten Formzusammenhängen geprägt, so resümieren Kunsthistoriker.

Adresse Friedrich-Ebert-Str. 24; ca. 1,5 km vom Zentrum.

Schrotturm: Ursprünglich 1611 als Treppenturm eines Renaissancehauses errichtet, wurde der Turm im 19. Jh. zur Herstellung von Schrotkugeln um vier Stockwerke erhöht (Petersgasse 1).

Kirche St. Salvator: Im ältesten Stadtviertel Schweinfurts, in Zürch, steht unmittelbar an der Stadtbefestigung Unterer Wall die schlichte Barockkirche, die im frühen 18. Jh. erneuert wurde (Frauengasse 1).

Zeughaus: Das von 1589–91 erbaute Gebäude diente als Waffenarsenal und Lagerhaus der Reichsstadt, jetzt beherbergt es Redaktion und Geschäftsstelle des Schweinfurter Tagblatts (Roßbrunnstr. 2).

Ebracher Hof: Hof des Kloster Ebrach, das seit 1431 den Zisterziensern aus dem Steigerwald als Handelsstützpunkt in der Reichsstadt diente. Sein heutiges Aussehen im Stil der Renaissance erhielt das Gebäude im 16. Jh. (Rittergasse 2).

Barocker Engel in der Johanniskirche

Schweinfurt/Museen

Museen und Galerien der Stadt Schweinfurt: Sie umfassen insgesamt vier Häuser, nämlich die Galerie Alte Reichsvogtei, das Museum im Alten Gymnasium, das Gunnar-Wester-Haus und das Naturkundemuseum in der Harmonie.

Öffnungszeiten aller vier Häuser Di–Fr 14–17 Uhr, Sa/So 10–13 und 14–17 Uhr. In allen Häusern ist der Eintritt frei!

Galerie Alte Reichsvogtei: In der schmucken Galerie Alte Reichsvogtei im Zentrum Schweinfurts kann sich der Besucher einen Überblick über die moderne Kunst in Franken von der Nachkriegszeit bis in die 90er Jahre verschaffen. Von „Altschäffel bis ZEN 49“ heißt die sehenswerte Sammlung. Sie wird ergänzt durch Wechselausstellungen, die vor allem jüngere Künstler präsentieren.

Adresse Obere Str. 11–13, ✆ 51215.

Museum Altes Gymnasium: Das Renaissancegebäude aus dem 16. Jh., ursprünglich als Lateinschule errichtet, später zum Gymnasium erweitert, beherbergt die heimatgeschichtliche Sammlung der Stadt. Schwerpunkte sind die Frühgeschichte seit dem 9. Jh., die Reichsstadtzeit, die Bürgerkultur, das Zunftleben und der Beginn der Industrialisierung. Die vielen Exponate umfassen einen Zeitraum, der von der Frühgeschichte (Einbaum aus der Schonunger Bucht) bis in die jüngste Vergangenheit reicht. Besonders sehenswert ist das Zimmer des Schriftstellers und Gelehrten *Friedrich Rückert* mit zahlreichen persönlichen Gegenständen. Selbst das Großkreuz des Ordens Unserer Lieben Frau von Guadeloupe, das dem gebürtigen Schweinfurter 1865 von Maximilian Kaiser von Mexiko verliehen wurde, seine Schreibutensilien und frühe Publikationen fehlen nicht. Rückert selbst war Schüler im Alten Gymnasium. Einen informativen Einblick in das Leben der freien Reichsstadt Schweinfurt geben zahlreiche Exponate aus dieser Zeit. Interessant sind auch die Ausstellungsstücke zur Welt des Kindes, darunter auch Kriegsspielzeug aus der Nazi-Zeit.

Adresse Martin-Luther-Platz 12, ✆ 51479.

Gunnar-Wester-Haus: Wohl einmalig in der Bundesrepublik ist dieses Museum, wenige Meter vom Alten Gymnasium. Friedrich Graf Luxburg sammelte mit großer Leidenschaft alles rund um die Themen Feuererzeugung und Beleuchtung. Das Ergebnis ist beeindruckend: antike Öllampen, Leuchter, Laternen, Pechfackeln, Lichtscheren und vieles mehr.Vom Mittelalter bis zur Neuzeit wird eine umfassende Kulturgeschichte dieses Themenbereichs präsentiert. Außerdem ist die *Ikonensammlung Fritz Glöckle* mit 106 Ikonen des 16.–19. Jh. zu sehen.

Adresse Martin-Luther-Platz 5, ✆ 51479.

Naturkundliches Museum: An der verkehrsreichen Brückenstraße nahe dem Main steht das klassizistische Harmonie-Gebäude. Es beherbergt im ersten Stock eine historische Vogelsammlung, die die drei Brüder Schuler 1892 ihrer Heimatstadt stifteten. Das kleine Museum stellt rund 300 präparierte Vögel – vorwiegend aus Europa – in so genannten Diorama-Vitrinen aus, die einen Einblick in die natürlichen Lebensbedingungen der Tiere geben. Unter den Exponaten finden sich seltene Vögel wie Großtrappe oder See- und Steinadler.

Adresse Brückenstr. 39, ✆ 51479.

Bibliothek Otto Schäfer: In einer ruhigen Wohnstraße in einem westlichen Vorort der Stadt ist die Bibliothek Otto Schäfer zu finden. Die moderne Villa des Schweinfurter Industriellen ist heute ein Museum für Buchdruck, Grafik und Kunsthandwerk. Schäfer begann seine Grafiksammlung bereits in jungen Jahren. So besitzt das Museum das nahezu vollständige druckgrafische Werk Albrecht Dürers. Ab 1951 kam zum *Grafischen Kabinett* auch eine *Sammlung illustrierter Bücher* des 15. bis 20. Jh., aus der sich die eigenständige Bibliothek mit rund 950 Titeln entwickelte, darunter Illustratoren wie Matthäus Merian, Lucas Cranach d. Ä. oder Hans Holbein d. J. Außerdem beherbergt das Haus eine *Sammlung Deutscher Literatur* (5000 Bände) von der Reformationszeit bis zum Realismus.

• *Öffnungszeiten* **Ausstellung**, Di–Fr 14–17 Uhr, Sa/So 10–17 Uhr. Der **Lesesaal** ist Di und Mi von 14–17Uhr sowie nach Vereinbarung geöffnet. Judithstr. 16 (Richtung Mainberg, ausgeschildert). ✆ 3870970, 📠 38709799. Info auch über ✆ 51215, MuSe (= Museumsservice). www.bibliothek-otto-schaefer.de

Museum Georg Schäfer: Nach den Plänen des Berliner Architekten Volker Staab wurde der kubische Bau in den Jahren 1998/99 errichtet und 2000 eröffnet. Es präsentiert die bedeutendste Privatsammlung der Kunst des 19. Jh. aus dem deutschsprachigen Raum. Mit Gemälden und Arbeiten auf Papier vom ausgehenden 18. bis zum Beginn des 20. Jh. bietet es ein Panorama der unterschiedlichsten Kunstströmungen dieser Zeit, vom späten Rokoko über Klassizismus und Romantik bis hin zum Impressionismus. Zu den Meisterwerken des Museums zählen Franz Pforrs Gemälde „Sulamith und Maria", Caspar David Friedrichs „Abend an der Ostsee" oder Adolph Menzels „Cercle am Hof Kaiser Wilhelms I.". Mit der weltweit größten Sammlung seiner Werke ist Carl Spitzweg vertreten: 160 Gemälde und 110 Zeichnungen. Von Adolph Menzel besitzt die Sammlung über 100 Gemälde, Gouachen und Zeichnungen. Weitere größere Werkblöcke gibt es von Caspar David Friedrich, Georg Ferdinand Waldmüller, Hans Thoma, Wilhelm Leibl und seinem Kreis sowie von Max Liebermann und Max Slevogt. Neben der großen ständigen Ausstellung finden hochkarätige Wechselausstellungen, Vortragsreihen, Führungen, Konzerte und Lesungen statt.

• *Öffnungszeiten* Di–So 10–17 Uhr, Do 10–21 Uhr, Eintritt 3,50 €, erm. 3 €. Sonderausstellungen (incl. ständige Sammlung) 6 €, erm. 5 €. Brückenstr. 20 (direkt über einem Parkhaus), ✆ 51789, 51917 oder 51920, ✆ 51371. Führungen unter ✆ 51917. www.museumgeorgschaefer.de

Künstlerhof Oberndorf: Das ehemalige Wohnhaus und Atelier des Künstlers Gustl G. Kirchner (1920–1984) dient heute als Wohnstatt und Atelier für den Bildhauer Norbert Kleinlein und seine Frau Heike, die als Keramikerin arbeitet. Im Erdgeschoss befinden sich eine Kirchner-Ausstellung und das Kirchner-Archiv. Zudem finden immer wieder Wechselausstellungen zeitgenössischer Kunst statt.

Adresse Hauptstr.13, Oberndorf, ✆ 51215.

Schweinfurt/Umgebung

▸ **Grafenrheinfeld**: Die Schatzkammer in diesem kleinen Ort beherbergt einen reichen Bestand an liturgischem Gerät und kirchlichen Textilien.

Öffnungszeiten an allen kirchlichen Hochfesten und nach Vereinbarung, ✆ 09723/7217, Kirchplatz 9, 97506 Grafenrheinfeld.

▸ **Gochsheim**: Im Reichsdorfmuseum ist in den restaurierten Räumen der ehemaligen Kirchgaden ein Heimat- und Volkskundemuseum eingerichtet, das Zeugnisse der hiesigen Handwerkertradition, bäuerlicher Wohnkultur sowie eine Fahrradsammlung ausstellt.

Öffnungszeiten April–Juni und Sept.–Okt. jeweils am 1. So im Monat 14–17 Uhr. Am Plan 2, 97463 Gochsheim, ✆ 09721/630323 (Historischer Förderkreis Gochsheim).

▸ **Grettstadt**: Ein Ausflug hierher, 10 km südlich von Schweinfurt, lohnt sich vor allem wegen des malerischen Ortsbilds. Wahrzeichen ist eine eindrucksvolle, 400 Jahre alte Stufenlinde, die in Mainfranken ihresgleichen sucht. Der ungewöhnliche Baum bildet zusammen mit einer Rokokokirche und dem Rathaus, einem Renaissance-Fachwerkbau von 1590, den malerischen Dorfmittelpunkt.

Tipp Zur Einkehr und Übernachtung bietet sich das **Gasthaus Straub** an. Hier werden Kellerbier vom Fass und preiswerte fränkische Küche serviert. Hauptstr. 28, ✆ 09729/331. Do Ruhetag.

Was haben Sie entdeckt?

Haben Sie eine gemütliche Gaststätte gefunden, ein freundliches Hotel mit Atmosphäre, einen schönen Wander- oder Radweg oder ein neues Weingut?

Wenn Sie Ergänzungen, Verbesserungen oder neue Tipps zum Buch haben, lassen Sie es uns bitte wissen.

Schreiben Sie an:

Hans-Peter Siebenhaar
Stichwort: Mainfranken
c/o Michael Müller Verlag
Gerberei 19
91054 Erlangen
hp.siebenhaar@michael-mueller-verlag.de

Weingärten im Steigerwald bei Handthal

Steigerwald

Die Weiler und Städtchen an den westlichen Steigerwaldhängen zählen zu den schönsten Mainfrankens: Iphofen, dessen Schönheit schon Kurt Tucholsky bewunderte, das von einer romantischen Stadtmauer umschlossene Mainbernheim, das unverfälscht-malerische Prichsenstadt, der idyllische Weiler Handthal mit seinen steilen Rebhängen zu Füßen der Ruine Stollburg oder das fürstliche Castell mit seinem weitläufigen Schlosspark und dem berühmten Weingut. Auch ein Ausflug in den Steigerwald – bekannt für seine ausgedehnten Buchenwälder und das Zisterzienserkloster Ebrach – lohnt sich.

Der Steigerwald hat unter Weinkennern einen hervorragenden Ruf. An seinen Süd- und Westhängen wachsen exzellente Silvaner- und Müller-Thurgau-, aber auch anspruchsvolle Rieslingweine. Die sonnenverwöhnten Lagen des romantischen Winzerstädtchens Iphofen oder des idyllischen Weilers Castell sind nur zwei prominente Beispiele. Schon Königin Elisabeth II. ließ sich bei ihrer Hochzeit Wein aus dem Steigerwald munden. Spaziergänge durch berühmte Lagen wie den Iphöfer Julius-Echter-Berg, den Rödelseer Schwanberg oder entlang dem informativen Weinlehrpfad in Abtswind lassen das Bemühen um Spitzenqualitäten erahnen.

Auch kulinarisch bietet der Steigerwald viel: Aus den Wäldern kommt das Wild, aus den Flüssen kommen die Fische. Die hervorragenden Rohprodukte verarbeiten viele Köche zu schmackhaften Gerichten. Die regionale Küche ist gerade in dieser Gegend auf dem Vormarsch.

Gerolzhofen

Das Landstädtchen ist heute vor allem Wirtschafts- und Schulzentrum für die umliegenden Gemeinden am Rand des Steigerwalds. Doch auch Tourismus spielt in der bereits 906 urkundlich erwähnten Stadt eine Rolle. Die Altstadt mit ihren 13 Türmen und der von den Einheimischen „Steigerwald-Dom“ genannten Pfarrkirche sowie dem Rathaus hat einige reizvolle historische Sehenswürdigkeiten zu bieten.

• *Vorwahl* ✆ 09382.

• *Information* Touristinformation im Alten Rathaus, Marktplatz 20, 97447 Gerolzhofen, ✆ 903512 ; Mo–Fr 9–12 und 13–16 Uhr, Sa 9–12 Uhr (April–Okt. zusätzlich 14–17 Uhr), So 14–17 Uhr. www.gerolzhofen.de

• *Adressen* **Baden**, das Geomaris bietet als Hallen- und Freibad 2.000 qm Wasserfläche, Riesenrutsche, Solebecken, Whirlpool (37 °C), Dampfgrotte, Saunalandschaft, Cafeteria. Beim letzten Check leider unfreundliches Personal. Tipp: Gold-Card, für 8 € kann man das komplette Angebot den ganzen Tag nutzen. Im Sommer bis 21 Uhr geöffnet, im Winter werktags bis 22 Uhr. Dingelshäuser Str. 2, ✆ 261. www.geomaris.de

Im Herbst hat der Kürbis in Gerolzhofen Hochsaison

Fahrradverleih, 2-Rad-Haus-Ortloff, Bahnhofstr.2, ✆ 90423, 📠 90424.

Wandern, Infos zu den Themenwanderwegen „Wald erleben – mit allen Sinnen" (1,8 km) und dem Spargelrundweg (in der Spargelsaison zu begehen) bei der Touristinfo.

• *Übernachten/Essen & Trinken* **Wilder Mann (1)**, gepflegtes Hotel mit hübschem Erker gegenüber der Pfarrkirche. Das elegant-rustikale Restaurant (Inhaber Franz Kaiser) bietet eine vielseitige Küche mit internationalen und fränkischen Spezialitäten. Deftige Brotzeiten zum Hausschoppen. Mittleres Preisniveau. Professionell geführt, behagliche Gästezimmer mit Du/WC. DZ 68 €, EZ 47 €. Marktplatz 2, ✆ 4444, 📠 222. www.wilder-mann-gerolzhofen.de

Altes Zollhaus (2), zweckmäßiges, rustikales Hotel in der Altstadt mit familiärer Atmosphäre. Restaurant mit kleiner Karte, auch vegetarische Kost. Idyllischer Garten. EZ ab 37 €, DZ ab 50 €. Rügshöfer Str. 25–27, ✆ 6090, 📠 609179. www.alteszollhaus.de

Edelmann (3), familiär geführte Pension am südlichen Stadtrand von Gerolzhofen, Zweckmäßige und preiswerte Zimmer mit Zentralheizung und Bad bzw. Dusche. Schöner Garten. EZ ab 23 €, DZ ab 36 €. Berliner Str. 36, ✆ 8315, 📠 8305. www.gaestehaus-edelmann.fwo.de

Wohnmobil, auf dem Parkplatz „An der Volkach" in der Schallfelder Str. (nahe der Altstadt) gibt es 6 Wohnmobilparkplätze mit Steckdosen und Versorgungsstation (Münzautomat). Gebühr 5 €/Nacht incl. Wertgutschein für Geomaris oder Stadtmuseum. Außerdem 5 kostenlose Stellplätze am Großparkplatz hinter dem Geomaris an der Abfahrt der B 286, Gerolzhofen Süd.

Gerolzhofen/Sehenswertes

Kirche St. Maria de Rosario und St. Regiswindis: Die Pfarrkirche stammt ursprünglich aus der 2. Hälfte des 15. Jh., wurde um 1600 umfassend erneuert und zu Beginn des 20. Jh. erweitert. Im Inneren beherbergt das Gotteshaus Kunstwerke aus verschiedenen Epochen, so eine gotische Madonna im Rosenkranz (um 1600) in Stil Riemenschneiders oder die Barock- und Rokokoaltäre, darunter der Hochaltar des Würzburger Hofbildhauers Johann Peter Wagner (1763–64).

Altes Rathaus: Der dreigeschossige, mit Treppengiebeln versehene Bau entstand 1461. Heute beherbergt er neben der Touristinfo das Stadtmuseum mit der Dauerausstellung „Welterfolg Nähmaschine“ sowie das erste bayerische Schulmuseum und die Abteilungen Haus- und Hofgeräte. Im Schulmuseum wurde ein Klassenzimmer mit Lehrmitteln und Beispielen von Schularbeiten rekonstruiert, z. B. eine Strafarbeit mit dem Satz „Ich will das Fräulein nicht Rindvieh heißen“.
Öffnungszeiten s. o. Touristinformation.

Johanniskapelle: Hinter der Pfarrkirche steht diese seltene zweistöckige, ehemalige Friedhofskapelle, die früher „Lorenz-Kapelle“ genannt wurde nach ihrem Erbauer Bischof Lorenz von Bibra. Besucher finden die besterhaltene gotische Minuskelschrift von 1497 an der Südmauer. Im Untergeschoss ist ein Museum zur christlichen Kunst der Gotik untergebracht.

Ludwig Derleth und der Fränkische Koran

Am 3. November 1870 wurde der Schriftsteller Ludwig Derleth in Gerolzhofen geboren. Er veröffentlichte frühe Lyrik in den „Blättern für die Kunst“ (Kreis um Stefan George). In „Der fränkische Koran“, 1932 erschienen, verkündete er mit revolutionärem Pathos eine neue hierarchische Ordnung katholischer Prägung. Sein 15.000 Verse umfassender „Koran“ schildert die Pilgerfahrt der menschliche Seele von Gott durch das irdische Dasein zu Gott zurück. Im schweizerischen San Pietro di Stabio (Tessin) starb Derleth am 13. Januar 1948.

Gerolzhofen/Umgebung

Michelau: Das 5 km östlich gelegene Winzer- und Bauerndorf besitzt eine schmucke Barockkirche, die nach Plänen von Balthasar Neumann 1741 entstand. Im Inneren sind zwei gotische Holzplastiken (um 1500) zu sehen.

Schauinsland

Der markante Höhenrücken des Steigerwaldes begleitet den Gast im Maintal fast auf dem gesamten Weg von Bamberg bis Schweinfurt. Der jähe Abbruch des Höhenzuges bei Donnersdorf im Landkreis Schweinfurt ist zugleich ein attraktives Ausflugsziel. Der 20 m hohe Aussichtsturm auf dem 489 m hohen Zabelstein bietet einen einzigartigen Blick bis in die Rhön und nach Thüringen sowie über den gesamten Steigerwald. An Sommerwochenenden und Feiertagen öffnet bei schönem Wetter eine kleine Schankstube in der Ruine. Außerdem krönen den Zabelstein die sagenumwobenen Reste einer einst mächtigen Burg. Weitere Siedlungsreste wie der Brunnen der Zabelsteinhöfe und ein alter Kohlenmeiler belegen die historische Dimension des Platzes, den bis vor wenigen Jahren die US-Armee als Horchposten ins Feindesland nutzte. Ein Attribut für moderne Zeiten ist das Kaufland-Logistikzentrum in Donnersdorf, das beim Blick vom Zabelstein als erstes ins Auge sticht und wie ein Fremdkörper in der kleinräumigen Landschaft wirkt. Sehenswert ist der Weinort Falkenstein am Fuß des Zabelsteins mit seinen traditionell bewirtschafteten Rebhängen, ein Kleinod in Franken. Empfohlene Einkehr: Steigerwaldstüble, Falkenstein 16, 97499 Donnersdorf, ✆ 09528/233, www.steigerwaldstueble.de

Handthal

Der kleine, aber traditionsreiche Weinbauort östlich von Oberschwarzach ist ein beliebtes Ausflugsziel. Der mit Wein bepflanzte Stollberg beherrscht mit seinem Turm die Kulisse des Weilers, die frühere Burg wurde schon 1525 im Bauernkrieg zerstört. Die malerische Lage und die preiswerten Gasthöfe ziehen am Wochenende nicht nur viele Besucher aus der Region an, sondern auch zahlreiche Busgesellschaften.

- *Vorwahl* ✆ 09382.
- *Essen & Trinken* **Forellenhof**, das Damwildgehege ist die Attraktion des großen Gasthofs, das für sein preiswertes fränkisches Essen bekannt ist. Der gemütlich eingerichtete Schankraum ist nicht nur am Sonntagmittag voll besetzt. Gute Wild- und Fischgerichte schon ab 8 €, Brotzeit ab 4 €. Preiswerte Bocksbeutel, die aus dem benachbarten Weingut des Bruders stammen. Haus Nr. 28, ✆ 5467. Do Ruhetag.

Weinausschank Stollberg, inmitten von Weinbergen liegt oberhalb des Orts (1,5 km) der beliebte Weinausschank zu Füßen der Stollburg. Allein schon wegen der Aussicht auf die Steigerwaldhänge lohnt sich der Besuch. Preiswerte Weine und gute Brotzeitkarte für Wanderer.

- *Wein* **Weingut M. Baumann**, das 5 ha große Weingut gehört dem Bruder des Forellenhof-Wirts. Preiswerte Weine aus naturnaher Bewirtschaftung vom Handthaler Stollberg oder Oberschwarzacher Herrenberg. Keine festen Öffnungszeiten (auch Sa/So), einfach an einer Glocke am Eingang zur Probierstube (hinter dem Forellenhof) ziehen. Geführte Wanderungen, Oldtimerfahrten, Weinproben im Programm. Haus Nr. 30, ✆ 1341, 📠 1324. www.weingut-baumann.de

Weinbau Kammerforst/Weinstube Ebert, die Weinstube hat im Sept. am Wochenende offen, Wein kann man allerdings täglich einkaufen. Adresse: Werner Ebert, Kammerforst, ✆ 09523/1208.

Eine beliebte Einkehr am Wochenende ist auch das **Weingut Tischner**, ✆ 425.

Walther von der Vogelweide – geboren in Handthal?

Walther von der Vogelweide ist einer der bekanntesten Lyriker des Mittelalters. Sein Geburtsort ist umstritten, es gibt aber die Theorie, dass er im Jahre 1169 auf der Stollburg, die damals eine einfache Wehrburg war, geboren wurde. Als Erstgeborener der beiden Söhne Walters von Rothenburg, der den Hof Oberschwarzach als Lehen zugesprochen bekommen hatte, wurde der bekannte Minnesänger auch in der Kirche Peter und Paul getauft. Später beteiligte er sich als Knappe des Bischofs Gottfried von Würzburg an Kreuzzügen und blieb dann am Babenberger Hof in Wien, da er zu den 500 Kreuzfahrern gehörte, die der Kaiser in Wien behielt . Begraben ist Walter von der Vogelweide im Kreuzgang der Neumünsterkirche in Würzburg.

Steigerwald
Karte S. 85

Handthal/Umgebung

▸ **Ebrach**: Von Handthal erreichen Sie im Rahmen einer Wanderung Ebrach, wo Frankens älteste und bedeutendste **Zisterzienserabtei** steht, die bereits im 12. Jh. gegründet wurde. Der bequeme Spaziergang (5 km einfach, 1 Std. Gehzeit) beginnt in der Ortsmitte. Der Weg ist mit einem horizontalen blauen Dreieck (innen weiß) gekennzeichnet. Er führt außerhalb vom Ort (links der Forellenhof) steil bergauf. Auf einem breiten Weg geht es durch Mischwälder in südöstliche Richtung. Der Weg führt am Schluss am Handthaler Graben mit seinen Weihern (Naturschutzgebiet für Amphibien) entlang. Nach dem Pfistersee muss man ein kurzes Stück an der B 22 entlang laufen, die ins Zentrum von Ebrach führt. Versäumen Sie nicht die Abteikirche mit ihrer frühklassizistischen Ausstattung und der spätgotischen Fensterrose (nur eine Kopie, da das Original nach München gebracht wurde). Lohnenswert ist ein Besuch des kleinen Abteigartens am westlichen Ende der beeindruckenden Klosteranlage (heute als Gefängnis genutzt) mit dem großen Herkulesbrunnen.

Öffnungszeiten Die ehemalige Klosterkirche ist von 15. Apr. bis 31. Okt. von 10–12 und von 14–18 Uhr geöffnet. Die ehemalige Zisterzienserabtei mit Treppenhaus und Kaisersaal kann von 1. Apr. bis 31. Okt. um 10.30 und 14.30 Uhr im Rahmen einer Führung besichtigt werden (1,50 €).

Gemüseanbau im Hausgarten

In der ehemaligen Abtswohnung im Abteigebäude ist das *Museum zur Geschichte des Klosters und des Marktes Ebrach* untergebracht. Träger ist der Markt Ebrach. Es zeigt in 7 Räumen folgende Themen: Hauptepochen der Geschichte Ebrachs, die Ebracher Äbte, die Seelsorge des Klosters, Baudenkmäler, die Privatkapelle (Stuck von Giovanni Baierna), Kloster Ebrach und der Steigerwald (Grundbesitz, Ebracher Höfe etc.), die Geschichte der Justizvollzugsanstalt sowie die Entstehung des Ortes Ebrach.

- Öffnungszeiten **Touristinformation Markt Ebrach**, April–Oktober täglich 14–16 Uhr. Eintritt 2 €. Führungen nach Vereinbarung mit der Touristinfo. Rathausplatz 2, ✆ 92200, 📠 922020, www.ebrach.de
- Tipp Historikhotel-Restaurant Klosterbräu, das stilvolle Hotel (neben dem Kloster) bietet eine ausgezeichnete Küche mit zahlreichen Steigerwald-Spezialitäten und fränkischen Weinen. Sehr freundlicher Service, mittleres Preisniveau. Ideales Landhotel (3 Sterne) mit geschmackvollen Zimmern, Fitnessbereich, DZ ab 66 €. Marktplatz 4, ✆ 09553/180, 📠 1888. www.landidyll.com/Klosterbraeu
- Baden im neu gestalteten **Naturbad Ebrach**, ✆ 92200 oder 1370.

▸ **Oberschwarzach**: Im 2 km westlich von Handthal gelegenen Winzerort Oberschwarzach steht ein fürstbischöflicher Renaissance-Amtshof (1604) mit einem Stufengiebel und zwei Türmen aus der Zeit Julius Echters. Nebenan erhebt sich die Pfarrkirche St. Peter und Paul. Ein Besuch des Gotteshauses lohnt sich vor allem wegen der Plastik des heiligen Sebastians (rechts), die aus der Werkstatt Tilman Riemenschneiders stammt.

Etwa auf halbem Weg zwischen Gerolzhofen und Oberschwarzach liegt der kleine Weinort **Wiebelsberg** mit der berühmten Lage Wiebelsberger Dachs, die von einigen namhaften Weingütern der Region bebaut wird. Einige kleinere Weinbaubetriebe im Ort verkaufen Wein direkt ab Hof.

▸ **Schloss Bimbach**: Nur 170 Einwohner zählt der Weiler, 4 km westlich von Handthal. Das spätbarocke Schloss (1703) mit Walmdach und Erkern ist leider in keinem guten Zustand. Hier ist der Sitz des Weinguts Robert Laufer und Söhne, das gute und preiswerte Weine anbietet.

Verkauf 8–11 und 13–19 Uhr, Do 8–12 Uhr, Sa 8–17 Uhr, So 9–12 Uhr; ✆ 09382/8451.

Prichsenstadt

Dem mittelalterlichen Prichsenstadt ist es auf den ersten Blick nicht anzusehen, doch der heute nur 800 Einwohner große Ort erhielt bereits vor über 600 Jahren die Stadtrechte. Als Kaiser Karl IV. 1367 die Urkunde unterzeichnete, konnte er nicht wissen, dass der Ort bei seinem Anschluss an Bayern im Jahr 1803 dieses Privileg wieder verlieren sollte. Prichsenstadt verfiel in eine Art Dornröschenschlaf, noch heute liegt es abseits der Touristenströme und lädt gerade deshalb zum Bummeln und Einkehren ein.

Wer durch die Kopfsteingassen schlendert, die Wehrmauer umringt, die Barock- und Renaissancehäuser studiert oder am Karlsplatz einen Schoppen trinkt, glaubt leicht, die Zeit wäre hier stehen geblieben. Doch so friedlich wie heute ging es in Prichsenstadt nicht immer zu. Als das Städtchen 1416 in den Besitz der Burggrafen von Nürnberg kam und damit zum Außenposten der Markgrafschaft Ansbach aufstieg, war es rundum vom Hochstift Würzburg umgeben. Zum Unmut der Bischöfe gewährte der befestigte Ort immer wieder Verfolgten Asyl. Zweimal wurde das protestantische Prichsenstadt nach Zerstörungen 1462 und 1632 wiederaufgebaut.

- *Vorwahl* ✆ 09383.
- *Information* **Fremdenverkehrs- und Heimatverein**, 97357 Prichsenstadt, ✆ 975012, ℻ 975040. Stadtführungen durch Gästeführer (Klaus Zapf, ✆ 99389) und Nachtwächter (Hermann Schlossnagel, ✆ 7836, und Willibald Eich, ✆ 4030 oder 09321/ 4867). www.prichsenstadt.de
- *Übernachten/Essen & Trinken* **Alte Schmiede**, das in einem der ältesten Gebäude Prichsenstadts beheimatete Hotel ist nicht zuletzt wegen seiner malerischen Lage am Karlsplatz ein populäres Ziel für Ausflügler. Man sitzt am plätschernden Brunnen. Regionale Küche mit Obatzter und Sauerbraten. Das Fachwerkhaus bietet gemütliche Zimmer (Möbel aus Massivholz) von 42–74€. Karlsplatz 7, ✆ 97220, ℻ 972249.

Kohles, Weinbaubetrieb und zugleich Gästehaus. Die in der Altstadt gelegene, familiäre Pension (schönes Fachwerkhaus) bietet preiswerte Zimmer. Abends gönnt man sich ein Gläschen Wein aus der Lage Prichsenstädter Krone, den Familie Kohles anbaut. Luitpoldstr. 20, ✆ 1439, ℻ 7991.

Zur Prichsenstädter Krone, die Heckenwirtschaft der Familie Hans Wagner ist in der Regel von April bis Mai und Anfang Sept. bis Ende Oktober tägl. geöffnet. Viele Gäste kommen nicht nur wegen des Weins, sondern auch wegen der selbst gebackenen Torten, die am So serviert werden. Karlsplatz 11, ✆ 6549.

Gasthof und Weingut Zum Storchen

Seit 1658 ist hier eine Schankstätte, bis 1914 gab es sogar noch eine Brauerei. Einst weilte hier für eine paar Tage der bayerische Prinzregent Luitpold (Straßenname!). Die holzgetäfelte Prinzregent-Luitpold-Stube erinnert an den Wittelsbacher. Damals und heute wird hier fränkisch gekocht. Eine besondere Spezialität des Hauses sind die Steigerwald-Karpfen. Übrigens sammeln die Seniorchefin Marianne und ihr Mann Peter Wanya historische Kutschen. Schöner Biergarten im Innenhof. Es werden nach Rebsorten benannte Zimmer vermietet. DZ ab 55 €. Luitpoldstr. 5–7, Di Ruhetag, Nov.–März auch Mo. www.gasthof-storch.de

Café Römer, in der Weinstube und Vinothek kann man lokale Weine kosten und erwerben. Schulinstr. 8, ✆ 994750, ℻ 690886.

- *Wandern* **Steigerwald-Weinwanderweg** von Iphofen bis Prichsenstadt, 30 km lang, durch die Weinberge am Fuße des Steigerwalds. Stationen: Prichsenstadt, Abtswind, Castell und Greuth, Wiesenbronn, Grosslangheim, Rödelsee und Iphofen.

Steigerwald Karte S. 85

Woerners Schloss

Etwas versteckt abseits der lauten Ortsdurchfahrt liegt das historische Weingut. Hier kann man stimmungsvoll genießen und übernachten im historischen Schlosshotel mit romantischem Innenhof, allerdings nur an Sonn- und Feiertagen ab 14 Uhr (Mai/Juni/Sept./Oktober) Bewirtung mit kleinen Speisen. Freundlicher Familienbetrieb mit vielfältigem Angebot. Veranstaltungen, kleine Konzerte. Zimmer ab 30 €. ✆ 7179. Öffnungszeiten Weinverkauf, Galerie und Schlossladen: täglich 10–12 und 14–18 Uhr, Di Ruhetag. www.woerners-schloss.de

Prichsenstadt/Sehenswertes

Befestigungsring: Große Teile der Wehranlage sind bis heute erhalten, insbesondere der hohe Torturm und das Vorstadttor mit seinem Fachwerkaufsatz (15.–16. Jh.).

Kirche: Das Gotteshaus stammt überwiegend aus dem 16. Jh. Erst Mitte des 18. Jh. wurde bei einer Vergrößerung ein Wehrturm in den Kirchenbau einbezogen. Erwähnenswerter Barockaltar (1675).

Die alte Schmiede – eine beliebte Einkehr für Fahrradfahrer

Rathaus: Der barocke Fachwerkbau (1682) am Karlsplatz entstand während des Wiederaufbaus der Stadt nach den Zerstörungen des 30-jährigen Kriegs. Schöner Sitzungssaal mit Porträts der letzten Markgrafen von Ansbach-Bayreuth.

Freihof: Bedeutendes historisches Gebäude, das im 13. Jh. aus dem Schafhof des Broiso (Namensgeber Prichsenstadts) entstand. Das Gebäude wurde nach der Stadterhebung Prichsenstadts 1367 zum Bauhof des Schlosses durch Kaiser Karl IV. erweitert und 1592 unter Maximilian II. zum jetzigen Prachtbau ausgebaut. Derzeit wird das Gebäude saniert und zu einem Wellnesshotel umgebaut.

„Heimatmuseum": In seinem Anwesen (Hauptstr. 28) präsentiert Hans Klein eine kuriose Sammlung von Fossilien, Mineralien und landwirtschaftlichen Geräten (auch Verkauf). Das Sammelsurium ist kostenlos zu besichtigen (tägl. 9–19 Uhr).

Prichsenstadt/Umgebung

Neuses am Sand: Liebhaber einer ambitionierten Küche besuchen gern den nördlichen Nachbarort Neuses. Familie

Paust führt die ehemalige Poststation. Im Hofgarten des geschmackvoll eingerichteten Landhauses werden regionale Speisen serviert. Das Haus besitzt zehn Zimmer.
Preise EZ ab 33,50 €, DZ ab 49 €, Appartements (2 Pers.) 79 €. Mo/Di Ruhetag; ☏ 7155, 📠 6556. www.landhotel-neuses-sand.de

▸ **Altenschönbach**: Das Dörfchen, 4 km östlich, besaß einst ein Wasserschloss. Nur der dreigeschossige Wehrturm (bei der Kirche) ist von der mittelalterlichen Anlage übrig geblieben. Davor steht ein amtshausähnliches Gebäude mit Türwappen (privat).

▸ **Kirchschönbach**: In der Alten Fallmeisterei befindet sich der Jagd- und Kulturhof des fränkischen Künstlers Theo Steinbrenner, der zusätzlich in Sommerach ein Turmmuseum und in Schwarzach ein Atelier unterhält. Infos im Internet unter www.theo-steinbrenner.de

Ilmbach: ein idyllisches Plätzchen

Es war im Jahr 1453, als die Kartäuser an den Steigerwaldhängen ihr Kloster namens Mariengarten gründeten. Doch die Säkularisation setzte der Kartause Ilmbach östlich von Kirchschönbach 1803 ein Ende, bereits sieben Jahre später wurde sie abgebrochen. Doch der reizende Ort inmitten des Schönbornschen Forsts hat die Zeit überdauert.

In der Nähe dieses schönen Plätzchens der Kartäusermönche steht auch ein Jagdschloss aus dem 17. Jh., das noch heute im Besitz der Grafen von Schönborn ist. Daneben gibt es an der Stelle der abgebrannten Meierei des Schönborn-Forsthauses seit 1860 eine Wirtschaft. Die außergewöhnliche Lage macht das „Jagdhaus Ilmbach" mit idyllischer Terrasse besonders im Sommer zu einem lohnenswerten Ziel. Es ist ein guter Ausgangspunkt für Wanderungen (Naturlehrpfad Ilmbach). Gutbürgerliche Speisen (durchgehend warme Küche, empfehlenswertes Wild) im besten Sinne des Wortes zu vernünftigen Preisen, außerdem Schönborn-Weine. (☏ 09383/99231, 📠 99232)

Anfahrt Von Prichsenstadt nach Geesdorf, dann Richtung Geiselwind. Nach 1,5 km auf der linken Seite der Weiler Rüdern, kurz danach geht links eine Straße ab, 1 km zum Jagdhaus (Kastanienallee).

Steigerwald Karte S. 85

Wiesentheid

Der 4700 Einwohner große Ort bezeichnet sich gerne als Eingangstor zum Steigerwald. Tatsächlich sind von Wiesentheid aus sämtliche Ziele im westlichen Steigerwald leicht und schnell zu erreichen. Ein Besuch der kleinen Residenzstadt der Grafen von Schönborn lohnt sich vor allem wegen des Schlosses und der benachbarten Kirche nach Plänen von Balthasar Neumann.

Wiesentheid wurde erstmals 918 erwählt, als das Dorf an das nahe Kloster Münsterschwarzach fiel. Der 1682 zum Markt erhobene Ort erhielt im 18. Jh. seine barocke Prägung. Bis auf den heutigen Tag bestimmt das Schloss, das noch immer von der gräflichen Familie bewohnt wird, das Ortsbild. Die weitläufige Anlage beherbergt auch den Weinverkauf des Weingutes Graf von Schönborn, das die Lagen Hallburger Schlossberg und Gaibacher Schlosspark besitzt. Das Weingut selbst befindet sich auf der Hallburg.

- *Vorwahl* ☏ 09383.
- *Information* **Infobüro „Dorfschätze"** im historischen Rathaus (1751–53 erbaut), geöffnet: Di 9–12 und Fr 14–17 Uhr. Balthasar-Neumann-Str. 14, 97353 Wiesentheid, ☏ 909495, 📠 909496. www.dorfschaetze.de

• *Übernachten/Essen & Trinken* **Zur Krone**, bereits in der zweiten Generation – seit 1965 – von der Familie Fischer geführt. Das urgemütliche Lokal ist leider nur Samstag und Montag ab 18 Uhr geöffnet. Denn Joachim Fischer bewirtschaftet hauptberuflich das Weingut (s. u.), das sich auch mit seinen naturbelassenen Bränden einen guten Ruf erworben hat. Selbstverständlich werden hier nur eigene Weine kredenzt. Dazu gibt es kleine fränkische Gerichte. Das Haus verfügt auch über 6 Zimmer (EZ 39 €, DZ 54 €, Dreibett 72 €). Bei schönem Wetter können die Gäste das idyllische Weingärtchen genießen. Erweisstr. 6, ✆ 377, ✆ 1735.

Landgasthof zur Brücke

Eigentlich ist die Bezeichnung Landgasthof eine Untertreibung, denn hinter der schmucken Natursteinfassade verbirgt sich ein überdurchschnittliches Restaurant mit günstigen Preisen. Am Herd steht Bernd Fischer, der bei Spitzenköchen in Bamberg (Messerschmitt) und Nürnberg (Entenstub'n) Erfahrungen gesammelt hat. Was der Küchenchef auf den Teller zaubert, ist regionale Küche vom Feinsten. Seine Frau sorgt für den freundlichen Service. Ausgeschenkt werden durchwegs preiswerte Weine und exzellente Brände des Weinguts Martin Fischer, das vom Bruder Joachim Fischer geführt wird. Hauptgerichte zwischen 10 und 16 €, ausgezeichnete Vorspeisen, interessante Tageskarte. Mittags- und Abendtisch. Die Gasträume sind modern-rustikal, mit viel Liebe zum Detail eingerichtet und den Jahreszeiten entsprechend dekoriert. Im Sommer werden die saisonalen Gerichte auf einer idyllischen Terrasse serviert. Neben dem Restaurant, das sich seit der Eröffnung 1996 einen hervorragenden Ruf in Mainfranken erworben hat, gibt es noch einen kleinen Hotelbetrieb. Die geschmackvoll möblierten Zimmer (EZ ab 46 €, DZ ab 62 €) im Haus sind alle mit Du/WC und TV ausgestattet. Marienplatz 2 (neben dem Schloss), ✆ 99949, ✆ 99959, www.landgasthof-zur-bruecke.de. Mi Ruhetag.

• *Wein* Die **Weinkellerei Martin Fischer/ Weingut Joachim Fischer** besitzt nur 4,5 ha Rebfläche. Jedoch kauft Joachim Fischer Trauben aus zahlreichen Steigerwald-Lagen hinzu, die in dem modernen Betrieb ausgebaut werden. Dadurch verfügt Fischer über eine ungewöhnliche Sorten- und Lagenvielfalt, die vom Kammerforster Teufel bis zum Rödelseer Schlossberg reicht. Zahlreiche trockene und halbtrockene Qualitätsweine sind im Angebot, die in Literflaschen abgefüllt sind. Eine Spezialität des Hauses ist die Destillationskunst; Fischer ist Mitglied der fränkischen Edelbrenner-Vereinigung Rosenhut. Die naturbelassenen Brände – Zwetschgen, Holunder, Trester – sind ein Genuss für Gaumen und Nase. Verkauf tägl. 8–17 Uhr, Sa/So 8–13 Uhr oder nach telefonischer Vereinbarung. Erweinstr. 6; ✆ 377, 📠 1735.

Weingut Graf von Schönborn, der Inhaber Dr. Karl Graf von Schönborn verfügt über 30 ha Rebfläche in Volkach (Hallburger Schlossberg) und Gaibach (Gaibacher Schlosspark). Es werden vor allem Müller-Thurgau und Silvaner angebaut. Auch eigene Brände und Sekt. Der Graf besitzt neben diesem Weingut auch das international bekannte Domänenweingut Schloss Schönborn in Hattenheim/Rheingau. Verkauf: Hauptverwaltung Schloss Wiesentheid, Mo–Do 7.30–12 Uhr und 13–16.30 Uhr, Fr bis 15 Uhr, ✆ 801, 📠 7001; Weingut bei Schloss Hallburg, Mo–Do 8–12 Uhr und 14–17 Uhr oder nach telefonischer Vereinbarung, ✆ 09381/2415, 📠 3780.

Wiesentheid/Sehenswertes

Schloss: Das ehemalige Wasserschloss der Grafen von Schönborn entstand in zwei Bauperioden. Der Trakt an der Südwestecke wurde 1576 nach Plänen von Hans Fuchs von Dornheim errichtet. Sein heutiges Aussehen erhielt das Anwesen Anfang des 18. Jh., als das Schloss um drei zweigeschossige Flügel erweitert und mit vier Ecktürmen versehen wurde. Die Schlossanlage ist nicht zu besichtigen, allerdings ist der Schlosspark im englischen Stil frei zugänglich.

Kirche St. Mauritius: Die heutige Kirche entstand zwischen 1727 und 1731 nach Plänen von Balthasar Neumann, die vom Wiesentheider Baumeister Johann Georg Seitz ausgeführt wurden. Eine 1684 vom italienischen Architekten Antonio Petrini errichtete frühere Kirche wurde teilweise für den Neubau mitgenutzt. Im Inneren fasziniert die von Giovanni Francesco Marchini gemalte barocke Decke. Der Freskenmaler aus Como beherrschte die Kunst der Scheinarchitektur so perfekt, dass man tatsächlich glaubt, unter einer gewaltigen Kuppel zu stehen. Im Zentrum des Hochaltars ragt der heilige Mauritius vor dem Fenster hervor. Mit einer Fahnenlanze tötet er den Drachen. Flankiert wird der Heilige von Bonifatius, Kilian, Franziskus und Johannes von Nepomuk.

Kreuzkapelle: Am westlichen Dorfausgang (Richtung Kitzingen) steht in einem kleinen Park die Begräbniskapelle derer von Schönborn. Der achteckige Mittelbau (1687–92) stammt von Antonio Petrini, 1712 wurden kreuzförmig vier Flügel angebaut. Wie in der Pfarrkirche wurden auch hier von Marchini Fresken mit Scheinarchitekturen gemalt. Die Kapelle ist nicht öffentlich zugänglich.

Balthasar Neumann erbaute die Kirche Wiesentheids

Wiesentheid/Umgebung

Großlangheim: In dem kleinen Ort ist vor allem die Antoniuskapelle, eine gotische Kapelle mit freigelegten Fresken aus dem 14./15. Jh. und Skulpturen aus der Riemenschneider-Werkstatt sehenswert sowie die Pfarrkirche St. Jakobus, die ebenfalls Arbeiten von Tilmann Riemenschneider und seiner Schule beherbergt.

Abtswind

Das 900 Einwohner große Winzer- und Bauerndorf am östlichen Rand Mainfrankens ist ein beliebter Ausgangspunkt für Wanderungen durch den Steigerwald mit seinen nach Westen abfallenden Weinbergen. Seine Vergangenheit reicht weit zurück, 783 wurde es zum ersten Mal unter dem Namen „Abbatissaewinden“ verzeichnet. Gemeint war damit die Äbtissin des Klosters Frauenschwarzach am Main. Abtswind wechselte in seiner Geschichte oft die Herrschaft. So gehörte der Weiler unter anderem zum Kloster Münsterschwarzach, zur Abtei Ebrach und zu Castell.

Am westlichen Tor, Relikt der ehemaligen Marktbefestigung, erkennt man noch die Wappen der Casteller Grafen und des Ebracher Zisterzienserklosters. Abtswind besitzt ein romantisches Ortsbild mit historischen Bürgerhäusern und Winzerhöfen mit schönen Portalen und Hoftoren. Neben dem Weinbau spielt die Verarbeitung von Heil- und Gewürzkräutern (kein Anbau) eine wichtige wirtschaftliche Rolle für das Dorf.

• *Vorwahl* ✆ 09383.

• *Information* **Fremdenverkehrs- und Heimatverein**, Greuther Str. 16, 97355 Abtswind, ✆ 2692, 📠 2801. www.abtswind.de

• *Wein/Übernachten/Essen & Trinken* **Restaurant/Weingut Behringer**, das Weingut (seit 1634 in Familienbesitz) ist ein populäres Ausflugsziel am Fuß des Steigerwalds. Das weitläufige, rustikale Restaurant kann mühelos mehrere Reisegruppen gleichzeitig aufnehmen. Günstige Preise, z. B. Schäufele, Sauerbraten jeweils 8,50 €, Fischgerichte ab 10 €, Brotzeiten ab 4 €). Steaks und Wild aus eigenem Gehege. Kinder können sich auf dem Abenteuerspielplatz austoben oder das Damwild und die Rinder füttern. Behringers preisgünstige Weine (spritziger Müller-Thurgau) stammen unter anderen aus der Lage Abtswinder Altenberg. Weinverkauf tägl. 10–12 und 13–18 Uhr.. Rehweilerstr. 7 (östlich vom Dorf), ✆ 97370, 📠 973724. www.weingut-behringer.de

Zur Schwane, der Gasthof in einem 1739 erbauten Bürgerhaus bietet fränkische Küche;. Empfehlenswerte Spargel- und Wildgerichte. Große Weinauswahl. Die Familie Schäfer ist bereits seit 1885 im Besitz des malerischen Anwesens. Die Hotelzimmer liegen in einem neuen Gästehaus. Die modern-rustikal eingerichteten Räume verfügen alle über Du/WC, geschmackvoller Frühstücksraum mit Kachelofen. DZ ab 69 €. Hauptstr. 10, ✆ 12519.

• *Wandern* **Rundwanderung auf dem Weinlehrpfad und zum Jagdschloss/Forsthaus Friedrichsberg** (Einkehrmöglichkeit): Der Friedrichsbergweg beginnt südlich von Abtswind am Fuß der Weinberge, beim Wanderparkplatz „Schlossberg“. Man erreicht den ca. 1,5 km außerhalb von Abtswind gelegenen Ausgangspunkt (Wandertafel) über eine bereits Asphalt- und Betonstraße. Der Wanderweg (die Markierung ist nicht immer leicht zu finden) führt zunächst bergauf auf dem Weinlehrpfad, der zahlreiche Informationen zu Trauben und Weinbau gibt. Es geht weiter über Flurbereinigungswege bergauf zu einem Aussichtspunkt, der einen weiten Blick bis zum Maindreieck gewährt. Nachdem Sie die umzäunten Weinberge verlassen haben, führt der Weg vorbei an einem Fernmeldemast zum Forsthaus. Hier im *Goldenen Reh* kann man sich warme Gerichte und lokale Weine schmecken lassen (11 22 Uhr, Di Ruhetag). Von der Sonnenterrasse bietet sich ein schöner Ausblick über den nördlichen und westlichen Steigerwald. Neben dem Forsthaus steht das Jagdschlösschen (privat), über dessen Portal das schlichte Casteller Wappen eingelassen ist. Das malerisch gelegene Anwesen aus dem Jahr 1735 ist nicht zu besichtigen. Durch Mischwälder führt der Weg bergab, man überquert die Asphaltstraße Abtswind–Rehweiler (ein Bildstock weist auf einen Unfall im Jahr 1916 hin), es geht durch Eichenwälder unterhalb des Schönbergs, dann links bergab durch einen schönen Hohlweg. Dieser endet bei einer Lichtung. Man läuft am Waldrand entlang, an Weingärten vorbei und trifft schließlich auf das Weingut/Restaurant Behringer. Nach dieser zweiten Einkehrmöglichkeit geht es 400 m auf der Verbindungsstraße nach Abtswind, dann links über einen Bach, immer am Waldrand entlang, bis zum Ausgangspunkt des Waldlehrpfades. Die 9 km lange Rundwanderung, für die man ca. 2 Std. rechnen sollte, ist mit einem Elsbeerblatt mit Früchten (Nr. 18) markiert. Der Fremdenverkehrsverein gibt gratis ein Wanderfaltblatt heraus, das eine verlässliche Skizze beinhaltet.

• *Einkaufen* **Museum Kaulfuss**, in dem nüchternen Gebäude verbirgt sich ein Museum rund um Gewürze, Kräuter und Tee, die man natürlich auch erwerben kann. Neu im Haus ist ein Schoko-Laden. Fa. Horst Kaulfuss, Kräuter, Tee, Gewürze und Verlag, Ebracher Str. 11–13, ✆ 99797, 📠 99798. www.abtswinder-kraeuterladen.de

Castell

Am Rand des Steigerwalds liegt, umgeben von Weinbergen, der Stammsitz eines der ältesten fränkischen Adelsgeschlechter. Schon von weitem ist das wie ein Adlernest auf einem Berg gelegene idyllische Örtchen zu sehen. Das ca. 500 Einwohner große Castell war einst Residenz des Landesherrn. Von hier wurde der bis 1806 selbstständige Zwergstaat verwaltet.

Noch heute leben die Fürsten zu Castell in ihrem Barockschloss. Gleich nebenan liegt das größte private Weingut Frankens, das Fürstlich Castell'sche Domänenamt. Der Name Castell ist in Franken nicht nur für das Dorf, die Adelsfamilie und das Weingut bekannt, sondern er steht auch für eine renommierte, 1774 gegründete Privatbank, die sämtliche politischen und wirtschaftlichen Probleme der letzten 200 Jahre gemeistert hat. Die Grafen von Castell-Castell und Castell-Rüdenhausen

Die Weinberge von Castell, im Hintergrund die barocke Schlosskirche

Weinstall Castell

wurden übrigens 1901 von Prinzregent Luitpold in den Fürstenstand erhoben.

Und auch der Glaube spielte hier schon immer eine besondere Rolle. Die ehemalige Grafschaftskirche St. Johannis, eine frühbarocke bis spätklassizistische Kirche mit hoher Turmfassade überragt noch heute das bekannte Winzer- und Bauerndorf.

- *Vorwahl* ✆ 09325.
- *Information* **Tourist-Information Castell**, Rathausplatz 4, 97355 Castell, ✆ 401, ℻ 980789. www.castell-gemeinde.de
- *Essen & Trinken* **Weinstall**, der ehemalige Castellsche Pferdestall ist heute eine stilvolle und einladend eingerichtete Einkehrmöglichkeit. Hier kann man in schlichtem historischem Ambiente stimmungsvoll speisen. Schlossplatz 3, ✆ 902561, ℻ 902681, Mo/Di Ruhetag

Zum Schwan, am Ortseingang an der Bundesstraße gelegener Gasthof der Familie Lösch, wo man sehr gut essen kann. Das Haus vermietet auch Zimmer. Idyllischer Garten für Hausgäste. Birklinger Str. 2, ✆ 90133, ℻ 90134.

Umgesattelt

Wer nach der Adresse eines Sattelmachers von internationalem Ruf fragt, begibt sich wohl zuerst in die Weiten der nordamerikanischen Prärie, nach Texas oder Arizona. Doch dort wird man nicht fündig, denn der Weltmeister des raren Handwerks ist im Forsthaus in Castell zu Hause. Er heißt Fritz Riedl und war früher Unterfranken-Korrespondent der Süddeutschen Zeitung. Nach Amerika hat es ihn schon immer gezogen und wie jeder Bub wollte er wohl irgendwann auch einmal Cowboy werden. Dafür war er dann wohl doch zu alt, aber er kann sich mit der Gewissheit trösten, dass mancher echte Cowboy heute im Wilden Westen davon träumt, auf einem Riedl-Sattel durch die Prärie zu reiten – spätestens nach einem Wettbewerb 2005, als der Quereinsteiger aus dem Steigerwald all die großen Namen aus den USA aus dem Ring warf: Der beste Sattelmacher der Welt kommt aus Castell. Viel Übung, viel Talent und der Mut, etwas ganz Neues anzupacken, haben Fritz Riedl dazu motiviert, den Meistern des Fachs in den USA über die Schulter zu schauen. Von jenseits des großen Teichs bezieht der Sattelmacher im Steigerwald auch die Einzelteile seiner Leder-Kunstwerke, die sowohl dem Reiter als auch dem Pferd auf den Leib geschneidert werden. Ein nicht ganz billiges Vergnügen, aber ein echter „Riedl" wird in Fachkreisen schon wie ein Kunstwerk gehandelt.

Information Fritz Riedl, Forsthaus 1, 97355 Castell, ✆ 09325/90985. www.backyard-saddlery.de

Castell/Sehenswertes

Schloss: Die großzügige Anlage entstand unter dem Architekten Peter Sommer zwischen 1686 und 1691. Das Schloss ist nicht zu besichtigen, da es von den Fürsten zu Castell bewohnt wird. Öffentlich zugänglich ist allerdings der romantische englische Garten mit seinem alten Baumbestand, der um 1870 von Carl von Effner neu gestaltet wurde.

Schlosskirche: Die Grafschaft Castell bildete nach der Reformation eine eigene, wenn auch kleine evangelische Landeskirche. Unter dem Würzburger Baumeister Joseph Alberti errichtete man zwischen 1783 und 1788 eine Kirche, die vor allem repräsentativen Ansprüchen genügen sollte. Die barocke evangelische Kirche mit ihrer reich gegliederten Fassade ist innen frühklassizistisch ausgestattet. Im Zentrum steht der 1788 entstandene Altar in grauweißem Alabaster mit vergoldetem Zierwerk. Zu beiden Seiten des Altars haben sich die Herrschaftslogen erhalten. Schöner Stuck und klassizistische Orgel.

Schlosskirche Castell: Frühklassizismus pur

Fürstlicher Wein aus Castell

Das Fürstlich Castellsche Domänenamt, wie das renommierte Gut von Ferdinand Graf zu Castell-Castell ein wenig umständlich genannt wird, zählt zu den bekanntesten und größten Weingütern Frankens. Unter Leitung von Wolfgang Graf zu Castell-Castell werden 70 ha bewirtschaftet. 80 % der Weine werden fränkisch trocken ausgebaut. Zu den wichtigsten Rebsorten gehören Müller-Thurgau, Silvaner, Rieslaner, Riesling und verschiedene Rotweine. Nicht nur die Historie des Guts ist beeindruckend – seit dem 13. Jh. im Familienbesitz –, sondern auch die Bewirtschaftung. Die Silvaner- und Müller-Thurgau-Weine, auffällig durch ihr schlichtes Etikett mit dem Wappen des Fürsten, sind säurebetont. Zu den Spitzenlagen auf den Keuperböden an den Steigerwaldhängen zählen Schlossberg, Kirchberg, Hohnart und Kugelspiel. Castell besitzt einladende Probierräume mit kompetenter und freundlicher Beratung.

Verkauf Fürstlich Castellsches Domänenamt, Schlossplatz 5, ✆ 60170, 60185, Mo–Fr 8–18 Uhr, Sa 10–16 Uhr oder nach Vereinbarung. Hier erhältlich sind auch Informationen zu den zahlreichen Veranstaltungen wie den Kirchenkonzerten, der Orgelwoche oder den Musiktagen Castell. www.castell.de

Fürstlich Castellsches Archivgebäude: Das 1600/1601 erbaute Wildbad mit Renaissancegiebel (nicht zugänglich) war vom Ende des 17. Jh. bis 1806 Sitz der Regierung der reichsständischen Grafschaft Castell und beherbergt heute das Archiv des Hauses Castell.

Castell/Umgebung

Rüdenhausen: Der Ort südlich der Autobahn Nürnberg–Frankfurt besitzt zwei Schlösser, die heute noch im Besitz des Fürsten Castell-Rüdenhausen sind: zum einen das ehemalige *Wasserschloss* mit seinen beiden wuchtigen Flankentürmen sowie das im Stil des Klassizismus gebaute *Neue Schloss* mit englischem Garten. Lohnenswert ist der Besuch der evangelischen Pfarrkirche (1708/12) mit barockem Altar und ihrem im Chor schwebenden Taufengel. Außerdem befinden sich im Gotteshaus mehrere Grabmäler der Grafen von Castell-Rüdenhausen.

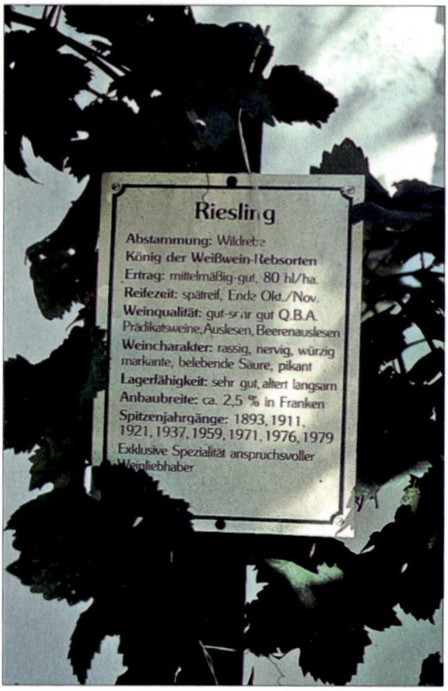

Wiesenbronn: Hier wurde der Öko-Weinbau in Franken „erfunden“. Gerhard Roth vom Weingut Roth zählt zu den Pionieren auf diesem Gebiet. Konsequent arbeitet der Chef des Hauses mit und in der Natur und mit großem Respekt, weil „der Wein eine Seele hat“, wie er sagt. Dass er auch schmeckt, beweist Gerhard Roth mit jeder Kollektion. Sein Weingut zählt zu den Spitzenbetrieben in Franken.

Information **Weingut Roth**, Büttnergasse 11, 97355 Wiesenbronn, ✆ 09325/373, 528. www.weingut-roth.de, www.wiesenbronn.de

Rödelsee

Am Fuß des Schwanbergs, einer weithin sichtbaren, steilen Bergkante des Steigerwalds, liegt das Winzer- und Bauerndorf. Die an den West- und Südhängen wachsenden Weine genießen hohes Ansehen. Küchenmeister, Schwanleite und Schlossberg heißen die Spitzenlagen. Im ehemaligen Crailsheimer Schloss mit seinem malerischen Innenhof kann der Rebensaft probiert werden. Und in der ersten Juliwoche bildet das ehrwürdige Anwesen die Kulisse für das Rödelseer Weinfest.

Über Jahrhunderte war der Weinbauort, heute mit 100 ha Rebfläche, ein begehrtes Lehensgut. Deshalb überrascht es wenig, dass sich nach 1600 gleich vier Herren das kleine Territorium teilten: das Hochstift Würzburg, das Zisterzienserkloster Ebrach, die Grafen von Castell und die Freiherrn von Crailsheim. Bei vier lokalen Mächten zweier Konfessionen ging es nicht immer nur friedlich zu. Kein Wunder, dass es in dem 1.100 Einwohner großen Winzerdorf sowohl eine katholische als auch eine evangelische Kirche gibt.

Das **Crailsheimer Schloss**, ein ehemaliger Herrensitz in der Dorfmitte, entstand um 1600. Heute ist das Schloss im Besitz der Winzergenossenschaft. Eine Kelter von 1660 schmückt den idyllischen Innenhof. Ein lohnenswertes Ausflugsziel ist das **Schloss Schwanberg**: Eine asphaltierte Straße führt auf den 473 m hohen, gleichnamigen Berg. Zahlreiche Sagen ranken sich um die steile Bergkante. Pippin, der Vater Karls des Großen, soll in der alten Burg schon Hof gehalten und in einem wertvollen Sarg in der Tiefe des Schwanbergs seine letzte Ruhe gefunden haben. Bereits 1230 wurde das erste Schloss hier urkundlich erwähnt. Die mehrmals zerstörte Anlage (heute Privatbesitz) wurde im 18. Jh. wieder aufgebaut. Ein sehenswerter Naturpark schließt sich an.

- *Vorwahl* ✆ 09323.
- *Information* **Touristikverein Rödelsee**, Schlosstr. 1, 97348 Rödelsee, ✆ 3557, oder Gemeinde Rödelsee, ✆ 89952, 📠 89953. www.roedelsee.de
- *Übernachten/Essen & Trinken* **Zum Rödelseer Schwan**, am Fuß des Schwanbergs am Ortsrand (Straße nach Rüdenhausen) liegt das komfortable Hotel im Landhausstil. Freundliche Atmosphäre mit Kachelofen und Fichtenholzmöbel, Bilder, Plastiken und Töpferwaren von regionalen Künstlern. Die sonnige Terrasse und der Garten sind bei Ausflüglern beliebt. Hauptgerichte um die 10 €. Freundliche Bedienung: DZ (manche mit Balkon) ab 33,50 €, EZ ab 45 €. Am Buck 1, ✆ 87140, 📠 8714140. www.landhotelschwan.de

Stegner, schöne Gartenwirtschaft mit fränkischer Küche und Wein aus eigenem Anbau. Am Ortsrand Richtung Iphofen. Auch Zimmervermietung (alle Zimmer mit Südbalkon): EZ 31 €, DZ 52 €. Di Ruhetag, Mainbernheimer Str. 26, ✆ 872127, 📠 870224. www.hotel-stegner.de

- *Wein* **Weingut Wolfgang Weltner**, beliebter Winzer, der überdurchschnittliche Weine der Rödelseer Gipskeuper-Lagen Küchenmeister und Schwanleite produziert. Bewusst niedrig gehaltene, naturnahe Produktion. Sehr gute Silvaner, aber auch ansprechende Rieslinge. Das moderne Weingut (mit Probierstube) liegt am Ortsausgang in Richtung Wiesenbronn/ Rüdenhausen. Verkauf: Mo–Sa 8–18 Uhr, Wiesenbronner Str. 17, ✆ 3646, 📠 3846.

Crailsheimer Schloss

Gebietswinzergenossenschaft Rödelsee, im Crailsheimer Schloss kredenzt die Genossenschaft ihre Weine aus Rödelsee, Wiesenbronn und Großlangheim. Preiswerte Bocksbeutel, Weinproben, Weinbergsführungen. Schlossstr. 2, Verkauf: Mo–Fr 8–12 und 13–17 Uhr, Sa 8–12 Uhr oder nach Vereinbarung (✆ 3416, 📠 870585). www.gwf-frankenwein.de

Jüdischer Friedhof: Zwischen Rödelsee und Iphofen liegt, umgeben von einer Mauer, einer der größten Judenfriedhöfe Frankens mit über 2500 Grabsteinen. Der Friedhof liegt an der Steige zum Schwanberg, etwa 1 km von Rödelsee entfernt.

Information Führungen und Infos über Michael Schneeberger, ✆ 09321/4040, und Gisela Bamberg, ✆ 09323/5493.

Steigerwald Karte S. 85

Iphofen

Das romantische Rödelseer Tor mit schiefen Wänden und spitzen Türmchen ist nicht nur ein beliebtes Fotomotiv, sondern ein Wahrzeichen Mainfrankens. Die Stadtbefestigung mit Türmen und Toren, das prächtige Barockrathaus, die gotische Pfarrkirche und natürlich die zahlreichen Weingüter machen Iphofen zu einem populären Ziel. Mainfranken wie im Bilderbuch.

Das 2800-Einwohner-Städtchen südlich des Schwanbergs, dessen größter Arbeitgeber ein weltweit operierendes Gipsunternehmen ist, hat sich über die Jahrhunderte sein Ortsbild erhalten. Selbst im 2. Weltkrieg blieb Iphofen von Zerstörungen verschont. Keine hässlichen Neubauten stören die malerische Kulisse. Der kopfsteingepflasterte Marktplatz mit Kirche, Rathaus, Gasthof und Weingut ist sozusagen die gute Stube des Städtchens – eine fast südländisch anmutende Piazza, auf der sich Einheimische genauso gerne treffen wie Besucher. Iphofen, über 1000 Jahre im Besitz des Würzburger Hofstifts, war schon immer ein wohlhabender Ort. Die repräsentativen Bürgerhäuser mit ihren Hoftoren aus dem 16. bis 18. Jh. sind dafür steinerne Zeugen. Noch stellt der Weinbau einen bedeutenden Wirtschaftszweig dar. Die Weine von den Steigerwaldhängen genießen ein hohes Ansehen. Von der britischen Königin Elisabeth II. bis zu Fidel Castro reichen die Kunden. Auch der Schauspieler Günther Strack schätzte die Weine, die allerdings von seinem eigenen Iphöfer Rebhang kamen.

Kurt Tucholsky in Iphofen: Das ganz große Glück

Der Schriftsteller und Journalist Kurt Tucholsky (geb. 1890), der 1933 von den Nazis ausgebürgert wurde und sich am 21. Dezember 1935 im schwedischen Exil das Leben nahm, notierte auf einer Mainfranken-Reise im September 1927 bei einem Aufenthalt in Iphofen Folgendes:

„Ich werde mich hüten, aufzuschreiben, wo wir gewesen sind. Als wird das erste Glas getrunken hatten, wurden wir ganz still. Karlchen hat eine ‚Edelbeeren-Trocken-Spät-Auslese' erfunden, von der er behauptet, sie sei so teuer, daß nur noch Spinnweben in der Flasche [...] aber dieser war viel schöner. Ein 21er, tief wie ein Glockenton, das ganz große Glück. [...]
Iphofen ist ein ganz verschlafenes Nest, mit sehr aufgeregten Gänsen auf den Straßen, alten Häusern, einer begrasten Stadtmauer und einem ‚Geologen und Magnetopathen'. Habe Karlchen geraten, sich seine erdigen Fingernägel untersuchen zu lassen. Will aber nicht."

Bereits 741 wurde der Ort erstmals urkundlich erwähnt, die Stadtrechte erhielt er 1293. Aus den Wirren des brutalen Bauernkriegs konnte sich das Winzer- und Bauernstädtchen nicht heraushalten. Als am 4. April 1525 vor dem Einersheimer Tor 300 aufgebrachte Bauern aus Markt Bibart erschienen, um die Bürger von Iphofen zum solidarischen Handeln zu bewegen, scheiterten sie. Der Ort hielt noch brav zum Würzburger Bischof. Auch ein Angriff des Bauernhaufens scheiterte. Als die Iphöfer schließlich wenig später doch mit den aufrührerischen Bauern gemeinsame Sache machten und das Kloster Birklingen zerstörten, mussten sie dafür bitter bezahlen. Auf dem Marktplatz rollten am 22. Juli 1525 die Köpfe von acht Bauernführern.

Das Rödelseer Tor in Iphofen

Information/Verbindungen

- *Vorwahl* ✆ 09323.
- *Information* **Verkehrsbüro Iphofen mit Vinothek**, Kirchplatz 7, ✆ 870306, 870308, 97346 Iphofen, Mo–Fr 10–18 Uhr, Sa 10–14 Uhr. www.iphofen.de
- *Verbindungen* Iphofen liegt an der **Bahnlinie** Würzburg–Nürnberg. Zahlreiche Regionalzüge nach Kitzingen und Würzburg (Fahrtzeit ca. 20 Min). Außerdem mehrere **Busverbindungen** über Mainbernheim, Sulzfeld, Kitzingen nach Würzburg.
- *Fahrradverleih* Zweirad Herrmann, Bahnhofstr. 36, ✆ 3331, 6377. Preis für ein Fahrrad 6 €/Tag, Mountainbike 23 €.

Freund und Feind vereint

Der Wein vereint: Selbst erbitterte kalte Krieger in Washington und Havanna haben eines gemeinsam – sie schätzen Weine aus Iphofen. Die Lagen an den Steigerwaldhängen haben es den Persönlichkeiten in Übersee angetan. Beim angesehenen Winzer Johann Ruck orderten Kubas Staatschef Fidel Castro genauso wie der amerikanische General Gene Tice vom Pentagon edlen Frankenwein. Der ehemalige Guerillero von der Zuckerinsel bevorzugte einen eleganten „Julius-Echter Berg Riesling Kabinett“, bekannt für sein feines Pfirsichbukett. Der hohe US-Militär nahm mit einem zwölf Jahre alten Silvaner vorlieb.

Übernachten/Essen & Trinken *(siehe Karte S. 104)*

Deutscher Hof (5), der unscheinbare Gasthof mit Fachwerkobergeschoss in der Ludwigstraße wird von Einheimischen für seine leckere regionale Küche gelobt. Franz und Kreszentia Steinruck kaufen die Lebensmittel auf den umliegenden Bauernhö-

fen ein. Für ein Hauptgericht sollte man mit 11–18 € rechnen, sehr gute offene Weine ab 3 €. Schöner Garten. Es werden auch Zimmer vermietet: DZ ab 60 €. Ludwigstr. 10, ✆/℻ 3348. Mi Ruhetag.

Goldene Krone (2), ein Klassiker. Der gemütliche Gasthof wird seit Jahrzehnten für seine schmackhafte fränkische Küche geschätzt, beispielsweise Karpfen aus dem Steigerwald. Es werden Weine aus dem Weingut Popp ausgeschenkt. Das Haus, das bereits im 18. Jh. als Wirtshaus diente, besitzt noch ein altes Brennrecht; leckere Brände und Liköre. Auf der Terrasse vor dem Rathaus ist an sonnigen Tage nur selten ein Platz zu bekommen. Mittleres Preisniveau, Hauptgerichte um 11 €. Nette Bedienung. Es werden auch Zimmer vermietet: EZ ab 39 €, DZ ab 56 €. Marktplatz 2, ✆ 87240, ℻ 872424, Di Ruhetag. www.gasthof-krone-iphofen.de

Winzerhof Weigand (4), eine malerische Pension. Am Einersheimer Tor steht das 400 Jahre alte Haus, dessen Fassade mit Reben bewachsen ist. Die Familie Weigand betreibt seit über 120 Jahren Weinbau. Trockene Silvaner, Brände aus unbehandeltem Obst, Weingelees und Winzersekt gehören zum Sortiment. Der Winzerhof vermietet behagliche, geschmackvolle Gästezimmer mit schönem Ausblick. Freundliche Atmosphäre. EZ ab 29 €, DZ ab 43 €, vor allem im

Herbst frühzeitig reservieren. Lange Gasse 29, ✆ 3805, 📠 870181. www.w-w-weigand.iphofen.de

Fröhlich (3), ein romantisches Fachwerkhaus mit freundlicher Atmosphäre in der Altstadt, für Nichtraucher, Zimmer mit und ohne Bad. DZ ab 42 €, EZ ab 25 €. Persönlich eingerichtete Café-Weinstube (Wohnzimmeratmosphäre) mit gemütlicher Weinlaube. Geräthengasse 13, ✆/📠 3030. Tägl. ab 14 Uhr geöffnet, Do Ruhetag.

Zehntkeller (6), das exklusive Romantik-Hotel ist, wie der Name schon verrät, der ehemaliger Amtssitz des Zehntgrafen. In der Tat ein schmuckes Gebäude mit einer eindrucksvollen Toreinfahrt. Seit drei Generationen befindet sich der Zehntkeller im Besitz der Familie Seufert. Hier schliefen und tranken schon viele berühmte Persönlichkeiten, von Kurt Tucholsky bis Ludwig Erhard. Geschmackvolle Zimmer (Gästehaus im Garten). Das Restaurant genießt einen guten Ruf, hier gibt es noch echte Kalbskutteln. Menü 20–60 €, à la carte ab 20 €. An der Rezeption werden auch die Weine des eigenen Guts verkauft. DZ 105–145 €, EZ 67–95 €, Suite 165–200 €. Bahnhofstr. 12, ✆ 8440, 📠 844123. www.zehntkeller.de

Café/Weinstube 99er (1), gemütliches, kleines Café mit begrüntem Garten hinter dem Haus, Pfarrgasse 18 (am Rödelseer Tor), ✆ 804488.

Camping ist möglich beim **Weinhaus Seufert**, Bahnhofstr. 33, ✆ 3344, 📠 5202. www.weinhaus-seufert.iphofen.de

Wein

Winzerhof Johann Arnold, der Familienbetrieb mit nur ein wenig mehr als 5 ha Rebfläche liefert seit vielen Jahren typische, qualitätsvolle Iphöfer Weine mit gutem Preis-Leistungs-Verhältnis. Fast die Hälfte sind Silvaner, es werden aber auch Riesling, Scheurebe, Bacchus und Rotweinsorten wie Spätburgunder und Domina angebaut. Empfehlenswerte trockene und halbtrockene Silvaner und Scheurebe von den Lagen Julius-Echter-Berg, Kalb und Kronsberg. Lange Gasse 26/28, ✆ 89833, 📠 89834. www.weingut-arnold.de

Weingut Thomas Mend, das moderne Weingut liegt idyllisch am Fuß der Iphöfer Weinberge (Richtung Rödelsee; Wegweiser). Seit 100 Jahren wird in der Familie bereits Weinbau betrieben. Es werden vor allem Müller-Thurgau und Silvaner ausgebaut. Preiswerte Bocksbeutel, empfehlenswerte Rivaner-Sommerweine in Bordeauxflaschen. Probierstube mit Wintergarten-Atmosphäre. Verkauf: Mo–Fr 9–12 und 13–18 Uhr, Sa 10–17 Uhr, So ab 15 Uhr. Weinbergstr. 13, ✆ 3013, 📠 870171. www.weingut-mend.de

Weingut Johann Ruck: Edles vom Julius-Echter-Berg

Die Weine von Johann Ruck genießen unter Liebhabern der Iphöfer Weine einen hervorragenden Ruf – bis nach Japan, wo die Scheurebe Spätlese bisweilen geradezu Kultcharakter hat. Das kleine Weingut mit einer Produktion von 80.000 Flaschen baut ausschließlich in Edelstahltanks aus und bewirtschaftet seine Lagen, darunter Julius-Echter-Berg und Kalb, vor allem naturnah. „Reduzierter Anschnitt, sachgerechte Bodenpflege und begrünte Anlagen, gezielte, sparsame Pflanzenschutzmaßnahmen mit umweltfreundlichen, nützlingsschonenden Mitteln sowie die gestaffelte Handlese in den Hang- und Steilhanglagen sind die Eckpfeiler der Anbauphilosophie", so das Weingut über sich selbst. Das Ergebnis: harmonische, sortenytpische Weine. Vor allem die Kabinettweine, insbesondere Rieslinge vom Julius-Echter-Berg, sind exzellent. Das hat natürlich seinen Preis: Für Kabinettweine zahlt man 9 € aufwärts. Hinter der schlichten Fassade des Weinguts am zentralen Marktplatz befinden sich gemütliche Räumlichkeiten, wo man sich unter fachmännischer Anleitung durch die Ruck-Weine probieren kann. Das Weingut wurde bereits 1839 gegründet, die Familiengeschichte geht sogar bis ins Jahr 945 zurück. Nach eigener Aussage sollen schon die Vorfahren als Gefolgsleute der Karolinger in der Gegend um Tübingen mit dem Weinbau zu tun gehabt haben.

Verkauf Mo–Sa 9–12 und 13–18 Uhr, So 10–12 Uhr; Marktplatz 19, ✆ 800880, 📠 800888, www.ruckwein.de.

Weingut Ernst Popp, außerhalb des historischen Ortskerns von Iphofen liegt das nüchtern-moderne Weingut Ernst Popp, das zu den großen Erzeugern in Iphofen gehört, nachdem die Besitzerfamilie auch noch das Lesegut von mehr als zwei Dutzend Kleinwinzern verarbeitet. Trockene Silvaner aus Iphöfer und Rödelseer Lagen stehen im Mittelpunkt. Probierstube und sehr freundliches Verkaufspersonal. Verkauf: Mo–Sa 8–18 Uhr, So 10–12.30 Uhr. Rödelseer Str. 14–15; ✆ 3371, 📠 5781.

Weingut Weigand, überwiegend trockene Silvaner aus Iphöfer Lagen, die in einem alten Gewölbekeller lagern, baut dieses Familienweingut mit nur 3 ha Rebfläche aus. Klassische Weine aus naturnahem Anbau mit sehr gutem Preis-Leistungs-Verhältnis. Feine Obstbrände, die aus unbehandelten Früchten hergestellt werden, darunter auch einen sehr selten gewordenen Speierling. Manche Brände reifen in Esche- und Eichenfässern. Verkauf: täglich 8–18 Uhr, Lange Gasse 29, ✆ 3805, 📠 870181.

Weingut Hans Wirsching, mit 60 ha Weinbergfläche zählt es zu den großen klassischen Gütern (seit 1630) in Mainfranken. Dr. Heinrich Wirsching hat das Weingut mit sehr viel Fingerspitzengefühl auch technisch auf den neuesten Stand gebracht. Breites Sortenangebot aus Iphöfer Lagen. Die meisten Weine werden fränkisch trocken ausgebaut. Spätlesen kosten zwischen 10 und 17 €. Stimmungsvolle Probierräume. Verkauf: tägl. bis 18 Uhr, So 10–12.30 Uhr; Ludwigstr. 16, ✆ 87330, 📠 873390. www.wirsching.de

Wandern

Museumsweg von Iphofen nach Mönchsondheim: Der Weg (dunkelbraunes Symbol einer Kirche) zum Kirchenburgmuseum in Mönchsondheim beginnt am Mainbernheimer Tor und führt dann stadtauswärts über die Bahnhofsstraße, vorbei an der Winzergenossenschaft, zur B 8. Nach der Unterführung durch die Bahnlinie ein erster Wegweiser: Er weist nach links auf die „Alte Reichsstraße" und führt dann südlich auf der einst heiß umkämpften Grenze zwischen dem katholischen Fürstbistum Würzburg und der protestantischen Markgrafschaft Ansbach zu einer Anhöhe bei der Weinberglage Domherr mit schönem Blick auf Iphofen und seine Weinberge. Die Strecke geht dann entlang dem malerischen Breitbach, vorbei an der Vogts- und Schwarzmühle, nach Mönchsondheim zum Kirchenburgmuseum (mehr zum Museum finden Sie auf S. 109). Der Rückweg führt auf der östlichen Seite des Breitbachs zum Moorsee-Bach (Richtung Markt Einersheim) und dann in nördlicher Richtung über die bereits bekannte Strecke nach Iphofen. Für die Rundwanderung von 10 km sollte man (ohne Museumsbesuch) mit 2 Std. rechnen. Das Verkehrsbüro gibt zum Museumsweg kostenlos ein Faltblatt mit einer kleinen Karte heraus.

Iphofen/Sehenswertes

Kirche St. Veit: Die spätgotische Stadtpfarrkirche mit Renaissance-Elementen (Säulenkapitelle) stammt im Wesentlichen aus dem 15. und 16. Jh. Im Inneren der hohen, dreischiffigen Halle, durch 14 schlanke Rundpfeiler gegliedert, überdauerte ein kostbares, für Mainfranken seltenes Glasgemälde (um 1430) die Jahrhunderte. Es zeigt Motive aus der Legende der Heiligen Veit und Sebald. Die Kirche wurde in den 60er Jahren wieder in den originalen Farben hergestellt: die Gewölbe in Weiß und die Gewölberippen in Ocker. Das Gemälde des hohen, barocken Hauptaltars (spätes 17. Jh.) stellt das Martyrium des heiligen Veit dar. Bemerkenswert sind auch die beiden Seitenaltäre (Ende 17. Jh.). Das Bild des linken Altars zeigt einen betenden Bischof, der Iphofen (Stadtansicht im Hintergrund) dem Schutz der Dreifaltigkeit empfiehlt. Die wertvollsten Plastiken sind der von Tilman Riemenschneider geschaffene Evangelist Johannes mit einem Kelch in der Hand und der vermutlich zumindest in seiner Werkstatt entstandene Johannes der Erlöser. Der rechte Seitenaltar hat den heiligen Dominikus zum Motiv, der den Rosenkranz empfängt. Über dem Altartisch befindet sich ein ausdrucksstarkes Gnadenbild, das ursprünglich im vom Bauernkrieg zerstörten Kloster Berklingen stand. Die realistisch wirkende Pietà aus dem 15. Jh. zeigt eine schmerzerfüllte Maria (mit vergoldeter Krone), die mit beiden Händen ihren göttlichen Sohn hält. Auf den Stufen zum Chor: die überlebensgroße „Schöne Madonna von Iphofen", die aus Lindenholz Mitte des 15. Jh. in einer Nürnberger Werkstatt geschaffen wurde.

Stadtbefestigung: Ein malerischer Spazierweg führt um dem Mauerring, der zwischen dem 13. und 16. Jh. entstand. Bemerkenswert sind die aufwändigen Torbauten: Mainbernheimer und Einersheimer Tor, vor allem aber das Rödelseer Tor. Es entstand im Kern im 15. Jh., wurde jedoch später mit Fachwerkanbauten (17./18. Jh.) ergänzt.

Rathaus: Das von Joseph Greising zwischen 1716–18 erbaute, repräsentative Rathaus mit seiner prächtigen, weißhellgrau gestrichenen Fassade zeigt das Selbstbewusstsein Iphofens in der Barockzeit. Eine doppelläufige Freitreppe führt zum repräsentativen Eingang. Im ehemaligen Jagdsaal (2. Obergeschoss) befindet sich eine kulturhistorische Sammlung, die nach Vereinbarung zu besichtigen ist (✆ 3095).

Essen auf dem Marktplatz von Iphofen

Kirche zum Heiligen Blut: Hostienwunder

Die Wallfahrt in der Kirche geht auf das Wunder einer blutenden Hostie von 1294 nach einer angeblichen Hostienschändung zurück. Danach entstand die erste Kapelle, die bald zum Ziel von Wallfahrten wurde – von Papst Bonifatius VIII. 1296 bestätigt. Während der Chor bereits um 1450 entstand, wurde das Langhaus zu Beginn des 17. Jh. gebaut. Innen ist die Kirche überwiegend neugotisch ausgestattet und zu Beginn der 80er Jahre wurde sie grundlegend umgestaltet. Bemerkenswert ist das Ende des 19. Jh. entstandene Sandsteinmonument „Heiliges Grab" (links vom Altar), das in der nordöstlichen Turmkapelle steht und von einem Metallgitter umgeben ist. An dessen Sockel sind drastische Bilder vom Hostienraub angebracht. Ungewöhnlich ist auch der 1984 geschaffene Hauptaltar. Unter der quadratischen Sandsteinplatte markiert ein bronzenes Spinnennetz mit der Hostie die Stelle der ehemaligen Senkgrube. Übrigens dient die Kirche noch heute für die umliegenden Dörfer als Wallfahrtskirche.

Das Rathausportal

Spitalkirche/Bürgerspital: Das Spital wurde 1338 von frommen Iphöfer Bürgern gestiftet und unter Fürstbischof Julius Echter zu Beginn des 17. Jh. erweitert. Der älteste Teil der spätgotischen Kirche ist der Mitte des 15. Jh. gebaute Chor. Innen drei Barockaltäre und an den Seiten des Kirchenschiffs zwei spätgotische Plastiken. Schöner barocker Bildstock an der Außenwand.

Knauf-Museum: Reliefs aus vergessenen Epochen

Wer Kunstwerke aus dem Alten Ägypten, aus der Antike oder der Hochkulturen Lateinamerikas persönlich kennen lernen will, muss weit und viel reisen oder das Knauf-Museum besuchen. Die Gips-Weltfirma aus Iphofen präsentiert im ehemaligen fürstbischöflichen Rentamt, einem Barockbau beim Marktplatz, eine einzigartige Sammlung von Reliefs aus den großen Kulturepochen. Über 200 Repliken aus vier Erdteilen und fünf Jahrtausenden sind in dem weitläufigen Museum versammelt. Zu sehen sind so weltberühmte Werke wie die Gesetzesstele von Hammurabi, König von Babylon, oder die lebensgroße Göttin Isis aus dem Wörlitzer Park. Wechselnde hochkarätige Sonderausstellungen.

Öffnungszeiten Di–Sa 10–12 und 14–17 Uhr, So 14–18 Uhr, Eintritt 2 €, erm. 1,50 €. Am Marktplatz, ✆ 31528 oder 31625, 📠 5022. www.knauf-museum.de

Iphofen/Umgebung

Markt Einersheim: Im Zentrum des 1280 Einwohner großen, malerischen Ortes, der etwa 3 km südöstlich von Iphofen liegt, befinden sich eine ehemalige Kirchenburganlage und ein schmuckes Fachwerkrathaus. Von den ursprünglich drei Toren sind noch das Nürnberger und das Würzburger Tor erhalten. Sehenswert ist das Schloss, das im 19. Jh. im neugotischen Stil umgebaut wurde (Privatbesitz). Einersheim besitzt auch ein *Heimatmuseum*, Mönchsondheimer Str. 20, das von Mai bis Sept. jeden 1. So im Monat von 10–12 Uhr geöffnet ist (✆ 09326/250, Hans Mickler). Nordöstlich des malerisch gelegenen Markts steht auf einem Bergkegel die *Ruine Speckfeld*.

Mönchsondheim: ein Bauerndorf als Museum

Kirchenburg, Dorfkirche, Mesnerhaus, historischer Gasthof „Zum Schwarzen Adler", Rathaus von 1557 und eine ehemalige Dorfschule– das Fränkische Bauern- und Handwerkermuseum in der Kirchenburg-Mönchsondheim ist auf etliche Gebäude des 200-Seelen-Dorfs (südlicher Ortsteil von Iphofen) verteilt. Neben der beeindruckenden Kirchenburg mit den Kirchgaden sind es vor allem die original eingerichteten Gebäude ländlicher Dorfkultur, die das Leben in einem mainfränkischen Dorf vom frühen Mittelalter bis zur Mitte des 20. Jh. eindrucksvoll dokumentieren. Die mittelalterlichen Gemäuer der Kirchenburg beherbergen Werkstätten von 17 verschiedenen Gewerken wie z. B. Schmied, Schuster, Wagner, Schreiner oder Töpfer. Auch der Weinbau in Franken wird mit Exponaten, einer Keltersammlung und einem Rebgarten erklärt. Regelmäßig gibt es auch Sonderausstellungen im barocken Gasthaus „Zum schwarzen Adler". Dieses Gasthaus umfasst Privaträume, Knechtkammer, Gaststube, Küche und den Alten Tanzsaal, alles vollständig eingerichtet und im Stil der 20er Jahre erhalten. In der Scheune des Gasthofes wird eine landwirtschaftliche Dauerausstellung zum Thema „Der öiber Wirt wor Gäulsbauer" gezeigt, die die Lebens- und Wirtschaftsweise auf dem Anwesen in der ersten Hälfte des 20. Jh. zeigt. Zum Museum gehören auch ein über 400 Jahre altes Fachwerkhaus (Rathaus) aus der Renaissance mit der Gemeindebäckerei, der Wohnung und der Posthilfsstelle des letzten Gemeindebäckers (bis 1958). Außerdem kann man die Dorfschule von 1927 mit dem originalen Klassenzimmer besichtigen. Im Mesnerhaus aus dem Jahr 1837, direkt am Eingang zur Kirchenburg gelegen, sind historische Trachten aus dem südlichen Unterfranken zu sehen.

• *Öffnungszeiten* von Mitte März bis 1. Advent Di–Sa 13.30–18 Uhr, So 11–18 Uhr, Juli–Okt. jedoch 10–18 Uhr, Einlass bis 17 Uhr. Mo geschlossen. Eintritt 3 €, erm. 1 €; Kirchstr. 7, 97346 Iphofen-Mönchsondheim, ✆ 09346/1224, ℻ 979317, www.kirchenburgmuseum.de.

Kirchenburgschänke, ✆ 1099, Mi–Sa 14–18 Uhr, So 11–18 Uhr.

Steigerwald Karte S. 85

Mainbernheim

Das romantische Dorf profitierte über Jahrhunderte von seiner verkehrsgünstigen Lage an der Handelsstraße zwischen Würzburg und Nürnberg. Bis heute ist das bereits 1382 zur Stadt erhobene Mainbernheim von Wehrmauern mit insgesamt 18 Türmen umgeben, an der allerdings die viel befahrene B 8 vorbeiführt.

Die zentrale Achse der kleinen, stillen Altstadt ist die Herrnstraße mit ihren stolzen Bürgerhäusern und dem Rathaus im Stil der Renaissance. 1525 kauften die Markgrafen von Ansbach den strategisch wichtigen Ort und behielten ihn bis zur Säkularisation. Die Türme und die Wehrmauern in Form eines Rechtecks entstanden vornehmlich gegen Ende des 15. Jh. Bemerkenswert sind das Untere und Obere Tor und das Rathaus, ein dreigeschossiger Renaissancebau (1548) mit historischem Ratssaal. Die evangelische Pfarrkirche entstand im 18. Jh. unter Leitung des markgräflichen Baumeisters Johann David Steingruber. Aus dieser Zeit stammen auch Altar und Kanzel. Das Untergeschoss des Turms stammt aus dem 13. Jh. Historische Schützenscheiben aus dem 19. und 20. Jh. mit politischen Motiven werden im Schützenhaus ausgestellt (Bahnhofsweg 1, geöffnet nach Vereinbarung, ✆ 09323/871133).

Sehenswert ist auch der historische Friedhof von Mainbernheim, der 1546 angelegt wurde. Das Renaissanceportal, das um 1620 entstand, die Friedhofskanzel von 1618 und die ebenfalls in dieser Zeit entstandenen Friedhofsarkaden sind einen Besuch wert, ebenso die zahlreichen Epitaphen des 17.–18. Jh.

- *Übernachten/Essen & Trinken* **Zum Falken**, ein uriger Landgasthof mit Tradition am Bären-Brunnen. Bereits seit 1870 betreibt die Familie Jaeger, mittlerweile in der fünften Generation, das Haus. Fränkische Küche mit zahlreichen regionalen Spezialitäten (Spargel, Pilze, Steigerwald-Wild) und deftige Klassiker der ländlichen Küche, wie Schäufele und Sauerbraten. Gute Weinauswahl. DZ ab 61 €, EZ ab 40 €. Herrnstr. 27, ✆ 09323/87280, 📠 872828, www.zum-falken.de. Di Ruhetag.
- *Einkaufen* **Werksverkauf Bären Schmidt Lebkuchen**, Gebr.-Schmidt-Str. 14, ✆ 09323/87110.

Mainbernheim hat sich seine alte Bausubstanz bewahrt

Die Wallfahrtskirche Maria im Weingarten in Volkach

Maindreieck

„Moine" nannten die Kimbern einst den Main, was soviel bedeutet wie „gekrümmte Schlange", und tatsächlich schlängelt sich der Fluss hier auf vielen Umwegen von Ost nach West. Die Landschaft zwischen Steigerwald und Spessart mit Würzburg im Zentrum ist das Herzstück Mainfrankens. Schlösser und Residenzen, Kirchen und Klöster – nirgendwo in der Region sind Barock und Rokoko üppiger, die Dörfer malerischer, das Klima milder.

Werbestrategen tauften das Maindreieck in „Fränkisches Weinland" um. Von den Einheimischen benutzt freilich niemand diesen Kunstbegriff, zumal er auch Regionen umfasst, die geografisch nichts mit Mainfranken zu tun haben, jedoch durch den Weinbau damit verbunden sind (wie zum Beispiel Hammelburg im Saaletal). Andererseits fehlt die Weinbauregion um Zeil in diesem Kunstgebilde, die als Fränkisches Weinland am Obermain firmiert – ebenfalls schräg und für Fremde verwirrend, denn der Obermain liegt in der Region Staffelstein/Vierzehnheiligen. Doch unbestritten ist diese heitere, fast mediterrane Flussregion mehr als nur ein exzellentes Weißwein-Anbaugebiet, sondern eben eine Kulturlandschaft im besten Sinn des Wortes. Geizig waren die Kirchenfürsten nie, das merkt man den Dörfern und Weilern bis heute an. Üppig und prächtig sollte die Architektur nicht nur in Würzburg sein. Wer sich auf Entdeckungsreise durch die Winzerdörfer begibt, wird viele architektonische und künstlerische Schmuckstücke finden, die Lebensfreude und Heiterkeit bezeugen.

Das Maindreieck ist seit jeher eine gesegnete Landschaft. Der Fluss dient als Fischlieferant, die fruchtbaren Talböden bieten Gemüse und Obst, auf den oft steilen Muschelkalkhängen gedeihen Frankens beste Silvanerreben. Noch heute kommen Feinschmecker in den Weinstuben, Gasthöfen und Restaurants auf ihre Kos-

ten. Lukullische Genüsse haben im Maindreieck Tradition. Dabei hat man im Gegensatz zu anderen deutschen Landschaften das Typische der Region und der Jahreszeiten nie aus den Augen verloren. Zahlreiche lokale Spezialitäten stehen auf den Speisekarten ...

Werneck

Die Sommermonate auf dem Land zu verbringen und der Hitze im Würzburger Talkessel zu entfliehen, war das Anliegen von Fürstbischof Friedrich Carl von Schönborn vor über 250 Jahren. Er hielt Ausschau nach einem malerischen Fleckchen Erde. Seine Wahl fiel im Jahr 1729 auf Werneck. Balthasar Neumann, genialer Baumeister des Kirchenfürsten, hatte bereits vier Jahre später die Pläne fertig. Das Ergebnis dieser Anstrengungen, ein repräsentatives Sommerschloss, beeindruckt bis heute.

Der symmetrisch ausgeführte Bau lässt sich am besten vom weitläufigen Park, der nach Süden leicht ansteigt, bewundern. Einst war das Gartenareal nach französischem Vorbild angelegt. Davon sind heute nur noch Reste unmittelbar vor der Hauptfassade zu sehen. Auch von den zahlreichen Barockfiguren sind nur noch

Schloss Werneck: ein Werk des Barockarchitekten Balthasar Neumann

wenige erhalten, denn im 19. Jh. wurde das Gelände zu einem englischen Garten umgestaltet. Die mächtigen Bäumen und die verschlungenen Wege machen bis auf den heutigen Tag einen Spaziergang zu einem erholsamen Vergnügen.

Das weitläufige barocke Sommerschloss besitzt seine ursprüngliche Inneneinrichtung schon lange nicht mehr. Bereits 1856 wurde es in eine Nervenheilanstalt umfunktioniert. Heute ist im Wernecker Schloss die Fachklinik für Psychiatrie und Psychotherapie des Bezirks Unterfranken sowie eine orthopädische Klinik untergebracht (nicht zu besichtigen). Zu besichtigen ist jedoch die in einen Pavillon des linken Flügels unauffällig eingefügte Schlosskirche im Rokokostil. Die Seitenaltäre und die Kanzel kamen erst Ende des 18. Jh. hinzu.
Einst nahm der Sommersitz bis zu 200 Gäste bei rauschenden Empfängen auf. Bauherr Friedrich Carl von Schönborn konnte sich an seiner Residenz nicht lange erfreuen, da er bereits 1746 starb.

Bekannt wurde das Schloss Werneck übrigens auch durch das gleichnamige Kammerorchester, das lange Zeit Konzerte im Schlosspark veranstaltete. Im Jahr 2003 hat es seinen Sitz nach Bad Brückenau verlegt, verbunden mit der Umbenennung in „Bayerisches Kammerorchester Bad Brückenau“.
Öffnungszeiten Apr.–Sept. 9–20 Uhr, Okt.–März 9–17 Uhr.

„Euthanasie“ in Werneck

Ein modernes Denkmal des Bildhauers Julian Walter erinnert im Schlosspark an die behinderten Menschen, die im Dritten Reich gequält und ermordet wurden. Dem so genannten Euthanasieprogramm der Nationalsozialisten waren zwischen 1939 und 1941 viele Patienten der damaligen „Heil- und Pflegeanstalt Werneck“ zum Opfer gefallen.

Maindreieck
Karte S. 112

• *Vorwahl* ✆ 09722.

• *Information* **Markt Werneck**, Balthasar-Neumann-Platz 8, 97440 Werneck, ✆ 220, ℻ 2231. www.werneck.de

• *Übernachten/Essen & Trinken* **Krone-Post**, gegenüber vom Schloss an der Ortsdurchfahrt liegt das modern ausgestattete, verwinkelte Mittelklassehotel (3 Sterne), das bereits seit 1679 besteht. Der Gasthof bietet gute regionale Küche, leckere Fisch- und Spargelgerichte. Übrigens gibt es Weine aus der näheren Umgebung zu vernünftigen Preisen. Insgesamt bietet das Hotel (behindertengerecht) 83 Betten. Die Zimmer sind funktional und komfortabel sowie mit Du/WC, Telefon und TV ausgestattet. Für kleine Feiern steht das heimelige Gewölbe namens Postkeller zur Verfügung. Preis pro Person von 60–95 €. Balthasar-Neumann-Str. 1-3, ✆ 5090, ℻ 509199.

Wernecker Bierbrauerei, 300 m vom Schloss gelegener Biergarten mit verschiedenen Ebenen unter Kastanien. Die meisten Hauptgerichte unter 10 € und natürlich die süffigen Spezialitäten der Brauerei. Verkauf von Edelschnäpsen aus der Brennerei Alfred Wecklein, Arnstein.

Arnstein

Das typisch fränkische Städtchen liegt am rechten Ufer des breiten, weitläufigen Werntals. Auf den ersten Blick ist es dem verkehrsreichen Städtchen an der B 26 nicht anzumerken, dass es eine stufenförmig angelegte, malerische Altstadt mit schönen Fachwerk- und Bürgerhäusern besitzt. Sie wird bis heute von dem Amtsschloss aus dem 16. Jh., das leider leer steht (nicht zugänglich), überragt.

Die kunsthistorische Attraktion des 8.500 Einwohner großen Orts ist die spätgotische Wallfahrtskirche Maria Sondheim (außerhalb des Zentrums) mit ihrem Gnadenbild aus dem 13. Jh., dem imposanten Deckengemälde und der eindrucksvollen Grablege des Geschlechts von Hutten.

Arnstein, dem bereits 1333 die Stadtrechte verliehen wurden, besitzt neben dem Schloss zahlreiche weitere historische Gebäude: der ehemalige Unterhuttische Hof (heute Forstamt) aus dem 16. Jh., die Stadtpfarrkirche St. Nikolaus mit ihrer klassizistischen Inneneinrichtung, das Spital im Rokokostil, das so genannte Balleshaus mit Rokokofassade (1725 vom Tuchhändler Georg Roth errichtet, heute Stadtbibliothek/Archiv) und die klassizistische Synagoge in der Goldgasse. In Arnstein gab es vom 30-jährigen Krieg bis 1937 eine jüdische Gemeinde.

Das Städtchen ist bekannt für seinen Obstanbau; meist wird er im Nebenerwerb betrieben. Die Früchte werden oft in der eigenen Brennerei weiterverarbeitet. Außerdem besitzt das Städtchen eine eigene Brauerei namens Max Bender, die 1885 gegründet wurde, und die Weinlage Arnsteiner Bischofsberg, die vorwiegend von Hobbywinzern bewirtschaftet wird.

• *Vorwahl* ✆ 09363.

• *Information* **Stadt Arnstein**, Marktstr. 37, 97450 Arnstein, ✆ 8010, ℻ 80166. www.arnstein-online.de

• *Übernachten/Essen & Trinken* Zum Brückenbeck, Familie Steinert, Am Schweinemarkt 1, vermietet in ihrem Gasthaus Zimmer, EZ 26 €, DZ 52 €, ✆ 90750, ℻ 1405.

Binsbacher Hof, zur bekannten Schnapsbrennerei gehörende Pension, liebevoll mit alten Bauernmöbeln ausgestattete Zimmer. EZ 38 €, DZ 52 €. Ammanstr. 10, Arnstein-Binsbach, ✆ 994430 oder 0171/5276191, ℻ 994432.

• *Adressen* **Fahrradverleih** bei Zweirad Albert, Heugrumbach, ✆ 5666.

Radwanderkarten durch das Wern- und Maintal gibt es bei der Stadtverwaltung im Rathaus (1. Stock, Zimmer 13).

Baden, Arnstein verfügt über einen schönen Naturbadesee mit 1 ha Wasserfläche, der sich in der Nähe der Wallfahrtskirche befindet. Angegliedert sind ein Naturspielplatz (mit Matschbereich!) und ein Kiosk mit Seeterrasse, ✆ 994661.

Brennerei Alfred Wecklein: Wie tausend Kirschen im Mund

Am Glas Wildkirsche zu nippen ist wie ein Biss in tausend Kirschen, beschreibt ein Liebhaber fränkischer Schnäpse das Spitzendestillat aus wild wachsenden Holzkirschen, das die Brennerei Wecklein mit viel Arbeit und Können in die Flasche gezaubert hat. Dass die Brände Mainfrankens bundesweit einen hervorragenden Ruf genießen, ist nicht zuletzt ein Verdienst von vorbildlichen Betrieben wie dem Alfred Weckleins und seinem Sohn Günther. Mit Ausnahme des Schwarzwalds gibt es nirgendwo mehr Schnapsbrennereien als in Mainfranken. Die Edelbrände von Wecklein gehören zweifellos zu den besten der Region. Berühmt sind die beiden ambitionierten Destillateure für die Wiederentdeckung des Speierlings, einer in Vergessenheit geratenen Frucht.
Ein Besuch der alten Hausbrennerei im Arnsteiner Ortsteil Binsbach (4 km südöstlich von Arnstein, B 26 Richtung Werneck, in Gänheim rechts ab) lohnt sich. Mit Charme und Fachkenntnis führt der liebenswürdige Alfred Wecklein – mit mehr als einem halben Jahrhundert Brennerfahrung – durch seine gemütliche Probierstube in der Mitte des Weilers. Die Brennerei setzt konsequent auf höchste Qualität und gehört der Vereinigung Fränkischer Edelbrenner Rosenhut an. Es ist vor allem die sorgfältige Auswahl der Früchte, die mit Ausnahme der Aprikose alle aus Arnstein und Umgebung stammen, was die exzellente Fruchtigkeit und Milde der Wecklein-Destillate ausmacht. Die naturbelassenen Brände von höchster Reinheit haben unter Kennern auch im Ausland Anerkennung gefunden.

Die Preise für eine 0,35-Liter-Flasche liegen zwischen 10 € (Obstbrand) und 37 € (Speierling). Übrigens lässt die experimentierfreudige Brennerei Obstbrände auch in Eichenfässern reifen, daneben außerdem den vorzüglichen Tresterbrand aus Silvaner-, Traminer- und Scheurebe-Trauben.

Verkauf Ammannstr. 9, 97450 Arnstein-Binsbach, ✆ 1602, 📠 1424. www.wecklein.de

Maindreieck
Karte S. 112

Wallfahrtskirche Maria Sondheim

Inmitten eines Friedhofs, ca. 1 km vom Zentrum, liegt die Wallfahrtskirche, die im 15. Jh. gebaut wurde. Doch schon Ende des 12. Jh. soll hier ein Frauenkloster existiert haben. Die Wallfahrt begann 1444. In dieser Zeit entstand auch das Gnadenbild (auf der rechten Seite des Chors). Auffällig auf der linken Seite des Altar ist ein spätgotisches Sakramentshäuschen aus Sandstein. Beachten Sie auch die Decke der Kirche. Sie wurde 1770 von J. Ph. Rudolph geschaffen. Das Fresko stellt farbenprächtig die Seeschlacht von Lepanto dar. Bei dem griechischen Ort Nafpaktos (auf italienisch Lepanto) besiegten am 7. Oktober 1571 Spanier, Venezianer und päpstliche Verbände unter Don Juan de Austria die übermächtige türkische Flotte. Zum Dank für diesen strategisch enorm wichtigen Sieg wurde im Jahr 1573 das Anfang Oktober stattfindende Rosenkranzfest eingeführt. Es wird noch heute in Arnstein feierlich begangen. Die Freiherren von Hutten, fast 200 Jahre Amtmänner von Arnstein, hinterließen in der Kirche vielerlei Spuren. Die augenfälligsten sind die Grabsteine und Denkmäler an den Wänden. Besonders eindrucksvoll ist das Epitaph an der Südseite, das an den 1546 in Venezuela verstorbenen Philipp von Hutten erinnert. Er stand einst in den Diensten des mächtigen Augsburger Handelshauses der Welser und wurde von einem Rivalen um das Gouverneursamt

Die Wallfahrtskirche Maria Sondheim steht inmitten eines Friedhofs

in der neuen südamerikanischen Kolonie umgebracht. Das Epitaph zeigt den Stifter, den Eichstätter Bischof Moritz von Hutten, und rechts seinen Bruder Philipp im Waffenrock. Dahinter eine stilisierte Darstellung der Gewalttat am Fluss Orinoko, die zum ersten Mal in Deutschland nackte Indianer zeigte.

Gaibach

Im Dorf erbaute Balthasar Neumann ab 1741 aus gelblich-grünem Steigerwald-Sandstein die **Pfarrkiche zur Heiligsten Dreifaltigkeit**. Im Inneren der schlichten Kirche sind die Altarretabeln des italienischen Stuckateurs Antonio Bossi erhalten, die in den Jahren 1747/48 entstanden. Der Hochaltar zeigt, wie Mitglieder des Hauses Schönborn der Heiligsten Dreifaltigkeit huldigen.

Gegenüber der Kirche liegt das ehemalige **Wasserschloss** der Grafen von Schönborn. Die vierflügelige Anlage, die später im Stil des Barock (Architekt Johann Leonhard Dientzenhofer) und Klassizismus umgebaut wurde, dient heute als Privatschule. Sowohl das Schloss als auch der englische Garten sind daher nicht öffentlich zugänglich. Es lohnt sich jedoch, während der Schulzeiten einen Blick in den malerischen Innenhof des Schlosses zu werfen.

Das verblüffendste Denkmal Gaibachs ist allerdings die **Konstitutionssäule**. Sie soll tatsächlich an dieser Stelle an eine bayerische Verfassung erinnern, nämlich an die von 1818. Der von Leo von Klenze entworfene Rundbau wurde auf einer Anhöhe errichtet (1 km nördlich von Gaibach). Leider ist die Säule nicht zugänglich.

Zeilitzheim

Der zur Gemeinde Kolitzheim gehörende Ort (500 Einwohner) besitzt einige sehenswerte Baudenkmäler, die allesamt mit Informationstafeln versehen sind. Das Schloss ist mehr als 300 Jahre alt. Philipp Gaston von Wolfsthal ließ das alte Anwesen abreißen und eine von Andreas Keßler unter Beratung des italienischen Architekten Antonio Petrini entworfene repräsentative, vierflügelige Anlage im Barockstil errichten. Es besitzt einen beeindruckenden Freskensaal, besser bekannt als Schönbornsaal. Heute ist es nicht nur der räumliche, sondern auch der kulturelle Mittelpunkt des Ortes, denn es wird von den Eigentümern, der Familie von Halem, für Kulturveranstaltungen und Festlichkeiten genutzt, ebenso wie das Gasthaus „Zur Sonne" gleich nebenan. Interessant ist auch die evangelische Kirche St. Sigismund mit ihren ehemals zehn Gaden, die zusammen mit dem Gemeindehaus und der Friedhofsbefestigung einst die Kirchenburg bildete.

- *Vorwahl* ✆ 09385.
- *Information* **Gemeinde Kolitzheim**, Rathausstr. 1, 97503 Kolitzheim, ✆ 971025, 📠 971050.
- *Übernachten* Im **Schloss** befinden sich auch Gästezimmer (oft mit Himmelbetten) und Ferienwohnungen, die sehr unterschiedlich ausgestattet sind. EZ 45–60 €, DZ 60–80 €. ✆ 7152111 📠 3710. www.barockschloss.de
- *Essen & Trinken* **Zur Sonne**, das einladend und freundlich wirkende Haus bietet Hauptgerichte ab 6,50 €. Öffnungszeiten: Do–Sa ab 17 Uhr, So ab 10 Uhr, ✆ 9389, 📠 3710.
- *Weinverkauf* Weingut und Brennerei **Reiner Mößlein** (Nähe Marktplatz), hier gibt es eine große Auswahl an Rot- und Weißweinen sowie an Bränden und Likören. Mo–Sa 8–18 Uhr, So 10–13 Uhr. Untere Dorfstr. 8, ✆ 1506, 📠 6332. www.weingeister.de

Volkach

Volkach und die Mainschleife sind wahre Publikumsmagnete. Bestechend ist vor allem die Altstadt mit ihrem malerischen Rathaus, den eindrucksvollen Bürgerhäusern und Stadttoren. Ein romantischer Spaziergang führt von den Stadtmauern durch Weinberge zum Volkacher Schmuckstück, der Wallfahrtskirche „Maria im Weingarten". Auf den letzten Metern ein Kreuzweg mit schönem Blick auf das geschwungene Maintal. Das Gotteshaus beherbergt eines der berühmtesten Schnitzwerke Tilman Riemenschneiders, die „Maria im Rosenkranz".

Die kunsthistorischen Schätze, die köstlichen Weine und die schmackhafte Regionalküche machen Volkach und seine Nachbardörfer zu einem der beliebtesten Ziele in Mainfranken. Das kulinarische jahreszeitliche Quartett bilden die Spargelzeit im Frühling, die Straßenweinfeste im Sommer, die Weinlese im Herbst und die Fischwochen ab November. Egal, ob Jazzkonzerte auf der Hallburg, Musik im barocken Schelfenhaus oder Schlemmerabende im Restaurant – Volkach hat viel zu bieten.

Freimaurer-Lebkuchen

Zucker, Nüsse, Mandeln, Weizenmehl, Orangeat, Roggenmehl, Eiweiß, Gewürze und Ammonium heißen die Zutaten der Volkacher Freimaurer-Lebkuchen des seit 1839 bestehenden Cafés Schmitt (Hauptstr. 7, ✆ 2341, Mi Ruhetag). Auf Wunsch der Freimaurerloge der Lebzeltner und Wachszieher stellte einst Johann Baptist Schmitt die Rezeptur für dieses außergewöhnliche Gewürzgebäck zusammen. Das war vor über 120 Jahren. Bis auf den heutigen Tag hütet die Familie das genaue Rezept wie ein Geheimnis. Diese mainfränkische Delikatesse wird übrigens von der Konditorei Schmitt auf Wunsch auch verschickt.

Information/Verbindungen/Adressen

- *Vorwahl* ✆ 09381.
- *Information* **Tourist-Information Volkach**, Rathaus, 97332 Volkach, ✆ 40112, ℻ 40116, hier gibt es massenweise Informationsmaterial über das gesamte Maindreieck. Stadtführungen mit Besichtigung des Schelfenhauses und des Museums der Stadt Volkach: April–Okt., Sa 10.30 Uhr ab Rathaus. www.volkach.de
- *Verbindungen* **Bus bzw. Bahn**, über Seligenstadt nach Würzburg, über Dettelbach nach Kitzingen, über Gaibach bzw. Fahr nach Schweinfurt.

Schiff (eine Schiffsfahrt sollte man unbedingt machen): 25. März bis 30. Okt, rund um die Volkacher Mainschleife, Abfahrt Mo–Fr 14 Uhr, Sa/So um 10, 12, 14 und 16 Uhr. Erw. 8 €, Kinder 5 €, verschiedene Vergünstigungen. Vom 26. Juli bis 9. Sept. große Schleusenrundfahrt, Di–Fr jeweils 10 Uhr. Erw. 11 €, Kinder 6 €, verschiedene Vergünstigungen. Bewirtung auf dem Schiff. Info: www.mainschiffahrt.info.

Daneben werden zwischen Ende März und Ende Oktober **Mainschleifen-Rundfahrten** mit dem Bus angeboten. Auch die **Mainschleifenbahn** erfreut sich großer Beliebtheit. Sie verkehrt zwischen Volkach und Seligenstadt ca. 5x täglich, Preis hin und zurück: Erwachsene 5 €, Kinder 1 €.

- *Adressen* **Angeln**, Kartenausgabe bei Otto Schulz, Kirchstr. 1, Volkach-Astheim, ✆ 9638.

Antiquitäten Stefan Günter, Antiquitätenliebhaber schätzen diese Adresse. In einem vorbildlich renovierten Altstadthaus werden exquisite alte Möbel, Porzellan, Bilder etc. verkauft. Fachkundige und freundliche Beratung. Mo–Fr 10–12 und 15–18 Uhr, Sa 10–13 Uhr und So 14–17 Uhr, Di geschlossen. Hauptstr. 48.

Fahrradverleih, 2-Rad Weisenseel, Im Seelein 14, ✆ 3988, und Sportservice am Torturm, Storchgasse 1.

Floßfahrten (für Gruppen), Information und Buchung bei Fa. Sauer- Barthel, Schloss Bibergau, Ritterstr. 22, 97337 Bibergau, ✆ 09324/980350, ℻ 3454, www.flosserlebnis.

Kanuverleih, Fa. Höhn, Köhler 31, ✆ 9253, ℻ 4792. www.weingut-hoehn.de

Hotel-Gasthof Zum Schiff, Chr. Wägerle, Obereisenheim, ✆ 09386/248, ℻ 409. www.zum-schiffert.de

Tennis, Plätze an der Fahrer Straße, Anmeldung bei Jürgen Lehrich, Am Pfarrgarten 33, ✆ 1258, und Sport-Krämer, Spitalstraße.

Übernachten/Essen & Trinken

- *Hotels* **Hotel Behringer (6)**, der Gasthof (400 Jahre altes Fachwerkhaus) am Marktplatz ist ein beliebter Treffpunkt für Volkach-Besucher. Innen modern-rusikal eingerichtet. Fränkische Küche mit saisonalen Spezialitäten (Spargel, Fisch, Wild), empfehlenswerter Zwiebelblootz. Viele Produkte kommen aus ökologischem Landbau. Mittleres Preisniveau, freundliche Bedienung. In der Saison durchgehend warme Küche. Das Hotel besitzt sympathische Zimmer, reichhaltiges Frühstücksbuffet mit hausgemachten Marmeladen. Marktplatz 5, ✆ 8140, ℻ 814299. EZ 37–42 €, DZ 64–80 €, verschiedene Arrangements möglich, auch Wellness- und Fitnessangebote, www.hotel-behringer.de

Die Behringers bauten auch einen früheren Bauernhof zu einem Weingarten namens **Hinterhöfle (5)** um (Hauptstr. 30); Hier lässt es sich im idyllischen Garten in einer überdachten Laube gemütlich „schöppeln". Originell: Man wirbt damit, dass hier dank einer Fußbodenheizung bis in den Spätherbst stets mindestens 23C° herrschen.

Hotel Vier Jahreszeiten (4)

Der ehemalige Vogthof, 1605 von Valentin Echter, dem Bruder des Fürstbischofs Julius Echter, erbaut, ist heute ein stilvolles Hotel mit dem Standard eines 3-Sterne-Hauses. Die Zimmer sind mit antiken Möbelstücken (teilweise Himmelbetten), Gemälden und Teppichen individuell ausgestattet. Reichhaltiges Frühstücksbuffet. EZ ab 52 €, DZ ab 75 €. Auf dem Hotelareal befindet sich eine Ferienwohnung für maximal 4 Personen im alten Vogteihaus, Preis für 2 Personen: 79 €/Tag. Hauptstr. 31, ✆ 84840, ℻ 848444. www.vierjahreszeiten-volkach.de.

Maindreieck Karte S. 112

Zur Schwane (7), ein Klassiker der gehobenen Gastronomie in Mainfranken, der vor allem von älteren Gästen geschätzt wird. Traditionsreicher Gasthof mit einer holzvertäfelten altfränkischen Gaststube und malerischem Innenhof. Traditionelle fränkische Gourmet-Küche. Korrekter Service. Es werden eine Reihe von rustikal-noblen Zimmer, benannt nach Rebsorten, vermietet. Am bequemsten: „Riesling" mit separater Wohnstube mit Kachelofen und Luxusbad. DZ 90–198 €, EZ 48–94,50 €. ✆ 80660, ✆ 806666. www.schwane.de

Kreuzer (3), historisches Anwesen aus dem 16. Jh., das 1995 zu einem geschmackvollen, modernen Hotel garni umgestaltet wurde. Es besitzt einen kleinen, aber romantischen Innenhof. Auf dem Grundstück befindet sich das historische Gerberhaus, in dem ebenfalls Zimmer und Dachstudios untergebracht sind (ruhig). Schöne Zimmer, heller Frühstücksraum im fränkischen Stil. EZ ab 48 €, DZ ab 75 €. Hauptstr. 33, ✆ 80720, ✆ 807211, www.hotelkreuzer-volkach.de

Torturm (1), das im rechten Winkel neben dem Gaibacher Tor befindliche Hotel garni vermietet eher sachliche, angenehme Zimmer, die über einen Vorraum und einen Schreibplatz verfügen. Schöne Badezimmer. Man kann auch im Freien frühstücken. EZ ab 50 €, DZ ab 80 €. Hauptstr. 41, ✆ 80670, ✆ 806744. www.hotel-am-torturm.de

Rose (8), der traditionsreiche Weingasthof besitzt ein neuerbautes Hotel mit 30 Zimmern (teilweise mit Balkon), die bequem und geschmackvoll eingerichtet sind. Das Haus verfügt über eine sehenswerte Vinothek. Gute Edelbrände. Fahrradverleih und -garage. EZ ab 47 €, DZ ab 80 €, Suite 120 €. Oberer Markt 7, ✆ 8400, ✆ 840333. www.rose-volkach.de

• *Camping* **Ankergrund**, der von Obstgärten und Weinbergen umgebene Platz liegt nur wenige hundert Meter von der Altstadt Richtung Fahr. Freundliche Atmosphäre, komfortable sanitäre Anlagen, Gaststätte mit fränkischen Gerichten. Geöffnet März–Okt., Einchecken von 8–13 und 15–22 Uhr. Erw. 4,60 €, Kind 2,80 €, Zelt und Auto 5,60 €. Fahrer Straße, ✆ 6713, ✆ 4114. www.campingplatz-ankergrund.com

• *Essen und Trinken* **Torbäck (2)**, beinahe schon ein Klassiker der Volkacher Gastronomie. Heute ist der Torbäck eine urgemütliche, verwinkelte Weinstube zum Schöppeln in der Altstadt. Moderate Preise, zahlreiche Stammgäste. Schmackhafte fränkische Küche mit vielen Kartoffelgerichten. Sehr gute Auswahl an Weinen aus der Volkacher Mainschleife, vor allem Tropfen vom gegenüberliegenden Weingut Max Müller I. Auch gute fränkische Edelbrände. Herzliche Bedienung. Hauptstr. 35. ✆ 716171. Mo Ruhetag.

Schoppenhäusle, das junge Familienweingut Walter Erhard schenkt in der Heckenwirtschaft Eigenbauweine aus Volkacher Lagen aus. Empfehlenswert sind die trockenen Silvaner und Müller-Thurgau sowie die deftige Häckerbrotzeit (roter und weißer Presssack, Leberwurst). Etwas Feines zum Dessert: Auslesen und Beerenauslesen, die in 0,1-Liter-Gläsern ausgeschenkt werden. Herzliche Atmosphäre. In den Monaten Apr./Mai sowie von Sept. bis Mitte Okt. Do–Sa ab 17 Uhr, So ab 15 Uhr. Weinstr. 21, ✆ 2623.

Schloss Hallburg

In einem ruhigen Seitental über dem Main liegt Schloss Hallburg (1,5 km außerhalb, Richtung Sommerach). Über eine lange Kastanienallee erreicht man das Weinrestaurant. Schloss Hallburg garantiert eine feine Mischung aus gutem Essen, köstlichem Wein und romantischem Abend. Außerdem ganzjähriges Musik- und Kulturprogramm, Jazz-Frühschoppen immer sonn- und feiertags um 11 Uhr, im September ab 11.30 Uhr. Schöner Garten mit Lindenbäumen. Im Schönbornsaal finden mehrmals jährlich Kunstausstellungen statt. Die vielen jungen Gäste schätzen an der Hallburg die frische fränkische und italienische Küche mit saisonalen Spezialitäten zu vernünftigen Preisen. Freundlicher Service. Zum Ausschank kommen Weine aus dem benachbarten Weingut Graf von Schönborn. April–Okt. tgl. ab 11 Uhr geöffnet, Nov./Dez. sowie Febr./März werktags ab 15 Uhr, Sa/So ab 11 Uhr. ✆ 2340, Musikhotline ✆ 7152121, ✆ 2568. www.schloss-hallburg.de

Wein

Weingut Max Müller I., empfehlenswerte Adresse für Liebhaber von Volkacher Ratsherr und Sommeracher Katzenkopf. Das kleine Familienweingut bewirtschaftet mittlerweile in der dritten Generation beste Lagen in Volkach, Sommerach und Obereisenheim. Gute Silvaner und Spätburgunder. Es werden auch Sekt und Essig hergestellt. Müllers Edelbrände, wie der Tresterbrand vom Silvaner, finden bei Liebhabern viel Anerkennung. Geschmackvolle Probierräume in der Altstadt. Bocksbeutel ab 4,30 €. Verkauf: Mo–Fr 9–18 Uhr, Sa 9–15 Uhr, So 10–12 Uhr. Hauptstr. 46, ✆ 1218, ✆ 1690. www.max-mueller-volkach.de

Weingut Walter Erhard, das junge Familienweingut von Walter und Sabine Erhard bewirtschaftet lediglich 4 ha in und um Volkach. Erhard legt großen Wert auf umweltschonenden An- und Ausbau. Mit seinen frischen und fruchtigen Weinen eroberte er sich eine Stammkundschaft, die sich in seiner Heckenwirtschaft namens Schoppenhäusle wohlfühlt (s. o.). Empfehlenswerte Müller-Thurgau, Silvaner und halbtrockene Bacchus. Bocksbeutel ab 4 €. Auch handgerüttelte Sekte. Verkauf: Di–Fr 11–18 Uhr, Sa 10–16 Uhr, So 10–12 Uhr oder nach Anmeldung. Weinstr. 21, ✆ 2623, ✆ 71116. www.weingut-erhard.de

Weingut Römmert, nicht nur die Weine, insbesondere die sortentypischen Müller-Thurgau und Silvaner aus der Lage Volkacher Ratsherr, genießen einen guten Ruf, sondern auch die edlen Brände aus Stein- und Kernobst (Mitglied des „Rosenhuts"). Literflasche ab 4 €. Verkauf: Mo–Fr 9–18 Uhr, Sa 9–17 Uhr, So 10–13 Uhr. Erlachhof 1 (außerhalb der Altstadt), ✆ 2366, ℻ 4185. www.weingut-roemmert.de

Weingut zur Schwane, das Romantik-Hotel zur Schwane ist in Volkach eine Institution (s. o.). Die Weine hingegen sind weniger bekannt. Es werden vor allem Silvaner, Riesling und Müller-Thurgau ausgebaut. Probepakete gibt es ab 45 € (sechs Bocksbeutel). Exzellente Edelbrände wie Wildkirsche und Schlehe (Mitglied des „Rosenhuts"). Verkauf: 7 22 Uhr. Hauptstr. 12, ✆ 80660, ℻ 806666. Außerdem ein Restaurant mit schönem Innenhof und Laube, Hauptgerichte ca. 25 €, www.schwane.de

Weinverkauf, im „Weinkrug" direkt am Marktplatz kann man diverse Weine testen und kaufen.

Wandern

Zur Hallburg: Ein halbstündiger Spazierweg führt zur südlich von Volkach gelegenen Hallburg. Von der Verbindungsstraße nach Sommerach weist eine Kastanienallee die letzten Meter. Die auf einer Anhöhe errichtete Zollstätte des Würzburger Hochstifts besteht aus einem lang gezogenen Wohngebäude aus dem 16. Jh. und dem mächtigen Bergfried (12. Jh.). Die Hallburg (s. „Essen & Trinken"), umgeben von Weihern, Pferdekoppeln und Rebhängen, besitzt einen idyllischen Garten und ist seit 1806 im Besitz der Grafen von Schönborn. Oberhalb des heutigen Gasthauses liegt das Weingut der aristokratischen Familie. Von der Ausflugsgaststätte führt ein bequemer Weg durch die Weinberge nach

Weingut Max Müller I.: nicht nur gute Weine, sondern auch vorzügliche Edelbrände

Nordheim. Hier kann man mit der Fähre zum Winzerort **Escherndorf** übersetzen. Durch die Steillage Escherndorfer Lump (unterhalb der Vogelsburg) führen parallel zum Main verlaufende Flurbereinigungswege nach **Astheim**, das über eine Brücke mit Volkach verbunden ist.

Volkach/Sehenswertes

Wallfahrtskirche Maria im Weingarten: Vorbei an malerischen Kreuzwegstationen pilgern im Sommer Heerscharen von Besuchern auf den 1 km vom Stadtzentrum entfernten Kirchberg. Die spätgotische Kirche (2. Hälfte des 15. Jh.) beherbergt die „Madonna im Rosenkranz". Das 1524 fertig gestellte Spätwerk des Würzburger Bildhauers Tilmann Riemenschneider zeigt Maria im Strahlenkranz, wie sie das Jesuskind in den Armen hält. Umgeben ist die Madonna von musizierenden Engeln und Putten. Der Kranz ist verziert mit fünf Medaillons, die die Verkündigung, den Besuch bei Elisabeth, die Geburt Jesu, die Anbetung der Könige und den Tod Ma-

Das Rathaus im Renaissancestil und der Marktplatz sind das Zentrum des Winzerstädtchens Volkach

riens zum Thema haben. Neben dieser Plastik des Spätmittelalters besitzt die Wallfahrtskirche noch ein der Riemenschneider-Werkstatt zugeschriebenes spätgotische Kruzifix, das um 1490 entstanden ist, sowie eine wertvolle Pietà (14. Jh.). An der Nordwand des Langhauses hat sich ein etwa 500 Jahre altes Fresko des heiligen Christopherus erhalten. Im Jahr 2002 wurde der Kirchenraum neu gestaltet. Die Zufahrt zur Kirche liegt an der Strecke Volkach in Richtung Fahr am Main.
Öffnungszeiten Mo–Sa 9.30–12 und 13–18 Uhr (Okt.–März bis 17 Uhr), So 10–12 und 13–17 Uhr, letzter Einlass 30 Min. vor Schließung.

Museum Barockscheune

Im Jahr 2003 eröffnete die Stadt Volkach ihr Museum Barockscheune, in dem Geschichte, Landschaft und Kultur der Mainschleife anschaulich dargestellt werden. Eine Scheune aus dem Jahr 1714 mit unverputztem Muschelkalkmauerwerk und einem außergewöhnlichen Mansardwalmdach wurde saniert und in den beiden Obergeschossen und im Keller eine Dauerausstellung eingerichtet zur reichen kulturellen Vergangenheit der Stadt. So werden die Themen Die Stadt und ihre Chronik, Die Stadt und ihre Herrscher, Die Stadt und ihre Bürger, Die Region und ihr Naturraum, Die Region und ihr Weinbau, Die Region und der Bocksbeutel behandelt.
Öffnungszeiten Ostern bis 1. Nov. Fr/Sa 14–17 Uhr, So 11–17 Uhr, Weinstraße 7, ✆ 717590.

Rathaus: Im Stil der Renaissance wurde 1544 das Rathaus am Marktplatz erbaut. Eine doppelläufige Treppe führt zum Portal im ersten Obergeschoss. Darüber ist ein malerischer Erker mit Spitzhelm angebracht. Unterhalb der Treppen befindet sich das Narrenhäuschen, eine Art Stadtgefängnis. Vor dem malerischen Rathaus steht in der Mitte des zentralen Platzes der achteckige Brunnen von 1488 mit einer Figur der Maria Immaculata.

Schelfenhaus: in einer Seitengasse der Hauptstraße versteckt. Das reich verzierte barocke Stadtpalais gab 1719/20 der damalige Bürgermeister und Handelsmann Johann Georg Adam Schelf in Auftrag. Das Hauptportal trägt über dem Eingang links das Familienwappen des Bauherren, rechts das seiner Ehefrau, die aus einer angesehenen Würzburger Familie stammte. Über dem Einfahrtstor steht eine überlebensgroße Marienfigur. Im Inneren verschiedene Säle mit reich ornamentierten Stuckdecken.

Spätgotisch: Kirche St. Bartholomäus

Kirche St. Bartholomäus: Nur wenige Meter vom Marktplatz erhebt sich die spätgotische Stadtpfarrkirche (15. Jh.), deren Wahrzeichen der 45 m hohe, quadratische Turm mit seinem achteckigen Aufbau ist. Das mehrfach umgebaute Gotteshaus besitzt eine aus dem 18. Jh. stammende Innenausstattung. Beachtenswerter Rokokostuck wie beispielsweise die beiden Vasen mit Putten über den Seitenaltären.

Maindreieck
Karte S. 112

Märchenstiftung Walter Kahn: Die Aufgabe der 1985 gegründeten Stiftung besteht in der Erforschung und Erhaltung des überlieferten europäischen Märchengutes, der Förderung und Unterstützung der Märchenforschung und der Arbeit einschlägiger Organisationen. Ein besonderes Anliegen der Stiftung ist es, das Märchenerzählen und den Einsatz von Volksmärchen in Kindergarten und Schule zu fördern. Es gibt feste Veranstaltungsreihen, so jedes Jahr die Volkacher Märchentage im Oktober.

Information Ansprechpartnerin ist Claudia Pecher, ✆ 716636, Hauptstraße 42. www.maerchenstiftung.de

Galerie Mari-Jo: Galerie für zeitgenössische Kunst inmitten der Altstadt, die bekannt ist für ihre Wechselausstellungen.

Öffnungszeiten Di–Fr 13–18 Uhr, Sa 11–17 Uhr. www.galeriemarijo.de

Volkach/Umgebung

▸ **Astheim**: Der kleine Ort liegt auf der anderen Mainseite (Brücke), gegenüber von Volkach. Im Zentrum befindet sich das einstige *Kartäuserkloster Pons Mariae (Marienbrück)*. Von der 1409 gegründeten Kartause sind noch die Kirche (1603–1609)

und das alte Priorat mit der Johanniskapelle (1583) erhalten. Beachtenswert in der Kirche sind das Renaissance-Chorgestühl (1606) und der spätbarocke Hochaltar (1724). Das gesamte Ensemble wurde aufwändig restauriert und wird seit 1999 von der Diözese Würzburg als Museum für christliche Bildgeschichte genutzt.

Öffnungszeiten 1.Nov. bis 28.Feb. So 14–17 Uhr, 1. März bis 31.Okt. Fr–So 14–17 Uhr. Eintritt 2,50 €, erm. 1,75 €.

Museum Kartause Astheim: Das Museum präsentiert auf 1300 qm Ausstellungsfläche in 17 Räumen rund 600 Werke christlicher Kunst aus dem 15.–19. Jh.. Zu sehen sind überwiegend Werke religiöser Volkskunst wie Votivbilder, Gebetskreuze, Medaillons, Rosenkränze, Christusdarstellungen und Krippen.

Öffnungszeiten 1. März bis 31.Okt. Fr–So 14–17 Uhr. Eintritt 2,50 €. www.bistum-wuerzburg.de/museen

▶ **Vogelsburg**: Von Astheim kann man bequem durch die Weinberge auf die Vogelsburg spazieren, ein beliebtes Ausflugsziel mit Biergarten, früher ein Karmeliterkloster (1803 säkularisiert). 879 wurde die namengebende Burg erstmals urkundlich erwähnt, sie wurde 1525 im Bauernkrieg zerstört. Seit 1957 gibt es hier eine Tagungsstätte der Augustinus-Schwestern. Vom alten Klosterkomplex blieben nur Teile der Kirche übrig. Auch wenn die heutige Anlage eher enttäuschend ist, so entschädigt doch der Panoramablick über die malerische Landschaft der Volkacher Mainschleife. Übrigens war bereits in der Alt- und Jungsteinzeit der schmale Bergrücken aus Muschelkalk besiedelt. Archäologen vermuten erste Befestigungsanlagen bereits um 1500 v. Chr.

▶ **Wipfeld**: Das Dorf auf der rechten Mainseite, einige Kilometer nördlich von Volkach, besitzt einen sehenswerten Ortskern, den man sich beim Begehen des Historischen Celtis-Rundwegs (Beginn in der Mainstraße) erschließen kann. Denn hier ist der Geburtsort des Humanisten und ersten gekrönten deutschen Dichters *Conrad Celtis* (1459–1508) Wipfeld ist ein Ort mit besonderer städtebaulicher Bedeutung und mit einem reichen Bestand an kleinteiliger, mittelalterlicher Baustruktur. Der gesamte Grundriss des Wipfelder Altortes aus der Zeit vor 1600 ist nahezu unverändert geblieben. Die sehenswerte Pfarrkirche besitzt Altäre von Materno Bossi (um 1790) . Die Figuren wurden von dem bekannten Bildhauer Johann Peter Wagner (1805) geschaffen. Gegenüber steht das Kloster St. Ludwig (heute ein Mädchenheim) mit einer Kirche im neoromanischen Stil, zu dem man in Wipfeld mit einer Fähre übersetzen kann.

• *Information* **Weinbauverein Wipfeld**, Schwanfelder Str. 2, ✆ 09384/244, 📠 8702, www.wein-erlebnis.de, und **Gemeinde Wipfeld,** Marktplatz 1, ✆ 364, www.wipfeld.de

• *Wandern* Der **Zehntgrafen-Weinweg** (Länge 3,8 km) bringt dem Besucher die berühmte Lage Wipfelder Zehntgraf mit seinen acht verschiedenen Rebsorten nahe.

▶ Im Westen Wipfelds liegt der Nachbarort **Schwanfeld**. Ca. 1,5 km außerhalb findet man das **Gut Heiligenthal** (Richtung Neuheiligenthal), ein ehemaliges Zisterzienserkloster, das heute als Bauernhof dient und besichtigt werden kann. Das **Schloss Klingenberg**, 1,5 km südlich von Wipfeld, das versteckt über dem Mainufer liegt, ist in Privatbesitz und deshalb nicht zu besichtigen.

▶ **Dimbach**: ca. 3 km südöstlich von Volkach. Hier steht die Wallfahrtskirche St. Maria de Rosario. Das Gotteshaus wirkt von außen eher schlicht, innen jedoch entfaltet es seine ganze Pracht. Beachtenswert sind die barocken Altäre (18. Jh.) im Chor und der Beichtstuhl. Zentrum des Hochaltars ist die anmutig-menschlich wirkende Gnadenmadonna mit dem Jesuskind. Vor der Kirche steht ein barocker Bildstock,

Abgeerntete Spargelfelder bei Nordheim, Spargel ist eine Delikatesse des Maindreiecks

der auf eine blutige Begebenheit hinweist: Am 12. September 1720 wurde hier ein Bamberger Leutnant von seinem Freund bei der Rückkehr von der Dettelbacher Wallfahrt erschossen.

Nordheim

An der Mainschleife liegt mit rund 500 ha Frankens flächenmäßig größte Weinbaugemeinde inmitten von Weinbergen, Spargelfeldern und Obstwiesen. Wer durch die Langgasse schlendert, wird schnell merken: Jedes zweite Haus gehört zu einem Weingut. Die bekanntesten Lagen des 1.000-Einwohner-Dorfs sind Nordheimer Vögelein und Kreuzberg.

Nordheim ist ein gemütlicher Ort zum Bummeln und zum Übernachten, es geht hier beschaulicher zu als im nahen Volkach.

918 wurde der Ort erstmals in einer Besitzurkunde der Münsterschwarzacher Mönche erwähnt, bereits 1230 wurde die benachbarte Abtei endgültig Grundherr. Sie blieb es bis zur Säkularisation. Relikt der geistlichen Herrschaft ist der Zehnthof, der um 1600 entstand. Die dreiflügelige Anlage im Renaissancestil beherbergt heute einen Gasthof. Vor der Pfarrkirche St. Laurentius steht die Mariensäule (1775) aus dem späten Rokoko-Stil.

Übrigens kann man von Nordheim bis 20 Uhr mit der Fähre in das gegenüberliegende Winzerdorf Escherndorf (s. u.) übersetzen.

- *Vorwahl* ✆ 09381.
- *Information* **Gemeinde Nordheim**, Rathaus, Hauptstr. 19, 97334 Nordheim, ✆ 2866 oder 40112, ✆ 4743, Mo–Mi 7.30–12.30 Uhr, Do 13–18 Uhr. www.nordheim-main.de
- *Übernachten/Essen & Trinken* **Zur Sonne**, in dem geschmackvoll renovierten Barockhaus (1780) werden anspruchsvolle mainfränkische Spezialitäten serviert. Die durchaus raffinierte und innovative Küche,

der persönliche Service und die gute Weinauswahl machen die „Sonne" zu einem der besten Restaurants der Mainschleife. Das Haus, das ein beeindruckendes Gewölbe besitzt, ist zurückhaltend und dennoch gemütlich eingerichtet. Es werden auch Zimmer vermietet: EZ ab 39 €, DZ 62 €. Empfehlenswerte Menüs. Hauptgerichte ab 10 €. Hauptstr. 18, ✆ 80710, ✆ 807155. Mi Ruhetag. www.franken-sonne.de

Hör, in einem modernen Haus im Ortskern von Nordheim wurden drei stilvolle Gästezimmer eingerichtet. Zehnthofstr.1, ✆ 717428, ✆ 717420. www.hoer-gaestezimmer.de

• *Wein* **Weingut Waldemar Braun**, die schlichte Fassade in der berühmten Langgasse von Nordheim trügt. Dahinter verbirgt sich ein junger Weinbaubetrieb, der sich vom Durchschnitt durch konsequente Qualitätssteigerung abhebt. Der sympathische Waldemar Braun setzt seit Jahren auf ökologischen Weinbau und erzielt damit beachtliche Ergebnisse. Der Schwerpunkt liegt auf der Erzeugung durchgegorener Weine, die auch tatsächlich den Charakter der Sorten und des Jahrgangs erkennen lassen. Vor allem trockene Silvaner aus der Lage Nordheimer Vögelein, aber auch ein interessanter Weißer Burgunder, ein frischer Chardonnay und Rotweine wie Domina und Spätburgunder locken Weinkenner an. Braun erzielt auch im Barrique-Ausbau außergewöhnliche Weine. Im Rückgebäude des Hofes befindet sich der stimmungsvolle Probierkeller. Verkauf nach Vereinbarung, Langgasse 10, ✆ 9061, ✆ 71179. www.weingut-waldemar-braun.de

Weingut Glaser-Himmelstoß, ein Spitzenweingut in Franken mit schönen trockenen Weißweinen und einigen Spezialitäten. Zuhause in einem Fachwerkhaus aus dem 17. Jh. mit Restaurant und Weinverkostung. Langgasse 7, ✆/✆ 4602. www.weingut-glaser-himmelstoss.de

Helmut Christ, ebenfalls ein Pionier in Sachen Öko-Weinbau und bis heute Eigenbrötler im besten Sinn, bei dem sogar die Fässer für den Barrique aus der eigenen Büttnerei kommen. Was in den Fässern ist, kann sich auch sehen und schmecken lassen, Müller-Thurgau und Silvaner sind die Hauptsorten, dazu kommt Hochprozentiges für feine Kennernasen – zu verkosten in der Barockstube. Volkacher Straße 6, ✆ 2806, ✆ 6640, Shop auch im Internet: www.weingut-helmut-christ.de

Winzergenossenschaft Nordheim, der Ruch der Massenproduktion haftet den großen Winzergenossenschaften noch immer an, in der Regel zu Unrecht. Auch in Nordheim setzt man seit Jahren konsequent und erfolgreich auf Qualität, zuletzt mit der Edellinie „Franken Faszination". Langgasse 33, ✆ 80990, ✆ 809933, Verkauf auch via Internet: www.wgn.de (Müller-Thurgau, Literflasche ab 3,90 Euro).

Bio-Obstbrände aus Nordheim

Manfred Rothe aus Nordheim in Mainfranken ist ein Pionier. Er ist einer der wenigen, die Obstbrände aus ökologischem Anbau herstellen. Seit mehr als zwei Jahrzehnten bewirtschaftet er seine Obstfelder an der Mainschleife bei Volkach im Einklang mit der Natur. Besonders lecker sind Zwetgsche, Ringlo, Sauerkirche und Mirabelle. Gutes Preis-Leistungs-Verhältnis. Die Brände sind in schönen, schlichten Flaschen abgefüllt. Seit kurzem verfügt Rothe auch über einen Laden mitten in Nordheim und vermietet auch Zimmer.

Adresse Hauptstr. 14 (beim Rathaus), ✆ 4579. www.edelbrände-rothe.de

Escherndorf

Der von der Mainschleife umflossene Bergrücken mit der Vogelsburg fällt an seiner Südspitze steil ab. Zwischen den Weinhängen mit teilweise extremen Steigungen und dem Fluss drängen sich die Häuser des 400 Einwohner großen Dorfs, das fast ausschließlich vom Weinbau lebt. Schon Goethe liebte die Weine aus Escherndorf.

Die berühmteste Lage heißt Escherndorfer Lump. Damit ist keinesfalls irgendein Gauner gemeint, sondern der Name verweist lediglich auf die schmalen Streifen, die durch viele Erbteilungen über Jahrhunderte entstanden sind. Die berühmten Muschelkalkhänge bringen erstklassige Weine hervor. An heißen Sommertagen,

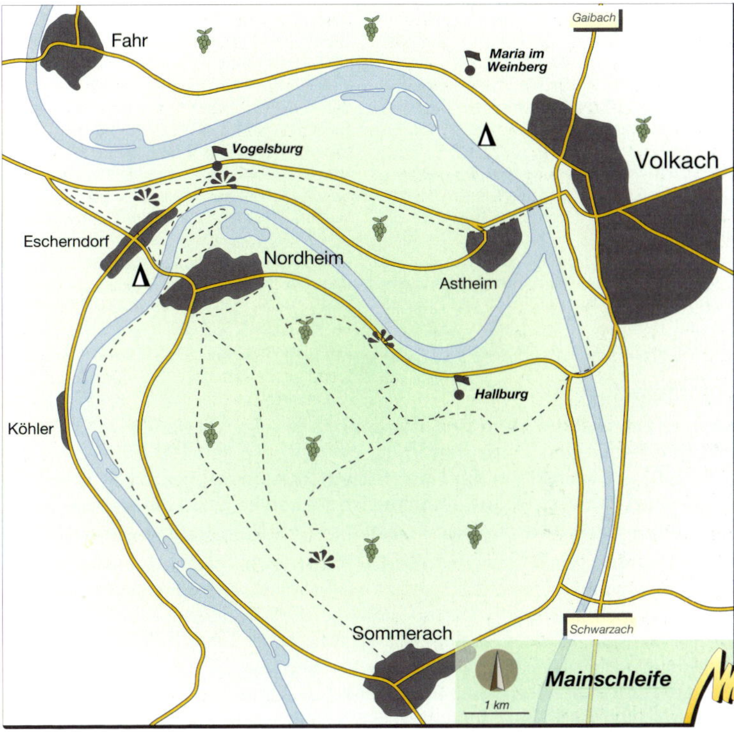

Maindreieck
Karte S. 112

wenn die Sonne in den Hang strahlt und der Main wie ein großer Reflektor wirkt, werden in den Rebgärten Spitzentemperaturen von 60 °C erreicht.

- *Vorwahl* ✆ 09831.
- *Übernachten* **Camping Escherndorf**, neben der Fähre am Main liegt der idyllische Campingplatz, der sich seit 1956 in Familienbesitz befindet. Geöffnet Apr.–Okt. Preis für Wohnmobil 5 €. ✆ 2889 und 1763. An der Güß 9a. www.campingplatz-mainschleife.de
- *Essen & Trinken* **Zur Krone**, gegenüber der Pfarrkirche liegt das Feinschmeckerlokal mit gehobenen Preisen, das im Besitz der Genossenschaft ist und mehrfach von Restaurantführern ausgezeichnet wurde. Gourmets sind begeistert von den ungewöhnlichen Kräuterkreationen des Küchenchefs Ralf Sachs, der Schnittlauch- oder Kleeblüten auf den Teller zaubert und beweist, dass Brennnessel nicht nur brennt, sondern auch schmeckt. Menüs gibt's ab 32 €, Feines von der Karte ab 20 € (Suppe mit Hauptgericht). Internationale Küche mit fränkischem Einschlag. Vielfältige Weine. Terrasse an der Ortsdurchfahrt. Bocksbeutelstr. 1, ✆ 2850, ℻ 6082.
- *Wein* **Weingut Horst Sauer**, Familie Sauer betreibt seit vier Generationen Weinbau, der Aufstieg des Weinguts begann jedoch erst Mitte der 80er Jahre. Heute verfügt der renommierte Betrieb, der zur Spitze in Franken zählt, über 7 ha Rebfläche, die vor allem mit Silvaner, Müller-Thurgau und Riesling bestückt sind. Viel Lob verdienen die trockenen Silvaner und Rieslinge aus der Spitzenlage Escherndorfer Lump, die außerdem durch ein gutes Preis-Leistungs-Verhältnis überzeugen. Auch interessante edelsüße Weine in kleinen Bocksbeutelflaschen. Horst Sauer bietet zudem trockene, im Holzfass gereifte Spätburgunder der Lage Fürstenberg und feine Obstbrände, insbesondere Kirsche und im Holzfass gereifter Trester. Die Früchte stammen von eigenen Obstfeldern. Es werden

auch Gästezimmer vermietet. Verkauf: Mo–Sa 8–18 Uhr, So 10–12 Uhr, Terminvereinbarung unter ✆ 4364 oder ℻ 6843. Bocksbeutelstr. 14. www.weingut-horst-sauer.de

Weingut Egon Schäffer:, für viele Frankenwein-Liebhaber zählt der kleine Betrieb (3,4 ha) mit seinem ehrgeizigen Winzer Egon Schäffer zu den besten der Region. Überdurchschnittliche Silvaner, Müller-Thurgau, Rieslinge und Bacchus, die sowohl in Edelstahltanks als auch in Holzfässern ausgebaut werden. Die Familie betreibt in Escherndorf bereits seit 1524 Weinbau. Zu Philosophie gehört der schonende Ausbau der Weine und der weitgehende Verzicht auf Insektizide. Der Betrieb verfügt auch über eine eigene Brennerei. In guten Jahren wird ein Tresterbrand aus Riesling- und Silvanertrauben hergestellt. Eigener Weinessig. Verkauf nach Vereinbarung, So geschlossen. Astheimer Str. 17, ✆ 9350, ℻ 4834. www.weingut-schaeffer.de

Weingut Michael Fröhlich, das empfehlenswerte Weingut vermarktet seit 1985 selbst. Es werden vor allem Silvaner, Riesling und Rieslaner, aber auch Spätburgunder in Steillagen wie Escherndorfer Lump und Fürstenberg ausgebaut, dazu Exoten wie der Muskateller. Beliebte Hofschoppenfeste im August. Verkauf: Bocksbeutelstr. 41, ✆ 2847, ℻ 71360. www.weingut-michael-froehlich.de

Sommerach

Sommerach und der Wein sind untrennbar. Bereits seit dem 11. Jh. bestimmen die Reben den Jahresrhythmus. Derzeit bestellen 190 Winzerfamilien rund 260 ha. Gleich hinter dem malerischen Dorf, das bis heute von Teilen der Wehrmauer (Anfang 16. Jh.) umgeben ist, steigen langsam die Weinberge an. Die sonnenverwöhnte Südlage Katzenkopf ist in Weinfranken ein Begriff.

Das Winzerdorf (1.250 Einwohner) besitzt keine spektakulären Attraktionen, doch wer durch und um Sommerach spaziert, entdeckt viele entzückende Details: barocke Hausportale, malerische Martern, aufwändige Fachwerkhäuser und Tore ... Der Ort ist heute ein beliebtes Ausflugsziel, vor allem in der Spargelzeit, denn zu Füßen der Sommeracher Weinberge wächst ein besonders zartes Gemüse. Von der ehemaligen Dorfbefestigung stehen heute noch zwei Türme. Im 1585 erbauten Maintorturm ist das **Turm-Museum** untergebracht. Es zeigt Aquarelle, Radierungen und Plastiken des mainfränkischen Künstlers Theo Steinbrenner.

Öffnungszeiten Ostern bis Weihnachten Sa 13–17 Uhr, So 11–17 Uhr; Maintorstr. 25, ✆ 4143. Eintritt frei.

- *Vorwahl* ✆ 09381.
- *Information* Gemeindeverwaltung Sommerach, Volkacher Str. 1, ✆ 1229, ℻ 4720, www.sommerach.de
- *Übernachten/Essen & Trinken* **Zum weißen Lamm**, mainfränkischer Bilderbuch-Gasthof mit auffälliger gelber Fassade in der Ortsmitte. Regionales Essen (Spargel) zu vernünftigen Preisen und natürlich viele Sommeracher Weine aus eigenem Anbau, Zimmerpreise zwischen 60 und 95 € Hauptstr. 2, ✆ 9377, ℻ 4933 www.sommerach.de

Zum Schwan, sehr schön saniertes barockes Anwesen mit aufwändig gestaltetem Portal, 4-Sterne-Haus. Restaurant mit verschiedenen Räumlichkeiten (Heimatstube, Vierjahreszeitenstuben, Scheune), zum Teil mit Stuckdecken, Innenhof, Gästezimmer im ersten Stock. Hauptstr. 10, ✆ 847684, ℻ 847685. www.schwan-sommerach.de

Villa Sommerach, in einem denkmalgeschützten Winzerhof aus dem 15. Jh. liegt das gemütliche Landhotel mit 6 Zimmern, die individuell eingerichtet sind (alle mit Holzfußboden). Frühstück für Hausgäste. DZ 87–108 €, Café, aber kein Restaurant im Haus. Nordheimer Str. 13, ✆ 802485, ℻ 802484. www.villasommerach.de

Bocksbeutelherberge, rustikal eingerichtetes Hotel, das komfortable, behagliche Zimmer bietet. Ausgesprochen herzliche Atmosphäre. Die kleine Herberge betreibt auch eine Weinstube mit einem idyllischen Weingarten. Die Weine kommen aus eigenem Anbau; Edelobstdestille. DZ 51 €. Weinstr. 22, ✆ 84850, ℻ 848522.

Winzerhof, der in einem Neubaugebiet (am Ortsende Richtung Volkach) gelegene Gasthof bietet fränkische Küche. Gute Spargelgerichte von April bis Juni. Wein aus eigenem Anbau. EZ ab 25,40 €, DZ ab 43,50 €,

Sommerach, Hausgärten an der Wehrmauer

Volkacher Str. 1, ✆ 9560, 📠 6102.

Weingut Zehnthof, das historische Anwesen in der Ortsmitte vermietet funktionale Ferienwohnungen mit Wohn-/Schlafraum sowie Küchenzeile und Essplatz, separates Schlafzimmer, 38 € für 2 Pers./Tag. Hauptstr. 17, ✆ 2830, 📠 715794. **Monika Karg** vermietet in einem Turm aus dem 16. Jh. eine Ferienwohnung: 2 Pers. 45 € pro Tag (ab 1 Woche). Am Rothenbühl 9, ✆ 1494. www.winzerturm.de.

Camping Katzenkopf, der zwischen Sommerach und dem Main gelegene Campingplatz besitzt eine bevorzugte Lage. Spiel- und Sportplatz vorhanden. Stellplatz ab 5 €, Erw. ab 4,80 €, Kind ab 2,70 €. April–Okt. Am See 7, ✆ 9215, 📠 6028. www.camping-katzenkopf.de

• *Wein* **Weingut am Schwarzacher Tor**, Winzer Dr. Bernd Mäuser betreibt naturnahen Weinbau, um gesunde Reben und Böden zu erhalten – seiner Meinung nach eine Grundvoraussetzung für die Ernte hochwertiger Weine. Das Familienweingut im ehemaligen Schultheißenhaus, bereits in der vierten Generation, verkauft über 95 % aller Flaschen an private Kunden. Viele halbtrockene Weine (Scheurebe, Rieslaner, Traminer von der Lage Katzenkopf), gute Silvaner, auch hauseigene Brennerei. Gutseigene Heckenwirtschaft von Ende März bis Anfang Mai. Verkauf: Sa/So 10–11.30 und 13–15 Uhr, am besten vorher anrufen. ✆ 2430, 📠 3858.

Winzerkeller Sommerach, die 1901 gegründete Winzergenossenschaft war die erste in Franken. Großes Sortiment an relativ preiswerten Weiß- und Rotweinen, auch Barrique-Ausbau. Es werden auch Brände, Liköre und Sekte verkauft. Verkauf: Mo–Fr 8–17.30 Uhr, Sa 10–16 Uhr, So 13–18 Uhr. Zum Katzenkopf 1, ✆ 80610, 📠 4551.

Maindreieck Karte S. 112

Schwarzach/Münsterschwarzach

Schwarzach ist eine ca 3600 Einwohner große Gemeinde, die aus mehreren Ortsteilen besteht. Die überdimensionierte **Benediktinerabtei** mit ihren bis zu 52 m hohen Türmen in Münsterschwarzach ist ein Begriff in Mainfranken. Das 816 gegründete Kloster ist eines der ältesten der Region, es wurde im Jahr 1803, wie viele andere in Deutschland auch, aufgehoben. Von den Missionsbenediktinern wurde Münsterschwarzach 1913 wiederbegründet. Heutzutage zählt die Abtei ca.

230 Mönche, von denen rund ein Drittel in Lateinamerika, Afrika und Asien arbeitet. Sie ist gleichzeitig ein Wirtschaftsunternehmen: In der Viertürme GmbH sind eine Druckerei, ein Verlag, eine Buch- und Kunsthandlung und eine Gold- und Silberschmiede zusammen geschlossen.

Die Abtei mit ihrer wechselvollen Geschichte (im 13. Jh. mehrfach geplündert, 1525 im Bauernkrieg fast völlig zerstört) gehörte seit 933 zum Bistum Würzburg. Im 18. Jh. erlebte Münsterschwarzach eine Blüte. 1743 wurde die prächtige Barockbasilika nach Plänen Balthasar Neumanns eingeweiht. Doch die Kirche wurde durch Blitzschlag schwer beschädigt und später abgetragen. Die heutige, düstere Kirche im neoromanischen Stil entstand zwischen 1935 und 1938. Diese sakrale Monumentalarchitektur aus der Zeit des Dritten Reichs wirkt in unseren Tagen nach Meinung mancher absurd und beängstigend zugleich.
Münsterschwarzach beherbergt ein kleines Museum, das über die Arbeit der Missionsbenediktiner in den Entwicklungsländern berichtet. In einem Klosterladen wird auch afrikanische verkauft. Auf dem weitläufigen Areal ist auch ein Gymnasium untergebracht.

• *Vorwahl* ✆ 09324

• *Übernachten/Essen & Trinken* **Café Haun**, ein Treffpunkt für alle Kuchenliebhaber. Das gegenüber der Abteikirche gelegene Café serviert die prämierte Torte Charlotte Benedikt mit verschiedenen Sahnefüllungen. Freundlicher Service. Es werden auch 2 DZ vermietet. . Schweinfurter Str. 44, ✆ 1523.

Schwabs Landgasthof, hier sitzt man urgemütlich unter Skulpturen von Theo Steinbrenner, während Joachim Schwab allerlei Kunstvolles aus der Küche zaubert, wobei er sich bei Jörg Müller in den Schweizer Stuben das Handwerkszeug holte. Besonders empfehlenswert sind Karthäuserklöße. Menüs ab 16, à la carte ab 13 €. Stadtschwarzach, Bamberger Str. 4, ✆ 1251.

Zum Benediktiner, hinter der malerischen Fachwerkfassade verbirgt sich ein gemütliches Haus, das die feine fränkische Küche pflegt. Bereits in der fünften Generation bewirtschaftet die Familie Kieser die ehemalige Pilgerherberge, den ältesten Gasthof an der Mainschleife (1478). Vater Karl-Josef Kieser hat das Geschäft längst an seine Söhne übergeben: In der Küche hat Klaus Kieser das Sagen, den Service leitet Christian und das Hotel führt Hubertus. Das Restaurant hat sich einen Namen für seine regionale Küche gemacht, insbesondere Wild und Rind. Dazu werden feine fränkische Weine vom Weingut Hans Wirsching (Iphofen) kredenzt. Übrigens beherbergt das Restaurant in der Balthasar-Neumann-Ecke ein Ölgemälde, das als einziges Original die Schwarzacher Benediktinerabtei so zeigt, wie sie vor ihrer Zerstörung im Jahr 1806 ausgesehen hat. Der Gasthof verfügt auch über ein rustikales Kellerlokal, dessen Gewölbe aus heimischem Muschelkalkstein geschaffen wurde. Warme Küche leider nur bis 21.30 Uhr. Das Hotel im Landhaus-Stil wurde später angebaut. Preise EZ 50–71 €, DZ 70–98 €. Fahrradverleih (kostenpflichtig), ✆ 9120, 📠 9129900, Weideweg 7, Schwarzach Ortsteil Münsterschwarzach. www.zumbenediktiner.de

Camping, **Mainblick**, mit Bootshafen, Schwimmbad und Restaurant/Biergarten. Übernachtung 4 €.

• *Einkaufen* S. Oliver Direktverkauf, Gewerbering 3, ✆ 980405, Mo–Mi 10–18 Uhr, Do, Fr 10–19 Uhr, Sa 10–16 Uhr.

René Lezard Factory Store

Outlet ist in, könnte man sagen. Die exklusive Marke – berühmt für ihre qualitativ anspruchsvollen Herrenkollektionen – ist nämlich in Schwarzach zu Hause. Am Ortsrand stehen die unscheinbare Verwaltung und der Fabrikverkauf der Edelmarke. In der schmucklosen, weitläufigen Halle gibt es für Herren und Damen vom Ledergürtel bis zum Anzug oder Kostüm so ziemlich alles, was René Lezard zu bieten hat. Industriestr. 6, Gewerbegebiet Schwarzach (an der B 22 Richtung Bamberg), ✆ 302622, 📠 302638.
Verkauf Mo–Mi 10–18 Uhr, Do–Fr 10–20 Uhr, Sa 10–16 Uhr.

Dettelbach

Einst kamen vor allem Pilger zur Wallfahrt in die Kirche Maria im Sand. Heute fasziniert auch das malerische Stadtbild mit seiner fast vollständig erhaltenen Wehrmauer mit über 30 Türmen und zwei Ausfalltoren, seinen kopfsteingepflasterten Gassen und alten Fachwerkhäusern. Das viel besuchte Städtchen am Main liegt inmitten von Weinbergen. Honigberg, Sonnenleite und Berg Rondell heißen die Rebhänge, von denen kräftige Silvaner stammen. 24 Winzer gibt es heute in Dettelbach und Neuses am Berg.

Durch eines der Stadttore betritt man eine romantische Altstadt. Wahrzeichen Dettelbachs ist die Pfarrkirche mit ihren zwei ungleichen Türmen. Das spätgotische Rathaus gehört zu den schönsten im Maindreieck. Das 6.900 Einwohner große Städtchen im Einzugsgebiet Würzburgs ist eine beliebte Adresse bei Feinschmeckern. Nicht nur die Weine, sondern auch die Gasthöfe Dettelbachs laden zu wahrem Trink- und Essvergnügen ein. Speziell für Wallfahrer erfand der Dettelbacher Konditor Urban Degen vor über 100 Jahren ein besonderes Gewürzgebäck, die „Muskatzinen“. Diese Leckereien werden bis heute hergestellt.

Karlheinz Deschner: Dettelbach – Trauma meiner Kindheit

In seinen Erinnerungen unter dem Titel „Dettelbach – Trauma meiner Kindheit“ berichtete der 1924 in Bamberg geborene Schriftsteller in seinem empfehlenswerten Buch „Dornröschenträume und Stallgeruch – Über Franken, die Landschaft meines Lebens“ (München 1989):

„Wir bummeln durchs Tor, hinein in die Gasse, die, italienisch schmal fast, nach unten sich biegt, Balkons und Erker, auch wie vom Süden importiert, ein Widderkopf in Stein, das Pflaster von Jahrhunderten geschliffen, alles ganz reizvoll, doch ohne Aufwand, anmutig herb bis ländlich derb, aus einem Guß. Das Haus mit dem Pranger, die Treppe, die Pfarrkirche droben, das lustige Motiv der ungleichen Brüder, der mächtige vierkantige Hauptturm, daneben sein viel zu kurz geratener runder Genosse, die Holztreppe dazwischen. Unten eine Piazza en miniature, ein paar schmalbrüstige Häuschen, spitzgiebelig freilich, ein Hexennestlein neben dem anderen, Knusperknusperhäuschen.
Auch im Rathaus dahinter, fünfhundert Jahre alt, mag es zu knuspern geben, zu knacken, Rosinchen und Nüßlein, was kümmert's uns. [. . .] Dann schlendern wir zurück durch die Durchfahrt, die das Erdgeschoß der Länge nach teilt und den Schnepfenbach überbrückt – ein unberühmtes Gewässer, mit Recht. Und weil wir doch schon etwas müde sind, kehren wir, schräg gegenüber dem Pranger, natürlich im 'Grünen Baum' ein, der da maßvoll behäbig, mit dickbauchigen Fenstergittern, einer alten Holztür steht, über die man gerne mit den Händen streicht; ein Gasthaus, das auch noch Gasthaus heißt und innen genau hält, was es von außen verspricht.“

Karl-Heinz Deschner hatte als Kind für kurze Zeit (1933/34) das Franziskanerseminar in Dettelbach besucht, bevor er ab 1934 in Bamberg aufs Gymnasium ging. Heute lebt Karl-Heinz Deschner in Haßfurt. Sein Lebenswerk ist die „Kriminalgeschichte des Christentums“.

Maindreieck
Karte S. 112

• *Vorwahl* ✆ 09324.

• *Information* Kultur- und Tourismusamt Historisches Rathaus, Rathausplatz 1, 97337 Dettelbach, ✆ 3560, 📠 4981, Mo, Di, Do, Fr 9–12 und 14–16 Uhr, Mai–Okt. auch Sa 9–12 Uhr. Dem Tourismusamt ist eine Vinothek angegliedert, in der Weine von ca. 20 Winzern aus Dettelbach und Umgebung verkauft werden. www.dettelbach.de

• *Übernachten/Essen & Trinken* **Grüner Baum**, der 500 Jahre alte malerische Gasthof ist bekannt für seine gute fränkische Küche. Vor allem Wild und Fische aus dem Main zählen zu den Spezialitäten des traditionsreichen, urgemütlichen Hauses. Dazu werden Dettelbacher Weine (Bocksbeutel unter 10 €) kredenzt. Kleine Terrasse mit Blick über die Dächer Dettelbachs. Es werden Zimmer vermietet. DZ 52–56 €, EZ 39 €. Falterstr. 2, ✆ 97230, 📠 972333. www.gruener-baum-dettelbach.de

Café Achtmann, hier werden Muskatzinen verkauft. Idyllischer Garten an der Stadtmauer, eigene Konditorei. Das Café betreibt auch ein Hotel garni, DZ 46–50 €. Falterstr. 24, ✆ 1498, 📠 5307.

Hotel am Bach und Hotel Franziskaner, Familie Dauenhauer besitzt zwei empfehlenswerte Hotels: Das 4-Sterne-Hotel Franziskaner liegt außerhalb der Stadtmauer, gegenüber der Wallfahrtskirche Maria im Sand. Es ist ein viel besuchtes Ausflugslokal. Das 3-Sterne-Hotel am Bach liegt in der Altstadt, nur wenige Meter vom Marktplatz. Herz des Hauses ist die seit 1686 bestehende Konditorei, die auch die Dettelbacher Muskatzinen herstellt. DZ „Am Bach" (Eichgasse 5, ✆ 97300, 📠 9730109) 65–95 € EZ 45–75 €. www.akzent.de/Dettelbach

Hotel Franziskaner, ansprechendes Hotel direkt an der wunderschönen Wallfahrtskirche gelegen, zahlreiche Arrangements möglich, großer Wellnessbereich, kulturelle Veranstaltungen. EZ ab 55 €, DZ ab 75 €, Halbpension 14 €, Vollpension 20 €. Wallfahrtsweg 14, ✆ 973030, 📠 973059. www.hotelfranziskaner.de

• *Mainfähre* Dettelbach-Mainsondheim. Die Fähre geht Mo–Fr von 6.30–12 und 13–19 Uhr und Sa 7.30–12 und 13–18 Uhr, So im Sommer 10–12 und 13–18 Uhr.

• *Wandern* Das landschaftlich reizvolle Tal des Mains, der bei Dettelbach eine nahezu rechtwinklige Biegung macht, bietet zahlreiche Wandermöglichkeiten. Die Touristinformation gibt eine detaillierte Wanderkarte heraus. **Wandervorschlag**: Mit der Fähre von Dettelbach ins gegenüberliegende, 500 Einwohner große Mainsondheim (Schloss) übersetzen. Dann in südliche Richtung (Golfplatz) nach Albertshofen, einem zu Kitzingen gehörenden Gärtnerdorf. Von dort mit der Fähre ins gegenüberliegende Winzerdorf Mainstockheim. Durch die Weinberge am Main in Richtung Norden zurück nach Dettelbach. Insgesamt ca. 5 km, 1,5 Std. Gehzeit.

Dettelbach/Sehenswertes

Wallfahrtskirche Maria im Sand (Maria in arena): Einstmals weit außerhalb des Ortes gelegen, heute mitten im Siedlungsgebiet von Dettelbach (10 Gehminuten von der Altstadt entfernt), zieht die wunderschöne Wallfahrtskirche immer noch jeden Dettelbach-Besucher an. Der aus Stuckmarmor errichtete, mit einem Baldachinaufbau versehene Gnadenaltar von Materno Bossi (1778/79) ist ein faszinierendes Kunstwerk aus der Übergangszeit vom Rokoko zum Klassizismus. An allen vier Seiten sind Altarnischen angebracht, um Wallfahrtsgruppen gleichzeitige Andachten zu ermöglichen. Im Zentrum des Altars dann das Gnadenbild in einem Glasschrein, eine hölzerne Pietà (um 1500). Wenige Meter vom Altar steht die prächtig ausgestattete Alabasterkanzel, die Michael Kern 1626 schuf. Sie zeigt ein in der Gotik beliebtes Thema, den Ahnherrn Jesse (Vater Davids), aus dessen Brust die Äste mit Abkömmlingen sprießen, die mit der Figur Mariens enden. Die viel besuchte Wallfahrtskirche, die seit 1616 von Franziskanern betreut wird, ist jedoch nicht nur innen prächtig ausgestattet. Das westliche Portal wurde von Michael Kern (1612/13) und seinen Gesellen im Stil eines Altars der Spätrenaissance gestaltet. Links und rechts neben der Tür stehen zwischen Säulen die Apostel Petrus und Paulus. Über dem Eingang prangt das Wappen des Würzburger Fürstbischofs Julius Echter, der die Wallfahrt in der Gegenreformation wiederbelebt und die Kirche gestiftet hatte. Und über allen thront Maria mit dem Kind, eingerahmt von den Heiligen Kilian und Augustinus.

Der malerische Winzerort Dettelbach

Zum Zeitpunkt der Recherche befand sich das Fränkische Wallfahrtsmuseum im so genannten Baumann'schen Haus, einem der ältesten Häuser in Dettelbach, in Planung (Luitpold-Baumann-Str. 1).

Rathaus: Das spätgotische Rathaus mit mächtigem Giebel und doppelläufiger Freitreppe entstand Anfang des 16. Jh. Im ersten und zweiten Stock des repräsentativen Gebäudes liegen große Festsäle. Hinter der Durchfahrt im Erdgeschoss befand sich in früheren Zeiten eine offene Säulenhalle für den Wochenmarkt. Heute sind hier die Touristinformation und eine Vinothek untergebracht.

Stadtbefestigung: Mit der Stadterhebung Dettelbachs 1484 entstand eine gemauerte Ortsbefestigung und die Wehrmauer wurde systematisch ausgebaut. Mehr als 50 Türme und fünf Tore zählte schließlich die Stadt. Während ein Tor (das Mainstockheimer Tor im Südwesten) im 19. Jh. dem Verkehr geopfert wurde, überstanden das Faltertor (Kolpings- und Handwerksmuseum) im Nordosten und das Brücker Tor im Norden die modernen Zeiten.

Kolping- und Handwerksmuseum im Faltertor: Die Kolpingfamilie Dettelbach, im Jahre 1857, also noch zu Lebzeiten des Gesellenvaters Adolph Kolping gegründet, hat 1967 das Museum eingerichtet. Es zeigt das seit der Gründungszeit der Kolpingfamilie vorhandene Inventar und Zeugnisse alten Dettelbacher Handwerks. Ein weiteres Thema ist der Verbindung Kolping und Kirche gewidmet. Der Falterturm bietet zudem schöne Ausblicke auf Dettelbach und das Maintal.

Öffnungszeiten Mai–Oktober So 14–16 Uhr, telefonische Information unter ✆ 1305 und 1265, Falterstraße.

Heimatmuseum Haslau: Im alten Mesnerhaus neben der Stadtpfarrkirche ist das Heimatmuseum der im Jahre 1946 aus dem böhmischen Ort Haslau (in der Nähe von Franzensbad) vertriebenen Menschen. Auf etwa 140 qm Ausstellungsfläche wird am Beispiel von Haslau ein Stück mitteleuropäischer Geschichte wieder lebendig.

Öffnungszeiten März–Okt. Sa 14–16 Uhr Kirchplatz 2, ✆ 90046, Info bei Karin Kutscherauer, ✆ 2982.

Dettelbach/Umgebung

▸ **Mainstockheim**: Die reiche Zisterzienserabtei Ebrach besaß am Main zahlreiche Amtshöfe. Einer der schönsten liegt in dem malerischen Weinort Mainstockheim, gleich am Ortsanfang. Durch ein Torhaus mit Fachwerkturm gelangt man in den parkähnlichen Innenhof. Das als Schloss bezeichnete Gebäude (1624) im Stil der Renaissance besitzt ein reich verziertes, steinernes Portal. Heute wird der Amtshof als Senioren- und Pflegeheim genutzt.

Information Gemeinde Mainstockheim, Hauptstr. 80, ✆ 09321/91660. www.kitzingen.de/mainstockheim

Maindreieck
Karte S. 112

Kitzingen

Spätgotische Bauwerke, fränkische Fachwerkhäuser und barocke Fassaden berichten als steinerne Zeugen vom Reichtum der Stadt. Schon immer profitierte das ca. 22.000 Einwohner zählende Kitzingen von seiner verkehrsgünstigen Lage. So hat sich auch in der heutigen Zeit ein dichter Gewerbering um die Stadt am Main gelegt. Und auch der Handel mit dem Wein ist bis in unsere Tage ein durchaus einträgliches Geschäft.

Seit gut 500 Jahren wacht der hohe Falterturm über die Weinstadt. Angeblich ist der Dachstuhl des Kitzinger Wahrzeichens nur deshalb schief, weil beim Bau der Mörtel falsch angerührt wurde. Witz und Lebensfreude gehören zu dieser Stadt wie Main und Wein. Kein Wunder, wenn das Deutsche Fastnachtsmuseum ausgerechnet im Falterturm beheimatet ist. Wer das Rathaus aus dem Jahr 1562 genau unter die Lupe nimmt, wird das Brandenburgerwappen (Ostseite) entdecken. Das hat seinen guten Grund. Der bankrotte Würzburger Fürstbischof musste Kitzingen an die Markgrafen von Brandenburg-Ansbach verpfänden, ein „Intermezzo", das fast 200 Jahre dauern sollte. Erst 1629 kam die Stadt mit ihrer wirtschaftlich wichtigen Mainbrücke wieder unter die Herrschaft Würzburgs.

Die von Antonio Petrini entworfene Stadtkirche in Kitzingen

Wann die Stadt genau gegründet wurde, kann nur vermutet werden. Die erste Quelle ist die Lebensbeschreibung des Abts Sturmius von Fulda aus dem Jahr 749: Bei der Rückkehr von einer Pilgerreise nach Rom erkrankte der Kirchenmann und wurde von Benediktinerinnen des Klosters Kitzingen gesund gepflegt. Der Mainübergang war seit jeher wichtig. Bereits in der hohenlohischen Urkunde von 1300 ist von einer Brücke die Rede. 1487 verlieh der spätere Kaiser Maximilian I. Kitzingen das Stadtrecht. Handel und Gewerbe nahmen ihren Aufschwung. Aus alten Steuerlisten ist ersichtlich, dass im 16. Jh. die damals 4000 Einwohner zu 75 % Weingärten besaßen. 1803 gab es 16 Weinhändler, 1906 fast 100, darunter viele jüdische Kaufleute. Die restaurierte Synagoge mit ihrem Doppelturm erinnert heute an die von den Nazis vernichtete jüdische Gemeinde.

Genießer assoziieren die Stadt nicht nur mit Wein. Kitzingen ist darüber hinaus auch der Gemüsegarten Mainfrankens. Der Spargel aus der Kitzinger Gegend gilt als besondere Delikatesse. Die Ernte der zarten Stängel im Mai und Juni findet schnell Abnehmer. Im Stadtteil Etwashausen mit seinen Hausgärten ist die Tradition des Gemüseanbaus bis heute lebendig.

Richard Rother: Meister des Holzschnitts

Die Holzschnitte Richard Rothers sind überall in Mainfranken zu sehen, auf Etiketten, Ortsprospekten, Büchern und Postern. Der 1890 im Spessart geborene Künstler ist in Kitzingen, seiner Wahlheimat, gleich mehrfach präsent. Die Plastik „Froschreiter" vor der Tourist-Information ist gleichsam ein Hinweis auf die Richard-Rother-Sammlung, die im Moment noch im Obergeschoss der Tourist-Info unter gebracht ist (ein Umzug ins neu konzipierte Stadtmuseum ist geplant). Dort sind zahlreiche Arbeiten wie Holzschnitte, Gebrauchsgrafik und Bronzeplastiken, aber auch das Gipsmodell eines Weinbergdenkmals bei Sommerhausen zu sehen. Nach der Ausbildung in verschiedenen Akademien und Ateliers lebte Rother mit Unterbrechungen ab 1918 in Kitzingen. Ein zufälliges Gespräch mit dem damaligen Bürgermeister in der Eisenbahn auf der Fahrt von Nürnberg von Kitzingen bewog ihn, an den Main zu ziehen. Offenbar boten sich in der aufstrebenden Stadt zahlreiche Aufträge. Viele Jahre lehrte Rother an der Würzburger Kunst- und Handwerksschule. Fleißig war Rother in der Herstellung von Exlibris. Freilich war er bei der Auswahl seiner Kunden nicht immer wählerisch. So fertigte der Künstler die Eigentümerzeichen auch für den NS-Gaukulturwart Waldemar Vogt oder den Kampfflieger Siegfried Trogemann an. Volkstümlich wurde Rother durch seine Darstellung der mainfränkischen Landschaft, der Winzer und Häcker. Auch wenn seine Holzschnitte heutzutage bisweilen anachronistisch wirken, so ist ihre Bildaussage klar, oft spitzbübisch und vor allem von der Liebe zu Franken und seinen Menschen geprägt. Richard Rother starb am 2. November 1980.

Maindreieck
Karte S. 112

Information/Verbindungen/Adressen

- *Vorwahl* ✆ 09321.
- *Information* **Tourist-Information Stadt Kitzingen**, An der Alten Mainbrücke, Schrannenstr. 1, 97318 Kitzingen, ✆ 920019 und 920049, 📠 21146;
- *Verbindungen* Kitzinger besitzt gute Verkehrsverbindungen. Die Stadt liegt an den Autobahnen Nürnberg–Frankfurt und Würzburg–Ulm. Sehr gute **Bahnverbindungen** nach Iphofen, Dettelbach und Würzburg sowie **Busverbindungen** nach Marktbreit, Sulzfeld, Schwarzach etc. Außerdem zahlreiche Ausflugsmöglichkeiten mit dem Schiff.
- *Adressen* **Baden**, Freibad auf der Mondseeinsel (mitten im Main), mit 85 m langer Riesenrutsche und Beach-Volleyballfeld. Saison von Mitte Mai–Aug., abends bis 19.30 Uhr, an heißen Tagen bis 20.30 Uhr offen, ✆ 20279. In der Nähe des Freibads liegt das Solehallenbad mit Wassertemperaturen zwischen 29 und 32 °C.

Eine-Welt-Laden, der gleichnamige Verein betreibt einen Laden, der Produkte aus fairem Handel zu fairen Preisen bietet. Di–Fr 10–12.30 und 15–18 Uhr, Sa 10–13 Uhr. Obere Kirchgasse 14.

Fahrradverleih, Fahrrad Mattaei, Schrannenstraße.

Radfahren, Kitzingen liegt direkt am Maintalradweg und in Kitzingen beginnt der 49 km lange Radweg „Vom Main zur Aisch". Er verläuft durch die unterfränkische, leicht hügelige Weinlandschaft mit ihren typischen kleinen Städten und Dörfern, die ihre mittelalterlichen Ortskerne weitgehend erhalten konnten. Die Strecke führt von Kitzingen über Iphofen nach Scheinfeld bis nach Neustadt/Aisch.

Übernachten/Essen & Trinken

Deutsches Haus (4), das 60 Zimmer große 3-Sterne-Hotel, seit 1938 in Familienbesitz, liegt am Rand der Altstadt, hinter dem Rosengarten. In der rustikalen Gaststube werden fränkische Gerichte serviert. Komfortable, schnörkellose Zimmer: DZ ab 70 €, EZ 46 €. Bismarckstr. 8–10, ✆ 91690, ✆ 916955. www.deutsches-haus-hotel.de

Kitzinger Hof/Gegners Weinkeller (3), der rote Backsteinbau am lauten Hindenburgring besitzt ein gemütliches Kellergewölbe, in dem fränkische Küche und Weine den Gast verwöhnen. Das 2-Sterne-Haus vermietet auch Zimmer (DZ ab 64 €), Frühstücksbuffet. Hindenburgring Süd 1, ✆ 23054, ✆ 230535. www.kitzingerhof.de

Touristengruppe vor der Kirche St. Johannes, Kitzingen

Esbach Hof (2), das Mittelklassehotel außerhalb der Altstadt ist ein Familienbetrieb. Rustikale Atmosphäre, Restaurant mit fränkischen und internationalen Spezialitäten (Spargelgerichte), gute Frankenweine. EZ ab 64 €, DZ ab 85 €. Repperndorfer Str. 3, ✆ 220900, ✆ 2209091. www.esbachhof.de

Campingplatz Schiefer Turm, am Mainufer. Zu Fuß ist leicht die Mondseeinsel mit ihren Bädern erreichbar. Marktbreiter Str. 20, ✆ 33125; Apr.–Sept.

Goldene Gans (1), unter Kastanienbäumen sitzen, der Brunnen plätschert und man blickt auf den Main und die Kitzinger Altstadt. Der beliebte Gasthof mit Biergarten im Stadtteil Etwashausen, gegenüber der Balthasar-Neumann-Kirche, bietet leckere, aber dennoch preiswerte fränkische Gerichte (Fisch). Gute Rinderbrust mit Meerrettich. Balthasar-Neumann-Str. 2. ✆ 32322. Mi Ruhetag.

Wein

Kitzingen besitzt noch rund ein Dutzend Winzer: Sie sind organisiert in der **Gebietswinzergenossenschaft Franken**, Kitzingen-Repperndorf, Alte Reichsstr. 70, ✆ 70050, ✆ 7005131.

Lohnenswert ist der Besuch des **Familienweinguts Heinrich Haßold**, das 14 ha Fläche bearbeitet Die Eherieder Mühle (westlich von Kitzingen) besitzt einen idyllischen Weingarten. Gutsschänke: Mo–Fr ab 16 Uhr, Sa/So ab 14 Uhr, Mi Ruhetag. Weinverkauf ganztägig, auch am Wochenende. Kaltensondheimer Str. 115, ✆ 24464, ✆ 23189.

Weinbau Römerhof: Schöner Biergarten, Kinderspielplatz, Familie Hirsch, Kaltensondheimer Str. 113, ✆ 8564, Montag Ruhetag

Kitzingen/Sehenswertes

St. Johannes: Die spätgotische Hallenkirche ist das älteste erhaltene Kulturdenkmal der Stadt. Ursprünglich entstand der Bau auf Fundamenten einer romanischen Kirche. Besondere Aufmerksamkeit verdienen die Steinmetzarbeiten (15./16. Jh.) an den Portalen sowie die klassizistische Kanzel, 1793–98 von Materno Bossi aus hellgrauem

Marmor geschaffen. Seit 1996 dominiert eine gewaltige, moderne Orgel von der Orgelmanufactur Vleugels (Hardheim) den hinteren Teil der katholischen Pfarrkirche. Ungewöhnlich ist das eher düstere Altarbild Johannes des Täufers von Jacques Gassmann (1995).

Evangelische Stadtkirche: Die 1693 von dem italienischen Architekten Antonio Petrini vollendete Kirche mit ihrer eindrucksvollen, hoch strebenden Barockfassade mit der Figur Johannes des Täufers über dem Portal ist der spektakulärste Sakralbau der Stadt.

Rathaus: Das Amtshaus entstand in den Jahren 1561–63 im Stil der Renaissance. Die Fassade ist mit Inschriften, Jahreszahlen, Wappen der Ansbacher Markgrafen und Steinplastiken geschmückt.

Synagoge: Zu Beginn der 90er Jahre wurde die mächtige Synagoge der bedeutenden jüdischen Gemeinde in der Landwehrstraße wiederaufgebaut. Das 1883 eingeweihte Gotteshaus dient heute kulturellen Zwecken (Vorträge, Konzerte, Kabarett). Die wertvolle Ausstattung wurde Opfer eines Brands während der von den Nationalsozialisten organisierten Reichspogromnacht am 10. November 1938.

Kapelle zum heiligen Kreuz: Auf der anderen Mainseite, im Stadtteil Etwashausen, steht die von Balthasar Neumann entworfene Kirche. Der 1741–43 entstandene kreuzförmige Bau aus Sandstein mit einer zentralen Kuppel und einem eingezogenen Turm am verlängerten Südflügel ist ungewöhnlich nach Norden ausgerichtet. Im Gegensatz zu anderen Barockkirchen aus dieser Zeit wurde hier auf Farbe und Stuck verzichtet, was dem Gotteshaus einen sympathisch schlichten Charakter verleiht.

Maindreieck Karte S. 112

Kitzingen/Museen

Falterturm: Mit seiner schiefen Haube ist der Falterturm neben der Mainbrücke das Wahrzeichen der Stadt. Der efeuumrankte Rundturm mit einer Höhe von 52 m entstand Ende des 15. Jh. und war Teil der äußeren Stadtmauer. Heute beherbergt er das **Deutsche Fastnachtsmuseum**. Auf sieben Stockwerken (!) wird die Fastnacht in ihren vielfältigen Facetten dokumentiert: Schellenkostüme, Strohmänner, historische Darstellungen, Spielmasken etc. Schwerpunkte der außergewöhnlichen Sammlung sind u. a. Kostümdarstellungen aus dem Barock und Rokoko sowie Dokumente zur romantisch-bürgerlichen Karnevalskultur im 19. Jh.

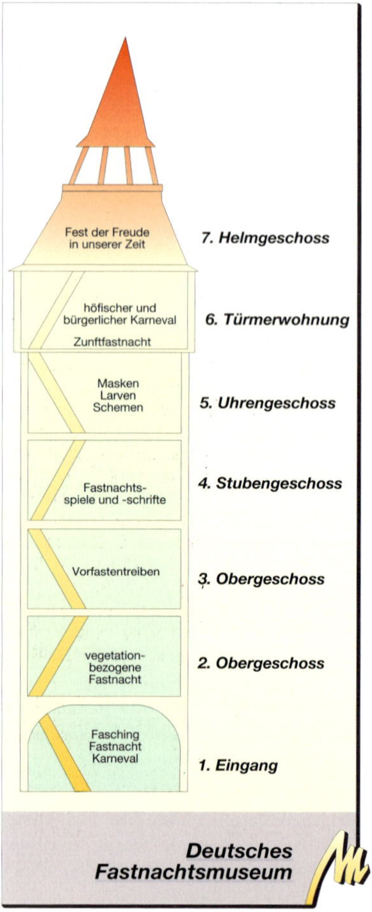

Öffnungszeiten ganzjährig Sa/So 14–17 Uhr und nach Vereinbarung, ✆ 23355.

Stadtmuseum: Das über hundert Jahre alte Stadtmuseum dokumentiert Wissenswertes zur Kitzinger Stadtgeschichte, insbesondere zur Bedeutung des Weinbaus. Die nach einer umfassenden Renovierung, die zum Zeitpunkt der Recherche allerdings noch andauerte, nunmehr wieder in der Invalidenkaserne untergebrachte Sammlung besitzt außerdem Werke der in Kitzingen geborenen Malerin Berta Kaiser.

Adresse Landwehrstr. 23, ✆ 20272 (Neueröffnung für Ende 2006 geplant).

Conditorei-Museum: Im Caféhaus Rösner im Poganietz-Haus, mitten in Kitzingen, befindet sich das kleine private Museum, das Werkzeuge und Modeln zeigt, die von der süßen Verführung seit dem frühen 18. Jh. erzählen. Die Exponate stammen aus den Hinterlassenschaften der Lebküchner und Konditoren, die hier zwischen 1746 und 1939 tätig waren. Bis 1981 lag alles in Kisten verpackt und unentdeckt auf dem Dachboden des Hauses. Exemplarisch zeigen die Stücke den Wandel einer einzelnen Konditorei über die Jahrhunderte.

Öffnungszeiten wie das im Erdgeschoss befindliche Café, nämlich Mo–Fr 7–18 Uhr, Sa 9–18 Uhr, Eintritt 1,50 €. Kaiserstr. 11, ✆ 929435.

Sulzfeld

Einer der bekanntesten Vertreter der „wehrhaften Zwerge" am Main ist das Bauern- und Winzerdörfchen Sulzfeld. Er zählt wohl zu den schönsten Orten Mainfrankens. Die im 15. Jh. entstandene Ringmauer mit insgesamt 21 Türmen und Toren blieb bis auf den heutigen Tag nahezu vollständig erhalten. Verwinkelte Gassen mit schön restaurierten Bürgerhäusern laden zu einem ausgedehnten Spaziergang durch den Ort ein.

Bereits 915 wurde das heute 1.300 Einwohner große Dorf erstmals erwähnt. Bis zur Säkularisation war Sulzfeld Kammergut des Würzburger Hochstifts und ein sicherer Stützpunkt gegen die angrenzende Markgrafschaft Ansbach.

In den mittelalterlichen Gassen geht es beschaulich zu. Rummel und Lärm bleiben vor den Mauern und Toren. Nur beim traditionellen *Straßenweinfest* am ersten Wochenende im August geht es in den Gassen um das Rathaus lebensfroh, trinkselig und laut zu. Viele Gäste kommen auch Anfang Oktober nach Sulzfeld, wenn hier das *Bremserfest* gefeiert wird.

• *Vorwahl* ✆ 09321.

• *Information* **Gemeinde Sulzfeld am Main**, Rathaus, 97320 Sulzfeld, ✆ 91660, 📠 916618, www.sulzfeld-main.de

Parken kann man gut am Main und geht dann durch das Maintor in den idyllischen Altort.

• *Übernachten/Essen & Trinken* **Ratsstube**, nach eigener Aussage ist hier der Erfinder der Meterwurst zu Hause. 1 m rohe Bratwurst kostet bei der Familie Stark 8,20 €. Die Gaststube der Metzgerei befindet sich im 1. Stock. Preiswerte Hauptgerichte ab 10 €, durchgehend warme Küche. Jeden Di ab 11 Uhr Schlachtschüssel. Es werden auch Zimmer (Etagendusche) vermietet. Mo Ruhetag.

Jocklerturm, an der südlichen Wehrmauer steht der Jocklerturm (Graben-West). Der malerische Teil der mittelalterlichen Befestigung beherbergt eine Ferienwohnung für 2–4 Personen. Auskünfte unter ✆ 09367/2306 (nach 18 Uhr).
E-Mail: JocklerTurm@weinlandfranken.de

Michaels-Keller, malerisches Lokal neben dem Rathaus; ein Engel wacht über dem Eingang des Hauses aus dem 17. Jh. Fränkische Küche, Weine aus eigenem Anbau von den Lagen Cyriakusberg und Maustal. Zehntgasse 2. ✆ 7545 oder 920046. www.michaelskeller.de

Zum Stern, fast bescheiden, wie versteckt, steht der seit 1877 im Besitz der Familie Staudt befindliche Gasthof in der Reihe der alten, spitzgiebeligen Fachwerkhäuser in der Sulzfelder Peuntgasse. Bodenständige Küche, gemütliche Atmosphäre, im Sommer Garten mit Laube, Hauptgerichte ab 9 €. Der Gasthof vermietet auch individuell eingerichtete Zimmer, EZ 25–35 €, DZ 45–55 €, Peuntgasse 5–9, ✆ 13350, 📠 133510. Di Ruhetag. www.stern-sulzfeld.de

• *Wein* **Weingut Zehnthof**, in dem ehemaligen fürstbischöflichen Kellereihaus ist der Winzerhof der Familie Luckert zu Hause, der vor allem Silvaner und Rieslinge aus den Sulzfelder Lagen Cyriakusberg und Maustal produziert. Auch interessante Barrique-Weine und Tresterbrände von Silvaner, Riesling, Chardonnay und Spätburgunder. Verkauf: Mo–Sa, So nach telefonischer Anmeldung. ✆ 23778 oder 6536, 📠 5077, Kettengasse 3–5. www.weingut-winfried-luckert.de

Maindreieck Karte S. 112

Sulzfeld/Sehenswertes

Der ganze Ort ist sehenswert, alleine schon wegen der Fülle der erhaltenen historischen Bausubstanz. Hierzu zählen neben dem Mauerring mit zahlreichen Türmen Einzelgebäude wie ein Renaissancehaus mit Schwalbenschwanzgiebel, das ehemalige Beginenkloster oder das gotische Winzerhäusle.

Kirche St. Sebastian: Die spätgotische Pfarrkirche liegt auf dem höchsten Punkt des Dorfs und war ursprünglich als Wehrkirche ausgelegt. Beachtenswert sind das barocke Hauptaltargemälde mit einer Sebastiansmarter und an der Außenwand eine ausdrucksvolle Ölbergdarstellung, die aus der Riemenschneider-Werkstatt stammt. Neben dem barocken Portal ist ein Epitaph aus Jahr 1602 zu sehen. Es zeigt einen Ratsherrn mit seinen Frauen und Kindern.

Rathaus: Das 1609 unter Fürstbischof Julius Echter errichtete Rathaus besitzt ein schmuckvolles Portal im Stil der Renaissance. Innen wurde ein großer Bürger- und Festsaal im ersten Obergeschoss restauriert. Vor dem Rathaus steht eine Mariensäule, die 1724 nach einem Gelübde gestiftet wurde

Marktbreit

Der so genannte Malerwinkel mit seinen schiefen Fachwerkhäusern und dem Maintor, das den Breitbach überspannt, gehört zu den beliebtesten Fotomotiven im Maindreieck. Unter den Fürsten Schwarzenberg wurde das Städtchen zu einem wichtigen Umschlaghafen für den mittelfränkischen Raum. Davon zeugt noch der alte Kran am Main. Der Wohlstand, den der Handel dem Ort bescherte, lässt sich noch heute an zwei prächtigen Barockgebäuden mit Erkern in der Schustergasse ablesen.

Marktbreit (3700 Einwohner), umgeben von Teilen der im 16. und 17. Jh. entstandenen Stadtbefestigung, besitzt Flair. Beliebter Treffpunkt ist der Platz vor dem ehemaligen Seinsheimischen Schloss, das mit seiner aufwändigen Renaissancefassade eine eindrucksvolle Kulisse bietet. Heute sind hier ein Café, das Archiv und die Bibliothek der Stadt untergebracht. Damit der Ort wirtschaftlich auf die Beine kam, gewährte der Fürst von Schwarzenberg im 17./18. Jh. ganz im Sinne einer merkan-

Die „Gruppe 47" im Marktbreit

„Eines Tages kam er [Günter Eich] zu mir und schlug mir eine Stadt als Tagungsort der Gruppe 47 vor. Es war eine kleine Stadt, und sie hieß Marktbreit. Sie sei, sagte er, etwas abgelegen, dort seien wir ganz unter uns. Ich war damit einverstanden, wollte aber die Stadt vorher kennenlernen. So fuhren wir im März 1949 nach Marktbreit", erinnert sich Hans Werner Richter. Bereits vier Wochen später, im April 1949, traf sich die in der Nachkriegszeit einflussreichste deutsche Schriftstellervereinigung in Marktbreit, genauer gesagt im „Löwen" am Marktplatz. Ihre Sitzungen hielten die Autoren, darunter Alfred Andersch und Wolfgang Bächler, im heutigen Trauzimmer im ersten Stock des benachbarten Rathauses ab. Auf dieser fünften Tagung des lockeren Schriftstellerklubs lud Hans Werner Richter erstmals auch Kritiker ein, was nicht bei allen Autoren auf Begeisterung stieß. Es kam zu heftigen Streitereien. Das vom Marktbreiter Bürgermeister gestiftete Weinfass tat sein übriges.

Richter bilanziert: „Einer warf den anderen vor, daß er gar nicht schreiben könne, jeder hielt den anderen für einen Dilettanten. Sie hatten das Weinfaß angezapft, gefüllte Gläser in den Händen, schienen sie mir fast alle betrunken. Überraschend schnell mußte der Frankenwein seine Wirkung getan haben. Er war, wie sich später herausstellte, geschwefelt und hatte alle in einer Weise streitsüchtig gemacht, die ich nicht für möglich gehalten hätte."

„Malerwinkel“: beliebtes Fotomotiv in Marktbreit

tilistischen Wirtschaftspolitik die Erlaubnis zum Handel und liberalisierte das Handwerkswesen. Die Stadt und ihre jüdische Gemeinde blühte auf. Ende des 19. Jh. entstand eine große Synagoge, denn 30 % aller Einwohner der Stadt waren Juden. Das Ende der 450 Jahre alten jüdischen Gemeinde kam unter den Nationalsozialisten. 1938 wurde die Synagoge zerstört (Zugang zu Bauresten von der Schustergasse), 1942 war die jüdische Gemeinde endgültig vernichtet.

Maindreieck Karte S. 112

Information/Verbindungen/Fahrradverleih

- *Vorwahl* ✆ 09332.
- *Information* **Tourist Information Marktbreit**, Mainstr. 6 (gegenüber dem Malerwinkelhaus), 97340 Marktbreit, Di–Sa 10–13 Uhr, sehr freundlicher und kompetenter Service, ✆ 591595, 📠 591597, www.marktbreit.de (ausführliche aktuelle Informationen).
- *Verbindungen* Marktbreit ist mit der **Bahn** einfach zu erreichen. Der Ort liegt an der Bahnlinie Ansbach–Würzburg. Stündlich Zugverbindungen.

Linienschiffe ab Würzburg über Ochsenfurt, Marktbreit nach Sulzfeld, www.schiffstouristik.de

Übernachten/Essen & Trinken

Alter Esel, hier kocht der gelernte Schreiner und Koch Alexander von Dungern und was er auf den Teller zaubert, kann sich wirklich sehen lassen. Menü 30 €, à la carte ab 14 €.

Löwen, das angeblich zweitälteste Gasthaus in Bayern beherbergte seit 1450 eine bunte Schar von Gästen: schwedische Offiziere, preußische Kürassiere, Landsknechte und Bauerntruppen. Sogar der bayerische König Ludwig I. nächtigte hier einmal. Heute schätzen die Gäste nicht nur die Zimmer (DZ 72–87 €, EZ 48–56 €, verschiedene Arrangements, Fahrradverleih), sondern vor allem die Küche des Hauses. In der heimeligen Gaststube kommen Wild- und Fischspezialitäten (Meefischli) auf den Tisch, auch Häcker-Brotzeiten mit hausgemachter Wurst. Dazu wird eine große Auswahl an Frankenweinen kredenzt. Freundliche Atmosphäre. Mittleres Preisniveau. Marktstr. 8, ✆ 50540, 📠 9438. www.loewen-marktbreit.de

Der „Löwen“

Zum Goldenen Schiff, der direkt am Eingang zur Altstadt an der Mainstraße gelegene Gasthof bietet fränkische Küche (eigene Schlachtung) und gemütliche Zimmer (allerdings herrscht viel Verkehr), EZ 30–38 €, DZ 50–72 €, Mainstr. 8, ✆ 1481, 📠 9677.

Drachenburg, oberhalb des Ortskerns liegt das weitläufige Natursteinhaus. Hier werden Wildgerichte aus eigener Jagd serviert. Schöne Terrasse, eigene Edelbranntwein-Brennerei und Verkauf von Frankenwein. Die Speisekarten sind von der Wirtin künstlerisch gestaltet. Es gibt auch spezielle kulinarische Wochen. Der Küchenchef schätzt insbesondere die provenzalische Cuisine. Nur am Wochenende Mittagstisch. Enheimer Str. 1. Di Ruhetag, im Aug. Betriebsurlaub. Geöffnet 11–15 und 17–24 Uhr, Enheimer Str. 1, ✆ 1430, 📠 9114. www.pelzer.drachenburg.bei.t-online.de

Schloss Marktbreit, beliebter Treffpunkt am schönsten Platz der Stadt. Wechselnde Tageskarte mit saisontypischen, regionalen Gerichten, große Auswahl an Kuchen. Schöne Sommerterrasse. Schlossplatz 3, ✆ 4100, 📠 4161, Mi Ruhetag. www.marktbreit-schloss.de.

Wandern/Radfahren

• *Wandern* Der **Römerrundweg** beginnt am Mainparkplatz oder an der Tourist-Info. Er führt den Wanderer quer durch das Gelände des ehemaligen Legionslagers, vorbei an den Standorten der Fabrica, den Quartieren der Centurionen und der Kommandozentrale. Da heute für den Betrachter keine sichtbaren Spuren mehr zu erkennen sind, werden anhand von acht großen Infotafeln das Römerlager, die Ausgrabungen und deren Auswertung ausführlich beschrieben. Im Römerkabinett des Malerwinkelhauses wird dem Betrachter dann ein Bild vom Leben und Wirken der Legionäre in Marktbreit vermittelt.

• *Radfahren* Der **Maintal-Steigerwald-Radwanderweg** führt aus dem Maintal bei Marktbreit heraus bis zum Fuße des Steigerwaldes und verläuft dort entlang, bis er bei Sand am Main wieder das Maintal erreicht. An der Strecke liegen die Orte Mönchsondheim, Iphofen, Mainbernheim, Prichsenstadt, Gerolzhofen, Sand am Main. Gesamtlänge 88 km.

Marktbreit/Sehenswertes

Geburtshaus von Alois Alzheimer: Der Entdecker der nach ihm benannten Krankheit (Altersdemenz) wurde am 14. Juni 1864 in Marktbreit in der jetzigen Ochsenfurter Str. 15a geboren . Er legte seine Reifeprüfung in Aschaffenburg ab, studierte Medizin und promovierte 1888. Er wurde Assistenzarzt an der „Städtischen Heilanstalt für Irre und Epileptische“ in Frankfurt am Main. Zahlreiche Wissenschaftliche Veröffentlichungen begleiteten seinen Weg. Der Ursprung der „Alzheimerschen Krankheit“ geht auf den Fall einer 51-jährigen Patientin zurück, Auguste Deter, die am 25. November 1901 in der Frankfurter Klinik mit den Zeichen einer Demenz aufgenommen wurde. Alois Alzheimer untersuchte die Patientin selbst. Später wurde die „eigenartige Erkrankung der Hirnrinde“ (so der Titel eines Vortrags, den Alzheimer 1906 hielt) auf Vorschlag eines Wissenschaftlerkollegen als „Alzheimersche Krankheit“ bezeichnet. Nach verschiedenen weiteren Stationen verstarb Alzheimer am 19. Dezember 1915 in Breslau und wurde in Frankfurt beerdigt. Bis zum Jahr 1989 war vom Geburtshaus Alzheimers wenig bekannt, doch dann wurde es im Rahmen eines Symposiums zum 125. Geburtstag Alzheimers identifiziert. 1995 erwarb die Firma Lilly das Haus; es wird seither als Gedenk- und Tagungsstätte genutzt (Kontakt über die Touristinformation Marktbreit, s. o.).

Marktbreit

Schloss: Im Stil der Renaissance wurde es 1580 als Alterssitz für Georg Ludwig von Seinsheim ausgebaut. Das Eingangstor ist mit Säulen und Pilastern reich geschmückt. Im 30-jährigen Krieg verwahrloste das Gebäude völlig, ab 1665 diente es den Fürsten von Schwarzenberg nach Umbauten als Amtssitz.

Kirche St. Nikolaus: Gegenüber vom Schloss liegt die mehrfach umgebaute Kirche, sie ist stilistisch eine Kombination aus Gotik (Chor) und Renaissance (Langhaus). Beachtenswert ist die Fürstenloge der Schwarzenbergs (1590–96). An den Emporen befindet sich eine so genannte Armenbibel, die Szenen aus dem Alten und Neuen Testament darstellt.

Rathaus: repräsentativer Bau im Stil der Spätrenaissance, der als Verwaltungssitz und Markthalle genutzt wurde. Sehenswert ist im ersten Stock die große Ratsdiele mit wuchtigen Trägern und geschnitzten Säulen aus Holz, außerdem der heute als Trausaal genutzte Ratssaal. Die gesamten Wandflächen sind mit Intarsien und zum Teil mit geschnitzten Vertäfelung geschmückt, die Decke ist als Kassettendecke gestaltet.

Friedhof: Der 1566 außerhalb des Befestigungsringes angelegte Friedhof besitzt eine Reihe von interessanten Patriziergrabmälern und eine Freikanzel (um 1600). Unter einer malerischen Arkadenanlage befinden sich zahlreiche Epithaphe des 16.–18. Jh., die gewissermaßen einen Querschnitt durch die fränkische Grabmalskunst dieser Zeit zeigen.

Museum Malerwinkelhaus: Das Malerwinkelhaus, bestehend aus drei aneinander gebauten Fachwerkhäusern, die auf das 17. Jh. zurückgehen, war einst Sitz eines Spezereiwarenhandels. Jahrhundertelang diente das Haus als Handelshaus, seit 1991 ist dort das ortsgeschichtliche Museum untergebracht. Neben wechselnden Sonderausstellungen und einer Abteilung zur Stadtgeschichte beherbergt es vor allem eine interessante Dauerausstellung zur Sozialgeschichte der Frau im 19. und frühen 20. Jh. Sie führt dem Betrachter vor allem die gesellschaftliche Situation der Bürgerfamilie und das erstrebte Ideal der Frau als Hausfrau und Mutter vor Augen. Exponate zeigen, wie Mädchen in Familie und Schule auf diese Rolle vorbereitet wurden. Aber auch berufliche Alternativen werden mit Beispielen aus Marktbreit und Umgebung in der Ausstellung dargestellt. Besonders eindrucksvoll sind die au-

Maindreieck Karte S. 112

thentischen Dienstbotenzimmer im Dachgeschoss des Museums, die das Leben der Dienstboten in christlichen und jüdischen Haushalten dokumentieren.

Seit 2005 ist auch ein Römerkabinett zu sehen, das die Geschichte, die Anlage und Funktion des auf dem nahe gelegenen Kapellenberg entdeckten römischen Legionslagers anschaulich illustriert und Hintergrundinformationen liefert.

Öffnungszeiten Sa/So 14–17 Uhr und nach Vereinbarung, Bachgasse 2, ✆ 40546, 📠 591597 (Touristinformation) Eintritt 1,50 €, ermäßigt 1 €. www.marktbreit.de/museum

Römerlager in Marktbreit: Auf dem Kapellenberg in Marktbreit wurde 1985 ein römischer Stützpunkt aus der Zeit des Kaisers Augustus entdeckt und bis 1992 durch das Bayerische Landesamt für Denkmalpflege untersucht. Niemand hatte vermutet, dass sich so weit östlich des Rheins, der damals die Grenze des römischen Imperiums bildete, ein Römerlager befand. Es handelte sich um ein 37 ha großes Doppellegionslager, das ehemals Platz für 12.000 Soldaten bot.

Marktbreit/Umgebung

Marktsteft: Die sehenswerte kleine Stadt am Main wirbt damit, den ältesten erhaltenen Naturhafen in Bayern zu besitzen. Marktsteft blickt, ähnlich wie Marktbreit, auf eine Geschichte als Handelsstadt zurück. Davon zeugen noch heute stolze Bürger- und Handelshäuser, insbesondere das Stammhaus der Familie Keerl in der Herrnstraße. Das Museum für Stadt- und Familiengeschichte berichtet insbesondere über die Bedeutung dieser Familie für das kleine Städtchen.

Auf den ersten Blick wenig spektakulär, aber dennoch geschichtlich interessant ist der **Naturhafen**. Er ist Bayerns ältester in seiner ursprünglichen Form erhaltene Hafen, und wurde 1711–1729 erbaut. Ein „toter" Mainarm wurde von Musketieren und Strafgefangenen ausgeschachtet und ein unterirdischer Kanal angelegt. Über diesen wurde stromaufwärts Wasser aufgenommen und in das Hafenbecken geleitet, um es vor dem Versanden zu schützen.

Im **Museum für Stadt- und Familiengeschichte** wird in ansprechender Weise die Geschichte der Familie Keerl erzählt und die Bedeutung, die sie für Marktsteft hatte.

- *Öffnungszeiten* Mai–Okt. Di 18–19 Uhr, Sa 10–11 Uhr und So 14–16 Uhr. Hauptstr. 27, im Rathaus, ✆ 4050.
- *Information* Stadt Marktsteft, Hauptstr. 27, 97342 Marktsteft, ✆ 09332/500774, 📠 500776. www.marktsteft.de
- *Brauereiführung* **Privatbrauerei Kesselring**, Leithenbukweg 13, ✆ 8262, 📠 1278, bietet Bierproben für Gruppen an oder die „Himmlische Biertour". Führungen finden jeweils am 1. und 3. Do im Monat von 15–18 Uhr bei einer Teilnehmerzahl von 15–50 Pers. statt (bitte anmelden).
- *Wandern* **Rundweg Landschaftsgeheimnisse**, ca. 6 km Länge , beginnend am alten Hafen in Marktsteft, auch mit dem Rad befahrbar. Auf diesem Weg lernt man alle Landschaftsformen des Landkreises Kitzingen kennen: Streuobstwiesen, die Geschichte vom Fliegenden Sand, den „Birngarten", die Moorlandschaft oder den Main als Wasserweg.

Segnitz: Nordwestlich von Marktbreit liegt das malerische, nur 900 Einwohner große Bauern- und Winzerdorf. Eine historische Gestalt begegnet dem Besucher hier immer wieder – *Hans Kesenbrod* (geb. 1537 in Unterschwaningen/Mittelfranken), Steinmetz und Baumeister, verstarb 1616 in Segnitz. Er war ein bedeutender Vertreter der Renaissance. Von ihm stammen u. a. die Rathäuser in Segnitz, Marktbreit und Obernbreit, das Schloss Marktbreit, das Kesenbrodhaus und das Markgräfliche Amtshaus in Segnitz.

Blick auf Frickenhausen am Main

• *Übernachten/Essen & Trinken* **Zum Goldenen Anker**, das Gasthaus von Ferdinand Bogner hat sich mit seiner Spezialitätenküche einen guten Namen erworben. Jahrhunderte lang war das Wirtshaus der gesellschaftliche Mittelpunkt des Dorfs. Noch heute spürt man die historische Atmosphäre. Rustikale Gartenwirtschaft, Biergarten mit Blick auf das gegenüber liegende Marktbreit. Es werden auch Zimmer mit Mainblick (EZ 31 €, DZ 50 €) vermietet. Do Ruhetag (Okt.–April auch Mi). 97340 Segnitz, Mainstr. 8, ✆ 3079, 📠 4434. www.goldenen-anker-segnitz.de

Maindreieck Karte S. 112

Frickenhausen

„Wehrhafte Zwerge" werden die kleinen Winzerorte im südlichen Maindreieck genannt. Frickenhausen ist eines der besten Beispiele dafür. Bis zum heutigen Tag umgibt eine Wehrmauer das malerische Winzerdorf, das zu den schönsten Orten Mainfrankens zählt.

Der vom Durchgangsverkehr verschonte Ort liegt abseits der gängigen touristischen Routen. Bis heute strahlt Frickenhausen eine sympathische Gelassenheit aus. Seit über tausend Jahren wird hier Wein angebaut. Von der Qualität des Rebensafts kann sich der Besucher bei den Weingütern selbst überzeugen. Der Wein und der Fleiß der Winzer bescherte seit jeher Wohlstand. Die aufwändigen Patrizierhäuser und stattlichen Fachwerkhäuser dokumentieren dies heute noch. Mit der Weltabgeschiedenheit ist es allerdings vorbei, wenn man vor die Wehrmauern am Main tritt und auf die andere Flussseite blickt. Das 20. Jh. ist mit einer monströsen Ochsenfurter Zuckerfabrik präsent.

Information

• *Vorwahl* ✆ 09331.

• *Information* **Gemeindeverwaltung Frickenhausen**, Rathaus, Babenbergplatz 6, 97252 Frickenhausen, ✆ 2726, 📠 2744. Geöffnet Mo–Fr10–12 Uhr, Mo zusätzlich 17–18 Uhr. www.frickenhausen-main.de

Übernachten/Essen & Trinken

Weinstube Ehrbar, gemütliches Gasthaus mit fränkischer Küche in der Hauptstr. 17, ✆ 651.

Zum Frickenhäuser Fischer, Die liebevoll und sehr persönlich eingerichtete Weinstube ist eine beliebte Einkehr. Hier kommen zahlreiche Frickenhäuser Weine zum Ausschank, aber auch dunkles fränkisches Landbier. Im Sommer bietet das Fachwerkhaus aus dem 16. Jh. einen malerischen Innenhof. Hauptstr. 40. ✆ 20133, Mi/Do Ruhetag.

Hotel Meintzinger: Übernachten im Weingut

Das Natursteingebäude des gleichnamigen Weinguts mit seinem Stufengiebel kann man gar nicht übersehen. Durch einen Torbogen beschreitet man den Innenhof des stimmungsvollen Hotels (2 Sterne). In früheren Zeiten übernachteten hier geistliche und weltliche Würdenträger, heute sind es Gäste, die die mainfränkische Lebensart genießen wollen. Bereits 1790 legte Peter Meintzinger mit seinem Weinhandel das Fundament für das heutige Weingut und Hotel. DZ 70–125 € , EZ 50–72 €, Ferienappartement 420€/Woche. Alle Zimmer verfügen über Du/WC, TV und Telefon. Betten und Schränke aus massiver Eiche. Im Sommer Frühstück auf der Terrasse. Babenbergplatz, ✆ Hotel: 87210, Weingut (s. u.): 87110, 📠 7578, www.meintzinger.de

Wein

Weingut Bickel-Stumpf, das viel gelobte Weingut von Reimund und Carmen Stumpf, einer ehemaligen Weinkönigin, ist vor allem für Silvaner und Riesling bekannt. Empfehlenswerter Klassiker: ein trockener Silvaner von der Spitzenlage Frickenhäuser Kapellenberg. Es werden auch Weine aus Thüngersheimer Lagen angeboten. Geschmackvolle Probierstube. Verkauf: Mo–Fr 8–19 Uhr, Sa 10–18 Uhr, So nach Vereinbarung; Kirchgasse 5, ✆ 2847, 📠 7176. Kulinarische Weinproben in der Weinstube zur Weinkönigin (s. o.).

Weingut Meintzinger, rund 15 ha umfasst die Rebfläche des Familienweinguts, das neben Müller-Thurgau vor allem Riesling, Silvaner, Rieslaner, Traminer, Scheurebe und Kerner anbaut. Meintzinger verarbeitet auch die Trauben von rund 50 Nebenerwerbswinzern. Seit 1790 betreibt die Familie bereits Weinbau. Mittlerweile werden 350.000 l jährlich produziert. Das Weingut bietet eine große Vielfalt an Sorten (auch Rotweine wie Spätburgunder). Verkauf: Mo–Fr 8–12 und 13–18 Uhr, Sa 10–17 Uhr, So 10–12 Uhr. Babenbergplatz 2–4, ✆ 87110, 📠 7578.

Wandern

Ein **kurzer Spaziergang** in östliche Richtung führt zu einem Kreuzweg inmitten von Weinbergen, der in der talseitigen Mauer der Kapellensteige eingelassen wurde. Am Ende des ca. 1 km langen, 1987 restaurierten Kreuzwegs steht die barocke Valentinuskapelle (1699), die jedoch in der Regel verschlossen ist. Den Kreuzweg gibt es schon seit Jahrhunderten, die neuen, modernen Stationsbilder schuf der Ochsenfurter Bildhauer Otmar Kleindienst. Der Spazierweg führt durch die Toplage Kapellenberg. Schöner Blick auf das südliche Maindreieck.

Frickenhausen/Sehenswertes

Kirche St. Gallus: Die Pfarrkirche besitzt noch Teile ihres romanischen Turms (13. Jh.), der später mit einem spitzen Dach versehen wurde. Die im 16. und 17. Jh. mehrmals umgebaute Kirche beherbergt einen Hochaltar (1617) in der Form einer Monstranz im Stil der Renaissance, den der Bildhauer Georg Brenck d. Ä. schuf.

Rathaus/Mariensäule: An der Hauptstraße, gegenüber einem prächtigen Barockhaus, steht das spätgotische Rathaus. Vor dem Ecktürmchen eine aufwändig gearbeitete, barocke Mariensäule (1710).

Fachwerkkulisse in der Hauptstraße von Ochsenfurt

Maindreieck
Karte S. 112

Ochsenfurt

Ochsenfurt mit seinen 12.000 Einwohnern ist die größte Stadt im Landkreis Würzburg. Wie auch andernorts hat sich ein dichter Gewerbegürtel um die Stadt gelegt. – Im Zentrum freilich wird die Silhouette von jahrhundertealten Türmen geprägt. Und in der Marktstraße reihen sich prächtige Fachwerkhäuser vor dem Rathaus mit seinem originellen Uhrtürmchen auf. Ochsenfurt ist ein sehenswertes, gemütliches Städtchen.

Mit seinem Erfolgsroman „Das Ochsenfurter Männerquartett" hatte der in Würzburg geborene Schriftsteller Leonhard Frank (1862–1961) im Jahr 1927 mit einem Schlag die Kleinstadt im südlichen Maindreieck in ganz Deutschland bekannt gemacht. Damals lebte Ochsenfurt vor allem von der Landwirtschaft, heute von der mittelständischen Industrie.

Der Tourismus spielt in dem Städtchen am Mainknie nur eine Nebenrolle. Dabei hat die Stadt ihren Besuchern einiges zu bieten. Die Altstadt zeigt sich bis heute vom Mittelalter geprägt: Gräben, Tore, Mauern und Türme. Bereits 725 gründete Bonifatius auf der rechten Mainseite ein Benediktinerinnenkloster, 1291 wurde Ochsenfurt erstmals als Stadt genannt. Mehr als 800 Jahre profitierte der Ort von seiner Mainbrücke (die heutige stammt aus dem 17./18. Jh.), die später das katholische Würzburg mit dem protestantischen Ansbach verband.

Information/Verbindungen

- *Information* ✆ 09331.
- *Information* **Verkehrsbüro Ochsenfurt** im Reisebüro Schmidt, Hauptstr. 36, 97199 Ochsenfurt, ✆ 5855, 📠 7493. Mo–Fr 9.30–13 und 14–18 Uhr, Sa 9.30–13 Uhr. www.ochsenfurt.de

• *Verbindungen* Ochsenfurt ist mit der **Bahn** einfach zu erreichen. Der Ort liegt an der Bahnlinie Ansbach–Würzburg. Halbstündlich Zugverbindungen über Winterhausen nach Würzburg.

Parken, sehr zentral und einfach am Main (Alte Mainbrücke)

• *Fahrradverleih* Adi Kleinschrod, Frickenhausen, am Sportplatz, ✆ 1638.

Übernachten/Essen & Trinken

Wald- und Sporthotel Polisina (nur mit dem PKW zu erreichen), das 93 Zimmer große Hotel der oberen Mittelklasse (4 Sterne) liegt außerhalb Ochsenfurts (Richtung Marktbreit, nach dem Ortsende 500 m bergauf) ruhig am Wald, mit Blick übers Maintal. Ländlich-elegant eingerichtetes Haus mit angenehmem Service. Hallenschwimmbad, Sauna, Solarium, Massagen, Tennisplätze, Gartenterrasse und Liegewiese vorhanden. Es können auch Fahrräder gemietet werden. Da das Hotel an ein Vogel- und Landschaftsschutzgebiet angrenzt, ist es ein idealer Ausgangspunkt für Wanderungen. Einen guten Ruf genießt das Restaurant, Es werden lokale Weine ausgeschenkt. EZ 90–95 € (Studio 130–140 €), DZ 118–135 € (Studio 170–180 €), Halbpension 19 €, Vollpension 34 €, nach Arrangements fragen. Marktbreiter Str. 265, ✆ 8440, 📠 7603. www.polisina.de

Kauzen, hinter schmucker Fachwerkfassade ist ein zentral gelegener traditionsreicher Gasthof mit fränkischer Küche zu Hause. Hauptgerichte ab 9 €, Kesselfleisch. Die modern eingerichteten Gästezimmer verfügen alle über Du/WC. EZ 45 €, DZ 66 €, Halbpension 8,90–10,50 €. Hauptstr. 37, ✆ 2237, 📠 80782. www.gasthof-kauzen.de

Zum Schmied, das 2-Sterne-Hotel im Herzen der Stadt ist wegen seiner preiswerten fränkischen Küche beliebt. Das Fachwerkhaus wurde bereits 1268 erbaut. Im Sommer Straßencafé mit Blick aufs Neue Rathaus. Gutes Lamm aus Mainfranken und deftiger Sauerbraten. Hausschlachtung. Es gibt sogar eine Busspeisekarte für größere Gruppen. Rustikal eingerichtet. EZ 30–55 €, DZ 50–60 €. Hauptstr. 26, ✆ 2438, 📠 20203. www.Hotel-Schmied.de

Fröhlich, in einer Seitengasse, unweit des Neuen Rathauses, liegt die rustikale Weinstube, die von Einheimischen wegen ihres preiswerten Mittagessens geschätzt wird. Hauptgericht ab 6 €. Fränkische Hausmannskost und eine große Auswahl an Frankenweinen. Der Familienbetrieb vermietet auch zwei DZ (mit Du/WC) für 50 € und ein EZ für 31 €. Badgasse 5, ✆ 2618.

Zum Bären, das traditionsreiche, umfassend renovierte Haus neben dem Oberen Tor, also gerade schon außerhalb der Altstadt (viel Verkehr), beherbergte schon Ende des 18. Jh. die erste Ochsenfurter Brauerei. Vor rund 120 Jahren wurde das heutige Gebäude neu errichtet und gehört heute wieder einer Brauerei. Die Gäste schätzen die fränkische Küche, aber auch mediterrane Gerichte. Am Freitag steht vor allem Fisch auf der Speisekarte. Biergarten. EZ 55 €, DZ 75 €. Hauptstr. 74, ✆ 8660, 📠 866405. Mo Ruhetag.

Zum Anker, zünftig-fränkisches Wirtshaus, gemütliche Atmosphäre, Hauptgerichte unter 10 €. Es werden auch Zimmervermietet, EZ 30 €, DZ 50 €, Mo Ruhetag. Brückenstr. 10, ✆ 7409, 📠 980715.

Jugendherberge, Ochsenfurt verfügt über Deutschlands kleinste Jugendherberge, die im 30 m hohen Klingentorturm unter gebracht ist (Westseite der Stadtbefestigung). Dort können 28 Personen in 3 Räumen (6, 8, und 14 Betten) mit herrlichem Blick über die Altstadt nächtigen, Preise: 10 €, Senioren (über 27 Jahre) 13 €, Bettwäsche 3 €. Hauptstr. 1, ✆ 2666, 📠 2696, zwischen 1.11. und 31.3. geschlossen.

Kino/Wandern/Radfahren

• *Kino* Das **Casablanca** (Kino und Kneipe) ist in Ochsenfurt eine Institution. Seit einigen Jahrzehnten schon besteht das Programmkino, das durch sein anspruchsvolles und vielseitiges Programm besticht. Wagstr. 4a, ✆ 5441. www.casa-kino.de

• *Wandern/Radfahren* **Gaubahnradweg Vom Main zur Aisch**, der Radweg verläuft auf der ehemaligen Trasse der historischen Gaubahnlinie, die 1992 stillgelegt wurde. Er führt von Ochsenfurt über Tückelhausen, Gaukönigshofen, Bieberehren, Rötingen bis ins Taubertal, Endpunkt ist Creglingen. Gesamtlänge ca. 35 km.

Ochsenfurt/Sehenswertes

Stadtbefestigung: Ochsenfurt verfügt über eine starke Stadtbefestigung mit drei Stadttoren und verschiedenen Türmen, die bis ins 14. Jh. zurückgeht. Besonders eindrucksvoll sind das Klingentor (Stadteingang von Westen), der Dicke Turm (Pulvermagazin) mit dem Hof des Palatiums (Sitz des Würzburger Domkapitels) sowie das Obere Tor (Stadteingang Osten, Richtung Markbreit). Am Mainufer stehen der runde Centturm und der schlanke Taubenturm mit dem Bollwerk (Durchfahrt für Autos), eine der ältesten Befestigungsanlagen der Stadt. Dort wurde auch eine stilgetreue Schmiede aufgebaut.

Neues Rathaus: Wem die Stunde schlägt

Das Rathaus (1498–1515) ist vor allem wegen seines Lanzentürmchens (1560) berühmt. An der Frontseite befindet sich die figürliche Spieluhr, die den Betrachter stündlich an die weltliche Macht des Stadtoberhaupts und an die menschliche Vergänglichkeit erinnert: Die beiden Ochsen stoßen mit den Hörnern zusammen, das Skelett wendet das Stundenglas, zwei Fenster öffnen sich und die beiden Ratsherren lauschen ihrem bärtigen Bürgermeister, der den Mund zu jedem Glockenschlag bewegt. Eine Jungfrau präsentiert am unteren Ende des Turms das fränkische Wappen. Die astronomische Uhr (unterhalb der Ochsen) zeigt den Monatstag an und weist auf die Mondphase hin. Übrigens ist unter der Freitreppe das so genannte Narrenhaus zu sehen. Es diente einst als Arrestzelle für Bürger.

Kirche St. Andreas: Ein Blick in die gotische Stadtpfarrkirche lohnt sich wegen des Renaissancealtars, den der Bildhauer Georg Brenck d. Ä. 1612 vollendete. Im Hauptteil ist die Kreuzigung Christi plastisch dargestellt. In der westlichen Seitenkapelle steht eine um 1500 von Tilman Riemenschneider aus Lindenholz geschaffene Nikolausstatue. Und in der östlichen Seitenkapelle ist ein aufwändiges gotisches Bronzetaufbecken zu finden, das um 1514/15 in der berühmten Vischer-Werkstatt in Nürnberg entstand.

Rund um St. Andreas lag einst der Friedhof. Doch im 19. Jh. wurde er aufgelassen. Erhalten ist lediglich die **Friedhofskapelle St. Michael** aus dem 15. Jh. Auffällig das dekorative Portal mit seinem um 1450 entstandenen Tympanon, das links den Zug der Seligen zum Himmelstor darstellt und rechts die Einführung der von einer Kette

Maindreieck Karte S. 112

An der Stadtmauer von Ochsenfurt

umschlungenen und von zwei Teufeln geschobenen Verdammten in den Rachen der Hölle. Darüber thront Christus als Weltenrichter.

Greising-Haus: In dem 1717 aus gelbem Keuperstein errichteten Haus des Würzburger Barockbaumeisters Joseph Greising ist das *Trachtenmuseum* untergebracht. Die Sammlung dokumentiert die verschiedenen Trachten aus der Ochsenfurter Gegend und informiert über Herstellung, Pflege und Aufbewahrung der Gewänder.
Öffnungszeiten Ostern bis Allerheiligen. Sa/So 14.30 16.30 Uhr. Eintritt 1 €, Kinder frei. Spitalgasse 13, Informationen unter ✆ 5855, ✆ 7493.

Schlösschen/Heimatmuseum: Der schmale Bau aus dem 13. Jh. an der Mainbrücke beherbergt heute Exponate zur Stadtgeschichte, zu Weinbau und Büttnerhandwerk sowie zum Zunftwesen. Der Weinbau war bis ins 19. Jh. ein bedeutender Wirtschaftsfaktor für die Stadt. Das Museum dokumentiert auch die Aufgaben der Stadtverwaltung vom 13. Jh. bis in heutige Zeit.
Öffnungszeiten Ostern bis Allerheiligen Sa/So 14.30–16.30 Uhr, Eintritt 1 €, Kinder frei, jeden 1. Sonntag im Monat frei. Brückenstr. 26, Informationen unter ✆ 5855.

Schul-Laden: Interessierte Besucher können sich hier eine historische Schulstube ansehen und zudem im Laden unterschiedlichste Schreibwaren, Schiefertafeln etc. erwerben. Außerdem gibt es nach Ankündigung Veranstaltungen wie Lesungen, Märchenstunden, Kindergeburtstage, Ausstellungen.
Öffnungszeiten Di, Mi 10.30–13 Uhr, Do/Fr 15–18 Uhr, Sa 10.30–13 Uhr. Kolpingstr. 17, ✆ 983656, ✆ 803918.

Ochsenfurt/Umgebung

Kartause Tückelhausen: In der Kartause „Cella Salutis", 1351 gegründet und 1803 im Rahmen der Säkularisation aufgehoben, unterhält die Diözese Würzburg ihr Kartäusermuseum Tückelhausen. Im Kreuzgang und in zwei ehemaligen Zellen werden die Geschichte und Spiritualität des Kartäuserordens sowie das Leben eines Kartäusermönchs vermittelt. In den Obergeschossen zeigt das Museum moderne Kunst mit religiöser Thematik.

- *Anfahrt* Tückelhausen liegt oberhalb von Ochsenfurt. Das Dorf ist über die B 19 (Abfahrt bei Giebelstadt) und B 13 (Abfahrt in Ochsenfurt) zu erreichen.
- *Öffnungszeiten* 1.5.–31.10. So 14–17 Uhr, vom 1. Nov. bis 30. April ist das Museum geschlossen. Eintrittspreise: 2 €, erm. 1,50 €. Konventstr. 3, 97199 Ochsenfurt-Tückelhausen. www.museen.bistum-wuerzburg.de

Sommerhausen

Das von einer steinalten Stadtmauer umgebene Winzerdörfchen am Main zählt mit zu den schönsten Orten Mainfrankens. Viele Schriftsteller und Künstler beschrieben mit Worten und Pinsel den Reiz Sommerhausens. Obwohl nur 1720 Einwohner groß, besitzt es nicht nur eine Handvoll Galerien, sondern auch zwei Bühnen, darunter das Torturmtheater, das mit seinem innovativen Kammerspiel bundesweit einen hervorragenden Ruf genießt.

Bereits vor dem, aber vor allem nach dem 2. Weltkrieg war Sommerhausen eine Künstlerkolonie. Die in Tourismusprospekten oft benutzte Titulierung als „fränkisches Worpswede" stimmt dennoch nicht, denn hier entstanden keine düster-nachdenklichen, sondern heiter-lebensfrohe Arbeiten. Im Gegensatz zum verblassten Mythos Worpswede ist die Szene in Sommerhausen noch lebendig. Neben dem Torturmtheater (s. u.) gibt es seit einigen Jahren in unmittelbarer Nähe das Theater Sommerhaus, betrieben von Schauspielerin Brigitte Obermeier.

Torturmtheater: klein, aber fein

Ein Glücksfall für Sommerhausen: *Veit Relin*, der Schauspieler, der einst am Wiener Burgtheater auf der Bühne stand, führt seit 1975 das malerische Torturmtheater, das mit seinen knapp 50 Plätzen lange Zeit als das kleinste Theater Deutschlands galt, bevor im Jahr 1996 der Schauspieler Martin Neubauer in Bamberg sein Brentano-Theater eröffnete (vgl. S. 45). Qualität statt Quantität heißt hier die Losung. In dem winzigen Theater am Ortseingang kamen schon „große" Stücke auf die Bühne. Büchners „Leonce und Lena", Sartres „Ehrbare Dirne" ... Auch Stücke von Relins Schwiegersohn Franz-Xaver Kroetz standen schon auf dem Programm. Relin, früher mit der Schauspielerin Maria Schell verheiratet, ist ständig auf der Suche nach neuen Stoffen, die er bisweilen entsprechend den Bedürfnissen und Möglichkeiten seines kleinen Hauses umarbeitet. Der in Linz geborene Künstler übernahm die Bühne von *Luigi Malipiero* im Jahr 1975. Malipiero war 1944 von Berlin nach Sommerhausen übergesiedelt und hatte im Würzburger Turm das Mini-Theater aus der Taufe gehoben. Der volkstümliche Schauspieler und Maler hatte die originelle Bühne zum Uraufführungstheater gemacht und damit eine fränkische Theaterlegende begründet.

Information Torturmtheater Sommerhausen, Hauptstr. 1, 97286 Sommerhausen, Reservierungen an Spieltagen ab 16 Uhr unter ✆ 09333/268. Spielzeit: März–Dez., Vorstellungen Di–Fr 20 Uhr, Sa 16.30 Uhr und 19 Uhr. Karten sind im Torturmtheater nur schwer zu bekommen, deshalb frühzeitig reservieren. www.torturmtheater.de

Trotz seines hohen Bekanntheitsgrads ist Sommerhausen kein überlaufenes Ausflugsziel. Es gibt vor allem viele Radtouristen und Tagestouristen. Das liebenswerte Weindorf hat sich über die Jahrzehnte seinen Charme erhalten. Modische, schnelllebige Architektur hat innerhalb der Stadtmauern nie richtig Einzug gehalten. Den Reiz Sommerhausens machen nicht nur Kultur und Geschichte aus, sondern auch der Wein. Das Gemeindewappen ist hier Programm: Über einer üppig gewachsenen Weintraube lacht die Sonne. Der Weinbau spielt noch heute eine zentrale wirtschaftliche Rolle. Und zu den größten Vergnügungen gehört es, die

Maindreieck Karte S. 112

Sommerhäuser Weingüter zu besuchen, um seinen Tropfen zu entdecken. Die Lagen heißen Ölspiel, Steinbach und Reifenstein.

Berühmter Sommerhäuser: Franz Daniel Pastorius

Franz Daniel Pastorius, geboren 1651 in Sommerhausen, war der erste deutsche Einwanderer in der „Neuen Welt“ Amerika. Nach dem Studium der Rechte arbeitete er als Anwalt in Windsheim und dann in Frankfurt am Main, wo er sich dem Kreis der Frankfurter Pietisten um Philipp Jakob Spener anschloss. Zu den Pietisten zählte eine ganze Reihe von Sekten, darunter Mennoniten und Quäker. Sie waren als Konfessionen nicht anerkannt, wurden als Ketzer verschrien und verfolgt. Als im Jahre 1677 der Quäker William Penn seinen Frankfurter Glaubensbrüdern anbot, im fernen Amerika ein gottgefälliges Leben frei von religiöser Verfolgung zu führen, stieß er bei ihnen auf offene Ohren. Einige, darunter Pastorius, erwarben Land in Pennsylvania. Im Frühsommer 1683 brach Pastorius nach Amerika auf, um ein „stilles und christliches Leben zu führen“ und die Ankunft seiner Frankfurter Freunde und Krefelder Mennoniten vorzubereiten. Erstere kamen dann doch nicht, So entstand Germantown, etwa 10 km von Philadelphia entfernt, das bereits 1689 zur Stadt erhoben wurde.

Die in Sommerhausen wirkende Pastorius- Gemeinschaft erforscht Leben und Wirken des ersten Deutschamerikaners. Das noch heute stehende Pastoriushaus beherbergt eines der namhaftesten Weingüter Mainfrankens in seinen Mauern: das Weingut von Artur Steinmann. Dessen Großvater Karl hatte 1916 das Pastoriushaus gekauft.

Information/Verbindungen/Adressen

- *Vorwahl* ✆ 09333.
- *Information* **Verkehrsverein**, Hauptstr. 15, 97286 Sommerhausen, ✆/℻ 8256. Mo, Mi, Do, Fr 9.00–12 Uhr. Originell: Hier hängt immer eine Tafel im Schaufenster, auf der vermerkt ist, welche Gaststätten Mittagstisch anbieten.

Außerhalb der Öffnungszeiten erhält man Informationen im **Landhaus Kunstgewerbe**, Jahnstr. 11 (außerhalb des Torturms Richtung Würzburg), geöffnet Mo–Sa 10–13 und 14–19 Uhr, So 14–18 Uhr. www.sommerhausen.de

- *Verbindungen* **Bus** ab Würzburg (Linie 8066) ab Busbahnhof, nahe Hauptbahnhof. **Bahn**: IC, ICE, EC nur bis Würzburg, dann Busverbindung bis Sommerhausen oder Regionalbahn nach Winterhausen.
- *Adressen* **Fahrradverleih**, Fa Prötzel, Kreuzweg 1, ✆ 8281 oder 0179/1018704.

Tipp: Die **Sommerhäuser Weihnacht** findet immer mehr Anhänger. An allen vier Adventssonntagen findet ein Weihnachtsmarkt im Altort statt.

Übernachten/Essen & Trinken

Philipp, in den Gastraum passen gerade mal 20 Gäste, aber wer einen der begehrten Plätze ergattert hat, steht bei so viel Gemütlichkeit so schnell nicht wieder auf. Heike und Michael Philipp ist nicht nur wegen der Übersichtlichkeit des Gasthauses ein Meister der Minimalistik. Seine feinen Kreationen kommen mit wenigen erlesenen Zutaten aus. Besonders fein, gerade zur erlesenen Weinkarte, sind die Käsevariationen. Gemütliche, stilvolle Zimmer, Suite 150 € inkl. Frühstück, DZ 110 €. Hauptstr. 12, ✆ 1406.

Weinhaus Düll, eines der bekanntesten und beliebtesten Lokale Sommerhausens.

Nicht nur die urgemütliche Einrichtung (Bilder von Luigi Malipiero und Veit Relin), sondern vor allem das feine Essen mit zahlreichen regionalen Spezialitäten sorgt für viele Stammgäste. Die Hauptgerichte liegen bei ca 10€. Das Weinhaus vermietet auch DZ 56–60 €(nach Sonderarrangements fragen), Appartement für 2 Pers. 60 €. Empfehlenswert die stilvollen Ferienhäuser Schlummerkästchen bzw. Villa Blau. Maingassse 5, ✆ 220, 📠 8208. Mo Ruhetag, werktags ab 17 Uhr geöffnet.

Hotel/Gasthof Schiff

Der kleine Ort Winterhausen liegt genau am gegenüberliegenden Ufer. Direkt am Main steht der mehr als 400 Jahre alte Gasthof, in dem Sven Roder vorzügliche fränkische Gerichte auf den Teller bringt. Sein Restaurant gehört zu den besten im Maindreieck. Gutes Preis-Leistungs-Verhältnis, auch exzellente französische Weine. Aufmerksamer und freundlicher Service. Die verwinkelte, urgemütliche Gaststube ist mit vielen persönlichen Details ausgestattet. Idyllische Terrasse am Main mit Blick auf Sommerhausen und seine Weinberge. Sehr geräumige, urgemütliche Zimmer mit Parkettboden (teilweise mit Mainblick), EZ 45–60 €, DZ 70–90 €, verschiedene Arrangements. Fährweg 14, 97286 Winterhausen, ✆ 09333/1785, 📠 1832, So Ruhetag.

Ritter Jörg, zentral gelegener, auf das Jahr 1661 zurückgehender Gasthof mit fränkischer Küche und freundlicher Bedienung. Gastraum mit massiver Holzdecke, im Stil der 80er Jahre eingerichtet. Im Sommer gemütliches Sitzen im Freien. Gute Auswahl an Gerichten und Weinen, preiswert. DZ (teilweise mit Balkon) 70–80 €, EZ (zum Teil mit Balkon) 45–48 €. Maingasse 14, ✆ 97300, 📠 9730230. www.ritter-joerg.de

Gästehaus Mönchshof, in einem hell grün gestrichenen Haus im Ortskern. Ruhig gelegen, ansprechende Atmosphäre. Von den Gästen wird die nette, familiäre Atmosphäre der komfortablen Pension geschätzt. Uriger Gewölbekeller für einen weinseligen Abend. Seit Generationen eigener Weinbau, eigene Edelbrände. Auch Fahrradverleih. EZ 34 € , DZ 55 €, Ferienwohnung 40 €. Mönchshof 7, ✆ 97470📠 974710. www.gaestehaus-moenchshof.de

Gasthof Anker, an einem heißen Sommertag legt man gerne eine Siesta im Biergarten des Ankers ein. Im Schatten der Kastanienblätter etwas Kühles für die Kehle, den Blick auf den Main gibt's gratis. Der Anker liegt außerhalb des alten Orts, zwischen Main und Bundesstraße (durch Unterführung durchgehen).Er wurde 1740 erbaut, an der Stelle eines noch älteren Gasthauses. Fränkische Küche, preiswert. Vermietet auch EZ für 34 €, DZ für 57 €, alle Zimmer mit Mainblick. ✆ 232, 📠 271. www.gasthof-anker.de

Gästehaus am Schloß, das über 400 Jahre alte Haus wurde saniert, es stehen 6 Zimmer zur Verfügung. EZ ab 47 €, DZ ab 67 €, Familie Steinmann-Weth, Hauptstr. 19, ✆ 97170, 📠 971727. www.gastehaus-am-schloss.de

Zum Goldenen Ochsen, rustikaler Gasthof direkt gegenüber dem Rathaus, im Sommer Außenbewirtung, Eigenbauweine, günstige Preise (Hauptgerichte unter 10 €).

Eine Institution: Weinhaus Düll

Maindreieck Karte S. 112

Fahrradfahrer am Main mit Blick auf Sommerhausen

Es werden auch Zimmer vermietet, EZ 34 €, DZ 57 €, Hauptstr. 24, ✆ 97130 oder 203, 📠 8123, Di Ruhetag. www.goldenen-ochsen.de

Emmas Ferienhäusle, Casparigasse 8, ✆ 1402 oder 203, 📠 903658, Ferienwohnung für 2 Pers, 38 €/Nacht.

Ferienwohnung im **Rumorknechtsturm**, Rumorknechtsweg 2. Für 2 Pers. 112 € pro Nacht, ab 2 Übern. 87 €. Anfragen über Weinrestaurant Katharinengasse 3, ✆ 1763, 📠 903603

Café Schatz-Truhen ein Café wie eine Puppenstube. Dieses winzige, aus zwei Räumen bestehende Café besitzt eine sehr persönliche Einrichtung. Geöffnet Mo–Sa 9–18 Uhr, So 13–18 Uhr, Di Ruhetag. Gute, selbst gebackene Kuchen. Preiswert. Im Sommer Straßencafé.

Wein

Blauer Silvaner von Schloss Sommerhausen: Als 1968 Johann Kaspar Steinman das Schloss Sommerhausen mit seinen Weinbergen kaufte, konnte niemand den steilen Aufstieg ahnen. Heute zählt das Weingut zu den experimentierfreudigsten in Franken. Insbesondere Spezialitäten wie der Blauen Silvaner sind bei den Stammgästen geschätzt. Es sind vor allem die Weißweine, darunter für Franken exotische Sorten wie Chardonnay, die zu den Glanzpunkten des mit 25 ha großen Weinguts gehören. Exzellent sind die edelsüßen Wein. Mo–Fr 9–18, Sa 10–16, So 10–14 Uhr. Hauptstraße 25. www.sommerhausen.com

Weingut Artur Steinmann, das pittoreske Weingut im Pastoriushaus (s. u.) ist bekannt für seine Innovationen. Hier kann man beispielsweise im fachmännisch geführten Weinkeller gegen eine Gebühr seine Weine einlagern. Und als Sprecher der Müller-Thurgau-Initiative „Frank & Frei“ wurde Steinmann auch überregional bekannt. Das Weingut verfügt über eine beachtliche Sortenvielfalt, vor allem Riesling, Silvaner und Scheurebe aus den Lagen Steinbach und Ölspiel. Auch Spätburgunder und Domina im Bocksbeutel. Verkauf: Mo–Sa 8–19 Uhr, So 8–12 Uhr oder nach tel. Vereinbarung. Plan 5, ✆ 90460, 📠 904627.

Das renommierte Weinhaus bietet auch geschmackvoll-funktionale Gästezimmer an. Die hellen Zimmer sind mit Bildern fränkischer Künstler ausgestattet, die der Gast auch kaufen kann. Vor allem das Appartement im obersten Stock mit seinen Dachschrägen ist urgemütlich. Der Aufpreis von 30 € zum herkömmlichen Zimmerpreis von 70 € lohnt sich. Familie Steinmann ist nett und zuvorkommend. Zu Pfingsten findet regelmäßig ein Hoffest im Weingut statt. Nicht versäumen. Weingut und Hotel Artur Steinmann, Plan. www.pastoriushaus.de

Weingut-Privatkellerei Ernst Gebhardt, großes Privatweingut mit sehr breitem Sortenangebot. Preiswerte Silvaner- und Müller-Thurgau-Weine, viel gelobter Chardonnay aus der Lage Steinbach. Auch Hersteller von gutem Essig (Vinazzo) und Sekt. Sehr gute Edelbrände wie Himbeere und Quitte. Mitglied der Edelbrennervereinigung „Rosenhut“. Verkauf: Mo–Fr 7.30–17 Uhr, Sa/So 10–12 und 14–17 Uhr; Hauptstr. 21–23, ✆ 800, ℻ 8080. www.weingut-gebhardt.de

Wandern

Wie in nahezu allen mainfränkischen Winzerdörfern hat auch in Sommerhausen die Flurbereinigung zugeschlagen. Das bescherte dem Ort breite Wege durch die Weinhänge entlang dem Main. So ist bequem der 2 km entfernte, nordwestlich gelegene Nachbarort **Eibelstadt** zu erreichen. Auf dem Hochplateau östlich vom Ortszentrum (3 km) liegt der **Wildpark** mit einheimischen Haus- und Wildtieren. Der Weg führt vom südlichen Ortsende auf einer breiten Straßen durch die Weinberge bergauf. Auf der Anhöhe nach links (nördlich) abbiegen. Vorbei am Kirschberghof bis zum Parkplatz, von dort 3 Min. zum Eingang des Parks. Übrigens, der Park mit einem großen Waldspielplatz (Ponyreiten) wird von vier Lebenshilfevereinen und dem Körperbehindertenzentrum Würzburg betrieben Einkehrmöglichkeit: am Waldrand gelegenes italienisches Restaurant. Täglich von 11–23 Uhr geöffnet. Öffnungszeiten des Wildparks: ganzjährig 10–18 Uhr ✆ 902810, ℻ 902798.

Sommerhausen/Sehenswertes

Kirche St. Bartholomäus: Die Kirche im Ortszentrum wurde 1740 erbaut, der Turm geht jedoch auf das 13. Jh. zurück. Beachtenswert ist die geschnitzte Kanzel im Stil der Renaissance aus dem 17. Jh. Ein Spaziergang zum Friedhof am Ortseingang (Richtung Würzburg) lohnt sich wegen einer reliefgeschmückten, überdachten Kanzel aus dem Jahr 1609.

Schloss: Das Renaissanceschloss, größter Bau an der Hauptstraße, stammt in seinen wesentlichen Teilen aus dem 15. und 16. Jh. Heute ist es Sitz eines Weinguts (s. o.) und Veranstaltungsort, beispielsweise für Kunstausstellungen.

Rathaus: wuchtiger Bau mit Treppengiebel im Renaissancestil (1558), gegenüber der steht der *Marktbrunnen*.

Winterhausen: Das jahreszeitliche Pendant zu Sommerhausen auf der gegenüberliegenden Mainseite besitzt ein sehenswertes Rathaus aus dem frühen Rokoko.

Eibelstadt

Die Hektik und Moderne bleiben bis heute außerhalb der vollständig erhaltenen Stadtmauer samt Wehrtürmchen. Wie eine Achse, um die sich alles dreht, durchzieht die Hauptstraße den 2800 Einwohner großen Ort, links und rechts zweigen die Gassen ab. Als Bühne von Eibelstadt fungiert der großzügige Marktplatz. Von einer goldenen Madonna im Strahlenkranz wird der Besucher begrüßt. Im Hintergrund das malerische Rathaus und die Kirche St. Nikolaus mit ihrem ungewöhnlichen Doppelturm.

Die laute Bundesstraße 13 lässt den Ort neben sich liegen. Selbst im Herbst, der Hochsaison in Mainfranken, finden im Vergleich zu den prominenteren Nachbargemeinden nur wenige Gäste hierher. Dabei besitzt Eibelstadt mit einer über 1.200-jährigen Geschichte nicht nur eine ganze Reihe architektonischer Kostbarkeiten,

Maindreieck Karte S. 112

sondern auch einen traditionsreichen Weinbau. Gleich hinter dem Städtchen steigen die Rebhänge steil an. Bereits 1434 erhielt der Ort die Stadtrechte. So konnte Eibelstadt befestigt und Märkte abgehalten werden.

• *Vorwahl* ✆ 09303.

• *Information* **Verkehrsbüro im Rathaus**, Marktplatz 2, 97246 Eibelstadt, ✆ 90610, ℻ 8483. Geöffnet Mo–Fr 8–12 Uhr, Mo/Mi/Do 16–16.30 Uhr, Di 16.30–17.30 Uhr. www.eibelstadt.de

• *Übernachten/Essen & Trinken* **Zum Ross**, 2-Sterne-Haus (32 Betten mit Du/WC) in bester Lage, gegenüber vom Rathaus. Gaststätte mit kleinen Speisen, günstige Preise. Fahrradverleih möglich.Frühstücksbuffet. Hotel im 1. Stock. EZ 41–45 €, DZ 62–68 €. Marktplatz, ✆ 2214 und 0171/5427791, ℻ 8726.

Piccolo Mondo, am Yachthafen (außerhalb vom Ort) liegt dieses empfehlenswerte italienische Restaurant, das vor allem in den Sommermonaten ein beliebtes Ausflugsziel ist. Von der überdachten Terrasse hat man einen schönen Blick auf den Main. Schmackhafte Trattoria-Küche mit hausgemachter Pasta. Sehr freundliche Atmosphäre. An der Mühle.

Zur Mühle, neben dem Piccolo Mondo liegt dieser Landgasthof mit einem idyllischen Biergarten am Main. Durchschnittliche Preise. Zur Mühle 1, ✆ 8928.

Zum Weinglöcklein, gepflegter, unscheinbarer Landgasthof mit Terrasse am Marktplatz, Natursteinfassade mit Fachwerkaufsatz. Beliebte Einkehr für Spaziergänger und Fahrradfahrer. Hauptgerichte unter 10 €.✆ 2100.

Eibelstadt/Sehenswertes

Stadtbefestigung: Die komplett erhaltene Stadtmauer mit ihren unterschiedlichen Befestigungstürmen ist das Wahrzeichen des Städtchens. Heute sind manche Türme verpachtet, verbunden mit der Auflage, diesen Befestigungsteil zu erhalten. Am Maintor sind Hochwassermarkierungen angebracht, die zeigen, dass die Stadtmauer auch als Wasserschutz diente.

Mariensäule/Rathaus: Die 1660 errichtete, barocke Mariensäule beeindruckt durch ihre vergoldete Madonna. Sie steht vor dem Amtshaus (1708) des Würzburger Domkapitels. Dieser Bau des späten Barock mit seinem prächtigen Portal wird heute als Rathaus genutzt. Es wurde 1708 von Johann Georg Bayer unter Mitarbeit von Joseph Greising erbaut.

Pfarrkirche St. Nikolaus: Der ungewöhnliche Doppelturm ragt über die Altstadt hinaus und ist schon von weitem zu erkennen. Die ältesten Teile gehen auf das 13. Jh. zurück.Man erkennt sofort, dass es sich einst um eine Kirchenburg handelte. Die dreischiffige Kirche, die ihr heutiges Aussehen zwischen 1480 und 1525 sowie 1625 erhielt, bewahrt manche Kostbarkeit. Mittelpunkt ist der Hochaltar mit seinem imposanten Barockaufbau, den Sebastian Bez 1695/96 schuf und dessen Gemälde die Ermordung des heiligen Kilian darstellt. Zwischen den Säulen sind die Figuren des heiligen Burkard und des heiligen Urban, des Schutzpatrons der Winzer, zu sehen. Besondere Aufmerksamkeit verdient der aufwändig gearbeitete Taufstein (1612) von Zacharias Juncker d. Ä., der in einem kleinen Raum unter der linken Empore steht. Die Motive der vier rechteckigen Reliefs (früher vergoldet) beziehen sich auf die Taufe. Aus der Werkstatt Riemenschneiders stammt die Kreuzigungsgruppe (um 1510) am Chorbogen, eine der wertvollsten Teile der Innenausstattung. Der Marienaltar im linken Seitenschiff besitzt sechs Holzreliefs, die Begebenheiten aus dem Leben Mariens darstellen. Im Mittelpunkt die Madonna mit Jesuskind (um 1470/80).

Heimatmuseum: Im 1531 erbauten Frühmesserhaus ist die heimatkundliche Sammlung untergebracht, vor allem Exponate zum Weinbau, ein Fasskeller, eine Büttnerwerkstatt und eine altfränkische Wohnung bzw. Gesindekammer (mit Ausmalungen).

Öffnungszeiten Mai–Okt. So 14–16 Uhr oder nach Vereinbarung mit der Gemeinde (✆ 90610); Hauptstr. 12.

Mariensäule auf Rathaus in Eibelstadt

Bei einem Rundgang durch den kleinen Ort stößt man auf viele sehenswerte Baudenkmäler, auch wenn diese nicht zugänglich sind, wie der Katholische Pfarrhof in der Pfarrer-Manger-Gasse (16./17. Jh.) mit Stuckausstattung von 1695 und einer bemerkenswerten Hofanlage sowie dem Wappen des Würzburger Domkapitels über dem Eingangstor.

Randersacker

„Main – Stein – Wein, drei Begriffe, die Landschaft, Arbeit und Lebensfreude unserer Marktgemeinde kennzeichnen", heißt es in der Selbstdarstellung Randersackers (3500 Einwohner). Tatsächlich prägten Fischer, Steinhauer und Weinbauern über Jahrhunderte den zwischen Main und Weinbergen gelegenen malerischen Winzerort vor den Toren Würzburgs. Doch nicht nur die Flussfischer sind heute weitgehend verschwunden, sondern auch die Steinhauer. Ein liebevoll eingerichtetes Museum im historischen Mönchshof erinnert noch an die „Rantzackera Steehawer". Und natürlich der alte, verwinkelte Ortskern mit seinen aus Muschelkalk bestehenden Steinhäusern.

Randersacker ist durch die wenige Kilometer entfernte Autobahn Nürnberg–Frankfurt und die Nähe zu Würzburg ein idealer Standort, um das Herz Mainfrankens kennen zu lernen. Von der viel befahrenen Durchgangsstraße sollte man sich nicht täuschen lassen. Im historischen Ortszentrum mit seinen Gassen und eindrucksvollen Weingütern geht es gelassen zu. Seit über 1200 Jahren wird in Randersacker Wein angebaut. Die Dichte an qualitätsbewussten Weingütern (heute sind es 18), die vor allem trocken ausbauen, ist kaum zu übertreffen. Weine von den Lagen Pfülben, Sonnenstuhl, Marsberg und Teufelskeller gehört zu den bekanntesten Mainfrankens.

Maindreieck
Karte S. 112

Information/Verbindungen

- *Vorwahl* ✆ 0931.
- *Information* **Fremdenverkehrsverein Randersacker im Rathaus**, Maingasse 9, 97236 Randersacker, ✆ 705317, 📠 705320, Mo–Fr 9–11.30 Uhr (außer Di), Sa 10–11.30 Uhr nach Vereinbarung, www.randersacker.de
- *Verbindungen* Randersacker besitzt eine eigene Schiffsanlegestelle und ist zwischen August und Anfang Sept. gut per **Schiff** mit Würzburg verbunden. Linienfahrten: jeden Mi und Sa Würzburg-Ochsenfurt-Sulzfeld und zurück, jeden So Würzburg-Ochsenfurt, Halt in Randersacker. Information: Schiffstouristik Würzburg, ✆ 0931/58573, 📠 51313, www.schiffstouristik.de. Darüber hinaus gibt es nach Würzburg eine sehr gute **Busverbindung** bzw. den ausgebauten **Fahrradweg** entlang des Mains.

Übernachten

Bekannt für guten Fisch: Gasthof Zum Bären

Zum Bären, schon vor gut hundert Jahren, als Georg Schmitt den Gasthof „Bären" in Randersacker führte, war das Muschelkalkhaus an der Straße nach Würzburg eine Institution. Daran hat sich nichts geändert. Heute zählt der „Bären" zu den besten Fischlokalen Mainfrankens. Die Fische, wie Forellen, Saibling oder Waller, werden frisch geschlachtet und mit Saisongemüse, im Frühjahr mit Spargel, zubereitet. Auf der Karte stehen Spitzenweingüter aus Randersacker wie Martin Göbel oder die „trockenen" Schmitts. Mediterraner Garten mit schattigen Kastanien, in dem auch Kinder viel Platz zum Spielen haben. Kleiner Hotelbetrieb mit behaglichen Gästezimmern, alle mit Du/WC, Durchwahltelefon, teilweise auch TV und Tresor, DZ 79–90 €, EZ 51–59 €. Eigener Gästeparkplatz. ✆ 70510, Würzburger Str. 6. www.gasthof-baeren.fwo.de

Zum Löwen, an der Durchgangsstraße gelegener Neubau. Funktionale Zimmer (teils mit Balkon). Rustikale Gaststube (Mo–Fr ab 15 Uhr). Hier wird fränkisch gekocht: Ripple, Knöchle etc. Eigene Schlachtung. Zum Ausschank kommen Eigenbauweine. EZ 40–50 €, DZ 67–80 €. Ochsenfurter Str. 4, ✆ 70550, 📠 7055222. Di Ruhetag. www.loewen-randersacker.de

Essen & Trinken

Weinhaus Spielberg, eine Institution. Das urige, rustikale Weinhaus am Rand das alten Ortskerns ist bei Einheimischen und Gästen seit Jahrzehnten gleichermaßen beliebt. Einst war es das Wirtshaus der Steinhauer. Viel Lob gibt es für den gebackenen Tatar. Preiswerte fränkische Küche, eigene Hausschlachtung. Gute, aber trotzdem günstige Weinauswahl. Idyllische Terrasse. Lurzengasse 3, ✆ 708391Do Ruhetag.

Weingut Edelhof/Weinstube König, das schmucke Gebäude entstand Ende des 17. Jh. Noch heute prangt über dem Eingang das Wappen des Erbauers, des Würzburger Ratsherrn Georg Reibelt. 1982 restaurierten Katharina und Rüdiger König mit viel Aufwand den Edelhof und schenken dort ihre eigenen Weine, insbesondere Silvaner, Müller-Thurgau und Riesling aus. Die Weinstube mit fränkischen Spezialitäten wird von Sohn

German und seiner Frau Andrea geführt (nur Sa/So geöffnet). Herrngasse 2, ✆ 709602, ✆ 708671. www.Weingut-Edelhof.de

Weinhaus Brand, in dem idyllischen Innenhof des jahrhundertealten Fachwerkhauses werden Weine vom eigenen Weingut ausgeschenkt. Dazu gibt es fränkische Gerichte. Friedensstr. 8, ✆ 708673, ✆ 708675. Sa ab 14 Uhr, So ab 10 Uhr geöffnet.

Wein

Randersacker zählt zu den berühmtesten Winzerorten Mainfrankens. Seit über 1.200 Jahren wird hier Wein angebaut. Auf den warmen Muschelkalkböden an den Hängen des Mains gedeihen exzellente Silvaner-, Müller-Thurgau- und Riesling-Weine. Bekannt ist Randersacker auch für seine Auslesen. Berühmte Lagen sind Pfülben, Sonnenstuhl und Marsberg. Dementsprechend groß ist die Zahl der Weinbaubetriebe. Viele Winzer setzen auf einen naturgemäßen Weinbau. Eine Auswahl:

Weingut Schmitt's Kinder, dieses renommierte Weingut kann man nicht verfehlen. Nach der Autobahnausfahrt liegt das neu erbaute Weingut direkt an der Bundesstraße zu Füßen des Weinbergs Sonnenstuhl. Die Schmitts betreiben Weinbau in der neunten Generation. Das barocke Stammhaus wurde bereits im frühen 18. Jh. in Randersacker errichtet. Derzeit werden rund 13 ha bewirtschaftet; die Hälfte aller Weine wird trocken ausgebaut. Die Besitzer Adam und Karl Schmitt setzen vor allem auf Silvaner, gefolgt von Müller-Thurgau, Riesling, Scheurebe und Rieslaner. Auch Bacchus und Kerner gehören zum Sortiment. In den letzten Jahren experimentierten die Schmitts beim Weinausbau mit Fässern aus französischer und schwäbischer Eiche. Beliebtes Weingut mit vielen Stammkunden, schließlich werden 70 % der Produktion privat verkauft. Freundlicher Service. Verkauf: Mo–Sa 8–18 Uhr. Am Sonnenstuhl 45, ✆ 7059197, ✆ 7059198. Weinverkauf auch im Stammhaus, Maingasse 16 (Ortsmitte von Randersacker). www.schmitts-kinder.de

Weingut Paul Schmitt, hier wird Weinbau in der fünften Generation betrieben. Das Haus im Herzen Randersackers besitzt eine urgemütliche Probierstube. Gern erklärt der freundliche Winzer Paul Schmitt den Kunden den Charakter und die Individualität seiner bekömmlichen Weine. Rund zwei Drittel seiner Weine vermarktet er direkt. Schmitts Weine sind durchgegoren, nicht angereichert und erhalten keine Süßreserve. „Da unter dem Begriff 'trocken' Weine bis zu 4 g Restzucker bezeichnet werden dürfen, möchte ich meine Kunden darauf aufmerksam machen, dass meine ‚trockenen' Weine (restlos) nach traditioneller Art durchgegoren sind", so Paul Schmitt. Die Preise sind moderat. Verkauf: keine festen Öffnungszeiten, in der Regel Mo–Sa oder nach Absprache. Flecken 1, ✆ 708206, ✆ 708222. www.weingut-paul-schmitt.de

Maindreieck
Karte S. 112

Ein Klassiker des trockenen Franken – Robert Schmitt

Ein jahrhundertealtes, verwinkeltes Haus steht in der Maingasse, mitten in Randersacker. Hinter dem schmucken Eingang verbirgt sich das Weingut Robert Schmitt (Die trockenen Schmitts. Hier wird Weinbau seit 1676 betreiben. Durch eine niedrige Tür gelangt man in die urige Weinstube, die das Porträt von Robert Schmitt schmückt. Der Winzer ist Individualist, kaum ein anderer in Franken setzt schon so lange auf trockenen Ausbau wie er. Alle seine Weine sind durchgegoren und nicht angereichert, d. h., er verzichtet darauf, seine Weine mit unvergorenem, süßem Traubenmost, der so genannten Süßreserve, abzurunden. Das Ergebnis sind kompromisslos trockene Weine, die sich von Jahrgang zu Jahrgang erheblich unterscheiden können, da der Wein mit dem auskommen muss, was ihm die Natur mitgegeben hat. Das kleine Weingut besitzt Spitzenlagen wie Pfülben und Würzburger Abtsleite. Literflaschen und Bocksbeutel ab 4 €.

Verkauf nach tel. Vereinbarung. Maingasse 14a, ✆ 700490, ✆ 3048815. www.weingut-robert-schmitt.de

Hauseingang mit Frankenwappen

Weingut Josef Störrlein, ie Störrleins sind seit vielen Generationen im Weinbau tätig, als Häcker, Weinbergaufseher und Winzermeister. Seit den 60er Jahren bauten Ruth und Armin Störrlein den elterlichen Kleinbetrieb zu dem heutigen Weingut aus. Vor allem die Silvaner Störrleins genießen einen guten Ruf. Beachtenswerte Rotweine der Sorten Schwarzriesling und Domina. „Unseren Rotweinen gönnen wir vor dem Pressen eine Maischegärung, um das volle Aroma und die tiefe Farbe aus der Beerenhaut zu gewinnen, bevor sie dann für mindestens ein Jahr in großen Holzfässer reifen dürfen. Besonders wertvolle Rotweine lagern wir im Barrique", charakterisieren die Störrleins ihre Rotweine. Die freundlichen Probierräume mit einem großen Kachelofen befinden sich im Hinterhof in einem Neubaugebäude. Mehrmals im Jahr bietet das Weingut an Wochenenden ein kulturkulinarisches Programm an. Verkauf: Mo–Sa 8–19 Uhr. Schulstr. 14, ✆ 708281, 📠 701155, www.stoerrlein.de

Weingut Martin Göbel, in dem schlichten Haus, oberhalb des Ortskerns beim Friedhof, verbirgt sich ein Experte für Auslesen. Der Winzerhof mit einer über 400 Jahre alten Familientradition bewirtschaftet insbesondere die Spitzenlagen Pfülben und Marsberg. Trockene, extraktreiche Weine, auch sehr gute Rotweine. Verkauf: Mo–Sa 8–19 Uhr. Friedhofstr. 9, ✆ 709380, 📠 4677721. www.weingut-martin-goebel.de

Wandern

Die Flurbereinigung schadete zweifellos der landschaftlichen Schönheit und ökologischen Vielfalt der Flusslandschaft. Um die sonnenverwöhnten Hänge noch wirtschaftlicher nutzen zu können, wurde ein aufwändiges Wegesystem geschaffen. Der Wanderer kann die bequemen Straßen nutzen, die **durch die Weinberge** führen. Empfehlenswert sind die beschilderten Wege zur Weinlage Pfülben mit „Altfränkischem Weinberg" (5 km, Gehzeit rund 1 Std.) oder zur südlich von Randersacker gelegenen Lage Sonnenstuhl mit dem Sonnenstuhlturm, der einen fantastischen Ausblick über das Maintal bietet (Rundweg 6 km, Gehzeit ca. 1 Std.).

Randersacker/Sehenswertes

Kirche St. Stephan: Noch immer bildet die im Kern spätromanische Pfarrkirche St. Stephan aus heimischem grauem Muschelkalk den Mittelpunkt des Orts. Das Gotteshaus, ursprünglich aus dem 12./13. Jh., wurde im Lauf der Jahrhunderte mehrmals umgebaut, weitgehend erhalten geblieben ist der romanische Turm aus dem für Randersacker so typischen Material. Die heutige Inneneinrichtung stammt weitgehend aus dem Barock, die Stuckarbeiten aus dem Rokoko. Beachtenswerter Hochaltar aus dem frühen 18. Jh. mit baldachinartigen Aufbauten. Zwischen den Säulen kniend, den Blick nach oben gerichtet, der Kirchenpatron St. Stephan, links davon der heilige Laurentius und rechts der überlebensgroße heilige Kilian. Vor dem barocken Hochaltar ein Rokokotabernakel (um 1770). Gegenüber der Kanzel wurde an der Wand eine spätgotische Büste des heiligen Urban (um 1520), des Schutzpatrons der Winzer, angebracht, die vermutlich aus der Werkstatt von Tilman Riemenschneider stammt.

Gartenpavillon: Neben dem Gasthof Krone (Würzburger Straße) steht der malerische Gartenpavillon aus Quaderkalk und Sandstein, den der Barockbaumeister Balthasar Neumann 1743 für sich selbst erbaute. Er ist zugleich sein kleinstes Bauwerk.

Mönchshof: Es handelt sich um die älteste und historisch bedeutendste Hofanlage in Randersacker. Erste Erwähnung fand der Mönchshof 1198 als Gründung der Heilsbronner Zisterzienser (s. u.).

Die „Steehawer" von Randersacker

Bereits im 12. Jh. ließen sich Zisterzienser des Klosters Heilsbronn hier nieder und errichteten den Mönchshof, der später als evangelische Exklave in den Besitz der Markgrafen von Ansbach kam. Heute erinnert das historische Gebäude als Museum an die *Steehawer* (fränkisch für „Steinhauer„). Die interessante Sammlung zeigt Werke und vor allem die Werkzeuge der in Randersacker traditionsreichen Zunft. Unter anderem wird der Auslegemast eines Derrickkrans gezeigt. Dieses Hebegerät (übrigens so benannt nach seinem Erfinder, einem englischen Henker) wurde zum Lösen von Felsen und zum Beladen der Fuhrwerke benutzt. Das Museum zeigt auch einen verkleinerten Arbeitsplatz der Steinhauer, in der Geschirrkiste waren die zahlreichen Eisen für die Arbeit untergebracht. Rohmaterial war der Muschelkalk, der vorwiegend aus verdichtetem Kalkschlamm aus Meeresablagerungen gebildet wurde. Auffällig am Randersacker Muschelkalk sind die Fossilien.

Seine Blütezeit hatte das Steinhauerhandwerk im 18. und 19. Jh. In den 50er Jahren des 20. Jh. kam der heimische Quaderkalk durch preiswerte Steine aus dem Ausland, durch die Betonbauweise und durch das starke Angebot von billigem Juramarmor aus dem Altmühltal aus der Mode. Der letzte *Steehawer-Betrieb* schloss 1983. Damit ging eine 1000-jährige Tradition zu Ende. Doch die Randersacker Steine prägen bis heute nicht nur den Ort selbst, sondern die Architektur in ganz Mainfranken. So stammt beispielsweise das Material für die Alte Mainbrücke Würzburgs, für die Gaibacher Konstitutionssäule oder das Lohrer Rathaus von hier. Heute betreut der fachkundige Randersacker Architekt Herbert Haas, als Zunftmeister der *Rantzackera Steehawer*, das Museum und hält die Erinnerung an das ehrwürdige, aber auch harte Handwerk aufrecht. Übrigens sind im Mönchshof auch die Stube der Fischerzunft und ein kleines Weinbaumuseum untergebracht.

Anmeldung für einen Museumsbesuch bei Herbert Haas, Maingasse 19, ✆ 706593 oder 709037 (Büro) bzw. unter ✆ 705317 (Tourist-Info). Eine lohnenswerte Lektüre ist der Museumsführer von Erich Neugebauer.

Maindreieck Karte S. 112

Ruhepause am Frankonia-Brunnen vor der Würzburger Residenz

Würzburg

Andere Fürsten gaben ihr Geld für Kriege aus und sammelten Territorien, die Herrscher der Mainmetropole jedoch waren mehr an Kunst, Kultur und Wein interessiert. Davon profitiert Würzburg bis heute. Trotz enormer Zerstörungen gegen Ende des 2. Weltkriegs blieb Würzburg, was es stets war: eine der schönsten Städte Süddeutschlands und mit Sicherheit ein Höhepunkt jeder Reise durch Mainfranken.

Dennoch ist Würzburg kein Kunstmuseum, sondern eine quicklebendige Stadt mit einer der größten Universitäten Süddeutschlands und unbestritten das wirtschaftliche, religiöse und kulturelle Zentrum Mainfrankens. Noch immer prägt der Fluss das Bild der 126.000 Einwohner großen Regierungshauptstadt von Unterfranken. Jenseits der berühmten Mainbrücke bilden die Dom- und die Hofstraße die zentralen Achsen der malerischen Altstadt, an der entlang Rathaus, Dom und am Ende die prachtvolle Fürstbischöfliche Residenz aufgereiht sind, eine Anordnung so ganz nach den Bedürfnissen der fürstbischöflichen Herren.

Die Stadt wurde bereits im Mittelalter von den Staufern und Saliern gefördert, die hier ihre Reichstage abhielten. Seit Kaiser Barbarossa waren die Bischöfe von Würzburg gleichzeitig auch die weltlichen Herrscher über Mainfranken. Die beiden Ämter trugen ihnen für damalige Zeiten unglaublichen Reichtum ein. Das brachte den Herren verständlicherweise die Ablehnung, ja den Hass der Bauern im 16. Jh. ein. Im Jahr 1525 während des Bauernkriegs versuchten die bettelarmen Untertanen vergeblich, den Bischofssitz zu stürmen. Der lag nämlich damals noch auf der Festung Marienberg am linken Mainufer. Heute befindet sich hinter den meterdicken Mauern dieses Würzburger Wahrzeichens das *Mainfränkische Museum* mit seiner kostbaren Sammlung von Plastiken Tilman Riemenschneiders. Die eigentliche Glanzzeit erlebte die Mainmetropole aber unter den Fürstbischöfen des 17. und 18. Jh. Ihre Baufreude ließ ein Stadtbild entstehen, das bis heute von Barock und Rokoko geprägt ist, repräsentativ dafür ist vor allem die berühmte Würzburger Residenz. Dieses von Balthasar Neumann entworfene Barockschloss beeindruckt bei 168 m Fassadenlänge schon durch seine Dimensionen. Viele Jahre brauchten Künstler, Handwerker und Baumeister, um 1753 ihr Werk zu vollenden. Und im Inneren verschlägt einem bis heute das farbenprächtige Deckenfresko des Treppenhauses, das einst der italienische Meister Giovanni Battista Tiepolo schuf, den Atem.

Kurt Tucholsky in Würzburg: Der Steinwein

Einer der bedeutendsten deutschen Satiriker, der Schriftsteller Kurt Tucholsky (geb. 1890), der 1933 von den Nazis ausgebürgert wurde und sich am 21. Dezember 1935 im schwedischen Exil das Leben nahm, notierte bei einem Aufenthalt in Würzburg im September 1927 Folgendes:

„Wir hätten sollen nicht so viel Steinwein trinken. Aber das ist schwer: so etwas von Reinheit, von klarer Kraft, von aufgesammelter Sonne und sonnengetränkter Erde war noch nicht da. Und das war nur der offene, in Gläsern – wie wird das erst, wenn die gedrückten Flaschen des Bocksbeutels auf den Tisch gestellt werden [...]! Oben auf der Festung ist ein Führer, der 'erklärt' die alte Bastei und macht sich niedlich, wie jener berühmte Mann auf der Papstburg in Avignon. Aber hier dieser feldwebelbemützte Troubadour singt denn doch ein anderes Lied: er sieht Friderikusn in jedem Baumhöcker, beschimpft die aufrührerischen Bauern wie weiland Luther und überhäuft einen Mann namens Florian Geyer mit Vorwürfen: der habe unten in der Ratsstube gesoffen, während die Bauern hier oben stürmen mussten. Das muss ich in den letzten Jahren schon einmal gehört haben. [...] wie gehabt. In der Burg liegt Landespolizei und kann auf das weite gewellte Land heruntersehn. Wir hätten sollen in der Gartenwirtschaft Steinwein trinken.“

Keramikfunde beweisen, dass es bereits in der späten Hallstattzeit hier einen bedeutenden Fürstensitz gab. Das Würzburger Bistum wurde nach Anfängen des irischen Missionsbischofs Kilian (um 685) von Bonifatius 741/742 gegründet und der Kirchenprovinz Mainz unterstellt. Im 7. Jh. wurde Würzburg Sitz eines merowingischen Herzogtums. Schon 1030 verlieh Kaiser Konrad II. der bereits befestigten Stadt die Münz-, Zoll- und Marktrechte. Einen ersten richtigen Boom erlebte Würzburg unter den Staufern. Friedrich Barbarossa I. heiratete 1156 hier Beatrix von Burgund. Als Sitz der Bischöfe diente die Burg auf dem Marienberg, ein idealer Standort, um das Maintal zu kontrollieren. Eine zweite Blütezeit erlebte Würzburg unter den Fürstbischöfen von Schönborn. Sie legten einen Ring barocker Bastionen um die Stadt. Und die Schönborns gaben Balthasar Neumann den Auftrag zum Bau der Fürstbischöflichen Residenz und engagierten den Venezianer Tiepolo, hier prächtige Fresken zu schaffen. Nach dem Ende der Napoleonischen Kriege und einem kurzem Intermezzo unter der Herrschaft des Großherzogs Ferdinand von Toskana fiel 1814 Würzburg an Bayern. Bereits 1816 residierte Kronprinz Ludwig, der spätere König Ludwig I., für neun Jahre in der Stadt. Freilich, mit dem Glanz der mainfränkischen Metropole war es unter den Wittelsbachern bald vorbei.

Würzburg
Karte Umschlagklappe vorne

Leonhard Frank: Literat und Pazifist

Er war einer der erfolgreichsten Autoren der Weimarer Republik. Doch war dem am 4. September 1882 in Würzburg geborenen Leonhard Frank die Schriftstellerei keineswegs in die Wiege gelegt. Im Gegenteil: Er wuchs in ärmlichsten Verhältnissen auf, verdiente sich sein erstes Geld als Schlosser, Fabrikarbeiter, Chauffeur und Anstreicher. Im 1. Weltkrieg floh er aus dem kriegsbegeisterten Deutschland in die neutrale Schweiz. Als Pazifist wollte er seiner Überzeugung treu bleiben. 1917 erschienen seine Geschichten mit dem programmatischen Titel „Der Mensch ist gut". Schnell kam das Buch auf die schwarze Liste der Militärzensur und trotzdem ging es in den Schützengräben von Hand zu Hand. Frank setzte sich in diesem Buch für Menschlichkeit und Völkerverständigung ein; 1920 bekam er aus den Händen von Heinrich Mann dafür den renommierten Kleist-Preis.

Bereits 1914 hatte Frank mit der „Räuberbande" einen Bestseller veröffentlicht, mit dem er seiner Geburtsstadt Würzburg ein literarisches Denkmal setzte. Der Roman erzählt die Streiche von Lehrjungen, die auf ihre Weise gegen eine spießige, kleinbürgerliche Gesellschaft protestieren. Die Personen tauchen wieder auf in dem Buch „Das Ochsenfurter Männerquartett" (1927), das zur Zeit der Weltwirtschaftskrise spielt. Der Roman „Von drei Millionen drei", ein düsteres Dokument der Massenarbeitslosigkeit am Ende der Weimarer Republik, war nur wenige Jahre auf dem Markt, bis die Nazis die Macht übernahmen. Auch die Bücher von Leonhard Frank wurden in Hitler-Deutschland verbrannt. 1933 wurde er von den Nazis als „Volksschädling" ausgebürgert. Die Stationen seiner Emigration waren London, Paris, Marseille, Portugal und schließlich die USA. Zuletzt arbeitete Frank für Warner Brothers in Hollywood. 1950 kehrte er in die Bundesrepublik zurück und ließ sich im Münchner Künstlerviertel Schwabing nieder, wo er bis zu seinem Tod 1961 lebte.

Frank war im Gegensatz zu anderen Emigranten nie vergessen. Er war Vizepräsident des deutschen PEN-Clubs, Mitglied der Preußischen Akademie der Künste, er erhielt das Große Verdienstkreuz der Bundesrepublik und den Nationalpreis der DDR. „Die Jünger Jesu" (1949), Franks noch im Exil geschriebene Abrechnung mit dem Nationalsozialismus, stieß in der Heimat auf eisige Ablehnung, in seiner Geburtsstadt Würzburg auf einen regelrechten Boykott; nicht wegen seiner – anfechtbaren – literarischen Qualitäten, „sondern weil man es ihm politisch übel nahm", schreibt der Frank-Kenner Hannes Schwenger. Mittlerweile hat sich die Mainfranken-Metropole mit ihrem wohl berühmtesten Schriftsteller des 20. Jh. versöhnt und nach ihm am Main eine Promenade benannt. In der Zeller Straße (bei der Deutschhauskirche) inmitten des alten Mainviertels, wo Fischer und Handwerker zu Hause waren, erinnert eine Gedenktafel an sein Geburtshaus, das hier bis 1904 stand.

Am besten entdeckt man Würzburg, diese an Kunst und Geschichte so reich gesegnete Stadt, zu Fuß. Bei einem Spaziergang durch Gassen und über Plätze kann man kaum glauben, dass in der Bombennacht des 16. März 1945 in nicht einmal 20 Minuten 85 % der Stadt zerstört wurden. Auch wenn mancher funktionale Block aus den 50er Jahren bis heute steht, der Wiederaufbau ist größtenteils gelungen.

Was oft vergessen wird: Die Mainmetropole ist noch immer eine wichtige Winzerstadt. Mit den Weingütern Juliusspital und Bürgerspital besitzt die Stadt zwei der besten und größten Bocksbeutel-Produzenten Frankens. Unweit des historischen Zentrums steigen die Hänge steil an. Hier wächst der berühmte *Steinwein*, den schon Goethe zu schätzen wusste. Die edlen Tropfen waren einst für seine Exzellenz, den Fürstbischof, reserviert. Heute kann glücklicherweise jeder die edlen Silvaner und Rieslinge in den renommierten Weingütern probieren, genießen und kaufen.

Information

Würzburg besitzt drei **Informationsbüros** für Besucher. Leider wird der Service von manchen Gästen bisher als wenig freundlich und hilfsbereit empfunden. Die Büros geben auch keine Einzelprospekte von Hotels an Touristen weiter.

- *Informationsbüros* **Haus zum Falken**, am Markt, Mo–Fr 10–18 Uhr, Sa 10–14 Uhr, Apr.–Okt. auch So 10–14 Uhr, ✆ 372398. 📠 373952.

Pavillon am Hauptbahnhof, Mo–Sa 10–18 Uhr, ✆ 372436.

Congress- Tourismus-Wirtschaft, Gästeführerservice, am Congress Centrum, ✆ 372335 , 📠 373652.

- *Zimmerreservierung* **Hotel-Direkt Tag und Nacht** ✆ 0800/1941408.
- *Stadtführungen* Es gibt 12 verschiedene Führungen, die zu festen Zeiten stattfinden, Info im Tourist-Büro. Hier nur eine kleine Auswahl:

Führungen für **Individualtouristen** von 19. März bis 5. Nov. tägl. um 10.30 Uhr, Sa zusätzlich 14 Uhr, 12. Nov. bis 17. Dez. immer Sa um 10.30 Uhr. Preis 5 €, erm. 3,50 €. Treffpunkt Falkenhaus am Marktplatz.

Residenz, April–Okt. täglich 9–18 Uhr (letzter Einlass 17.30 Uhr), Dauer 45 Minuten. Eintritt incl. Führung 4,50 €.

Festung Marienberg, April–Okt. Di–Fr 11, 14 und 15 Uhr, Sa/So 10, 11, 13, 14, 15, 16 Uhr, Dauer ca. 40 Minuten, Preis 3 €, Treffpunkt: Pferdeschwemme (2. Burghof).

Es gibt zudem interessante **Themenführungen** wie beispielsweise zu Walther von der Vogelweide : Dargeboten werden am Grab des Minnesängers im Lusamgärtlein Lieder und Rezitationen von und über den bedeutenden Minnesänger in Mittelhochdeutsch und Neuhochdeutsch auf Originalinstrumenten und in historischen Gewändern. Mai–Sept. jeden 1. und 3. Sa im Monat um 16 Uhr, Treffpunkt Lusamgärtlein (neben Dom/Neumünster).

Außerdem Führungen zur Hexenverfolgung, Führungen im Julius- und Bürgerspital und im historischen Residenzweinkeller.

- *Stadtrundfahrten* für Einzelgäste von 20. März bis 20. Okt. um 14 Uhr. Dauer 2 Std., Erw. 8,90 €, erm. 7,90 €, Treffpunkt Hauptbahnhof (Busbahnhof)
- *Vorwahl* ✆ 0931.

Haus zum Falken mit Rokoko-Stuck

Verbindungen

Würzburg besitzt eine exzellente Anbindung per **Autobahn** und **Schiene**. Die Stadt liegt an der ICE-Strecke nach Hamburg, sehr gute Verbindungen nach Aschaffenburg–Frankfurt, Nürnberg–München und Schweinfurt–Bamberg. Auskunft: Deutsche Bahn AG ✆ 11861
Fahrpläne und Auskünfte zur Würzburger **Straßenbahn** im Pavillon am Hbf., ✆ 361352 Mo–Fr 7.30–18 Uhr, Sa 8–12 Uhr. **Schiff**: beliebteste Tour ist ein Ausflug nach Veitshöchheim, tägl. 10–17 Uhr, Dauer 40 Min. .Preis: Erw. 6 € einfach Darüber hinaus ist Würzburg mit Kitzingen, Volkach, Ochsenfurt, Sulzfeld, Randersacker, Sommerhausen, Marktbreit etc. verbunden.
Linienfahrten im August und September: nach Ochsenfurt, Sulzfeld, Gemünden.
Auskünfte und Fahrpläne bei Schiffstouristik Würzburg, St.-Norbert-Str. 9, 97299 Zell am Main, ✆ 58573, ℻ 51313; Anlegestelle in Würzburg ist am Alten Kranen. www.schiffstouristik.de
Taxi: ✆ 19410.
Parken: Es gibt etliche stadtnahe Parkhäuser und Parkflächen. Kostenfrei Parken an der Talavera (Friedensbrücke) und am Ludwigkai.

Adressen

• *Fahrradverleih* **FahrradStation** (Seitenausgang Hbf.), Bahnhofsplatz 4, ✆ 57445, ℻ 57465. Radsport Schuster, Raiffeisenstr. 3, ✆ 12338.

• *Fundbüro* Stadt Würzburg, Karmelitenstr. 20, ✆ 37481; Bahn und Straßenbahn verfügen ebenfalls über Fundbüros.

Übernachten/Essen & Trinken (siehe Karte Umschlagklappe vorne)

• *Hotels* **Rebstock (26)**, 4 Sterne, gilt als das führende Hotel Würzburgs, in der Neubaustraße mit einer bekannten Rokokofassade. Bereits 1408 wurde die Herberge erstmals erwähnt. Das von Sabine und Christoph Unckell in der zweiten Generation geführte Privathotel besitzt eine stilvolle, individuelle Einrichtung. Gemütlich-elegante Zimmer mit viel Komfort. Der exzellente Service tut ein Übriges, damit sich der Gast rundum wohlfühlt. Seit vielen Jahren wird das Hotelrestaurant von Würzburgern und Touristen gleichermaßen geschätzt. Chefkoch Franz Frankenberger überzeugt mit qualitätsbewusster Küche, die ihre fränkischen Wurzeln nicht verleugnet. Hauptgerichte um 20 €, Menü 50 € . DZ 164–189 €, EZ 98–120 €, Suite 276–354€. Neubaustr. 7, ✆ 30930, ℻ 3093100. www.rebstock.com

Walfisch (27), das Hotel am Mainufer mit Blick auf die Festung Marienberg genießt wegen seiner zentralen Lage (viel Verkehr, aber Lärmschutzfenster), des guten Preis-Leistungs-Verhältnisses und der freundlichen Bedienung einen guten Ruf. Schon in dritter Generation führt die Familie Schwarzmeier das kleine Haus. Elegant-konservative Einrichtung. Lohnenswert ist der Besuch des ambitionierten Restaurants, das auf regionale Produkte setzt, die raffiniert und frisch zubereitet werden. Gute Fischgerichte. Gehobenes Preisniveau. DZ 116–156 €, EZ 85–105 €, zahlreiche Arrangements. Am Pleidenturm 5, ✆ 35200, ℻ 3520500. www.hotel-walfisch.com

Schloss Steinburg (1), oberhalb der berühmten Weinlage Stein liegt auf der Berghöhe das romantische Schlosshotel (1897 erbaut), von dem sich ein fantastischer Blick auf Würzburg bietet. Das verwinkelte Hotel mit Turm-, Kamin- und Renaissancezimmer lohnt sich für Individualisten. Die überaus reich geschmückte, mit Mobiliar aus verschiedenen Epochen eingerichtete Herberge ist ein ganz außergewöhnliches, sehr persönlich geführtes Haus. Schwimmbad, Sauna und Fitnessgeräte vorhanden. Aufmerksamer Service. Ambitioniertes Restaurant, angenehme Terrasse mit Kastanienbäumen. DZ 130–156 €, EZ 80–90 €, interessante Wochenendarrangements. Auf dem Steinberg, ✆ 97020, ℻ 97121. www.steinburg.com

Mercure-Hotel am Mainufer (18), das unterhalb der Festung Marienberg gelegene Pannonia-Hotel bietet geschmackvoll eingerichtete, großzügige Zimmer der Mittelklasse (3 Sterne). Zum Zentrum sind es nur

Grafeneckart und Rathaus, im Vordergrund der Vierröhrenbrunnen

Ratskeller

Die Gaststätte Alte Mainmühle an der Alten Mainbrücke in Würzburg

wenige Minuten zu Fuß; Nachteil: das Hotel liegt an einer viel befahrenen Ausfallstraße. DZ 101–123 €, EZ 76–99 €. Fragen Sie nach preiswerten Wochenendarrangements. Dreikronenstr. 27, ✆ 41930, 📠 4193460. www.mercure.com

Grüner Baum (20), am Fuß der Festung Marienberg liegt dieses moderne Familienhotel. Rustikal eingerichtet. Fränkisches Frühstücksbuffet mit regionalen Spezialitäten. Freundlicher Service. Zentrumsnah, aber laute Straße. DZ 100–110 € , EZ 80–85 €. Zeller Str. 35 37, ✆ 450680, 📠 4506888. www.gruener-baum-wuerzburg.de

Würzburger Hof (9), das seit 1908 im Besitz der Familie Erb-Heinen befindliche Hotel (3 Sterne) steht in der Nähe des Juliusspitals, mitten in der Fußgängerzone (allerdings Straßenbahnverkehr). Das historische Haus besitzt Atmosphäre, manche Zimmer sind im Barock- und Rokoko-Stil eingerichtet. DZ 110–145 €, EZ 70–100 €, Appartements für 2 Pers. 160–165 €, mit Küche 180 €. Kein Restaurant. Barbarossaplatz 2, ✆ 53814, 📠 58324. www.hotel-wuerzburgerhof.de

Greifenstein (15), zentral gelegenes 4-Sterne-Hotel, das funktionale Zimmer ohne Schnickschnack bietet, zwischen 118 und 198 € für ein DZ bzw. 76–102 € für ein EZ, Juniorsuite 73–90 €.. Die Halbpension mit dreigängigem Abendmenü in den angeschlossenen Fränkischen Stuben kostet 18 € pro Person. Zahlreiche interessante Arrangements. Häfnergasse 1 (am Marienplatz), ✆ 35170, 📠 57057. www.greifensteiner-hof.de

Maritim (4), großes Hotel am Congresszentrum (287 Zimmer), zum Teil mit sehr schönem Blick zur Festung Marienberg. Verschiedene Restaurants im Haus, Hallenbad, Sauna usw. Fantastisches Frühstücksbuffet. Preise der Zimmer variieren nach Saison. Pleichertorstr. 5, ✆ 30530, 📠 3053900. www.maritim.de

Hotel am Congresszentrum (5), frisch renoviertes 4-Sterne-Hotel direkt gegenüber dem Congresszentrum, also zentral gelegen. Ansprechendes Ambiente, freundliches Personal. EZ 79–90 €, DZ100–120 € (Zimmer nach hinten verlangen, da viel Verkehr), Pleichertorstr. 26, ✆ 50244, 📠 50246. www.hotel-am-congress-centrum.de

Amberger (10), wenige Minuten von der Residenz liegt das Mittelklassehotel (gegenüber vom Stadttheater) mit eigener Tiefgarage. Zweckmäßige Zimmer (Lärmschutzfenster) mit Dusche oder Bad. EZ 74–86 €, DZ 96–108 €, Ludwigstr. 17, ✆ 35100, 📠 3510800. www.hotel-amberger.de

Franziskaner (25), „ein Haus für nette Gäste" heißt das Motto des modernen Altstadthotels (3 Sterne) bei der Franziskanerkirche, in unmittelbarer Nähe des Doms und der Fußgängerzone. Funktionale Zimmer, relativ ruhig gelegen. Praktischerweise befindet sich die Klosterschänke mit deftiger fränkischer Küche gleich nebenan. DZ 72 € (mit fließendem Wasser), mit Dusche 102–123 €, EZ ab 37 €. Franziskanerplatz 2, ✆ 35630, 📠 3563333. www.hotel-franziskaner.de

Central (6), kleines, zentrales Stadthotel beim Juliusspital, mit schmuckloser Fassade, aber zweckmäßig ausgestattet (Schallschutzfenster, Lift). Frühstücksbuffet. Freundlicher Service. DZ 81 €, EZ 51 €. Koellikerstr. 1, ✆ 56952 und 56808, 📠 50808. www.centralhotel-wuerzburg.de

Hotel-Café Poppular und Gästehaus Stift Haug (11), beide Häuser gehören dem Inhaber der Weinstube Popp in unmittelbarer Nähe. Zentrale, dennoch ruhige Lage in der Textorstraße (Nähe Hauptbahnhof), unweit von Stift Haug. Netter, kleiner Familienbetrieb, Restaurant im Haus Poppular, EZ mit Du/WC 55–59 €, DZ mit Du/WC 84–90 €. Im Gästehaus gegenüber EZ mit Dusche 48 €, ohne Dusche 33–41 €, DZ mit Dusche 79–82 €, ohne Dusche 54–62 €, günstige Wochenendarrangements. ✆ 53393, 📠 53345.

Jugendherberge (28), liegt auf der der Altstadt gegenüberliegenden Mainseite, in der Nähe der Burkarduskirche. 62 Zimmer mit insgesamt 254 Betten, Übernachtung ab 17,95 €, Altersgrenze 26 Jahre (außer Familien) Burkarder Str. 44, ✆ 42590, 📠 416862. www.wuerzburg-jugendherberge.de

• *Restaurants/Gasthöfe* **Schiffsbäuerin (19)**, für viele Würzburger ist dieses Gasthaus das beste Fischrestaurant (seit 1832) der Stadt (vielfach ausgezeichnet). Das traditionelle, konservativ eingerichtete Haus auf der linken Mainseite bietet frischen Flussfisch wie Schleie, Hecht, Zander, Waller, Aal, Forelle, dazu kann man Kartoffeln und Salate wählen, leckere Fischsuppen. Es werden Weine von Julius- und Bürgerspital kredenzt. Ein Fischessen mit Wein kostet etwa 20 €. Mittags- und Abendtisch. Übrigens stammen die Fische in der Regel aus dem Main und von Fischteichen bei Iphofen. Sehr freundlicher Service. Katzengasse 7, ✆ 42487. Mo Ruhetag.

Schützenhof (30) – Mit besten Aussichten

Der 1852–54 erbaute Johannishof kann auf eine interessante Geschichte zurück blicken. Hoch über der Stadt, in unmittelbarer Nähe des berühmten Käppele, befindet sich der vielleicht beliebteste Biergarten der Stadt, der von Gudrun Berndt und Uwe Bosack betrieben wird. Unter Kastanienbäumen tummeln sich bei Wernecker Bier und Frankenwein an lauen Sommerabenden oft ganze Heerscharen von Studenten. Es wird fränkisch gekocht. Moderate Preise, einladendes Umfeld (z. B. jedes Jahr im Oktober Kürbisausstellung). Der Schützenhof liegt in der Nähe des Nikolaushofs (gleiche Anfahrt bzw. Fußweg). Nette Bedienung. Mainleitenweg 48, ✆ 72422, 📠 783440. Täglich geöffnet von 9–1 Uhr, von 16. Dezember bis Ende Februar Betriebsferien. www.schuetzenhof-wuerzburg.de

Ratskeller (22), im Würzburger Rathaus wird vor allem fränkisch gekocht. Seit über 80 Jahren existiert unter dem Turm des Grafeneckart das Gasthaus mit seinen mittelalterlichen Räumen. Der verwinkelte Ratskeller ist bei Einheimischen und Gästen gleichermaßen beliebt. Schöner Innenhof mit Brunnen, mittleres Preisniveau. Beim Grafeneckart, ✆ 13021.

Residenzgaststätten (24), wie der Name schon verrät, liegt das Restaurant mit Terrassenbetrieb (im Hofgarten) unmittelbar neben der Residenz. Elegante Räumlichkeiten. Fränkische Küche, guter Fisch, gehobenes Preisniveau. Höfliche Bedienung. Es werden Weine der Hofkellerei ausgeschenkt. Durchgehend warme Küche. Internationales Publikum. Residenzplatz 1, ✆ 54670. Mo Ruhetag.

Stadt Mainz (7), der originell bemalte, lilafarbene Gasthof fällt von weitem auf. Das liebevoll eingerichtete, zünftige Restaurant mit Jagdtrophäen an der Wand besteht bereits seit 1430. Viele Stammgäste schätzen die vielseitige Regionalküche (Fisch, Wild) des Hauses, Hauptgerichte um die 12 €. Dazu die Atmosphäre von anno dazumal. Berühmt ist das hauseigene Kochbuch „Maria Flink, die perfecte Köchin" aus dem Jahr 1850. Manches Rezept kann man noch auf der Speisekarte finden. Bisweilen werden auch noch die bekann-

Würzburg Karte Umschlagklappe vorne

ten Meefischli serviert. Gute Weine und Rauchbier aus Bamberg vom Fass. Das von den Schwestern Schwarzmann geführte Haus vermietet auch Zimmer (EZ ab 75 €, DZ ab 110 €). Semelstr. 39, ✆ 53155, ✆ 58510, www.hotel-stadtmainz.de. Übrigens, am 24. August feiert die ganze Semelstraße die zurückkehrenden Wallfahrer vom 90 km entfernten Kreuzberg mit der Zwiebelkirchweih. Dann wird auch der bekannt Zwiebelblootz, ein mit Quark gemachter Zwiebelkuchen, serviert.

Der über 100 Jahre alte **Nikolaushof (29)** bei der Wallfahrtskirche Käppele ist ein ideales Ziel für Würzburg-Besucher. Hoch über der Stadt bietet er dem Gast verschiedene Sitzmöglichkeiten (Scheune, Pavillon, Innenhof, Restaurant mit Terrasse, Seegarten und Bar) in herrlicher Lage. Hauptgerichte ab 15 €, Menüs, Fondueessen ab Oktober (Vorbestellung).Spittelbergweg (werktags von 6.30–18.30 geöffnet, sonntags ab 8.30 Uhr, abends geschlossen). ✆ 797500, ✆ 7975022. www.nikolaushof.org

Anfahrt mit dem Auto vom Zentrum über Nikolausstraße und Leutfresserweg, nach ca. 2 km an der Frankenwarte links, nach ca. 1 km Parkplätze. Die letzten Meter zu Fuß. Wesentlich schöner und nicht so umständlich ist es jedoch, zu Fuß von der Stadt hoch zu steigen über den herrlichen Kreuzweg zum Käppele.

Alte Mainmühle (23), Gaststätte in einer sanierten Mühle, herrlich direkt an der Alten Mainbrücke gelegen. Im Sommer sitzt man sehr schön entweder auf der Alten Mainbrücke oder auf zwei übereinander liegenden Balkonen direkt über dem Wasser. Geöffnet Mo–Sa 9–1 Uhr, So 10–1 Uhr. Mainkai 1, ✆ 16777, ✆ 3043019. www.Alte-Mainmuehle.de

Café Michel (16), das zentral neben dem Falkenhaus gelegene Café ist eine Institution in Würzburg und bekannt für die große Auswahl an Kuchen und Pralinen. Im Sommer sitzt man auf dem Marktplatz.

• *Weinstuben* **Weinhaus Stachel (17)**, hier gibt es kein Bier, sondern ausschließlich Rebensaft. Der Stachel ist die älteste Weinstube Würzburgs. Der malerische Innenhof fehlt in kaum einer Touristenbroschüre. Doch das Weinhaus ist keineswegs eine reine Touristenattraktion. Auf dem Tisch kommt meist ein trockener Frankenwein in Form eines Bocksbeutels. Fränkische und internationale Küche. Mittleres Preisniveau. Gressengasse 1. So Ruhetag.

Weinstube Maulaffenbäck (14), eine volkstümliche Institution in Würzburg, die von der ehemaligen Frickenhäuser Weinkönigin Marion Meintzinger geführt wird. Die urige, preiswerte Weinstube ist ein typischer Würzburger Bäck (s. Kasten). Hier kann man seine Brotzeit selbst mitbringen, Teller, Besteck und Serviette werden von den Gastgeberngestellt. Natürlich gibt es im Maulaffenbäck auch kleine Gerichte. Täglich ab 11 Uhr geöffnet. Maulhardgasse 9 (bei der Marienkapelle). So Ruhetag. www.maulaffenbaeck.de

Der Bäck: Brot und Wein

Die hohe Besteuerung und die wirtschaftliche Misere zwangen viele kleine Weinbauern nach den Napoleonischen Kriegen zu Beginn des 19. Jh., ihre Winzerbetriebe aufzugeben. Zahlungskräfte Bäcker aus Würzburg kauften die Rebgärten und die Konzessionen für den Weinausschank. So entstanden in der Mainmetropole Bäckereien mit Weinstube. Dort konnten Brot und Wein gleich an Ort und Stelle verzehrt werden. Viele Bäcker merkten schnell, dass mit dem Weinausschank mehr Geld zu verdienen war als mit der Brotherstellung. Mancher gab sein Bäckerhandwerk kurzerhand auf. Sozusagen als Ausgleich für die fehlenden Backwaren zum Rebensaft erlaubten die Wirte ihren Gäste, sich die Brotzeit selbst mitzubringen.

Juliusspital-Weinstuben (8), die rustikalen, verwinkelten Juliusspital-Weinstuben sind ein traditionsreicher Treffpunkt in der Würzburger Altstadt. Das stimmungsvolle Gasthaus wurde in jüngster Zeit sehr schön renoviert, es gibt nun einen kleinen Freisitz im Innenhof. Hauptgerichte unter 10 €, gute Fischgerichte und natürlich erstklassige Weine. Täglich 10–24 Uhr geöffnet. Juliuspromenade 19. ✆ 54080. www.juliusspital.de

Bürgerspital-Weinstuben (12), das Bürgerspital mit seinen Räumen und Stuben, vom Teufelskeller bis zur Sterenhalle, zählt zu den beliebtesten Weinstuben der Stadt. An

Juliusspital: erstklassiges Weingut und soziale Einrichtung

blank gescheuerten Tischen kann man sich mit exzellenten Weinen verwöhnen lassen. Schöner Innenhof. Durchgehend warme Küche bis 23.30 Uhr. Häcker-Brotzeit für den kleinen Hunger. Mittleres Preisniveau, überwiegend älteres Publikum. Theaterstraße. www.buergerspital.de/weinstube

Weinstein (2), hier zeigt sich Würzburg von seiner sonnigsten Seite. Das Restaurant im Weingut am Stein (oberhalb des Stadtrings) bietet hervorragende Tropfen aus den Spitzenlagen Stein und Innere Leiste. Die Küche unter Küchenchef Bernd Reiser ist leicht und ambitioniert. Edles und stilvolles Restaurant mit gehobenen Preisen. Schöne Aussicht von der Freiterrasse. Moderner Anbau zur Weinverkostung mit ausgefallener Architektur. Jüngeres Publikum. Mittlerer Steinbergweg 5, ✆ 286901 (im Sommer Reservierung ratsam). Di–Fr ab 17 Uhr geöffnet, Sa/So ab 12 Uhr. www.weingut-am-stein.de

Wein (siehe Karte Umschlagklappe vorne)

Eines vorweg: Die Würzburger Weingüter genießen eine guten bis sehr guten Ruf. Wer jedoch ausgiebig probieren und einkaufen möchte, muss im Gegensatz zu anderen Winzerorten mit kundenunfreundlichen Öffnungszeiten kämpfen. Werktags schließt der Verkauf vielfach schon vor 17 Uhr, Sa bereits um 13 Uhr und am So bleiben meist sogar renommierte Weingüter geschlossen (abgesehen von vorher vereinbarten Führungen oder Weinproben für Gruppen).

Juliusspital (8), mit 160 ha Rebfläche gehört es nicht nur zu den renommiertesten, sondern auch zu den größten Weingütern in Deutschland. Für viele Liebhaber des Bocksbeutels zählen die Spitzengewächse aus dem Juliusspital zum Besten, was Mainfranken hervorbringt. Kein Wunder, denn die 1676 von Fürstbischof Julius Echter gegründete Stiftung besitzt am Main und im Steigerwald hervorragende Lagen: Würzburger Stein, Innere Leiste (Würzburg), Julius-Echter-Berg (Iphofen), Pfülben (Randersacker), Bürgstadter Mainhölle ... Rund eine Million Flaschen, insbesondere Silvaner, Müller-Thurgau und Riesling, verlassen jährlich das Spitzenweingut mitten in Würzburg. Das Juliuspital mit seiner gleichnamigen Schänke sollte man sich unbedingt ansehen. Weinverkauf: Mo–Do 8.30–16.30 Uhr, Freitag 7.30–12 Uhr. Weine des Juliusspitals werden auch verkauft und verkostet im **Weineck Julius Echter**, das in einer Seitenstraße der Juliuspromenade (Koellikerstr. 12, ✆ 59777) liegt. Hier kann man in einer kleinen Probierstube die Weine kosten und auch seine eigene Brotzeit mitbringen. Verkauf: Mo–Fr 10–18 Uhr, Sa 10–16 Uhr. www.juliusspital.de

Bürgerspital (12), mitten in der Stadt liegt das prestigeträchtige Weingut, wie das Juliusspital eine karitative Stiftung (Stiftung Bürgerspital zum Heiligen Geist). Schon die Baulichkeiten mit dem malerischen Keller und dem barocken Innenhof sind einen Besuch wert. Mit einer Jahresproduktion von fast einer Million Flaschen (140 ha Rebfläche) zählt das Bürgerspital, das 1319 für bedürftige, alte Menschen ins Leben gerufen wurde, zu den größten Weingütern Mainfrankens. Es besitzt hervorragende Lagen, darunter so berühmte Hänge wie Würzburger Stein, Abtsleite, Innere Leiste oder Randersacker Pfülben. Vor allem die Rieslinge (mit 30 % Hauptrebsorte) und Silvaner des Bürgerspitals genießen einen sehr guten Ruf. Im Bürgerspital steht hinter Panzerglas der älteste noch trinkbare Wein der Welt, gekeltert im Jahre 1540 – eine Rarität von unschätzbarem Wert. Verkauf im Laden (Ecke Theaterstr./Semelstr.): Mo–Fr 9–18 Uhr, Sa 9–15 Uhr, Theaterstr. 19. www.buergerspital.de

Staatlicher Hofkeller (21), das bayerische Wappen verkündet es bereits auf dem Etikett. Dieses Weingut an der Residenz, im Rosenbachpalais untergebracht, gehört dem Freistaat Bayern. Es bewirtschaftet die ehemaligen Besitzungen der Fürstbischöfe, darunter 1a-Lagen wie Stein, Innere Leiste oder Randersacker Pfülben. Vor allem die Rieslinge aus dem Staatsweingut besitzen einen ausgezeichneten Ruf. Empfehlenswert sind die trockenen Kabinettweine vom Würzburger Stein. Beeindruckender Weinkeller. Residenzplatz 3, ✆ 3050923, 📠 3050966. www.hofkeller.de

Weingut am Stein/Ludwig Knoll (3), in den Weinbergen der berühmten Lage Stein liegt das Weingut von Ludwig Knoll. Es umfasst 13 ha Rebfläche, die gemäß der Familientradition liebevoll und fachkundig bewirtschaftet werden. Knoll machte sich in den letzten Jahren einen Namen für fruchtig-elegante Silvaner, Rieslinge und Grauburgunder. Auch in Eichenholzfässern (Barrique) ausgebaute Weine werden verkauft, ebenso interessante Hausbrände aus fränkischem Obst, die teilweise in kleinen Holzfässern aus Spessarteiche reifen. Zum Weingut gehören neben der Lage Stein auch die Innere Leiste. Verkauf: Mo–Fr 8.30–17.30, Sa 8.30–12 Uhr. Mittlerer Steinbergweg 5, ✆ 25808, 📠 25880. www.weingut-am-stein.de

NonSoloVino, unter Liebhabern italienischer Weine der beste Laden der Stadt. Es werden auch Bücher und außergewöhnliche Korkenzieher verkauft. Das kleine Geschäft im Zentrum hat wechselnde Öffnungszeiten, am besten vorher anrufen. Herzogenstr. 5, ✆ 572588.

Haus des Frankenweins: 100 Schätze aus 1000 Kellern

Das Haus des Frankenweins, idyllisch im Würzburger Zentrum am Kranenkai gelegen, bietet jeweils die 100 Besten eines Jahrgangs zum Probieren und Kaufen an. Natürlich fehlt hier die Atmosphäre eines Weinguts, dennoch lohnt sich ein Besuch für denjenigen, der in kurzer Zeit einen Überblick über die wichtigsten Weiß- und Rotweine, Sekte und Edelbrände aus Mainfranken gewinnen möchte. Allerdings am So geschlossen, Sa nur bis 13 Uhr. Mo–Fr 10–18 Uhr (Nov.–Feb. nur bis 17 Uhr). Gebietsweinwerbung Frankenwein-Frankenland GmbH, Kranenkai 1, ✆ 390110, 📠 17175. Im Haus ist übrigens eine Gaststätte untergebracht, die relativ preiswert Weine und fränkische Küche serviert. www.haus-des-frankenweins.de

Wandern/Theater/Nachtleben (siehe Karte Umschlagklappe vorne)

• *Wandern* Zwischen Main und der Festung Marienberg liegen die berühmten **Rebhänge Schlossberg und Innere Leiste**. Seit ein paar Jahren sind die Weinbergslagen auch begehbar. Ein Wanderweg führt von der Kirche St. Burkard (Saalgasse) auf

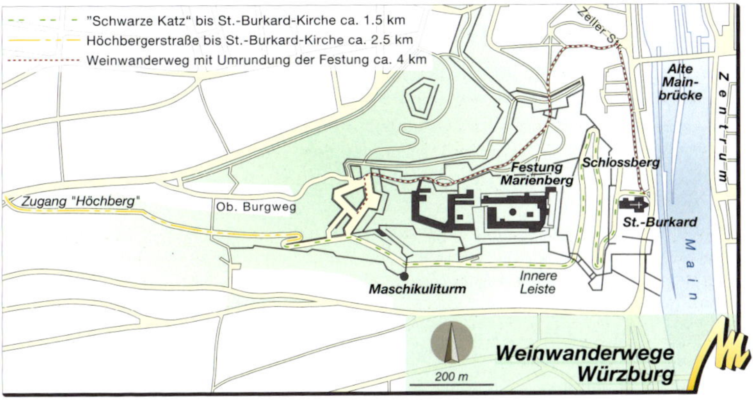

dem linken Mainufer hinauf **zu den Reblagen** am steil abfallenden Festungsberg. Immer wieder bieten sich schöne Ausblicke auf die Stadt. Die Strecke, die von Würzburg in Richtung Höchberg führt, informiert den Wanderer mit Schautafeln über Geschichte, Natur und Kultur des Weinbaus. Auf den befestigten und geschotterten Wegen kommt man durch die Rebhänge der berühmten Weingüter Juliusspital, Bürgerspital und des Staatlichen Hofkellers. Der Weg (4 km) führt von der Kirche St. Burkard über den Maschikuliturm hinauf zur Festung. Von dort geht es hinab durch den Park zur Zeller Straße und der Alten Mainbrücke. Gehzeit knapp1 Std.

Stein-Wein-Pfad: Ausgangspunkt ist das Weingut Am Stein Ludwig Knoll, Zugang zu Fuß über Rotkreuzstraße, Anfahrt mit dem PKW über Stadtring Nord (eigene Ausfahrt).

• *Theater* **Mainfrankentheater Würzburg**, das 3-Sparten-Theater bietet Oper, Operette, Musical, Ballett und Schauspiel an. Theaterstr. 21, ✆ 3908124. www.theaterwuerzburg.de

Kabarettbühne Bockshorn, im Kulturspeicher. Hier werden Künstler präsentiert, die das Prädikat „Extraklasse" verdienen. ✆ 4606066, Am Alten Hafen, Veitshöchheimer Str. 5.

Theater am Neunerplatz, es zeigt Theater von Kindern für Kinder und Jugendliche, Kabarett, Varieté. Adelgundenweg 2a, ✆ 415443.

• *Nachtleben* **Omnibus Folkcenter (13)**, hier gibt es seit 1970 Live-Musik. Uriges Kellerlokal mit guter Stimmung bei guter Musik. Geöffnet täglich 20–1 Uhr, Theaterstr. 10, ✆ 56121. www.omnibus-wuerzburg.de

Aufgemerkt

Seit einigen Jahren machen drei Gestalten aus Franken Furore: Erwin Pelzig, Hartmut und Dr. Göbel. Die drei Kunstgestalten haben sich so weit verselbstständigt, dass ihr Schöpfer, der Kabarettist Frank-Markus Barwasser (Jahrgang 1960) aus Würzburg, immer wieder mal um Autogramme von dem einen oder anderen gebeten wird. Wenn Pelzig mit Jäckla, Hut, Täschli und rot-weiß-kariertem Hemd die Bühne betritt, lachen nicht nur die Franken (über sich selbst). Unerbittlich halten Pelzig und Co. der Welt den Spiegel vor und kaum bleibt das Lachen einmal im Halse stecken, treibt es der Meister der humoristischen Dramaturgie wieder raus. Zu bewundern ist Pelzig inzwischen auch als Talkmaster im bayerischen Fernsehen. Im Gegensatz zu gängigen Talkshows nimmt „Erwin Pelzig" seine Gäste mündlich in die Zange.

Würzburg/Sehenswertes

Fürstbischöfliche Residenz: Sie gehört zu den bedeutendsten Schlossanlagen des Barock in Europa. Das prachtvolle Denkmal absolutistischer Macht – heute von der Unesco als Weltkulturerbe geschützt – ist ein Besuchermagnet. Das barocke Stadtschloss (1720–1744 im Rohbau entstanden, erst 1780 fertig ausgestattet) ist das Hauptwerk des Würzburger Architekten Balthasar Neumann, der noch als junger und unbekannter Baumeister von Fürstbischof Johann Philipp Franz von Schönborn den Auftrag erhielt. Sechs Fürstbischöfe wirkten als Bauherrn. Nicht nur die Dimensionen und Fassaden der Fürstbischöflichen Residenz mit ihrem weitläufigen, mit Putten bestückten Hofgarten beeindrucken, sondern insbesondere die Innenausstattung des Palasts. Die gewaltigen Fresken des venezianischen Künstlers Giovanni Battista Tiepolo im Treppenhaus und im Kaisersaal sind Höhepunkte der internationalen Barockmalerei. Für einen Besuch der Residenz sollte man sich Zeit nehmen.

• *Öffnungszeiten* **Residenz**, April–Okt. tgl. 9–18 Uhr, Nov.–März tgl. 10–16 Uhr, Eintritt 5 €, erm. 4 €, ✆ 355170, ℻ 3551725.

Die **Orangerie** im Hofgarten ist nur im Rahmen von Veranstaltungen zugänglich. Der **Hofgarten** ist von 7 Uhr bis Einbruch der Dunkelheit kostenlos zugänglich.

• *Tipp* Lohnenswerte **Lektüre** für Liebhaber der Fresken Tiepolos ist die Broschüre „Tiepolo in der Würzburger Residenz" von Diethard Herles, Verkauf an der Kasse der Residenz.

Balthasar Neumann – der Ausnahmearchitekt

1711 kam der in Eger (Böhmen) geborene Glocken- und Geschützgießergeselle Balthasar Neumann (1687–1753) an den Main. Der Ingenieur-Hauptmann des Fränkischen Reichskreises wurde 1719 schon von Fürstbischof Philipp Franz von Schönborn als Bauleiter für die neue Residenz berufen. Im Austausch und Wettstreit mit den bedeutendsten Architekten und Künstlern seiner Zeit reifte er zum viel beschäftigten Baumeister heran, der vom Bodensee bis zur Mosel, vom Rhein bis zur Donau seine Schöpfungen hinterlassen hat. Genannt seien neben der Residenz hier nur einige wenige: Das Käppele in Würzburg, Maria Limbach bei Eltmann, etliche Landkirchen. Außerdem betrieb er jahrelang die Spiegelmanufaktur in Fabrikschleichach im Steigerwald im heutigen Landkreis Haßberge. Balthasar Neumann war ein sehr vielseitiges Talent: er arbeitete als Stadtbaumeister, Baudirektor der Hochstifte Würzburg und Bamberg, Artillerie-Obrist, Lustfeuerwerker, Universitätsdozent und Unternehmer einer Glashütte. Immense handwerkliche Kenntnisse verbanden sich bei ihm mit perfekt angewandter mathematischer Begabung und einem untrüglichen Gespür für Maß und Proportion.

Die wichtigsten Sehenswürdigkeiten der Residenz:

• *Eingangshalle* Nach der Kasse gelangt man in die flach gewölbte Eingangshalle, daneben der *Gartensaal*, der mit einem Fresko Johann Zicks mit dem Titel „Das Mahl der Götter" und mit Stuckarbeiten von Antonio Bossis geschmückt ist.

• *Treppenhaus* Der wohl berühmteste Teil der Residenz spielte einst eine repräsentative Rolle. Es ist eine technische Meisterleistung des Architekten Balthasar Neumann. Viele seiner Zeitgenossen hielten es für unmöglich, eine derart große Decke ohne Säulen und Pfeiler zu überwölben. Das monumentale Fresko schuf 1752/53 der

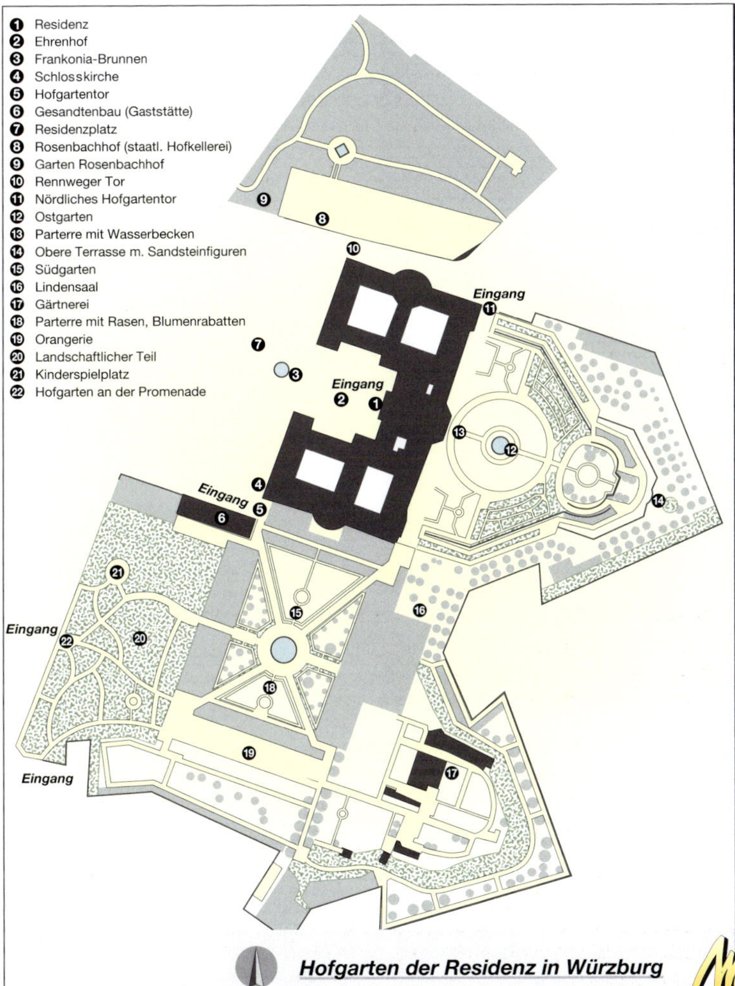

Hofgarten der Residenz in Würzburg

schon damals weltberühmte Giovanni Battista Tiepolo (1696–1770), der übrigens auch bei der Ausmalung des Madrider Königsschlosses mitwirkte. Auf einer Fläche von 18 x 30 m stellte der Italiener die damals bekannten vier Erdteile Europa, Asien, Afrika und Amerika dar. Den Höhepunkt bildet Europa mit dem Würzburger Hof als Hort der Künste. Antike Gottheiten huldigen dem fränkischen Fürstbischof Carl Philipp von Greiffenclau, der in einem der Medaillons erscheint. Schräg darunter, auf dem Gesims ruhend, hat Tiepolo den 1753 gestorbenen Balthasar Neumann (mit Hund) in der Uniform eines Obristleutnants bildlich verewigt. Übrigens hinterließ Tiepolo in der linken Gewölbedecke auch ein Selbstporträt. Es zeigt den Meister mit rotbrauner Kappe neben seinem Sohn Giovanni Domenico Tiepolo in weißer Perücke.

Tilman Riemenschneider bei der Arbeit – der Frankonia-Brunnen

• *Weißer Saal* ein Beispiel der Stuckdekoration aus der Rokokozeit. Die opulente Ornamentik schuf Antonio Bossi.

• *Kaisersaal* Neben dem Treppenhaus stellt der majestätische Kaisersaal einen architektonischen Höhepunkt der Residenz dar. Oberhalb der in die Wand gestellten Säulen mit ihren vergoldeten Kapitellen schuf Tiepolo drei Deckengemälde, die die Verbindung der Würzburger Geschichte mit der Historie des Reichs thematisieren: Im Zentrum erscheint auf einem Thron eine allegorische Figur, der „Genius Imperii", die Verkörperung des Deutschen Reichs.

Sonnengott Apoll, der den Landesherrn aus Franken symbolisiert, führt ihm die Braut – eine Personifikation Burgunds – zu. Das Fresko sollte an die Vereinigung des Reichs mit Burgund erinnern, die der Würzburger Bischof bewerkstelligt hatte. An der Südwand des Kaisersaals zeigt ein weiteres Fresko dann die Hochzeit Kaiser Friedrichs I. Barbarossa mit Beatrix von Burgund, die 1156 in Würzburg stattfand. Seinen Auftraggeber, Fürstbischof Greiffenclau, verewigte Tiepolo in den Gesichtszügen des zelebrierenden Bischofs. Die Konsequenzen dieser Vermählung werden gegenüber, im dritten Fresko, bildhaft ausgedrückt: Kaiser Barbarossa, flankiert von Herkules (mit Keule) und Minerva, verleiht im Jahr 1168 dem knienden Würzburger Bischof die Herzogswürde und damit auch die weltliche Macht. Übrigens erinnert auch dieser kirchliche Würdenträger an Greiffenclau.

• *Paradezimmer* An den Kaisersaal schließen sich verschiedene Repräsentationsräume an, besonders sehenswert sind das *Grüne Zimmer* und das *Spiegelkabinett*.

• *Frankonia-Brunnen* Er steht seit 1894 vor dem Haupteingang der Residenz. Zu Füßen der Frankonia – der Personifikation Frankens – sitzen drei berühmte Würzburger: Minnesänger Walther von der Vogelweide (mit einer Laute in der linken Hand), Bildhauer Tilman Riemenschneider (bei der Arbeit an einer Figur) und Maler Matthias Grünewald. Der Brunnen war ein Geschenk an Prinzregent Luitpold von Bayern, der 1821 in der Residenz geboren worden war.

• *Hofkirche* Auch außerhalb der regulären Öffnungszeiten kann die prachtvolle Hofkirche im Südflügel der Residenz besichtigt werden (Eingang ganz rechts, wenn man vor der Residenz steht, neben der Residenzgaststätte). Das Werk Balthasar Neumanns gilt als ein Höhepunkt barocker Architektur. Fresken, Stuck, Statuen, Säulen, Marmor, Gold – überschäumender Prunk prägt das Gotteshaus. Beachtenswert sind die beiden Gemälde von Giovanni Battista Tiepolo über den Seitenaltären. Das Werk links stellt den „Engelssturz" und das rechts „Die Himmelfahrt Mariens" dar.

• *Hofgarten* Neben der Hofkirche gelangt man durch ein aufwändig gestaltetes Rokokotor in den weitläufigen Hofgarten – ein beliebter Ruheplatz für Einheimische und Touristen an heißen Sommernachmittagen. Im Süden des Gartens befindet sich ein von vier kegelförmig geschnittenen Eiben umgebenes Wasserbassin. An der Ostfassade steigt der mit Puttengruppen des Hofbildhauers Johann Peter Wagner geschmückte Hofgarten hangartig an. Alljährlich im Juni bildet die aufwändig gepflegte Anlage den stilvollen Rahmen für das Mozartfest mit klassischen Freiluftkonzerten.

Festung Marienberg: Die mächtige Burganlage ist das Wahrzeichen Würzburgs. Seit der späten Bronzezeit war der Festungsberg besiedelt. Im frühen 8. Jh. wurde hier das erste Kastell mit einer Kirche errichtet, die zur ersten Würzburger Bischofskirche erhoben wurde. Vor allem im Spätmittelalter und in der Renaissance (unter Julius Echter von Mespelbrunn) wurde die Anlage zu einer außergewöhnlich großen Burg ausgebaut. Nachdem die Schweden im 30-jährigen Krieg die Festung eingenommen hatten, veranlasste Johann Philipp von Schönborn Mitte des 17. Jh., den Marienberg mit gewaltigen Bastionen noch stärker zu befestigen. Die im 2. Weltkrieg stark zerstörte Festung wurde erst 1990 wieder vollständig hergestellt.

Im Rosengarten der Festung Marienberg

Heute beherbergen die weitläufigen Anlagen das **Mainfränkische Museum** (Werke von Tilmann Riemenschneider, Sandsteinfiguren vom Schlosspark Veitshöchheim) und das **Fürstenbau-Museum**, das die fürstbischöflichen Wohnräume samt Einrichtung sowie die stadtgeschichtliche Abteilung des Mainfränkischen Museums zeigt. Doch nicht nur wegen der beiden Museen lohnt sich ein Besuch auf dem Marienberg. Ein Spaziergang von der Altstadt zur Festung ist ein unvergessliches Erlebnis, denn er bietet immer neue Blicke auf die mainfränkische Metropole. Schlendern Sie um den alten Kern der Burg, an barocken Mauern und Rundtürmen vorbei und genießen Sie das Panorama auf Altstadt und die Wallfahrtskirche Käppele. Ein besonders schöner Aussichtspunkt ist der **Fürstengarten** (an der Ostseite der Festung) mit seinem achteckigen Pavillon und den Wasserspielen. Im Inneren Burghof gibt es nicht nur eine beliebte Gaststätte, sondern neben dem 30 m hohen Bergfried auch die **Marienkirche**, die auf das frühe 8. Jh. zurückgeht. Von ihrer ursprünglich romanischen Bausubstanz blieb nicht viel übrig. Heute dominieren die barocken Altäre und der spätgotische Chor im Innern. Wenige Schritte weiter steht das tempelartige **Brunnenhaus** im Renaissancestil, das mit einem über 100 m tiefen Schacht die Wasserversorgung der Festung über Jahrhunderte sicher stellte. Beachten Sie auch den von Balthasar Neumann entworfenen **Maschikuliturm** (1724–28) unterhalb der eigentlichen Festung. Er ist das Endglied einer Bastionsbefestigung am Südhang. Der eigenartige Name geht auf die senkrecht nach unten gerichteten Schießscharten, die so genannten Machicolis, zurück.

• *Verbindungen* Ein **Bus** (Linie 9) fährt von Apr.–Nov. vom Busbahnhof bis zum Höchberger Tor, 2x pro Std. im Sommer. Auskunft ✆ 362320. Der **Parkplatz** vor der Festung ist gebührenpflichtig. Gastronomie im Festungsbereich.

Fußweg: von der Alten Mainbrücke über die Tellsteige ca. 30 Minuten (ausgeschildert).

• *Öffnungszeiten* **Festung**, April–Okt. 10–17 Uhr, Nov.–März 10–16 Uhr, Mo geschlossen, ✆ 205940, ✆ 2059456.

• *Burgführung* von Apr.–Okt Di–Fr 11, 14 und 15 Uhr, Sa/So 10, 11, 13, 14, 15 und 16 Uhr. Treffpunkt 2. Burghof, Preis 3 €. Anmeldung: Schloss- und Gartenverwaltung, ✆ 355170 und 3551750.

• *Maschikuliturm* nur im Sommer zu besichtigen. Sa/So 10–12 und 13–17 Uhr.

Tilman Riemenschneider – Meister der Spätgotik

Kaum ein anderer Künstler Mainfrankens hat in heutiger Zeit mehr Bewunderung erhalten als Tilman Riemenschneider. Der um 1460 in Osterode im Harz geborene Sohn eines Münzmeisters, kam als 18-Jähriger erstmals nach Würzburg. 1483 fand er als „Malerknecht" nach Jahren der Wanderschaft Aufnahme in die Zunft der Maler und Bildhauer der Stadt. Die Ehe mit der Witwe eines Goldschmieds gab ihm bereits 1485 Bürgerrecht und Meisterwürde und damit die Voraussetzungen zur Gründung einer eigenen Werkstatt. Riemenschneider fand mit seinen Werken von Anfang an viel Anerkennung. „Das Lyrische seiner Art muss der inneren Stimmung seiner neuen fränkischen Heimat besonders entgegengekommen sein", vermutet der Riemenschneider-Experte Hanswernfried Muth. Riemenschneider versorgte mit seiner Werkstatt – dort waren bis zu 18 Gesellen beschäftigt – ganz Mainfranken mit Bildwerken. Der Künstler brachte es auch politisch weit. 1504 wurde er erstmals in den Rat der Stadt und 1520/21 zum Bürgermeister von Würzburg gewählt. Während des Bauernkriegs trat er für die Rechte der unterdrückten und ausgebeuteten Bauern ein. Dies wurde dem Künstler und Politiker vom siegreichen Landesfürsten nicht verziehen. Riemenschneider wurde gefoltert und im Gefängnis eingesperrt. Danach verlor er sämtliche Ämter und Ehren. Am 7. Juli 1531 starb der berühmte Bildhauer.

Buchtipp Ausstellungskatalog Tilmann Riemenschneider. Werke seiner Blütezeit, Werke seiner Glaubenswelt, herausgegeben vom Mainfränkischen Museum und dem Kunstreferat der Diözese Würzburg, 2 Bände, Regensburg 2004.

Die wichtigsten Sehenswürdigkeiten der Festung:

• *Mainfränkisches Museum* Im barocken Zeughaus der Festung Marienberg aus dem Jahr 1709 ist die umfangreiche Sammlung fränkischer Kunst untergebracht. Neben der weltweit größten Sammlung von Plastiken Tilmann Riemenschneiders wird hier ein Querschnitt durch mehr als zwei Jahrtausende fränkischer Kunst und Kultur

In der Domstraße, der Einkaufsmeile Würzburgs

geboten: Vorgeschichte, Kunsthandwerk, Volkskunde, Malerei und Plastik, darunter die Originalfiguren von Ferdinand Tietz aus dem Veitshöchheimer Rokokogarten.

Öffnungszeiten Apr.–Okt. Di–So 10–17 Uhr, Nov.–März nur von 10–16 Uhr; Mo geschlossen. Eintritt: Erw. 3 €, erm. 1,50 €. Verbundkarte Mainfränkisches Museum und Fürstenbau-Museum: 5 €: ✆ 205940. www.mainfraenkisches-museum.de

• *Fürstenbau-Museum* Die Sammlung im Fürstenbau zeigt die fürstbischöflichen Wohnräume, die mit Wandteppichen, Gemälden und Möbeln prächtig ausgestattet sind. Die kirchliche Schatzkammer präsentiert sakrale Goldschmiedearbeiten und liturgische Gewänder. Im 2. Obergeschoss befindet sich die stadtgeschichtliche Abteilung des Mainfränkischen Museums, unter anderem mit den Modellen Würzburgs um 1525 und nach der Zerstörung 1945.

Öffnungszeiten Apr.–Okt. Di–So 9–18 Uhr, Nov.–März geschlossen; ✆ 3551750 oder 3551753.

Dom St. Kilian mit Schönbornkapelle: Die Vielfalt der Kunststile und die Größe des Doms am Ende der Fußgängerzone (Domstraße) sind beeindruckend. St. Kilian ist die viertgrößte romanische Kirche in der Bundesrepublik, jedoch im Inneren ein Nebeneinander von mittelalterlichen Baustilen, Barock und Moderne. Der Bau wurde bereits um 1040 begonnen und zwischen 1701 und 1704 durch den Italiener Pietro Magno mit barockem Stuck versehen. 1945 brannte er komplett aus, ein Jahr später stürzte auch das Langhaus ein. Der Wiederaufbau erfolgte äußerlich in alter Form, im Querhaus und im Chor blieb der barocke Stuck erhalten. Ende der 80er Jahre wurde der Chor neu gestaltet.

In der zweiten Hälfte des 18. Jh. hatte Balthasar Neumann dem Chor eine Sakristei und der Ornatkammer am Querhaus die *Schönbornkapelle* angefügt, die als Grablege der Familie der Fürstbischöfe diente. Beachtenswert sind insbesondere Bischofsgrabmäler, die mit dem Gottfried von Spitzenbergs (1190) beginnen. Zu den herausragenden zählen die von Tilman Riemenschneider geschaffenen Epitaphe für Rudolf von Scherenberg (1495) und für Lorenz von Bibra (1519). Die prachtvollen Stuckarbeiten der Schönbornkapelle stammen von Antonio Bossi. In der *Krypta*

Würzburg Karte Umschlagklappe vorne

Neumünster: die eindrucksvolle Fassade aus rotem Sandstein

befindet sich das einfache Grab des heiligen Bischofs Bruno (1034–1045), eines Vetters von Kaiser Konrad II. An der südlichen Langhauswand schließt sich ein *gotischer Kreuzgang* an. Von dort gelangt man zur Grablege der Domherren aus dem 15. Jh. Der hallenartige Raum bekommt seinen besonderen Reiz durch die abstrakten Fenster des Künstlers Georg Meistermann.

Grafeneckart und Rathaus: Ursprünglich war das Rathaus Sitz eines bischöflichen Beamten. 1316 wurde es jedoch von der Bürgerschaft gekauft und ständig erweitert. Der ungewöhnliche Name Grafeneckart für den auffälligen Bau mit seinem romanischen Turm leitet sich von einem Burggrafen Eckart her, der um 1200 ermordet wurde. Der Bau beherbergt einen stimmungsvollen mittelalterlichen Saal (Wenzelsaal) aus dem frühen 13. Jh. Links neben dem Rathaus die auffällige Renaissancefassade des *Roten Baus* (1659/60). Durch das Portal gelangt man in einen malerischen Hof, der im Sommer vom Ratskeller bewirtschaftet wird.

Vierröhrenbrunnen: Vor dem Grafeneckart fällt dieser Brunnen im Rokokostil auf. Aus den Mäulern der vier Delfine schießt unablässig das Wasser, darüber thronen die vier christlichen Kardinaltugenden. In der Mitte ein Obelisk, auf dem Frankonia steht, die Symbolgestalt Frankens. Die lebensfrohen Würzburger wussten bei wichtigen Staatsbesuchen und Bischofswahlen den Vierröhrenbrunnen auf ganz besondere Weise einzusetzen: Dann floss aus den Delfinen kein Wasser, sondern Weiß- und Rotwein.

Neumünster: Die aufwändige Barockfassade (1710–16) mit der imposanten Treppe und der mächtigen Kuppel dominiert heute die für den Verkehr gesperrte Schönbornstraße. Doch der erste Blick trügt. Die Kirche ist wesentlich älter, als ihre barocke Fassade vermuten lässt. Bereits im 11. Jh. stand hier eine romanische Basilika, die im 13. Jh. mit Chor und schmuckvollem Turm erweitert wurde. Das Gotteshaus wurde ursprünglich über der Grabstätte des heiligen Kilian und seiner Gefährten Kolonat und Totnan errichtet, die hier als Missionare 689 umgebracht worden waren (hinter dem Altar die Büsten der drei Frankenapostel). Wallfahrer ziehen jedes Jahr am 7. Juli zum Gedenken hierher. Beachtenswert ist auch die Madonna von Tilman Riemenschneider (unter der Kuppel rechts). Eindrucksvoll wirkt die Krypta des Neumünsters, der Westteil stammt aus dem 11., der Ostteil aus dem 13. Jh. Hier werden neben den Särgen Kilians und des zweiten Würzburger Bischofs, Megingoz (gest. 794), auch die Reliquien der Märtyrer aufbewahrt. In jüngster Zeit wurden in der Gruft Bischof Matthias Ehrenfried, der die Freiheit der Kirche in der Nazi-Zeit verteidigte, sowie der Märtyrerpriester und Antifaschist Georg Häfner beigesetzt, der im Konzentrationslager Dachau umgebracht worden war.

Lusamgärtlein: Nördlich vom Neumünster liegt in einem stillen, malerischen Gärtchen die Grabstätte des Minnesängers Walther von der Vogelweide (um 1170–1230). Der noch heute erhaltene Kreuzgangflügel (um 1180) gilt als ein Hauptwerk der Stauferzeit in Würzburg.

Zugang zum Lusamgärtlein nördlich vom Chor der Neumünsterkirche über die Hofstraße.

Augustinerkirche: Wenige Meter von der Neumünsterkirche steht die ehemalige Dominikanerkirche mit ihrem charakteristischen hohen, frühgotischen Chor (um 1275). Langhaus und Fassade wurden Mitte des 18. Jh. von Balthasar Neumann neu errichtet und von Antonio Bossi mit Stuckaturen ausgestaltet.

Haus zum Falken: Die Fassade des ehemaligen Gasthauses erhielt 1751 eine prächtige Stuckdekoration im Rokokostil. Im Erdgeschoss ist die Tourist-Information untergebracht.

Die Blutspur der Judenschläger

Am 20. April 1298 nahm das Unheil seinen Anfang: Unter der Führung eines Mannes namens Rintfleisch, der nach historischen Quellen Metzger oder Adeliger war, zog ein blindwütiger Mob eine Blutspur durch Franken. Nach Gerüchten um einen angeblichen Hostienfrevel wurden zwischen 4.000 und 5.000 jüdische Einwohner erschlagen und verbrannt. Die Judenschläger unter Rintfleisch weckten vor allem die primitiven Instinkte des städtischen Kleinbürgertums, das das Pogrom nicht nur begrüßte, sondern aktiv unterstützte. Am 23. Juli 1298 wurde die jüdische Gemeinde von Würzburg vernichtet. Bischöfe und Territorialherren, soweit sie nicht selbst gegen die jüdische Minderheit hetzten, sahen einfach weg. Innerhalb von 24 Stunden wurden 841 Würzburger Juden und etwa 100 Flüchtlinge aus den umliegenden Dörfern umgebracht. Auch an anderen Orten wie Bamberg, Kitzingen, Iphofen oder Ochsenfurt kannte der Hass keine Grenzen. Zeitgenössische Quellen berichten, dass jüdische Familienväter, um den unglaublichen Bestialitäten der Bevölkerung zu entgehen, ihre Frauen und Kinder töteten und sich anschließend selbst in die Flammen stürzten. Erst König Albrecht, der im September 1298 nach Franken kam, beendete die antisemitischen Massaker. Er belegte Würzburg und andere Städte mit hohen Geldstrafen, weil sie jüdische Bewohner nicht geschützt hatten. Einige Anführer des Pogroms, vor allem viele Handwerker, wurden verbannt. Über das Schicksal Rintfleischs gibt es keine gesicherten historischen Kenntnisse.

Marienkapelle: Die spätgotische Kirche am Würzburger Markt (begonnen 1377) besticht durch ihre reiche Ausstattung, von der 1945 allerdings vieles verloren ging. Beachtenswert sind Riemenschneiders Plastiken von Adam und Eva (Originale im Mainfränkischen Museum) am Marktportal. Auf dem Altar steht ein vierteiliges

Tafelgemälde aus dem frühen 16. Jh. Die Kirche besitzt zahlreiche Grabmäler fränkischer Ritter und Bürger, besonders eindrucksvoll ist das ebenfalls von Riemenschneider geschaffene Grabmal des Diplomaten und Kriegsministers Konrad von Schaumburg (1499). Am Pfeiler zum Mittelschiff findet sich eine Gedenktafel für den Architekten Balthasar Neumann (1687–1753), der in der Marienkapelle bestattet wurde.

Alte Mainbrücke: An Stelle eines zerstörten romanischen Übergangs wurde im 15. Jh. eine hölzerne, im 16. Jh. eine steinerne Brücke errichtet. Das Bauwerk ist mit zahlreichen barocken Figuren geschmückt, die sich auf die kirchliche und politische Vergangenheit der Stadt beziehen: die drei irischen Missionare Kilian, Kolonat und Totnan, die heiligen Bischöfe Bruno und Burkard sowie Karl der Große und dessen Vater Pippin. Die Mainbrücke ist nicht nur ein beliebtes Fotomotiv, sondern im Sommer auch populärer Treffpunkt für Straßenmusikanten.

Alter Kranen: Der Alte Kranen, erbaut von Balthasar Neumanns Sohn Franz Ignaz Ende des 18. Jh., erinnert bis heute an die wirtschaftliche Bedeutung Würzburgs als Hafen. Wegen der häufigen Hochwasser wurde die Anlage auf einer Bastion gebaut. Das benachbarte *Zollhaus* wird heute als Haus des Frankenweins genutzt (s. S. 172).

Juliusspital: Mit seiner Gründung im Jahr 1576 schuf sich Fürstbischof Julius Echter von Mespelbrunn ein Denkmal, dessen Glanz bis heute nicht verblasst ist. Von der schlichten Fassade zur Juliuspromenade sollte man sich nicht täuschen lassen, dahinter verbergen sich ein schöner *Innenhof* und ein idyllischer Park (mit malerischem Pavillon und einem Brunnen, der die vier großen Flüsse Frankens darstellt). Die Gartenfront wurde vom italienischen Architekten Antonio Petrini gestaltet. Das Juliusspital ist heute vor allem als eines der führenden Weingüter Mainfrankens bekannt. Es betreibt neben dem Krankenhaus auch ein Alten- und Pflegeheim sowie zwei Fachschulen für Kranken- und für Altenpflege. Die beeindruckende Anlage, die eher an ein Schloss als an ein Hospital erinnert, beherbergt daneben auch eine sehenswerte *Rokokoapotheke*. Der riesige Keller unter dem historischen Fürstenbau mit seinen über 200 alten Fässern ist jedoch nur bei Führungen zugänglich (regelmäßig auch für Einzelreisende).

Bürgerspital: Der reiche Bürger Johannes von Steren stiftete 1319 das Bürgerspital, das heute bundesweit weniger als soziale Einrichtung, sondern vielmehr als bedeutendes Weingut bekannt ist. Die Erträge des Weinguts kommen aber den Alten und Kranken zugute: Wie es der Stiftungszweck verlangt, betreibt das Bürgerspital heute Seniorenheime. Aufgrund jahrhundertealter Überlieferung erhält noch immer jeder Bewohner zum Essen einen Schoppen Wein. Beachtenswert sind der pittoreske Innenhof (1717) und die gotische Kapelle mit wertvollen Plastiken.

Stift Haug: Das erste große Kirchenbau der Barockzeit in Franken gilt als das bedeutendste Werk des italienischen Architekten Antonio Petrini. Die mächtige Kuppel und die hohe Doppelturmfassade machen das Stift Haug zu einem der dominierenden Kirchenbauten der Würzburger Altstadt. Das zwischen 1670 und 1691 erbaute Gotteshaus war sehr aufwändig ausgestattet. Doch die Bomben Ende des 2. Weltkriegs zerstörten die Einrichtung unwiederbringlich. Allerdings beherbergt die Kirche über dem neuen Choralter ein monumentales Gemälde des italienischen Malers Tintoretto (1518–1594) aus dem Jahr 1583, das die Kreuzigung zum Motiv hat.

Alte Universität: Der weitläufige Komplex aus der Renaissancezeit an der Neubaustraße wurde für die 1582 von Julius Echter gegründete Universität geschaffen. Am

Alte Mainbrücke: berühmteste Brücke in Mainfranken

südlichen Ende steht die *Neubaukirche* im Renaissancestil, die heute als Festsaal von der Universität genutzt wird. Der mit 79 m höchste Kirchturm Würzburgs wurde von dem italienischen Architekten Antonio Petrini 1696 errichtet.

Käppele: Die von Balthasar Neumann zwischen 1748 und 1752 erbaute Rokoko-Wallfahrtskirche ist eine der beliebtesten Sehenswürdigkeiten Würzburgs. Die Architektur des Gotteshauses mit seiner eindrucksvollen Dachlandschaft ist auf Fernwirkung angelegt. Ein malerischer Kreuzweg (1767–1778, sehenswert!) mit lebensgroßen Figuren von Peter Wagner führt zu der berühmten Kirche, die eigentlich nur eine prunkvolle Hülle für die schlichte Gnadenkapelle ist. Keine Kosten und Mühen wurden gescheut. Am aufwändigen Bau wirkten zahlreiche zu ihrer Zeit berühmte Künstler und Handwerker mit, beispielsweise stammt der von kleinen Spiegel durchsetzte Stuck von Johann Michael Feichtmayr und Materno Bossi. Der klassizistische Hochalter wurde erst später hinzugefügt. Im so genannten Mirakelgang stehen zahlreiche Opfergaben, wie Votivtafeln, Körperteile und Figuren aus Wachs, die auf wundersame Heilungen verweisen. In der unmittelbaren Nähe befinden sich die Gaststätten Nikolaushof und Schützenhof.

Würzburg
Karte Umschlagklappe vorne

Würzburg/Museen

Martin-von-Wagner-Museum in der Fürstbischöflichen Residenz: Johann Martin von Wagner (1777–1858), Sohn des Hofbildhauers und Kunstberaters des bayerischen Königs, schenkte der Würzburger Universität eine wertvolle Kunstsammlung. Das größte Universitätsmuseum Deutschlands vereint drei Abteilungen: Gemäldegalerie, Grafische Sammlung und Antikensammlung. Die Galerie stellt 300 Gemälde aus dem 14.–19. Jh. sowie einige Plastiken vor. Die Grafische Sammlung umfasst 25.000 Zeichnungen und Druckgrafiken (u. a. Zeichnungen Tiepolos). Die

Antikensammlung zeigt die drittgrößte Kollektion griechischer Vasenmalerei in Deutschland, Plastiken und ägyptische Funde.

Öffnungszeiten Gemäldegalerie Di–Sa 9.30–12.30 Uhr, So im Wechsel mit der Antikensammlung 9.30–12.30Uhr, Grafische Sammlung Di und Do 16–18 Uhr. Eintritt frei, ✆ 312288 und 312866.

Museum im Kulturspeicher: Im Jahr 2002 wurde das Museum Kulturspeicher am Alten Hafen eröffnet, ein ehrgeiziges Projekt der Stadt, das mehr als 30 Mio. Euro kostete. In den Lagerhallen des Alten Hafens sind im Kulturspeicher die *Städtische Galerie* (Kunst des 19.–21. Jh.) und die Sammlung *Peter C. Ruppert* „Konkrete Kunst in Europa nach 1945" untergebracht. Lichtobjekte, Zufallsbilder und Fotografien zeigen vielfältige Richtungen der Kunst; hinzu kommen Wechselausstellungen.

Öffnungszeiten Mi 11–19, Do 11–21, Fr–So 11–18 Uhr. Am Alten Hafen, Veitshöchheimer Str. 5, ✆ 322250.

Museum am Dom: In diesem Museum der Diözese Würzburg zwischen Dom und Neumünster werden thematisch verwandte Werke alter und neuer Kunst, etwa von Riemenschneider und Zick, Kollwitz und Beuys wirkungsvoll kontrastiert. Über die moderne Architektur (viel Beton) und deren Einfügung in das historische Gebäudeensemble kann man sicherlich geteilter Meinung sein. Das Museum befindet sich direkt hinter dem Dom und der Schönbornkapelle am Kiliansplatz

Öffnungszeiten April–Okt. Di–So 10–18 Uhr, Nov.–März Di–So 10–17 Uhr. Kiliansplatz (Domstraße), ✆ 38665600.

Würzburger Domschatz: Das Museum der Diözese Würzburg zeigt in einem Seitenflügel des Marmelsteiner Hofs Grabfunde, Goldschmiedearbeiten und Paramente (liturg. Gewänder u. Ä.) des 11.–20. Jh. aus dem Kiliansdom.

Öffnungszeiten Di–So 14–17 Uhr, Plattnerstraße, ✆ 38665600.

Röntgen-Gedächtnisstätte: *Wilhelm Conrad Röntgen*, einst Professor an der Würzburger Universität, entdeckte im November 1895 bei Untersuchungen der Kathodenstrahlen die später nach ihm benannten Röntgenstrahlen, die ursprünglich von ihm selbst als X-Strahlen bezeichnet wurden. Er erhielt dafür 1901 den ersten Nobelpreis für Physik. Die Gedächtnisstätte am Röntgenring zeigt das Originallabor des berühmten Wissenschaftlers.

Öffnungszeiten Mo–Do 8–16 Uhr, Fr 8–15 Uhr. Eintritt frei, Führungen nach Vereinbarung. ✆ 3511102.

Siebold-Museum: Ständige Sammlung und Wechselausstellungen mit Stücken aus der Sammlung des Arztes und Japanforschers *Philipp Franz von Siebold* (1796–1866). Hier ist auch eine deutsch-japanische Begegnungsstätte untergebracht, Ruhesuchende finden fernöstliche Harmonie in einem japanischen Teehaus.

Öffnungszeiten Di–So 15–17 Uhr, Sa/So auch 10–12 Uhr.

Galerie Spitäle: Galerie der VUK, der Vereinigung Kunstschaffender Unterfrankens, mit Wechselausstellungen fränkischer und auswärtiger Künstler.

Öffnungszeiten Di–So 10–13 Uhr und 14–17 Uhr, Eintritt frei.

Kunstschiff Arte Noah: Eine Ausstellung in besonderem Ambiente – auf einem umgebauten Mainschiff stellen zeitgenössische Künstler aus.

Öffnungszeiten nur im Sommer, Mi–Sa 15–18 Uhr, So 13–17 Uhr.

Historischer Zunftsaal der Fischerzunft: Hier sind Objekte rund um die Fischerzunft und die Fischereigeschichte ausgestellt. Alte Fischereigeräte und Zunftaltertümer vermitteln einen Eindruck von der Ausübung dieses harten Berufes über Jahrhunderte hinweg.

Öffnungszeiten Mai–Okt. jeden 1. So im Monat 10–12 Uhr.

Würzburg/Umgebung

▸ **Kloster Oberzell**: Gegenüber vom neuen Hafen Würzburg liegt auf der linken Mainseite das idyllische, von Wäldern umgebene barocke Kloster Oberzell mit seinen Kuppeltürmen. Nur wenige Würzburg-Besucher finden zu diesem stillen Ort der Einkehr. Dabei lohnt sich der Ausflug, 3 km nordwestlich vom Stadtzentrum. Kein Geringerer als Balthasar Neumann schuf die Klostergebäude, das eindrucksvolle Treppenhaus stammt dagegen von seinem Sohn Franz Ignaz Neumann. Da das Frauenkloster noch in Betrieb ist, fragen Sie bitte an der Pforte nach, ob ein kurzer Blick in das grandiose Treppenhaus oder in die Kirche möglich ist. Grundsätzlich ist das Kloster nicht öffentlich zugänglich.

Lage an der Stadtgrenze zu Oberzell, Ecke Frankfurter Straße/Hettstadter Steige, gegenüber von Würzburg-Zell, dem Industriehafen.

Veitshöchheim

Der 10.150 Einwohner große Winzerort vor den Toren Würzburgs besitzt ein Juwel: Hier gönnten sich einst die mainfränkischen Fürstbischöfe einen der prächtigsten Lustgärten des Rokoko. Die Lebensfreude der weltlichen und geistigen Herren ist bei einem Spaziergang durch den weitläufigen Park noch heute zu spüren.

Der prachtvolle Garten der Würzburger Vorortgemeinde entstand Mitte des 18. Jh. unter Fürstbischof Adam Friedrich von Seinsheim. Mehr als 300 Rokokofiguren entlang von Alleen, in Lauben und in kleinen Seen machen den Park zu einem einzigartigen Gesamtkunstwerk. Doch um ein Haar wäre es um den Garten geschehen gewesen, denn die Eisenbahnbauer im 19. Jh. wollten die Trasse der späteren Ludwig-West-Bahn mitten durch den Hofgarten legen. Aber König Ludwig I.

Der Läuterungssee im Hofgarten von Veitshöchheim

Maindreieck Karte S. 112

sprach höchstpersönlich ein Machtwort und so blieb dieses Rokoko-Kleinod bis ins unsere Tage erhalten. In Veitshöchheim ist jedoch nicht nur das Rokoko zu Hause, sondern auch die Romanik. Der schlichte Turm der Kirche St. Veit, der in wesentlichen Teilen aus dem frühen 13. Jh. stammt, ist dafür Zeuge. Besonders lohnenswert ist ein Besuch der Synagoge. Das Museum dokumentiert eindrucksvoll das jüdische Leben einer mainfränkischen Gemeinde.

Information/Verbindungen

- *Vorwahl* ✆ 0931.
- *Information* **Touristik GmbH im Würzburger Land,** Erwin-Vornberger-Platz, 97209 Veitshöchheim, ✆ 9802740 oder 9802741, ✆ 9802742; hilfsbereiter Service. www.wuerzburger-land.de
- *Verbindungen* Veitshöchheim besitzt eine exzellente Verkehrsanbindung: im Sommer am Wochenende bis zu 10x per **Schiff** nach Würzburg. Information: Veitshöchheimer Personenschiffahrt, Obere Maingasse 8, ✆ 55633, ✆ 63299, www.vpsherbert.de, und Schiffstouristik Würzburg, ✆ 58573, ✆ 51313.
Zahlreiche **Busse** nach Würzburg und in die Region, Auskunft unter ✆ 16906 oder 15833. Außerdem **Bahnverbindung**.
- *Baden* im Erlabrunner Badesee.

Übernachten/Essen & Trinken

Hotel am Main, malerisch in einer ruhigen Gasse gelegenes Hotel in der Nähe des Mains, mit einem großem Kastaniengarten. Wundervolle Frühstücksterrasse. Schöner Barockgiebel, moderne und komfortable Einrichtung (3 Sterne), Kein Restaurant. EZ 58–62 €, DZ 82–90 €, zahlreiche Arrangements. Untere Maingasse 35, ✆ 98040, ✆ 9804121. www.hotel-am-main.de

Weisses Lamm, das im historischen Ortskern gelegene Hotel (110 Betten) mit Restaurant besteht aus zwei in unmittelbarer Nachbarschaft gelegenen Häusern: zum einen aus einem denkmalgeschützten, stattlichen Fachwerkhaus aus dem Jahr 1787, in dem ein Restaurant und Hotelzimmer untergebracht sind, zum anderen aus einem 1995 erbauten Haus direkt gegenüber, in dem ebenfalls Hotelzimmer und im Erdgeschoss das Restaurant „esca Vinum" (Speisekarte im Internet unter www.escavinum.de) unter gebracht ist. Weinkeller, Tagungsräume, Innenhof. Zimmerpreise: EZ 59 €, DZ 87 €, Suite 98 €, verschiedene Arrangements. Ansprechende Atmosphäre. Kirchstr. 24, ✆ 9802300, ✆ 4045025. www.hotel-weisses-lamm.de

Hotel/Café Müller, die Konditorei im Zentrum stellt nicht nur leckere Pralinen her, sondern vermietet im neuen Rückgebäude auch komfortable, helle Zimmer. Üppiges Frühstück (auch Halb- und Vollpension möglich). EZ 63 €, DZ 90 €. Thüngersheimer Str. 8, ✆ 980600, ✆ 9806042. www.hotel-cafe-mueller.de

Zur blauen Traube, das ehemalige, 300 Jahre alte Franziskanerkloster ist heute ein fränkischer Gasthof (an der schmiedeeisernen Traube zu erkennen), der preiswerte Gerichte anbietet. Hier kocht der Chef noch selbst; leckeres Huhn und Lamm. Eine Treppe führt hinauf in den rustikal-gemütlichen Gastraum, Biergarten vorhanden. Es werden auch Zimmer vermietet: EZ 26 €, DZ 45 €. Herrnstr. 19, ✆ 92117, ✆ 98870.

Spundloch, urgemütlich, 300 Jahre altes Restaurant mit holzvertäfelten Wänden, ambitionierte und vielfach ausgezeichnete Küche, Hauptgerichte ab 9 €. In einem neuen Rückgebäude des malerischen Fachwerkhauses liegen die individuellen Zimmer (3 Sterne, Himmelbett vorhanden). EZ 55 €, DZ 80 €, Hochzeitssuite 125 €. Kirchstr. 19, ✆ 90084-0, ✆ 9008420. www.spundloch.com

Ratskeller, einst war das Haus ein Nebengebäude des Schlosses, seit etwa 30 Jahren wird es als Herberge benutzt. Ruhige Lage abseits der Hauptstraße. Der Ratskeller (am Rokokogarten) mit seiner idyllischen Terrasse und seinem gewölbeartigen Gastraum ist ein beliebtes Lokal mit umfangreicher Tageskarte (bürgerliche Küche).Hier kocht der Chef selbst. Weine von der Würzburger Hofkellerei. Leckere Entenbrust in Orangensauce. Hauptgerichte 10–15 €. Es werden auch Zimmer (3 Sterne) vermietet, EZ 55 €, DZ 80–85 €, 3-Bettzimmer (2 Schlafräume) 105 €. Erwin-Vornberger-Platz, ✆ 980940, ✆ 9809430. www.ratskeller-veitshoechheim.de

Wein/Einkaufen

Weingut Gustl Hessler, das Weingut von Gustl Hessler genießt seit vielen Jahren einen guten Ruf. Weine der Veitshöchheimer Lagen Sonnenschein und Wöflein, aber auch aus Thüngersheim und Retzbach. Gute Scheurebe. Verkauf: Mo–Fr 8–18 Uhr, Sa 8–16 Uhr; Wolfstalstr. 1, ✆ 91637, 📠 91682. www.weingut-hessler.de

Töpferstube, die Töpferstube von Inga Wiek in einem schmucken Häuschen in der Unteren Maingasse 21 verkauft nicht nur Keramik, Glasobjekte und Schmuck, sondern veranstaltet auch regelmäßig Ausstellungen mit jungen und namhaften Künstlern. Auch Sa bis 18 Uhr und So von 14–18 Uhr geöffnet. ✆ 960076.

Veitshöchheim/Sehenswertes

Schloss und Garten Veitshöchheim: Unter Kunsthistorikern zählt er zu den bedeutendsten Rokokogärten in Deutschland. Bis 1802 diente die Anlage dem Würzburger Fürstbischof als Sommersitz. Neben den zahlreichen gärtnerischen Überraschungen wie Blumenornamenten, Lauben und Alleen sind es besonders die Skulpturen von Johann Wolfgang van der Auvera, Ferdinand Tietz und Peter Alexander Wagner, die bis heute nichts von ihrer Faszination verloren haben. Freilich merken Kritiker an, dass es bei den Plastiken erhebliche Qualitätsunterschiede gibt, denn die Meister mussten aus Zeitmangel manches Stück ihren Gesellen anvertrauen. Übrigens sind die meisten Skulpturen heute Kopien; viele wertvolle Originale stehen im Mainfränkischen Museum auf der Festung Marienberg in Würzburg.

Fränkisches Rokoko vom Feinsten: Figur im Hofgarten von Veitshöchheim

Der Hofgarten mit seinem kosmologischen Konzept unterteilt sich südlich des Schlosses in drei Bereiche: Waldregion, Laubenregion und Seenregion. Entsprechend sind die einzelnen Tierplastiken, die steinerne Hofgesellschaft und schließlich die allegorischen Figuren der Götter und Künste angeordnet. In der Waldregion sind Naturwesen dargestellt. Hier befindet sich auch das Heckentheater, in dem oft italienische Stegreifkomödien aufgeführt wurden. Zweifellos ein Höhepunkt des Gartens ist in der Seenregion der Musenberg Parnass mit seinem aufsteigenden Dichterross Pegasus (ursprünglich vergoldet) mitten im Läuterungssee. Der Garten bietet immer wieder ungewöhnliche Perspektiven an: In der Laubenregion feiern Kavaliere und Hofdamen, im Heckengarten entzücken Tiergruppen, die Fabeln von Lafontaine darstellen. Zu den ungewöhnlichsten Sehenswürdigkeiten gehört das Grottenhaus mit seinen Muscheln und Inkrustierungen in der Südostecke des Gartens. Zu sehen sind auch zwei chinesische Steinpavillons.

Ursprünglich war die Anlage ein Jagdstützpunkt. Im späten 17. Jh. entstand ein Schlösschen, das Balthasar Neumann zwischen 1749–53 erweiterte und mit dem heutigen Dach und Treppenaufgang versah. Es war jedoch Fürstbischof Adam Friedrich von Seinsheim (1755–1779), der den Auftrag zu dem Rokokogarten erteilte, wie ihn der heutige Besucher entdecken kann. Der Park war keineswegs dem Klerus und Adel vorbehalten. Bereits 1776 durfte ihn die Allgemeinheit nutzen.

Das Schloss zeigt die Sommerwohnung des Bischofs mit einer Ausstattung aus dem 18. Jh. Besonders beachtenswert ist das Gemach aus der Zeit des Großherzogs Ferdinand von Toskana (1806–1814) wegen seiner Papiertapeten. Besondere Aufmerksamkeit verdienen auch zwei Gobelins, die im 18. Jh. in Würzburg entstanden.

Öffnungszeiten täglich außer Mo 9–18 Uhr; Eintritt 3 €, Führungen 10, 11, 12, 14, 15, 16 und 17 Uhr. Der Hofgarten ist ganzjährig ab 7 Uhr bis zum Einbruch der Dunkelheit gratis zugänglich. Führungen durch den Park Mai–Okt. täglich um 14 Uhr, 3 €.

Kirche St. Veit: Von der ersten Kirche im Zentrum Veitshöchheims steht nur noch der romanische Turm (1. Hälfte des 13. Jh.). Die heutige Kirche wurde Ende des 17. Jh. weitgehend umgebaut. Die barocke Ausstattung findet ihren Höhepunkt in den Altären. Der Hochaltar (1693) zeigt das Martyrium des Kirchenpatrons Vitus, der rechte Seitenaltar (1715) das des heiligen Sebastian. Der linke Seitenaltar (1725) widmet sich der heiligen Bilhildis, die in Veitshöchheim um das Jahr 625 geboren wurde. Sie ist als Äbtissin des Mainzer Klosters Altmünster dargestellt, das sie der Legende nach gegründet hat. Dort wurde auch das Schweißtuch Jesu verehrt, das die Heilige in den Händen hält.

1 Schlossparterre
2 Westtreppe
3 Westliche Futtermauer
4 Südliche Futtermauer
5 Südtreppe
6 Auffahrtallee
7 Ceres
8 Apollo, Wachturm
9 Quellennymphe, Apoll, Dornauszieher
10 Kaskade; Abschluß der Mittelachse, zerstört 1945
11 Chronos, Apollo und Daphne
12 Bacchus und Venus
13 Grottenhaus und Belvedere
14 Orpheusgruppe
15 Lindensaal, ehemals Pavillon
16 Ganymed
17 Heckensaal; Fabelgruppen nach Lafontaine
18 Südl. chinesisches Häuschen
19 Südl. Quellenplatz
20 Nördl. Quellenplatz
21 Nördl. chinesisches Häuschen
22 Ziervase
23 Heckentheater
24 Nördl. Heckensaal, musizierende Kinderpaare
25 Frühlingstempel
26 Nördl. Heckenkabinett, musizierende u. tanzende Kinderpaare
27 Minerva und Herkules (Tietz 1768)
28 Großes Rondell
29 Südl. Heckenkabinett, Allegorien der vier Jahreszeiten
30 Herbsttempel
31 Südl. Heckensaal
32 Südl. Gittertor, Johann Anton Oegg (1774)
33 Diana, zwei Steinbänke
34 Neptun
35 Allegorien von Morgen und Mittag
36 Allegorien von Abend und Nacht
37 Totensee
38 Saturn
39 Allegorie der Baukunst
40 Neptun
41 Allegorie des Winters
42 Allegorie des Herbstes
43 Vulkan
44 Allegorie der Himmelskunde
45 Mars
46 Jupiter
47 Allegorie der Bildhauerei
48 Juno
49 Allegorie des Sommers
50 Allegorie des Frühlings
51 Merkur
52 Allegorie der Malerei
53 Venus
54 Läuterungssee
55 Westliches Gittertor, Wasserturm

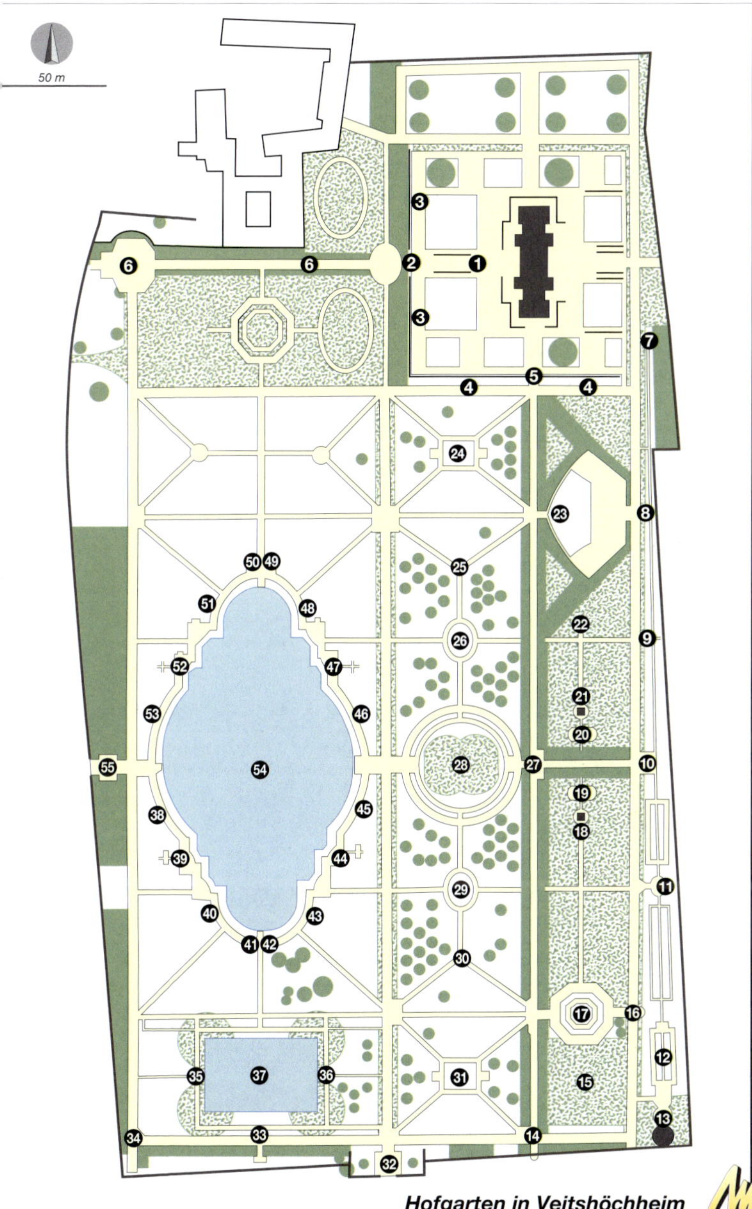

Hofgarten in Veitshöchheim

Maindreieck
Karte S. 112

Jüdisches Kulturmuseum: Die letzten Gemeindemitglieder starben im KZ

In keinem anderen Regierungsbezirk Deutschlands gab es einst so viele jüdische Landgemeinden wie in Mainfranken. Veitshöchheim dokumentiert mit seinem Museum und der erhaltenen barocken Synagoge vorbildlich deren Geschichte und Kultur.
1644 wurden hier die ersten jüdischen Familien bezeugt. Die Nazis löschten die Gemeinde nach 300 Jahren aus. 1942 wurde die letzten fünf noch in Veitshöchheim lebenden Juden ins KZ geschafft und dort ermordet. Weshalb die Veitshöchheimer Synagoge in der Reichspogromnacht vom 9. November 1938 nicht in Flammen aufging, ist allein dem Umstand zu verdanken, dass das Anwesen zuvor für 200 Reichsmark an die Gemeinde verkauft worden war.

Die Anlage besteht aus der 1730 errichteten, liturgiefähigen Synagoge (1940 zum Feuerwehrhaus umgebaut) und dem Museum sowie einem Neubau für Ausstellungen. Zu sehen sind beispielsweise die Wohnung des Vorsängers und Lehrers der jüdischen Gemeinde (im Synagogengebäude) oder die Mikwe (Bad für rituelle Waschungen). Die Synagoge mit ihrem barocken Bethaus wurde mit Hilfe von Fotografien originalgetreu wiederhergestellt. Bei den Renovierungsarbeiten in den 80er und 90er Jahren entdeckte man eine umfangreiche Ablage religiöser Schriften, Textilien und Kultgegenstände, die im angeschlossenen jüdischen Kulturmuseum ausgestellt sind.

Öffnungszeiten Do 15–18 Uhr, So 14–17 Uhr und nach Voranmeldung, Eintritt 2 €, erm. 1 €. Thüngersheimer Str. 17, ✆ 9802764 oder 960851 (AB), 📠 9802766. www.veitshoechheim.de

Rimpar/Maidbronn

Die 8.000 Einwohner große Gemeinde nördlich von Würzburg, am Ende des malerischen Pleichachtals, zählt nicht gerade zu den viel besuchten Ausflugszielen. Zu Unrecht, denn Rimpar und sein Nachbarort Maidbronn besitzen wertvolle Relikte aus vergangenen Zeiten wie beispielsweise ein berühmtes Spätwerk von Tilman Riemenschneider.
Bereits im 8. Jh. wurde Maidbronn gegründet, das 1581 von Fürstbischof Julius Echter aufgelöst wurde. Der Kirchenmann war es auch, der 1593 Dorf und Schloss Rimpar kaufte.

- *Information* **Gemeindeverwaltung Rimpar**, Schlossberg 1, 97222 Rimpar, ✆ 09365/80670, 📠 806735; Mo–Fr 8–12 Uhr, Mi auch 16–18 Uhr.
- *Essen & Trinken* **Schlossgaststätte**, gemütliches Haus in den historischen, gewölbeartigen Räumen des Rimparer Schlosses. Gutbürgerliche Küche, schmackhafte Hausmacher Sülze, preiswert (Ente mit Klößen 9 €). Schloßberg 1, ✆ 09365/3844, 📠 4193. Mi Ruhetag. www.schloss-rimpar.de

Rimpar/Sehenswertes

Schloss Grumbach: Das restaurierte Schloss dient heute als Rathaus. Fürstbischof Julius Echter hatte 1593 das Dorf samt Schloss vom verarmten Rittergeschlecht von Grumbach gekauft und die Burg zu einem Jagd- und Sommersitz umbauen lassen. Die Zweiflügelanlage mit ihrem beeindruckenden Rundturm besitzt zwei stuckierte Säle (heute Sitzungssaal für den Gemeinderat), die nach Absprache mit der Verwal-

Schloss Grumbach, heute das Rathaus von Rimpar

tung (s. o.) besichtigt werden können. Im Schloss gibt es auch eine kleine *Ausstellung* mit dem Titel „Die Lehmanns und die Rimparer Juden", die an die Geschichte jüdischer Mitbürger erinnert. Außerdem sind dort ein kleines *Archäologisches Museum* und ein *Bäckereimuseum* untergebracht.

Informationen zu den Museen gibt es beim **Freundeskreis Schloss Grumbach**, ✆ 09365/9245, Edwin Hamberger.

Pfarrkirche St. Peter und Paul: Auf einer Anhöhe über dem Ort steht die Pfarrkirche mit ihrem hohen, spitzen Turm. Mitte des 19. Jh. wurde der lichte Bau neogotisch umgestaltet. Besondere Beachtung verdient die *Ritterkapelle*, die an die Herren von Grumbach erinnert. Von den einst 14 Grumbachschen Grabmälern ist heute nur noch die Hälfte vorhanden. Von Tilman Riemenschneider wurde 1487 das bedeutendste Grabmal des Eberhard von Grumbach geschaffen. Das Original war jedoch nur noch in Resten vorhanden, so dass das Gesicht mühsam aus mehreren Bruchstücken rekonstruiert und die Figur selbst vielfach ergänzt werden musste.

Klosterkirche in Maidbronn: In der ehemaligen Kirche des Zisterzienserklosters, heute St. Afra, steht eines der bekanntesten Werke Tilman Riemenschneiders – das Steinrelief der *Beweinung Christi*. Das um 1525 vollendete Werk, das im barocken Hochaltar integriert ist, gilt als eine der letzten und reifsten Arbeiten des berühmten Würzburger Bildhauers. Die Plastik zeigt neun Trauernde, die sich um den zu Boden gesunkenen Christus scharen, dessen linke Hand Maria hält. Mit dem Bildnis von Nikodemus (dritte Figur von links, in der oberen Reihe), der ein Salbgefäß in den Händen hält, soll sich Riemenschneider selbst porträtiert haben. Die eindrucksvolle Trauer und der stille Schmerz, die in dem Steinrelief zum Ausdruck kommen, gleichen einer Vorwegnahme des Schicksals von Riemenschneider. Denn kurz nach der Fertigstellung unterstützte der Künstler die Entrechteten im Bauernkrieg von 1525 und musste für seine Solidarität mit Folter und Gefängnis bezahlen.

Maindreieck
Karte S. 112

Thüngersheim

Die kleine Gemeinde (2800 Einwohner) am Main zählt zu den größten Weinproduzenten der Region. Das typische Winzerdörfchen – von den Einheimischen „Düngerscha" genannt – ist im Süden, Norden und Osten von Weinbergen umrahmt, die teils sehr steil ansteigen. Aufgrund der verschiedenen Böden, vom Buntsandstein bis zum Muschelkalk, gedeihen hier sehr unterschiedliche Weine: extraktreiche Spätburgunder, aber auch typische Silvaner.

Früher war das Dorf, dessen Geschichte bis ins 6. Jh. zurückreicht, umgeben von Mauern und Gräben. Von der Befestigung mit vier Torhäusern sind heute noch drei (16.–18. Jh.) erhalten. Fachwerkhäuser, malerische Gassen, jahrhundertealte Madonnen (besonders Haus Nr. 188) und Bildstöcke machen einen Spaziergang durch den schachbrettartig angelegten Ort interessant. Lohnenswert ist auch ein Blick in die katholische Kirche mit ihrem schlichten Taufstein aus der Renaissance (1590) und der sandsteinernen Kanzel (1605) mit aufwändig gearbeiteter Säule.

1981 endete die Weinbergsflurbereinigung in Thüngersheim. Bereit die erste Aufklärungsversammlung im Jahr 1957 nahm einen tumultartigen Verlauf, doch schließlich raufte sich das Dorf zusammen und in mehr als zwei Jahrzehnten wurden rund 220 ha Weinberg „bereinigt" und etwa 390.000 Rebstöcke gepflanzt. Die Kehrseite dieser Maßnahme ist eine ausgeräumte Landschaft rund um die Gemeinde, wie nicht nur Naturschützer klagen.

• *Information* **Gemeindeverwaltung Thüngersheim**, Rathaus, 97291 Thüngersheim, ✆ 09364/9630 oder 4149, 📠 9654.

• *Übernachten/Essen & Trinken* **Winzerhof Familie Hart**, am Ortseingang (von Würzburg kommend) liegt das moderne Weingut der Familie Hart. Von der Terrasse schöner Blick über die Weinberge, Preiswerte Tagesgerichte. Auf dem Winzerhof kann man auch übernachten. Das vielfach prämierte Weingut bietet eine große Sortenvielfalt aus Thüngersheimer und Retzbacher Lagen. Veitshöchheimer Str. 29, ✆ 9637, 📠 6544.

Zum Bären, in dem Fachwerkhaus aus der Mitte des 16. Jh., gegenüber der Dorfkirche, kann man preiswert fränkisch essen. Gute Fischgerichte wie Zander, dazu gibt es Schoppenweine aus eigenem Weinbau. Besonders beliebt in der Spargel- und Wildsaison. Kirchgasse 1. Mo Ruhetag.

• *Wein* **Winzergenossenschaft Thüngersheim**, an der renommierten Winzergenossenschaft, die ihre Weine bis in die USA und nach Japan exportiert, kommt man nicht vorbei. Das Weingut liegt am nördlichen Ende des Orts. Die gut bestückte, rustikale Vinothek ist ein beliebter Einkaufsort für Liebhaber des Frankenweins. Kunden können hier im Depot sogar ihre Weine kostenlos (ab 20 Flaschen) und fachgerecht lagern. Die Winzergenossenschaft mit 360 Mitgliedern, die rund 250 ha Rebfläche bearbeiten, verfügt über eine große Vielfalt: rund 200 unterschiedliche Weine. Das Angebot reicht vom klassischen Silvaner über die Burgunderart Auxerrois bis zu Grauburgunder und Gewürztraminer. Auch in Barrique ausgebaute Weine. Große Auswahl an Auslesen und Beerenauslesen. Sehr freundliches Verkaufspersonal. Verkauf: Untere Hauptstr. 1, ✆ 09364/50090, 📠 500910.

Retzbach

Retzbach ist in Mainfranken für zweierlei bekannt: für seinen Wein und seine Wallfahrt. Um die bekannte Lage Retzbacher Benediktusberg zu genießen, braucht man nicht unbedingt den Ort zu besuchen. Wer jedoch fränkische Frömmigkeit erleben will, für den lohnt sich ein Ausflug hierher. Die Wallfahrtskirche Maria im Grünen Tal ist wegen ihres Gnadenbilds, einer Madonna mit Kind (14. Jh.), von 1229 bis heute das Ziel vieler Pilger. Hauptwallfahrtstag ist Mariä Himmelfahrt am 15. August. Von der Kirche, die 1,5 km östlich von Retzbach liegt, ist allerdings nicht viel Gotisches übrig geblieben, nachdem 1968 das Langhaus eingestürzt war.

Kunsthistorisch interessanter ist die 1740 nach Plänen von Balthasar Neumann erbaute Kirche St. Laurentius (oberhalb des alten Ortskerns). Beachtenswert sind die Altäre aus der Entstehungszeit und die Bänke für Feldgeschworene und Gemeinderat. Retzbach besitzt übrigens auch ein malerisches Fachwerkrathaus mit einem kuriosen achteckigen Erker.

- *Information* **Verwaltungsgemeinschaft Zellingen**, Würzburger Str. 26, 97225 Zellingen, ✆ 09364/80720, 📠 807280, oder **Touristik GmbH Würzburger Land**, Veitshöchheim, ✆ 0931/ 9802740.
- *Übernachten/Essen & Trinken* **Hotel-Gasthof Vogelsang**, an der B27 liegt das moderne 3-Sterne-Hotel. Malerischer Biergarten. Es kommen Etzbacher und Thüngersheimer Weine zum Ausschank. DZ 59–82 €, EZ 34–46 €. Untere Hauptstr. 9–11, ✆ 09364/8050, 📠 805222. www.hotel-vogelsang.de

Karlstadt

Ein Bilderbuchstädtchen am Main. Die von Mauern, Türmen und Toren umgebene ruhige Altstadt ist ein beliebtes Ziel. Fast 800 Jahre Geschichte gilt es zu entdecken: die romanisch-gotische Kirche St. Andreas, das Rathaus mit dem Stufengiebel, stolze Fachwerkhäuser, die Handwerkergassen ...

Einst war Karlstadt ein wichtiger Grenzposten des Würzburger Bistums; durch den bis heute betriebenen Weinbau kam es bereits im Mittelalter zu Wohlstand. Die jahrhundertealte Tradition wird heute insbesondere in den Stadtteilen Stetten und Gambach fortgesetzt. Schon im 13. Jh. entstand die zum größten Teil erhaltene Wehrmauer, die die schachbrettartig angelegte Altstadt umgibt. Auf der anderen Seite des Mains ragt die Ruine der Karlsburg, im Bauernkrieg von 1525 niedergebrannt, auf einem steilen Felsen empor. Nach einem kurzen, jedoch anstrengenden Aufstieg liegt dem Spaziergänger Karlstadt im wahrsten Sinne des Wortes zu Füßen. Die meisten Besucher kommen wegen des Flairs der Altstadt und der idyllischen Lage. Karlstadt ist jedoch kein Museum, sondern ein lebendiges Wirtschaftszentrum (seit 1887 Zementfabrik), der Tourismus spielt hier nur eine Nebenrolle. Das 15.000 Einwohner große Städtchen ist seit 1973 Kreissitz des aus den früheren Altlandkreisen Gemünden, Karlstadt, Lohr und Marktheidenfeld neu gebildeten Landkreises Main-Spessart.

- *Vorwahl* ✆ 09353.
- *Information* **Fremdenverkehrsbüro** in der Hohen Kemenate, Hauptstr. 56, 97753 Karlstadt, ✆ 981347, 📠 981346, Öffnungszeiten Mo 15–18, Di, Mi und Fr 10–18 Uhr, Do 13–18 Uhr, Sa 10–13 Uhr. www.karlstadt.de
- *Verbindungen* Karlstadt liegt an der **Bahnstrecke** Aschaffenburg–Gemünden–Würzburg. Sehr gute Zugverbindung in den Spessart und nach Würzburg. Bahnhof, Bahnhofsplatz 1, ✆ 2303, Schalter Mo–Fr 8.30–12 Uhr und 13–17 Uhr. Busverbindung 9x täglich nach Arnstein.

  Mit dem **Schiff** Linienfahrten im Juli und August: nach Würzburg jeden Donnerstag 10.45 Uhr ab Karlstadt, 15.30 Uhr zurück. Auskunft: Main-Spessart-Schiffahrt, ✆ 09351/ 1770 oder 0172/8934824.
- *Fahrradverleih* Ernst Giebler, Neue Bahnhofstr. 13, ✆ 7017, Aktiv Bikes & Boards, Arnsteiner Str. 37, ✆ 8673 und 8680, Karlstadter Radhaus, Grobenstr. 15, ✆ 3595.
- *Parken* Es gibt etliche Parkplätze außerhalb des Zentrums, auf denen man unbegrenzt stehen bleiben kann, vor allem die Parkplätze Mainkai und Brückenturm am Main sind stadtnah. In der Innenstadt beträgt die Parkhöchstdauer 1 Stunde.
- *Übernachten/Essen & Trinken* **Alte Brauerei**, das malerische Fachwerkhaus (teilweise aus dem Jahre 1572) ist Treffpunkt für Lions und Rotary Club. Es beherbergt eines der beliebtesten Restaurants der Stadt. Fränkische und österreichische Küche, gute Steaks. Innen gemütlich mit Kachelofen. Jedes Zimmer ist individuell eingerichtet,

Maindreieck Karte S. 112

z. B. Bauernzimmer mit altfränkischen Möbelstücken, pittoreskes Erkerzimmer. EZ ab 42 €, DZ ab 60 €. Hauptstr. 58, ✆ 97710, 📠 977171. www.altebrauerei-karlstadt.de

Zum Fehmelbauer, originell eingerichteter und sehr gemütlicher Gasthof in der Altstadt. Internationale Küche, preiswerte Hauptgerichte ab 10 €. EZ 36 €, DZ 52 €. Hauptstr. 22, ✆ 3320. Mo Ruhetag. www.fehmelbauer.de

Beim Batzennärrle, am Ende der Fußgängerzone liegt der urige Weinkeller (alte Weinfässer zur Dekoration an der Stadtmauer), herzhaft-deftige Küche (ab 17 Uhr, So zusätzlich 11–14 Uhr), Hauptgerichte unter 10 €, fränkische Weine. Hauptstr. 6, ✆ 3098.

Mainpromenade, das 2004 eröffnete 3-Sterne-Hotel mit Restaurant liegt direkt am Main. Es besticht durch seine ruhige Lage und die wunderschöne Terrasse zum Main hinaus direkt am Mainradweg. Ein Kinderspielplatz ist gleich daneben in Sichtweite. Die Hälfte der Zimmer geht nach hinten hinaus. Wellnessbereich mit Dampfbad, Sauna und Solarium, kinderfreundlich, geschmackvolles Restaurant (Ente mit Kloß 9,99 €), Zimmerpreise: EZ 52 €, DZ 78 €, Suite im Dachgeschoss 99 €. Mainkaistraße 6, 90650, 📠 906533.

Zur Rose, mit Blick auf das historische Rathaus sitzt man in oder vor dem gotischen, frisch sanierten Fachwerkhaus. Mo–So durchgehend 9–23 Uhr geöffnet, ✆ 984344, Marktplatz 6.

Karlstadt/Sehenswertes

Pfarrkirche St. Andreas: Die gotische Hallenkirche geht auf eine spätromanische Basilika zurück. In der Rieneckerkapelle (an den Chor angebaut) haben sich vier Grabmäler der aristokratischen Familien aus dem frühen 16. Jh. erhalten. Zum Kirchenschatz des Pfarramts gehört auch eine meisterhaft geschnitzte Lindenholzfigur (um 1505) von Tilman Riemenschneider, die den heiligen Nikolaus darstellt. Beachtenswert sind auch die Kanzelreliefs (1525), die aus der Riemenschneider-Werkstatt stammen. Sie stellen Christus und die vier Evangelisten dar. In der Kirche haben sich außerdem Fresken aus dem 14. und 15. Jh. erhalten.

Spitalkirche: Die Kirche an der Hauptstraße gehörte im 15. Jh. zu einem Spital und wurde Anfang des 17. Jh. dem heiligen Jakobus d. Ä. geweiht. Die spätgotische Figur (um 1500) des populären Heiligen ist bis heute auf dem barocken Altar zu sehen. Bereits 1638 gab es in Karlstadt ein Jakobusbruderschaft, die ins spanische Santiago des Compostela pilgerte.

Rathaus: gotisches Gebäude (1422) mit Stufengiebel, Freitreppe und einem Podest, von dem einst die jeweiligen Ratsbeschlüsse verkündet wurden. Die Räumlichkeiten im Erdgeschoss dienten früher als Markt- und Waffenhalle, darüber ein Bürgersaal. Unter der Freitreppe befand sich einst das Narrenhaus, ein kleines Gefängnis.

Stadtgeschichtliches Museum: In einem auf das 15. Jh. zurückgehenden Fachwerkhaus, das im 19. Jh. als Landrichterhaus genutzt wurde, befindet sich dieses Museum, das einen Rundgang durch fast 800 Jahre Stadtgeschichte ermöglicht. Lohnenswert sind die Gewölbekeller und der Miniaturweinberg, denn hier wird die 700-jährige Winzertradition der Stadt veranschaulicht. Zudem gibt es interessante Schauräume wie Wohnstube und Küche des 19. Jh. Auch Sonderausstellungen finden häufig statt.

Öffnungszeiten Mai–Okt. Mi und Sa 15–17.30 Uhr, So 10–12 Uhr, zusätzlich jeden 1. So im Monat von 14–16 Uhr. Eintritt 1 €. Hauptstr. 11, ✆ 3536.

Europäisches Klempner- und Kupferschmiede-Museum: Das etwas außerhalb der Altstadt gelegene Spezialmuseum fällt bereits äußerlich durch seine futuristisch anmutende Architektur auf. Es beherbergt eine in Europa wohl einmalige Sammlung alter Maschinen, Werkzeuge, Dokumente, Gesellen- und Meisterstücke aus dem Spengler-, Klempner-, Flaschner-, Blechner- und Kupferschmiede-Handwerk.

Alte Traditionen und Arbeitsweisen sind ebenso zu sehen wie aktuelle, zukunftsweisende Techniken.

Öffnungszeiten Mo–Mi 8–11 Uhr, Do/Fr. 9–12 Uhr, So 10–13 Uhr und nach Vereinbarung , Mo geschlossen. ✆ 996330, 996331, Ringstrasse 47d. www.klempnerzukunft.de

Burgruine Karlsburg: Bereits um 600 gab es eine Befestigung des Burgbergs durch ein Graben- und Wallsystem. Um 1200 entstand die hochmittelalterliche Burg in ihrem heutigen Ausmaß als Sitz eines Würzburger „Regierungsbeamten".

Aufstieg zur Burg Ein markierter Weg (hellblau) beginnt im Stadtteil Mühlbach zwischen den „Burglichtspielen" und dem ehemaligen Gasthaus „Zur Karlsburg". Parkplätze sind unterhalb der Burg vorhanden. Keine Gastronomie auf der Burg.

Jüdischer Friedhof in Laudenbach: Der Bezirksfriedhof liegt auf dem Schlossberg, nordwestlich von Laudenbach. Er wurde um 1600 für 14 Kultusgemeinden angelegt. Ein Friedhofsverwalter ist vor 1655, ein Totengräber ab 1675 belegt. Der seit 1873/74 von einer Mauer umschlossene Friedhof wurde mehrmals erweitert, die letzte Bestattung fand 1941 statt. Er umfasst heute ca. 2350 Grabsteine und ist mit über 1,6 ha einer der größten jüdischen Friedhöfe in Unterfranken.

Im Ort gab es auch eine *Synagoge* (Bandwörthstraße), die in der Pogromnacht im November 1938 verwüstet wurde. Dort ist eine Gedenktafel angebracht.

• *Öffnungszeiten/Führungen* Der **Friedhof** ist abgeschlossen, deshalb bitte vorher anmelden. Führungen jeden zweiten Sonntag im Monat von 13.30–15.30 Uhr oder nach telefonischer Absprache bei Georg Schnabelt, ✆ 09353/8638, oder georgschnabelt@freenet.de

Das Rathaus von Karlstadt

Karlstadt/Umgebung

▶ **Thüngen**: 9 km östlich von Karlstadt gibt es in dem Ort Thüngen zwei sehenswerte Schlösser. Zum einen das von einem breiten Graben umgebene Stammschloss der Freiherren von Thüngen, das nach den Zerstörungen im Bauernkrieg 1564 wiederaufgebaut wurde. Der mittelalterliche Wehrturm und der Hauptbau (Renaissance und Neogotik) prägen die weitläufige Schlossanlage. Zum anderen ist in Thüngen das Burgsinnschloss aus dem 16. Jh. erhalten, eine dreigeschossige Anlage mit stufenförmigem Giebel. Beide Schlösser sind in privatem Besitz und können daher innen nicht besichtigt werden.

Die malerische Altstadt des Spessart-Städtchens Lohr

Mainviereck

Die heitere, offene Atmosphäre des wohlhabenden Maindreiecks ist dahin. Der Main durchzieht nun in vielen Windungen die Mittelgebirgslandschaft des rauen Spessarts, der Fluss bildet gleichsam ein Viereck mit den Eckpunkten Gemünden, Wertheim, Miltenberg und Aschaffenburg. Und gerade in dieser wirtschaftlich nicht verwöhnten Region, einst ein fast menschenleeres Waldgebiet, reihen sich die romantischen Städtchen wie an einer Perlenschnur auf.

„Die Not im Spessart ist groß!", stellte noch im 19. Jh. der Mediziner und Politiker Rudolf Virchow (1821–1902), einst Professor in Würzburg, fest. Der Hauptgrund dafür ist sicher der rote, nährstoffarme Buntsandstein, auf dem nur Bäume gedeihen. Dies war noch bis ins letzte Jahrhundert gleichbedeutend mit Armut. Traditionell wurde im Spessart Holz verarbeitet und Glas geblasen. Die Museen in Lohr und Wertheim erzählen von diesen mühseligen Arbeiten. Nur am Main selbst entwickelte sich mit einer langsamen Industrialisierung ein wenig Wohlstand.

Tatsächlich ist der Fluss, der träge zwischen oft steilen Waldhängen fließt, eine kulturelle Verbindungslinie. Auch wenn die mainfränkischen Orte im südlichen Spessart zwei unterschiedlichen Bundesländern, Bayern und Baden-Württemberg, angehören, gibt es entscheidende Gemeinsamkeiten über die Landesgrenzen hinweg: den Wein, die Sprache und nicht zuletzt das Selbstverständnis.

Mit Ausnahme des Besuchermagneten Miltenberg – eine Art mainfränkisches Rothenburg ob der Tauber – und Wertheims sind die Städte und Dörfer selbst in der Hauptsaison nie überlaufen. Das Mainviereck ist eine vielfältige Kulturlandschaft, abseits der Klischees von Waldromantik à la Wirtshaus im Spessart. Ob das Winzerdörfchen Homburg, das Biedermeierstädtchen Amorbach oder der malerische englische Garten von Schloss Schönbusch bei Aschaffenburg – eine Entdeckungsreise ins Mainviereck lohnt sich. Hervorragende Museen wie das Spessartmuseum Lohr, das Stadtmuseum in Miltenberg oder das Grafschaftsmuseum Wertheim bieten interessante Einblicke. Im Rahmen des Archäologischen Spessartprojektes wird die Kulturgeschichte des Spessarts für Einheimische und Touristen aufgearbeitet, unter anderem erlebbar auf den so genannten Kulturwegen (www.spessartprojekt.de).

Die Räuber und der Spessart: Legende und Wirklichkeit

Eines haben alle Legenden gemeinsam: einen wahren Kern – auch wenn in Unterhaltungsfilmen viel Schindluder mit dem romantischen Räuberleben in dunklen Spessartwäldern getrieben wurde. Das Leben in dieser Region war ein Überlebenskampf, die Räuber trieb oft nichts anderes als blanke Armut. Der Spessart bot ideale Voraussetzungen für die Wegelagerer: Die engen Talstraßen waren leicht zu kontrollieren, die weiten Wälder boten ein undurchdringliches Versteck. Todesängste standen Kaufleute und Reisende aus, die die arme Gegend durchqueren mussten. Mit dem Räuberunwesen ist es nach offiziellen Berichten bereits seit dem 1. Mai 1811 vorbei. An diesem Tag wurde zum letzen Mal eine Kutsche überfallen. Manne-Friedrich, Krämer-Mathes, Veit Krämer und Hölzerlips – die letzten Spessarträuber – mussten 1812 in Heidelberg dafür mit dem Leben bezahlen.

Roter Buntsandstein statt hellgrauem Muschelkalk, dazu das raue Klima – nur in wenigen Zonen mit günstigem Mikroklima, wie in Homburg, Wertheim, Bürgstadt oder Klingenberg, wachsen noch Reben. Die Weinberge auf Buntsandsteinböden haben es allerdings in sich. Wunderbare Rotweine erwirtschaften die Winzer gerade in diesen Steillagen.

Gemünden

An der Mündung der Fränkischen Saale und der Sinn in den Main liegt das Städtchen Gemünden. Wahrzeichen des Eingangstors zum Spessart ist die Scherenburg, eine eindrucksvolle Ruine über der Altstadt. In dieser historischen Kulisse finden alljährlich im Hochsommer Theaterfestspiele statt.

Gemünden (12.225 Einwohner) besitzt eine turm- und mauerbewehrte Altstadt mit Fußgängerzone, eingezwängt zwischen Main, Bahnlinie und der steil ansteigenden Dachberghöhe. Im barocken Huttenschloss, gegenüber der Altstadt, sind neben der Tourist-Info der Film-Photo-Ton-Museumsverein und die Eisenbahnabteilung („Dioramen der königlich-bayerischen Staatsbahn") untergebracht. Das Verkehrsmuseum, das bis vor einiger Zeit hier residierte, wurde aufgelöst und wird derzeit komplett umgestaltet. Die meisten Besucher Gemündens übernachten auf dem Campingplatz, der zwischen Alt- und Kleingemünden an der Saale liegt. Bereits im Jahr 837 wurde ein „Gimundes" an der Fränkischen Saale genannt. Das heutige Gemünden geht auf eine Gründung von Graf Ludwig II. von Rieneck zurück. Bereits Mitte des 13. Jh. begann das Fürstbistum Würzburg, in der verkehrsgünstigen Dreiflüssestadt Fuß zu fassen. Im Jahr 1387 übernahmen die Bischöfe endgültig die Herrschaft über Gemünden.

Mainviereck
Karte S. 199

• *Vorwahl* ✆ 09351.

• *Information* **Tourist-Information**, im Huttenschloss, Frankfurter Str. 2, ✆ 3830, ✆ 4854. Öffnungszeiten: Mai–Okt. Mo–Fr 9–12.30 und 13.30–17.30 Uhr, Sa 10–13 Uhr; Nov.–April Mo–Fr 10.30–12.30 und 13.30–17.30 Uhr. www.stadt-gemuenden.de

• *Bootsverleih* Am Campingplatz Saaleinsel (s. u.), Öffnungszeiten ab Ostern: Di–So 10–20, Mo 13–20 Uhr, evtl. Änderungen je nach Wetterlage. Info: Frau Vierling, ✆ 3380 oder 2058. Preise: Einer-Kajak 3 €/Stunde, 15 €/Tag. Dulvenallee 7.

• *Fahrradverleih* Fahrradgeschäft **Fischlein**, Mainstraße, gegenüber dem Hotel „Zum Koppen".

• *Verbindungen* **Bahn**, Gemünden liegt an der viel befahrenen Strecke Aschaffenburg–Würzburg, gute Verbindungen zu den Nachbarstädten Lohr und Karlstadt. Außerdem mit der *Saaletalbahn* nach Hammelburg–Schweinfurt. Bahnhof Gemünden: ✆ 8011, Reisezugauskunft ✆ 0931/19419.

Busverbindung nach Rieneck. **Schifffahrt**: März–Okt. Fahrten nach Lohr und Karlstadt, Juli–Sept. auch nach Würzburg. Auskunft: Main-Spessart-Schifffahrt, Arthur Ammersbach, Artfeldstr. 11, ✆ 1770 oder 0171/4636350.

• *Übernachten/Essen & Trinken* **Zum Koppen**, das in der Fußgängerzone gelegene Restaurant ist ländlich-elegant eingerichtet (offener Kamin und Küchenherd). Fränkische und internationale Küche. Bereits 1509 wird das Haus als Herberge erwähnt. Der Schriftsteller und Maler Joachim Ringelnatz, machte hier während des 1. Weltkriegs Station und notierte: „Ich stieg auf's Gradewohl in Gemünden aus, fand viel Frohsinn, drollige Gassen und Häuser, logierte mich im Hotel ‚Koppen' ein und trank der Kellnerin Therese zu lieb fünfzehn Schoppen Wein." EZ ab 35 €, DZ ab 60 €. Obertorstr. 22, ✆ 975000, ✆ 975044. www.hotel-koppen.de

Main-Spessart-Hotel Atlantis, modernes Haus in ruhiger Lage am Stadtrand (Kleingemünden) direkt neben dem Sport- und Kongresszentrum. In warmen Holztönen eingerichtet, viel Glas. Komfortable, geschmackvolle Zimmer, Nichtraucheretage. EZ ab 35 €, DZ ab 65 €. Am Hofweg 11, ✆ 60440 oder 604686, ✆ 604696. www.hotel-atlantis.de

Campingplatz Saaleinsel, nur ein paar Meter von der Altstadt liegt die weitläufige Anlage (beim Schwimmbad) mit vielen Bäumen zwischen der Fränkischen Saale und einem ihrer Seitenarme. Beliebter Platz, Spielplatz, Minigolfplatz, Bootsverleih, frisch renovierte Sanitäranlagen, Behinderten-WC mit Dusche. Der Eintritt ins benachbarte Freibad ist im Preis inklusive. Stellplatz für großes Zelt und Auto, Wohnwagen oder Wohnmobil 6 €, kleines Zelt oder PKW 3 €, Erw. 5 €. Geöffnet von 24. März bis 15. Okt., ✆ 8574 oder 2058.

Campingplatz Schönrain, im Ortsteil Hofstetten gelegen. Schönrainstraße, ✆ 8645. Eigenes Schwimmbad, Fitnessraum, Bibliothek u. v. m.

• *Radwandern* Neben dem Maintal-Radweg gibt es den Saale-Radwanderweg, den Rhön-Sinntal-Radwanderweg und den Werntal-Radwanderweg.

Gemünden/Sehenswertes

Ruine Scherenburg: Ein Fußweg führt zur Burg (den Marktplatz überqueren und hinter dem Burgcafé auf der rechten Seite aufsteigen). Eine wunderbare Aussicht auf das Maintal und den Spessart belohnt den Wanderer, wenn auch die riesige frei gespannte Eisenbahnbrücke über den Main die Schönheit etwas beeinträchtigt. Die Burg gehörte einst den Grafen von Rieneck und war Teil der Stadtbefestigung . Von der Anlage blieben nur einer runder Bergfried (Ende 13. Jh.) und ein Teil der Wohngebäude übrig. Die Burg kam 1469 unter Bischof Rudolph von Scherenberg in den Besitz des Hochstifts Würzburg und war bis ins 18. Jh. bewohnt. Alljährlich finden hier im Sommer die Scherenburg-Festspiele statt (www.scherenburgfestspiele).

Film-Foto-Ton-Museum: Zusammen mit dem verkleinerten Verkehrsmuseum ist das Film-Foto-Ton-Museum im Huttenschloss untergebracht. Hier vermittelt es seit 2005 einen Hauch von Hollywood und lässt 100 Jahre Mediengeschichte lebendig werden. Im Verkehrsmuseum wird die Geschichte der Eisenbahn dokumentiert. Außerdem ist im Huttenschlösschen ein Info-Zentrum des Naturparks Spessart untergebracht.
Öffnungszeiten Sa 14–17, So 10–12 Uhr und nach Vereinbarung. ✆ 09351/3237. Museumscafé.

Gemünden/Umgebung

Langenprozelten (am Main): Im ehemaligen Gasthof Zum Engel ist die bemerkenswerte *Kleinkunstbühne Spessartgrotte* untergebracht (mit Restaurant „Main-Gericht"). 1986 gründete Helga Hartmann zusammen mit ihrer Mutter Anneliese Lussert, einer unterfränkischen Autorin, die Spessartgrotte. Daneben leitete sie jahrelang die Scherenburgfestspiele. Schwerpunkte dieses Theaters sind neben Theaterstücken für Kinder insbesondere die Klassiker.

Information ✆ 3415, ☏ 2832, www.spessartgrotte.de. Kartenvorverkauf zusätzlich in Würzburg im Geschäft „living" (wo übrigens auch Theaterkostüme verkauft werden), ✆ 0931/40453970.

Rieneck

Im Tal der Sinn, eines Nebenflusses des Mains, liegt das von Wäldern und Obstwiesen umgebene 2300 Einwohner große Städtchen Rieneck. Im Mittelalter herrschten hier die Grafen von Rieneck, deren Geschlecht jedoch in der zweiten Hälfte des 16. Jh. ausstarb. Das weithin sichtbare Relikt aus dieser Zeit ist die Burg Rieneck, die zumindest teilweise noch aus dem 12. Jh. stammt.

Die *Burg* auf dem nach drei Seiten steil abfallenden Bergrücken wurde um 1860 weitgehend im neugotischen Stil umgestaltet und ist heute im Besitz des Verbands

Mainviereck Karte S. 199

christlicher Pfadfinder. Ein Besuch lohnt sich vor allem wegen des romanischen *Dicken Turms*. Der mächtige, siebeneckige Bergfried mit seinen bis zu 7 m dicken Mauern (innen achteckig) besitzt eine stimmungsvolle romanische Kapelle (täglich 14 Uhr oder auf Anfrage. Anmeldung bei A. Wiesenfelder, ✆ 09354/745). Das weitläufige Städtchen hat sich noch einen mittelalterlichen Kern bewahrt. Ein Besuch der klassizistischen *Pfarrkirche St. Johannes* lohnt sich vor allem wegen der sehenswerten Rokokokanzel. Im historischen Rathaus, einem malerischen Fachwerkbau mit zierlichem Erker, ist das charmante *Heimatmuseum* untergebracht, das neben Exponaten zur ländlichen Frömmigkeit auch eine Schusterwerkstatt präsentiert (Mo 14–16 Uhr, Di ab 17 Uhr, Fr 14–16 Uhr, Sa/So 10–12 Uhr sowie nach Absprache unter ✆ 09354/455, Rita Maiberger).

- *Vorwahl* ✆ 09354.
- *Information* **Stadt Rieneck und Touristikverein Rieneck**, Schulgasse 4, 97794 Rieneck, ✆ 09354/97330, 973333. www.rieneck.de, www.sinngrund.de
- *Übernachten/Essen & Trinken* **Gut Dürnhof**, die jahrhundertealte Tradition des Dürnhofes (1356 erstmals urkundlich erwähnt) inmitten intakter Natur weiterzuführen, haben sich die Besitzer dieses malerisch gelegenen Landhotels (1 km nördlich von Rieneck) zur Aufgabe gemacht. So werden Obst und Gemüse (z. T. im eigenen Garten) biologisch angebaut, Lammfleisch und Forellen kommen aus dem Spessart, Käse aus der Region. Von der Terrasse malerischer Blick auf einen Teich mit Insel. Das harmonische 3-Sterne-Hotel mit eigenem Hallenschwimmbad, Sauna und Solarium besitzt liebevoll eingerichtete Zimmer mit Naturholzmöbeln und Holzfußboden (auch Allergikerzimmer). Ausritte mit dem Pferd, Kutschenfahrten und Reitstunden sowie Angeln im hoteleigenen See möglich, riesiger Garten mit 75.000 qm, Zimmerpreise: EZ 53–75 €, DZ 88–150 €, Halbpension (4 Gänge) 15–22 €, Jeden Sonntag Brunch. ✆ 09354/1001 oder 97130, 1512, Familie Münch, Burgsinner Str. 3, 97794 Rieneck. www.mein-hotel.de

Hammelburg

Beim Namen Hammelburg denken die meisten zuerst an den bundesweit bekannten Truppenübungsplatz, der seit 1895 besteht. In dem menschenleeren Sperrgebiet südlich des Orts wird in Bonnland, das seit 1938 zum Truppenübungsplatz gehört, nicht nur Häuserkampf geführt. Doch ist Hammelburg nicht nur Bundeswehrstandort, sondern vor allem ein sehenswertes 13.000-Einwohner-Städtchen mit der längsten Weinbautradition Mainfrankens. Bereits 777 wurde hier der Anbau von Reben urkundlich festgehalten.

Im Kellereischloss, einem malerischen Barockbau an der Fränkischen Saale, sind heute der „Winzerkeller Hammelburg“, die Weinkellerei der Stadt Hammelburg, und die Tourist-Information untergebracht. Der hiesige Wein war schon in früheren Zeiten begehrt. Bereits im 8. Jh. kam die Siedlung in den Besitz des weinarmen Klosters Fulda. Dort wusste man den Rebensaft aus Hammelburg als Tisch- und Messwein zu schätzen. Die liebenswerte Gegend um Hammelburg mit ihren Mühlen, Burgen und Klöstern gilt unter Feinschmeckern als erstklassiges Ziel. Eine Handvoll überregional bekannter Restaurants und Hotels verwöhnt Gäste, die Genuss und Abgeschiedenheit schätzen. Beliebtes Ausflugsziel ist die auf einem Bergsporn gelegene *Burg Saaleck* (ca. 2 km); auf halber Höhe zur rund 800 Jahre alten Anlage findet man das *Franziskanerkloster Altstadt*, in dessen Nachbarschaft sich heute die Bayerische Musikakademie Hammelburg befindet (anstelle der ehemaligen Brauerei Felsenkeller).

Fast tausend Jahre lang war das verkehrsgünstig gelegene Hammelburg ein Streitobjekt zwischen den Machtzentren Fulda und Würzburg. Dem Ort – erstmals 716 als Hamulo castellum urkundlich erwähnt – wurden 1303 die Stadtrechte bestätigt, nachdem er mit Mauer und Türmen umgeben worden war. In dieser Zeit war Hammelburg nach der „Hauptstadt" Fulda der wichtigste Ort des Hochstifts. Während des 1. Weltkriegs diente der Truppenübungsplatz, der ca. 5 km südlich der Stadt liegt, als riesiges Kriegsgefangenenlager. Tausende von französischen, russischen und italienischen Gefangenen mussten hier arbeiten. Im Sommer 1940 war es wieder soweit: Aus ganz Europa mussten Menschen wieder in Fabriken und Bauernhöfen der Region für Deutschland arbeiten. Rund 30.000 Kriegsgefangene sollen es gewesen sein. Vor allem Verwundete und Kranke überlebten den „Arbeitsaufenthalt" nicht. Tausende von Soldaten, vor allem aus der Sowjetunion, fanden in der Hammelburger Erde ihre letzte Ruhe. Die französischen, britischen und italienischen Opfer wurden nach der Niederlage von Nazi-Deutschland in ihre Heimat überführt.

Bonnland in Franken

Das am malerischen Aschbach gelegene Bonnland war einst im Dreieck Hammelburg–Karlstadt–Gemünden ein Dörfchen wie viele andere auch. Das änderte sich erst im Jahr 1938. Damals wurde der Weiler Bestandteil des Truppenübungsplatzes Hammelburg. Zwischen 1940 und 1958 diente Bonnland auch als Kriegsgefangenen-, Internierungs- und Flüchtlingslager. 1965 verließen die letzten Einwohner die Ortschaft Bonnland. Heute schult die Bundeswehr in der Infanterieschule Soldaten für den Orts- und Häuserkampf. Obwohl hier seit Jahrzehnten keine Menschenseele mehr wohnt, blieb die Grundstruktur des Dorfes erhalten. Da die meisten Häuser relativ alt sind, musste die Bundeswehr sogar ein wenig mit zeitgemäßer Architektur nachhelfen, um realistische Ausbildungsbedingungen zu schaffen. So entstand am Ortsrand ein kleines Hochhaus, eine Fabrikhalle sowie ein Mehrfamilienhaus mit Supermarkt. Zuletzt wurden hier Soldaten auf ihre UN-Mission im ehemaligen Bürgerkriegsgebiet Bosnien-Herzegowina vorbereitet.

Information/Adressen

- *Vorwahl* ✆ 09732.
- *Information* **Tourist-Information**, Apr.–Sept. Mo–Fr 8–12 und 13–17 Uhr, Sa 10–12 Uhr, sonst Mo–Fr 8–12 und 13–16 Uhr, Kirchgasse 4, 97764 Hammelburg, ✆ 902430, 📠 9025430. www.hammelburg.de
- *Adressen* **Bootsverleih**, davon gibt es mehrere, z. B. Happy-Tours, Edeltraud Kleespies, Berliner Str. 13, ✆ 79259, auch Bootswanderungen etc. Sepps Kanuverleih, Josef Kiesel, Am Bahnhof 1, 97725 Elfershausen, ✆ 09704/1725, mobil: 0171/6987000. Kanu ab 35 €.

Fahrradverleih, Hotel Gasthof Nöth, Morlesauer Str. 6, ✆ 479, 📠 1357. Auch Kanuverleih, Kanutouren, Motorradtouren. www.hotel-noeth.de

- *Wandern* Der Rundgang „Hammelburger Altstadtrunde – Von Broterwerb und Weingenuss" ist eine Art Weinlehrpfad, der durch die Altstadt von Hammelburg führt und dabei viel Wissenswertes rund um den Wein vermittelt.

Weinlehrpfad rund um Schloss Saaleck.

Mainviereck Karte S. 199

Übernachten/Essen & Trinken

- *In der Stadt* **Hotel Stadtcafé garni**, zentral gelegenes Hotel, gegenüber vom Rathaus. Moderne Einrichtung, auch Straßencafé. Kuchen und Torten aus eigener Herstellung. EZ 35 €, DZ 60 €, Am Marktplatz 8, ✆ 911190, 📠 1679. Di Ruhetag.

Zum Hirschen, gegenüber vom Rathaus, Hausmannskost (gute Braten) und preiswerte Hammelburger Weine. Vermietet auch Zimmer: DZ 50 €, EZ 30 €. Kirchgasse 2, ✆ 2155, ✆ 910948.

Postkeller, uriges Wein- und Bierlokal direkt am Marktplatz. Das historische und traditionsreiche „Hotel zur Post" mit seiner königlich-bayerischen Posthaltestelle war selbst für Fürsten und Reichsgrafen dereinst erste Adresse zum Pferdewechsel, Übernachten und Schlemmen. Geöffnet Mittwoch bis Sonntag ab 18 Uhr.

Schloss Saaleck: speisen wie der Fürstabt

Um das malerische Schloss hoch über Hammelburg ranken sich viele Sagen und Geschichten. Doch eines ist sicher: der Ursprung des Saalecker Weins geht bis ins Jahr 777 zurück. Noch heute kann in den geschmackvoll-herrschaftlichen Räumen (Abts-, Jagd- oder Turmzimmer) des Schlosses dieser Rebensaft genossen werden. Die feine fränkische Küche des Hotelrestaurants (Mo Ruhetag) genießt einen guten Ruf. Die Produkte kommen aus der Region: Wild aus nahen Wäldern, Fisch aus fränkischen Flüssen und Weihern sowie Lamm aus der Rhön. Die Menüpreise liegen zwischen 20 und 39 €, à la carte speist man ab etwa 12 € (Suppe und Hauptgericht). Vor allem am Wochenende lohnt es sich, einen Tisch zu reservieren. Das Schloss ist gleichzeitig Sitz des städtischen Weinguts (s. „Wein"). EZ 46–51 €, DZ 92–102 €, Saaleckstr. 1, ✆ 2020.

• *Außerhalb* **Hotel-Restaurant Neumühle** (Romantik-Hotel), ein ungewöhnliches Haus der Luxusklasse. Die über 450 Jahre alte Fachwerkmühle ist ein individuelles Hotel für Genießer. Der weitläufige Komplex an der Saale, umgeben von Wäldern und Wiesen, bietet großzügige, kostbar ausgestattete Räume. Rustikal-elegantes Restaurant unter dem Dach der Scheune mit exzellenter Küche (Menü zwischen 32 und 53 €, à la carte ab 26 €). Räumlichkeiten für Management-Meetings und Tagungen abseits vom urbanen Rummel. Korrekte Bedienung. 28 Wohneinheiten mit 60 Betten. EZ ab 105 €, DZ ab 170 €, Zwei-Zimmer-Appartement ab 240 €. Anfahrt: von Hammelburg nach Diebach, am Ortsende nach links in Richtung Morlesau, dann noch 2 km. Neumühle 54, 97797 Wartmannsroth, ✆ 09732/8030, ✆ 80379.

Nöth, idyllisch gelegenes Landgasthaus mit gutbürgerlicher Küche. Im wohl malerischsten Winkel des Fränkischen Saaletals verbirgt sich das dörfliche Idyll Morlesau. Abseits vom Durchgangsverkehr, am Fuße des Sodenbergs (508 m) kommen Natur- und Wanderfreunde, Radfahrer und Paddler voll auf ihre Kosten. Der romantische Gasthof überrascht mit einer kulinarischen Auswahl an herzhaften, fränkischen Speisen aus der Region. Morlesauer Str. 3 und 6, ✆ 09357/479, ✆ 1357, www.hotel-noeth.de

Zum Stern, Obererthal, ruhig gelegener Gasthof, typisch fränkische Speisen, Hausschlachtung, eigene Schnapsbrennerei, heimische Weine, Biergarten. Obererthaler Straße 23, ✆ 09732/4707, ✆ 5400.

Wein

Schloss Saaleck, die städtische Weinkellerei ist bekannt für Müller-Thurgau, Silvaner und Bacchus der Lagen Saalecker Schlossberg, Hammelburger Burg und Heroldsberg. Kabinettweine liegen bei 4–6 €. Im Holzfass werden auch Rotweine wie Spätburgunder und Domina ausgebaut. Eine Besonderheit war im Jahr 2005 der „Vinum Benedictum", der offizielle Messwein für Papst Benedikt XVI. für die Gottesdienste zum Weltjugendtag in Köln. Die Städtische Weinkellerei Schloss Saaleck ist seit 1994 als Messweinlieferant zugelassen. Verkauf in der Vinothek im Rathaus, Mo–Fr 9–12 und 14–17 Uhr, Sa 9–12 Uhr, Marktplatz 1, ✆ 902128, ✆ 902197. www.hammelburg.de

Winzergenossenschaft Hammelburg/ Winzerkeller Hammelburg, die drittälteste Winzergenossenschaft Frankens (1904 gegründet) nennt sich heute Winzerkeller Hammelburg und serviert ihren Rebensaft im Kellereischloss, historischer Weinkeller seit

Wassersport wird auch im Mainviereck groß geschrieben

1726 (Fr ab 20 Uhr). Die Genossenschaft hält vor allem die jahrzehntelange Tradition der fränkisch trockenen, im Holzfass ausgebauten Weine hoch. Preiswerte Müller-Thurgau- und Bacchus-Weine in Literflaschen. Verkauf: Mo–Fr 8–17 Uhr, Sa 9–13 Uhr, Kirchgasse 4, ✆ 3570, ℻ 9309.

Hammelburg/Sehenswertes

Kirche St. Johannes der Täufer: Die katholische Pfarrkirche an der Südwestecke der Altstadt wurde im Lauf der Jahrhunderte mehrmals umgestaltet. Der älteste Teil der spätgotischen Anlage ist der Ende des 14. Jh. entstandene Chor. Die aus Buntsandstein und Muschelkalk erbaute Kirche besitzt eine wertvolle Ausstattung, insbesondere spätgotische Plastiken. Bemerkenswert sind das Kreuzigungsrelief (um 1500) in Lindenholz links vor dem Chorbogen sowie in der Marienkapelle im linken Seitenschiff der Marienaltar (um 1490) und eine Pietà (um 1490). Interessant ist neben einer Reihe von Grabsteinen auch eine barocke Madonna im Strahlenkranz (um 1720) von Jacob van der Auvera. Bei der Renovierung in den 50er Jahren wurden im Chor und Langhaus Fresken aus der zweiten Hälfte des 15. Jh. freigelegt. Am Südwestende des Kirchplatzes hat sich eine *Ölbergkapelle* von 1461 erhalten.

Kellereischloss: Das eindrucksvolle, aus Buntsandstein erbaute Kellereischloss (im Volksmund deshalb auch öfters „Rotes Schloss" genannt), das zwischen 1726 und 1738 entstand, zeigt sich von seiner besten Seite am Saaleufer. Der Giebel des weitläufigen Gebäudes, zeigt das Wappen des Bauherrn, des Fürstabts von Dalberg.

Stadtmuseum Herrenmühle: Ein Spaziergang zur pittoresken Herrenmühle und ihrem mit Weinreben bewachsenen Hof lohnt sich in jedem Fall. Das Freigelände direkt an der fränkischen Saale bietet einen malerischen Blick auf das Kloster Altstadt, die Bayerische Musikakademie und auf Schloss Saaleck. Das im Inneren der

Mainviereck Karte S. 199

ehemaligen Getreidemühle untergebrachte Stadtmuseum widmet sich auf drei Etagen dem Thema „Brot und Wein“. Im Erdgeschoss wird die mehr als 1200-jährige Geschichte des Weinbaus in Hammelburg, der nachweislich ältesten Weinstadt in Franken, dargestellt. Die beiden Obergeschosse stellen die Themenbereiche „Vom Korn zum Brot“ sowie „Leben und Arbeiten in der Mühle“ dar. Regelmäßige Sonderausstellungen.

Öffnungszeiten Di–Do 10–12 und 14–16 Uhr, Fr–So 14–16 Uhr. Eintritt 2 €, erm. 1,50 €. Führungen nach Anmeldung. Turnhouter Straße 15, ✆ 782448 oder 902430.

„Wärza Sta“: Der Wunderstein von Hammelburg

Im Hof der Herrenmühle steht der sagenumwobene Warzen- oder Tränenstein, im Volksmund „Wärza Sta“ genannt. Der Name rührt von wundersamen Warzenheilungen her. Ursprünglich lag der ovale Stein in der Untereschenbacher Flur „Am rasigen Weg“ und anschließend im Hof von Schloss Saaleck. Der Stein besitzt eine schalenartige Aushöhlung, in der angeblich selbst bei extremer Trockenheit das Wasser nicht verdunstet. Noch heute kommen Besucher mit Warzenleiden oder Geschwüren, die auf die Heilkraft des Warzensteinwassers schwören: Es soll tatsächlich wiederholt geholfen haben. Selbst ein Hautarzt aus Kitzingen schickt seine Patienten nach Hammelburg zum „Wärza Sta“, wie das Museum berichtet.

Kloster Altstadt: Das 1649 gegründete Kloster, 1 km westlich der Altstadt, besitzt eine sehenswerte Klosterkirche mit barocker Ausstattung von 1700. Es lohnt sich, die vielen Details der Altäre sehr sorgfältig zu betrachten. Im Zentrum des Hochaltars steht eine lebensgroße Holzfigur der betenden Muttergottes. Im linken Seitenaltar umrahmen die 14 Nothelfer die Gottesmutter mit dem Jesuskind. Der rechte Seitenaltar zeigt in der Mitte den heiligen Franz von Assisi, umgeben von den 14 Heiligen des Franziskanerordens. Auf dem Vorplatz der Kirche beginnt ein 1733 angelegter, aufwändiger *Kapellen-Kreuzweg*, der zur Burg Saaleck führt.

Schloss Saaleck: Saaleck ist zwar eindeutig eine Burg, heißt aber (und das ist historisch begründet) Schloss Saaleck. Eine gut ausgebaute Asphaltstraße führt zu der im 12. Jh. von einem Fuldaer Abt erbauten Burg. Aus dieser Zeit hat sich lediglich der runde Bergfried erhalten. Der größte Teil der heutigen Anlage stammt aus dem 17. und 19. Jh. (vgl. „Essen & Trinken“.). Hier finden auch alljährlich die „Saalecker Schlossfestspiele“ auf einer Freilichtbühne statt.

Wehrkirche St. Georg in Diebach: Die katholische Pfarrkirche St. Georg, deren Chor und Turm aus der ersten Hälfte des 13. Jh. stammt und die im 16. Jh. umgestaltet wurde, war ursprünglich an vier Seiten von *Gaden* (einräumige Häuser) in Form von zweigeschossigen Fachwerkbauten umgeben. Diese Gaden wurden als Keller und Speicherräume genutzt, waren aber gleichzeitig auch Teil der Befestigung. Vor allem bei Herrschaftsstreitigkeiten diente die Anlage außerdem als Zufluchtstätte für die Bevölkerung. Die ältesten Bauteile der Diebacher Gaden stammen aus der zweiten Hälfte des 15. Jh., der größere Teil wurde jedoch im 17. Jh. errichtet. Erhalten sind u. a. Putzreste mit Malereien aus der Zeit um 1620. Das Diebacher Ensemble vermittelt noch heute ein eindrucksvolles Bild mittelalterlicher Kirchenbefestigung.

Fränkische Gastlichkeit in Lohr

Lohr

Das auf einem schmalen, hochwassergeschützten Landrücken gelegene Städtchen (17.000 Einwohner) am Ufer des Mains bezeichnet sich gerne als „Tor zum Spessart". In der Altstadt steht das alte Kurmainzer Schloss, das heute als Spessartmuseum die Vergangenheit der Landschaft zwischen Würzburg und Aschaffenburg in Erinnerung ruft. Das malerische Zentrum von Lohr lädt zu romantischen Spaziergängen über buckliges Kopfsteinpflaster ein.

Noch heute überragt die Pfarrkirche St. Michael die stolzen Bürgerhäuser. Bereits 1333 erhielt die in dieser Zeit zur Grafschaft Rieneck gehörende „Statze oberen Lore" das Stadtrecht. Ganz besonders stolz ist man auf Schneewittchen, das eine Lohrerin gewesen sein soll. Im Kurmainzer Schloss wurde sie angeblich geboren. Im dortigen Museum hängt auch heute noch ein „sprechender Spiegel" mit einem eingravierten Schriftzug. Die einstige Spiegelmanufaktur machte das Spessart-Städtchen über die Grenzen Franken hinaus bekannt. Das Zentrum Lohrs sind wie bereits vor Jahrhunderten die Gassen und Straßen um den Marktplatz. Hier kauft man ein, trifft sich zum Plaudern in einem der Cafés. Am ersten Samstag im Monat gibt es einen Bauernmarkt mit frischem Fisch, Ziegenkäse, Edelbränden und was die Region sonst noch bietet. An den Theken der Stadt wird übrigens noch einheimisches Lohrer Bier gezapft und der Wein kommt natürlich aus dem Bocksbeutel.

Mainviereck
Karte S. 199

Information/Verbindungen

- *Vorwahl* ✆ 09352.
- *Information* **Touristinformation Lohr**, Schlossplatz 5, 97818 Lohr, ✆ 848460 und 5152 (Zimmervermittlung), ✆ 70295, www.lohr.de und www.naturpark-spessart.de. Im Sommer 9–12 und 14–17 Uhr, Sa 10–12 Uhr,

Nov.–März 10–12 und 15–17 Uhr. Freundlicher Service.

• *Verbindungen* Lohr ist per **Bahn** sehr gut mit Gemünden und Aschaffenburg verbunden. **Busse** nach Marktheidenfeld. Auskünfte bei der Main-Spessart-Nahverkehrsgesellschaft, ✆ 09351/99800. Busse über den Ortsteil Steinbach bis Karlstadt bzw. Rothenfels und Marktheidenfeld. Fährpläne sind auch bei der Touristinformation erhältlich. Per **Schiff** kann man von April–Okt. an bestimmten Tagen nach Karlstadt und Marktheidenfeld fahren, außerdem werden Rundfahrten angeboten. Anlegeplatz an der Mainlände in Lohr. Lohrer Schiffstouristik Detlef Faßnacht, ✆ 807212. www.maintalbummler.de

Übernachten/Essen & Trinken

Zur alten Post (4), das Landhotel im Stadtteil Sendelbach (gegenüber der Altstadt) besitzt den schönsten Biergarten weit und breit, der sich besonders an heißen Sommertagen als ein angenehmer Ort für ein Mittag- oder Abendessen erweist. Die „Post" bietet dem Gast eine gehobene gutbürgerliche Küche, dazu Lohrer Bier und Frankenweine. Leckerer hausgeräucherter Wildschweinschinken. Mittleres Preisniveau. Nette Bedienung. Die Gästezimmer sind geschmackvoll eingerichtet. EZ ab 51 €, DZ ab 35 € pro Pers., diverse Pauschalangebote. Steinfelder Str. 1, ✆ 87520, ℻ 7875224.

Krone (5), der älteste Gasthof Lohrs (16. Jh.) im Herzen der Altstadt (am Rand der Fußgängerzone) ist noch heute ein schmuckes Haus mit einer malerischen Terrasse. Im urgemütlichen Restaurant kommen fränkische Gerichte auf den Tisch (Hirschgeschnetzeltes mit Nudeln). Die Krone vermietet auch 12 individuell eingerichtete Zimmer (z. T. mit Stuckdecke), EZ 48–58 €, DZ 76–196 €. Lohrtorstr. 2, ✆ 70777, ℻ 3729. www.Krone-Lohr.de

Parkhotel Leiss (3), ein empfehlenswertes 3-Sterne-Haus an der Stadthalle (außerhalb der Altstadt), das auch anspruchsvolle Gäste zufrieden stellt. Die Zimmer sind in einem heiter-italienischen Stil eingerichtet. Für die Lage an der viel befahrenen Jahnstraße wird der Gast durch die freundliche Atmosphäre des Hauses entschädigt. Behindertenzimmer, Nichtraucheretage. EZ ab 45 €, DZ ab 67 €. Jahnstr. 2, ✆ 6090, ℻ 609409. www.parkhotel-leiss.de

Franziskushöhe (1), das 2005 vom Lohrer Hermann Joha eröffnete 3-Sterne-Hotel blickt auf eine lange Geschichte zurück. So war es u. a. einmal Kloster und Lungenheilanstalt. Das am Waldrand gelegene Tagungs- und Familienhotel mit herrlichem Blick auf Lohr und das Maintal verfügt über 60 Zimmer, ein vielfältiges Veranstaltungsangebot und ein spezielles Freizeitangebot für Kinder, herrliche Terrasse. EZ 70 €, DZ 85 €, Familienzimmer 125 €. Ruppertshüttener Str. 70, ✆ 6040, ℻ 60411. www.franziskushoehe.de

Hotelgasthof Buchenmühle (8)
Bilderbuchgasthof am Buchbach im Spessart, unterhalb der Wallfahrtskirche Maria Buchen (Zufahrt über Lohr-Steinbach). Die malerische Buchenmühle, ein historisches Gebäude aus Buntsandstein, das erstmals 1726 als Jagdschlösschen des Fürstbischofs Franz Christof von Hutten erwähnt wurde, war seit 1895 der Gasthof für Wallfahrer. Schöne, schattige Terrasse am Bach, bürgerliche Küche. Beliebtes Ziel bei Spaziergängern. EZ 49 €, DZ 75 €, Dreibettzimmer 100 €, zahlreiche Arrangements. Mariabuchen, ✆ 87990, ℻ 879987, www.buchenmuehle.de. Mo Ruhetag.

Zur Rose (7), 200-jähriges Lohrer Traditionslokal mit sehr guter fränkischer Küche, Hauptgericht um 9 €. Hauptstr. 47 (Fußgängerzone), ✆ 600612. www.weinhausrose.de

Küferstube (2), „Von der Küferei zur feinen Küche", so lautet der Werdegang des Lokals außerhalb der Altstadt. Es werden hausgebackene Kuchen, selbst gemachte Wurstwaren und fränkische Gerichte (Wildspezialitäten) geboten. Auch gemütliche Gästezimmer ab ca. 30 €. Bahnhofstr. 12–14, ✆/℻ 1334. www.gasthof-kueferstube.de

Spessarttor (12) (mit Hotel Bergwiesen, 300 m entfernt, Grottenweg 5), im Stadtteil Wombach gelegenes Lokal, das seit fünf Generationen von der Familie Nätscher geführt wird, mit hervorragender Küche. Wombacher Str. 140, ✆ 87330, Hotel ✆ 87220, ℻ 873344.

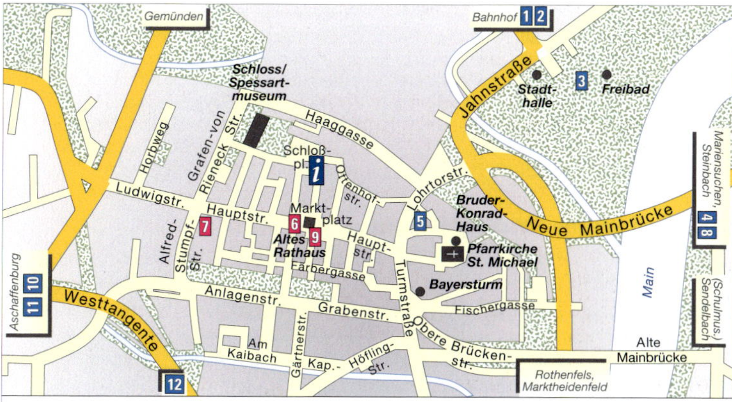

Übernachten

1 Hotel Restaurant Franziskushöhe
2 Küferstube
3 Parkhotel Leiss
4 Landhotel Zur alten Post
5 Hotel Krone
8 Hotel Gasthof Buchenmühle
10 Campingsplatz Forellenhof
11 Jugendherberge
12 Hotel Spessarttor

Essen & Trinken

1 Franziskushöhe
2 Küferstube
4 Zur alten Post
5 Gasthof Krone
6 Gasthof Schönbrunnen
7 Restaurant Weinhaus Rose
8 Buchenmühle
9 Weinhaus Mehling
10 Gasthof Forellenhof
12 Gasthof Spessarttor

Lohr

Schönbrunnen (6), direkt neben dem alten Rathaus wunderschön gelegenes Gasthaus mit fränkischer Küche. Hauptstr. 28, ✆ 9341, ✆ 70545. www.schoenbrunnen-lohr.de

Weinhaus Mehling (9), direkt beim Rathaus sitzt man am plätschernden Brunnen. Selbst gebackenes Brot, moderate Preise, viele kleine Gerichte zum Wein. Am Alten Rathaus, ✆ 2602. www.weinhaus-mehling.de

Jugendherberge (11), außerhalb am westlichen Stadtrand, von einer großzügigen Grünanlage mit kleinem See umgeben. 94 Betten, aufgeteilt in 6- und 8-Bett-Zimmer. Brunnenwiesenweg 13, ✆ 2444 , ✆ 70873.

Campingplatz Forellenhof (10), ganzjährig geöffneter, malerisch gelegener Platz am Forellensee im Rechtenbachtal, am westlichen Stadtrand von Lohr. See zum Schwimmen geeignet. Der Platz verfügt über ein hervorragendes Fischlokal (der Eigentümer ist Fischmeister). Forellen, Zander, Hechte, Waller und „Meefischle" kommen aus eigener Flussfischerei oder Fischzucht. Am Forellenhof 14, ✆/✆ 2865. Anfahrt über B26 Richtung Aschaffenburg, bei OMV-Tankstelle links abbiegen (Brunnwiesenweg), dann rechts (Am Forellenhof).

Campingplatz Mainufer, unmittelbar am Main (beim Schwimmbad), nur wenige Minuten von der Altstadt, liegt dieser Platz, der auch eine Anlegestelle für Bootswanderer bietet. Biergarten, beheiztes Freibad, Minigolf, Inline-Scating. Jahnstr. 12, ✆ 89392 oder 0172/6637135. Apr. bis Mitte Okt. geöffnet.

Einkaufen/Wandern

• *Einkaufen* **Märchenhäusle**, der originelle Laden der Familie Meisel in der Altstadt quillt fast vor Puppen über. Hier findet man Schneewittchen und die sieben Zwerge und vieles mehr. Hochgewachsene Besucher haben in dem kleinen Haus ihre Schwierigkeiten. Konditoreigasse 1, ✆ 5432, Mi geschlossen.

• *Wandern* **Waldlehrpfad**, ca. 1,5 km östlich von Lohr im Heeggraben. Vom Stadtzentrum geht es über den Valentinusberg und die Krommenthaler Straße zum Ausgangspunkt des Waldlehrpfads (Parkplatz). Er ist 4 km lang; die Gehzeit beträgt rund 2,5 Std. Der informative Spazierweg über Schanzkopfstraße, Waldhaus Rexroth und

Mainviereck
Karte S. 199

Hohe Bahn behandelt die Themen Pflanzenwelt, Böden und Bedeutung des Waldes, aber auch die Ursachen das Waldsterbens. Schilder informieren am Wegrand über die Vegetation. Bei der Touristinformation ist ein Plan des Lehrpfads erhältlich.

Spessartweg 1: von Gemünden nach Lohr. Info: www.spessart-info.de

Europäische Kulturwege (auch an anderen Orten des Spessarts vorhanden):Route 1: Multitalent Waldarbeiter, Route 2: Ruppertshütten „Alle Wege führen nach Rom", Route 3: Lohrer Wasserweg (6 km). Karten bei der Tourist-Info erhältlich, Infos im Internet (sogar die Texttafeln an den Wegen) unter: www.spessartprojekt.de

Auf den Spuren Schneewittchens

Der dunkle Wald ohne Ende – das Spessartklischee ist bis heute lebendig. Und tatsächlich war noch im 19. Jh. das Gebiet jenseits der Flusstäler kaum erschlossen und lieferte willkommenen Stoff für „märchenhafte" Spekulationen. Die berühmteste Geschichte erzählt von Schneewittchen, das wegen seiner Schönheit von seiner königlichen Stiefmutter zutiefst gehasst wird, flieht und bei den sieben Zwergen Unterkunft findet. Schließlich wird das Mädchen mit einem Apfel von der Stiefmutter vergiftet. Es wird jedoch wieder lebendig und heiratet einen Königssohn. Das Mädchen stammte angeblich aus Lohr. Ein 33 km langer *Schneewittchenwanderweg* erinnert heute an den Fluchtweg über die sieben Spessartberge. Der Weg, der am Spessartmuseum in Lohr beginnt (mehrseitige Wegbeschreibung und Karte bei der Touristinformation erhältlich) und in Bieber endet, weist auch auf Parallelen zu dem berühmten Märchen hin.

Der wahrscheinliche Hintergrund: Freiherr Philipp Christof von Erthal (1689–1748), der Leiter der Lohrer Spiegelmanufaktur, heiratete 1717. Seine Frau, die ihm sieben Kinder gebar, starb bereits im Jahr 1738 in Lohr. Erthal heiratete drei Jahre später noch einmal. Seine neue Frau Claudia, eine wenig beliebte Dame, wurde damit die Stiefmutter der sieben Halbwaisen. Unter ihnen das durch die Blattern (Pocken) fast erblindete, als barmherzig und gütig geltende Freifräulein Maria Sophia Margaretha Catharina von Erthal (geb. 1729), die zum Schneewittchen avancierte. Die Zwerge waren vermutlich Kinder oder kleinwüchsige Bergwerksarbeiter.

Lohr/Sehenswertes

Isolatoren-Museum: Das städtische Museum befindet sich im alten Trafohäuschen neben dem Altstadtparkhaus. Das Unikat in Deutschlands Museumslandschaft zeigt eine der größten privaten Sammlungen von Isolatoren.

Öffnungszeiten Jeden 1. So im Monat 14–17 Uhr und nach Vereinbarung, ✆ 4795.

Altes Rathaus: ein schöner Renaissancebau, der zwischen 1599 und 1602 entstand. Das Erdgeschoss diente einst als Markthalle. Der einstige reich verzierte Giebel verschwand bei Umbauten zu Beginn des 19. Jh.

Pfarrkirche St. Michael: Von den bis ins 8./9. Jh. zurückgehenden Vorgängerbauten ist heute nichts mehr zu sehen. Die jetzige Pfarrkirche stammt im Wesentlichen aus dem 13. bis 15. Jh.: Die Pfeilerbasilika entstand zwischen 1250 und 1300, der spätgotische Chor in den Jahren 1460–1500. Aus dem 12. Jh. hat sich die mehrfach umgebaute frühromanische Sakristei erhalten. Ungewöhnlich hoch ist mit 62 m der Turm von St. Michael. Besondere Aufmerksamkeit verdienen die eindrucksvollen Epitaphe der Grafen von Rieneck (15./16. Jh.) im Seitenschiff sowie die Grabmäler von lokalen Amtmännern und deren Familien.

Spessartmuseum: ehemaliges Amtsschloss der Mainzer Kurfürsten

Spessartmuseum

Das ehemalige Schloss der Kurfürsten von Mainz, das bis 1559 als Residenz der Grafen von Rieneck diente, beherbergt in seinen alten Gemäuern seit mehr als einem halben Jahrhundert das Spessartmuseum. Die Regionalsammlung zeigt am Beispiel des größten Laubwaldgebiets der Bundesrepublik, wie sich im Lauf der Geschichte das Verhältnis zwischen Mensch und Wald entwickelte. Bis ins 20. Jh. war Wald gleich zu setzen mit sozialem Notstandsgebiet. Das galt insbesondere für den Spessart, dessen nährstoffarme Böden das Leben und Überleben schwierig machten. Auf über 2.000 qm zeigt das Museum in erstaunlich spannenden, sehr abwechslungsreichen und informativen Schauräumen, wie der Mensch sich den Wald zunutze machte: Bergwerke, Eisenhämmer, Sägemühlen, kleine Werften und die für den Spessart typischen Glashütten entstanden. Viele heute oft schon ausgestorbene Handwerksberufe wie Büttner, Häfner, Küfer, Schmiede, Wagner und Schreiner fanden ihr Auskommen. Die Besucher können anhand von Originalobjekten und zahlreichen Rauminszenierungen die Lebenswelten der kleinen Leute und der sie beherrschenden großen Herren erleben, ebenso wie das Milieu der legendären „Spessarträuber", die als Außenseiter der Gesellschaft ihre eigene Subkultur pflegten. Die neu gestalteten Abteilungen „Jagd und Forst" und „Glas" sind ebenfalls sehr ansprechend gestaltet. In der Glasabteilung werden eindrucksvolle Glasprodukte und Erzeugnisse der Kurmainzer Spiegelmanufaktur, eines einst sehr bedeutenden Wirtschaftszweigs, gezeigt.

Öffnungszeiten Di–Sa 10–12 und 14–16 Uhr, So 10–17 Uhr. Eintritt 2,50 €, erm. 1,50 €. Schlossplatz 1, ✆ 2061, ℻ 1409, www.spessartmuseum.de (ebenso interessant wie das Museum ist auch der Internet-Auftritt!).

Mainviereck Karte S. 199

Bruder-Konrad-Haus: Am Kirchplatz (Nr. 8) steht die ursprüngliche „alte Burg" der Grafen von Rieneck. Im 17. Jh. wurde das Gebäude umgebaut und diente ab 1651 als Kloster der Franziskaner (bis 1971 in Lohr). In den 70er Jahren erfolgte der Umbau zu einem Haus für kirchliche und soziale Einrichtungen.

Bayersturm: Dieser Teil der Stadtbefestigung (spätes 13. Jh.) wurde nach der über 200 Jahre dort wohnenden Türmerfamilie Bayer benannt. Eine vollständig erhaltene Türmerswohnung ist noch heute zu besichtigen.

Öffnungszeiten Ostern bis Ende Oktober Sa/So und an Feiertagen 10–12 Uhr.

Schulmuseum: Einen interessanten Einblick in die autoritäre, obrigkeitsgläubige Schulausbildung im Kaiserreich um 1910 und während der Herrschaft der Nationalsozialisten gibt das Schulmuseum im Lohrer Stadtteil Sendelbach. Das Gebäude diente selbst einst als Schulhaus. Durch eine Vielzahl von Exponaten wird exemplarisch gezeigt, welch erdrückenden Einfluss der NS-Staat auch auf Kinder und Jugendliche hatte. Die ausgestellte Kinderpickelhaube aus dem Kaiserreich und der Kinderstahlhelm aus der Hitlerzeit demonstrieren anschaulich die Tradition des Militarismus. Zwei vollständig eingerichtete Klassenzimmer und eine Lehrerwohnung sind der Blickfang dieses sehenswerten Museums.

Öffnungszeiten Mi–So 14–16 Uhr und nach Vereinbarung. Sendelbacher Str. 21, ✆ 09359/317.

Lohr/Umgebung

▸ **Steinbach**: Ein Ausflug zu dem 2 km nördlich von Lohr auf der linken Mainseite gelegenen kleinen Ort lohnt sich vor allem wegen der Kirche und dem Schloss aus der Barockzeit. Joseph Greising errichtete zwischen 1719 und 1721 die *Pfarrkirche St. Joseph* mit ihrer eindrucksvollen Fassade. Mit Ausnahme der Kanzel stammt die gesamte barocke Inneneinrichtung noch aus der Bauzeit. In der Nachbarschaft der Kirche steht das nicht öffentlich zugängliche *Schloss*, das von 1725–1728 nach Plänen von Balthasar Neumann und Joseph Greising entstand.

- *Vorwahl* ✆ 09352.
- *Übernachten/Essen & Trinken* **Gasthof Adler**, der Gasthof, der sich seit über 150 Jahren in Familienbesitz befindet, bietet fränkische Küche. In der Saison Wildspezialitäten. Besonders beliebt sind die Würste, die aus der eigenen Metzgerei stammen. Umfangreiche Tageskarte. Das schöne Fachwerkhaus bietet funktionale Zimmer: EZ ohne Dusche 26 €, mit Dusche 44 €, DZ (Etagendusche) 46 €, mit Dusche 62 €, Fahrradverleih. Steinbacher Str. 14, ✆ 87500, 📠 875050.
- *Wandern* Am bewaldeten Berghang, ca. 3 km nordöstlich von Steinbach (Richtung Gemünden), blieb die malerische **Ruine Schönrain** erhalten. Der mit einem blauen M gekennzeichnete „Mainweg" führt über das Dörfchen Halsbach zu dieser ehemaligen Burg. Gehzeit ca. 1 Std., Wegstrecke etwa 5 km.

▸ **Neustadt am Main**: Die ehemalige Abteikirche (6 km südlich von Lohr) wurde in der ersten Hälfte des 12. Jh. errichtet. Nach einem Brand 1857 wurde sie wenige Jahre später neuromanisch wiederaufgebaut. Die heutige *Pfarrkirche St. Michael und Gertrud* gilt als eine der wichtigsten romanischen Kirchen im Mainviereck. Von der ursprünglichen Ausstattung haben sich unter anderem einige steinerne Reliefs aus der Mitte des 12. Jh. erhalten.

▸ **Wallfahrtskirche Maria Buchen**: Idyllisch am Hang über dem Buchbachtal, umgeben von Wäldern, liegt die Wallfahrtskirche Maria Buchen (3 km östlich von Lohr, Richtung Steinfeld). Die Kirche wurde zwischen 1692 und 1701 errichtet. Sie beherbergt ein hölzernes Gnadenbild der Muttergottes (frühes 15. Jh.). Die Klostergebäude entstanden Mitte des 18. Jh. Der Wallfahrtsort besitzt Klosterladen sowie

Fachwerkfassaden in Lohr

Lokal. Unterhalb der Wallfahrtskirche liegt der empfehlenswerte Gasthof Buchenmühle (s. „Übernachten/Essen & Trinken“).

- **Fuhrmann- und Schneidermuseum**: In dem 2003 eröffneten Museum in Frammersbach (nördlich von Lohr an der B276) wird die bis ins Mittelalter zurückreichende Tradition „internationaler“ Spediteure vorgestellt. Die renommierten, von großen Handelshäusern geschätzten Fuhrleute wickelten rege Warengeschäfte mit unterschiedlichsten Gütern in ganz Europa ab und erlangten einen Lebensstandard, der für weite Teile des Spessarts untypisch war. Nach dem Niedergang dieses Wirtschaftszweiges verlegte man sich auf Hausierhandel und Heimschneiderei, die bis ins 20. Jh. überregionale Bedeutung behielt. Das Museum ist in einem Haus aus dem 17. Jh. unter gebracht, das u. a. in noch den 1950er Jahren von einer Heimschneiderfamilie genutzt wurde.
  Öffnungszeiten Jeden 2. und 4. Sonntag im Monat 14–16 Uhr und nach Vereinbarung, ✆ 09355/97211.

- **Partenstein**: Etwa 7 km von Lohr entfernt liegt Partenstein mit dem *Museum „Ahler Kram“*, wo unter anderem die Funde der ehemaligen Burg Bartenstein vom Burgverein Bartenstein aufbewahrt werden.
  Öffnungszeiten 15.3.–15.12. So 14–16 Uhr und nach Vereinbarung, Holger Breitenbach, ✆ 09355/1362, Am Herrenhof 8, 97846 Partenstein.

- **Urspringen**: Die als Gedenk- und Ausstellungsstätte genutzte ehemalige *Synagoge* in Urspringen wurde 1803 als typische Landsynagoge im klassizistischen Stil erbaut und 1938 verwüstet. Die im Zuge der Sanierung unter dem Dach gefundene *Genisah* erregte internationales Aufsehen und ist zum Teil auf der ehemaligen Frauenempore ausgestellt. Der Förderkreis Synagoge Urspringen organisiert regelmäßig Vorträge und Veranstaltungen.
  Öffnungszeiten Im Sommer jeden Sonntag, im Winter jeden ersten Sonntag im Monat. ✆ 09369/385, Judengasse, 97857 Urspringen, ca. 10 km von Lohr entfernt.

Rothenbuch: In Rothenbuch, das etwa 20 km von Lohr entfernt an der B28 in Richtung Aschaffenburg liegt, lädt das *Bauernhausmuseum* zu einer interessanten Reise in die Geschichte ein. 1995 gründete sich eine Interessengemeinschaft, die in der Folgezeit eines der ältesten Bauernhäuser Rothenbuchs, das so genannte *„Bie-Schusterhaus“*, sanierte und als Museum gestaltete.

Öffnungszeiten April–Okt. So 14–16 Uhr und nach Vereinbarung, ✆ 06094/310 oder 9400 (Gemeinde).

Rothenfels

Voll Stolz führt Rothenfels den Titel „kleinste Stadt Bayerns“ (1.200 Bewohner). Der malerische Ort auf einem schmalen Streifen zwischen Main und Spessartbergen besitzt schöne Fachwerkhäuser und die in den Berghang hinein gebaute *Pfarrkirche Maria Himmelfahrt* sowie das prächtige, 1598/99 im Stil der Renaissance erbaute *Rathaus*. Das dreigeschossige Gebäude ist noch heute Sitz der Stadtverwaltung. Besonders sehenswert ist der Pranger. Wahrzeichen des Städtchens ist allerdings die trutzige *Burg Rothenfels*, die auf eine romanische Anlage (um 1150) zurückgeht und im 16. Jh. sowie in der zweiten Hälfte des 18. Jh. umgebaut wurde. 1919 kaufte die katholische Jugendbewegung Quickborn die Festung, heute dient sie als Jugendherberge und Tagungshaus. Das Burggelände ist öffentlich zugänglich. Vom Bergfried bietet sich eine schöne Aussicht über das Maintal. Der hohe Damm schützt Rothenfels vor den gefürchteten Hochwassern des Mains.

- *Vorwahl* ✆ 09393.
- *Information* **Stadtverwaltung**, Rathaus, 97851 Rothenfels, ✆ 09393/409.
- *Übernachten/Essen & Trinken* **Hotel Anker**, das 1703 erbaute Fachwerkhaus ist noch voller altfränkischer Atmosphäre. Deftige, fränkische Küche wie Schäufele vom Spessart-Damhirsch, Zicklein oder Hirschschinkenteller. Eigene Obstbrände. Mittagstisch nur bis 13.30 Uhr. Im Hotelneubau werden Zimmer vermietet. ✆/℻ 401. www.hotelanker.de

Jugendherberge, die Burg Rothenfels wird als stimmungsvolle Jugendherberge genutzt. Unterkunft 8,50 €, Bettwäsche 3 €, Frühstück 3,30 €, Abendessen 3,90 €. ✆ 99999, ℻ 99997. www.burg-rothenfels.de

- *Wandern* Bei einem **einstündigen Spaziergang** kann man das romantische Städtchen kennen lernen. Vom Parkplatz Mainstraße geht es zur Hauptstraße und dort zur Stadtpfarrkirche Maria Himmelfahrt. Steil führt der Fußweg hoch zur Burg Rothenfels. Rund 350 Stufen sind dabei zu überwinden. Auf halbem Weg der so genannte Kreuzschlepper mit schönem Blick übers Maintal. Von der Burg selbst führen eine kopftsteingepflasterte Straße und der Landwehrweg zurück in den Ortskern. Plan bei der Stadtverwaltung erhältlich.

Marktheidenfeld

Die pittoreske Kleinstadt – laut Tourismuswerbung „Die Brücke zwischen Wald und Reben“, also zwischen Main und Spessart, ist heute ein wirtschaftliches Zentrum im Mainviereck. Obwohl nur 12.000 Einwohner groß, verfügt Marktheidenfeld über 7000 Arbeitsplätze. In dem 1948 zur Stadt erhobenen Ort am Main spielt der Fremdenverkehr nur eine Nebenrolle. Wer durch die Straßen und Gassen Marktheidenfelds spaziert, sollte auf keinen Fall das zentral gelegene *Franck-Haus* in der Untertorstraße 6 mit seiner fein gegliederten Fassade auslassen. Dieses Patrizierhaus der Familie Franck wurde aufwändig im Stil des Übergangs vom Barock zum Rokoko (1745) aus Buntsandstein errichtet.

- *Vorwahl* ✆ 09391.
- *Information* **Fremdenverkehrsamt**, Luitpoldstr. 17, 97828 Marktheidenfeld, ✆ 500441, ℻ 7940, geöffnet Mo–Do 7.45–18 Uhr, Fr 7.45–15 Uhr.
- *Fahrradverleih* **Laux – Das Zweiradhaus**, Siemensstr. 3a, Triefenstein/Gewerbegebiet Lengfurt, ✆ 09395/8335, ℻ 8585.

• *Baden* **Maradies**, Freibad mit großem Schwimmerbecken, Tunnelrutsche, Wildwasserkanal etc. und Hallenbad mit Thermalaußenbecken, große Saunalandschaft. Am Maradies, ✆ 4131 (Bad) und 915564 (Sauna).

• *Übernachten/Essen & Trinken* **Anker**, das 4-Sterne-Hotel im Zentrum Marktheidenfelds zählt unter Feinschmeckern zu den beliebtesten Adressen im Mainviereck. Im gegenüberliegenden Weinhaus des aus verschiedenen Gebäuden bestehenden Hotels wird fränkische und internationale Küche serviert. Menü ab 25 €. Familie Deppisch besitzt auch ein Weingut, Verkauf im Hotel. Historischer Holzfasskeller. EZ ab 65 €, DZ 44–60 €. Obertorstr. 6, ✆ 912580, 📠 912581. www.hotel-anker.de

Mainblick, das im Stil der 80er Jahre gestaltete Restaurant ist für seine guten Fischgerichte bekannt. Idyllische Terrasse, freundlicher Service. Geschmackvolle Zimmer, EZ 48 €, DZ 65–70 €. Mainkai 11, ✆ 98650, 📠 986544. Mo Ruhetag. www.hotel-mainblick.de

Fischerhof, direkt am Main liegt diese gemütliche Pension von Heike Fleischmann. EZ ab 30 €, DZ ab 56 €, Himmelbettzimmer ab 60 €. Mainkai 15, ✆ 915303, 📠 915304. www.pension-fischerhof.de

Franck-Stube, sympathisches, stilvoll-rustikal eingerichtetes Restaurant in Marktheidenfelds schönstem Haus, dem ehemaligen Patriziergebäude der Familie Franck. Sehr gute Weinauswahl. Guter Lammrücken, aber auch Gewagtes wie Gänsestopfleber auf Krautsalat. Relativ preiswert (Menü zwischen 18 und 36 €, à la carte ab 15 €). Terrasse im Rückgebäude. Freundliche Bedienung. Untertorstr. 6, ✆ 81813.

• *Wein* **Weingut Josef Deppisch**, er Winzer Johannes Deppisch, der Ende der 80er Jahre das elterliche Weingut übernahm, baut vor allem Müller-Thurgau, Silvaner und Rieslaner in Lagen wie Erlenbacher Krähenschnabel, Marktheidenfelder Kreuzberg oder

Idyllische Wanderwege durch Laubwälder gibt es viele im Mainviereck

Homburger Kallmuth an. Eine Spezialität des Weinguts sind trockene Rotweine von den klassischen Buntsandsteinlagen des Untermains, Klingenberger Schloßberg und Bürgstädter Centgrafenberg. Verkauf: An der Röthe 2, Erlenbach, ✆ 09391/98270, 📠 5158, und in Marktheidenfeld im Hotel Anker (s. o.), werktags bis 17 Uhr, Sa bis 12 Uhr. www.deppisch.com

Marktheidenfeld/Umgebung

▸ **Lengfurt**: Der 2 km südlich von Marktheidenfeld gelegene Ort besitzt auf dem Markt eine reich verzierte *Dreifaltigkeitssäule* aus der ersten Hälfte des 18. Jh. Die Plastik wurde von dem bekannten Bildhauer Jacob van der Auvera geschaffen, um künftige Seuchen zu bannen. Deshalb sind auch die so genannten Pestheiligen Joseph, Johannes, Sebastian und Rochus in der Säule verewigt.

▸ **Triefenstein**: gegenüber von Lengfurt, auf der rechten Mainseite. In einem weitläufigen Park steht am Hochufer des Mains die *Peter-und-Paul-Kirche*, schon von weitem an ihren hohen Türmen zu erkennen. Von 1687 1694 erbaut, besitzt sie eine eindrucksvolle frühklassizistische Innenausstattung (1784–88). Das Gotteshaus gehörte einst zu einem Augustinerchorherrenstift. Seit 1986 sind die Kirche und das Gelände im Besitz der evangelischen Ordensgemeinschaft „Christusträger Bruderschaft" und deshalb nicht zu besichtigen. In Triefenstein liegt auch die Papiermühle Homburg (s. u.).

Homburg

Auf einem steilen Felsvorsprung erhebt sich die weithin sichtbare Homburg mit ihrer gewaltigen Fachwerkfassade aus der zweiten Hälfte des 16. Jh. Ältester Teil der renovierten Anlage ist der Unterbau des Bergfrieds, der noch romanisch ist. Wenige Meter unterhalb des malerischen Schlösschens führt eine Treppe in eine Tropfsteinhöhle hinab. Im Jahr 753 soll hier der heilige Würzburger Bischof Burkardus gestorben sein, wie eine Inschrift verkündet. Schon zu seiner Zeit war Homburg ein strategisch wichtiger, westlicher Außenposten des Würzburger Hochstifts, bereits 1332 erhielt der Ort die Stadt- und Marktrechte. Heutigen Zeitgenossen ist Homburg vor allem wegen seines Weins ein Begriff. Der Kallmuth gehört zu den berühmtesten Lagen im Mainviereck.

Papiermühle Homburg

Fast 22 Jahre, nachdem die Produktion eingestellt worden war, wurde 1997 die Follmersche Papiermühle, ein in Deutschland einzigartiges Technikdenkmal am Ortsrand von Homburg als *Museum* wieder eröffnet. Die technik- und kulturgeschichtliche Sammlung gibt einen faszinierenden Einblick in das Arbeitsleben und die Wohnbedingungen der früheren Papiermacherfamilie. Die mit Millionenaufwand sorgfältig restaurierte Mühle und ihre Einrichtung stammen überwiegend aus der ersten Hälfte des 19. Jh. In einer modernen Papiermacherwerkstatt stellt heute der Sohn des letzten Papiermüllers verschiedene handgeschöpfte Papiere her, die man im Museum kaufen kann.
Öffnungszeiten Mai–Okt. Di–Fr 10–12 und 14–16 Uhr, Sa/So 10–12 und 14–17 Uhr; Eintritt 1,50 €, erm. 1 €. Gartenstr. 11, Triefenstein-Homburg, ✆ 09395/99222. Im neuen Wohnhaus der Familie gibt es auch Übernachtungsmöglichkeiten. www.papiermuehle-homburg.de

• *Wein* **Gebiets-Winzergenossenschaft Franken/Homburg**, unterhalb der Homburger Kirche hat die Genossenschaft ihren Sitz. Die meisten der überwiegend preiswerten Weine – vor allem Silvaner und Müller-Thurgau – kommen aus der Spitzenlage Kallmuth. Sehr freundliche Beratung. Verkauf: Di 17.30–19 Uhr, Fr 15–19 Uhr, Sa 9–13 Uhr.

Urphar

Hoch über dem Maintal steht in dem Dörfchen Urphar die romanische Bergkirche St. Jakob, die noch von Resten einer Wehranlage umgeben ist. Über eine schwere Tür betritt man das 1.000 Jahre alte Kirchlein. Der viereckige Turm der heute evangelischen Kirche wurde bereits im 9. oder 10. Jh. errichtet. Denn hier kreuzte ein alter Handelsweg den Main. Kunstexperten schätzen besonders die freigelegten Fresken, die im Chor Christus und im Langhaus Apostel und Christopherus zeigen.
Öffnungszeiten auf Anfrage (auch Führungen möglich), Auskünfte: Wehrkirchstr. 1, ✆ 09342/4817, und Wehrkirchstr. 18, ✆ 4944.

Schöner Blick von der Burg auf die Wertheimer Altstadt

Wertheim

Hoch über dem Zusammenfluss von Tauber und Main steht Wertheims Wahrzeichen, die mächtige Burgruine aus rotem Buntsandstein. Das unverfälschte Stadtbild mit seinen reich verzierten Fachwerkhäusern und die reizvolle Lage machen die 24.500 Einwohner große Stadt, die politisch schon zu Baden-Württemberg gehört (Landkreis Main-Tauber), zu einem Touristenmagnet. Schon Otto Modersohn (1865–1943), der bekannte Worpsweder Maler, schätzte das lebendige Bilderbuchstädtchen und verewigte es in seinen Bildern.

In den Gassen hat manches prächtige Gebäude die Jahrhunderte nahezu unbeschadet überstanden: das verwinkelte Rathaus, heute Museum der ehemaligen Grafschaft Wertheim, oder gegenüber in der Rathausgasse das prächtige „Haus zu den vier Gekrönten". Bereits 1009 wurde dem Ort das Marktrecht, 1306 das Stadtrecht zugestanden. Besonders im Mittelalter profitierte Wertheim von der verkehrsgünstigen Lage an der Verkehrsader Main. Handel, Tucherzeugung und Weinbau verhalfen der Residenzstadt zu Wohlstand. Im 15. Jh. zählte der Ort die für damalige Zeiten beachtliche Zahl von 3000 Einwohnern. Politisch war die Grafschaft Wertheim ein selbstständiges Territorium. Als Napoleon den Main 1806 mit einem Federstrich zur Grenze erklärte, war es mit der Eigenständigkeit vorbei. Und das „alte Wertheim", Kreuzwertheim auf der rechten Mainseite, seit fast 1000 Jahren Teil Wertheims, wurde politisch abgetrennt. Die fränkische Stadt an der nördlichen Peripherie Badens verlor dadurch im 19. Jh. schnell ihre Bedeutung. Die willkürlich gezogene Grenze war zur Barriere für Wirtschaft und Bürger geworden. Einen

Mainviereck
Karte S. 199

neuen Boom erlebte die Stadt durch die Zuwanderung nach dem 2. Weltkrieg. So gründeten neue Wertheimer Bürger nach der Währungsreform eine Glashütte, die für die Stadt von großer wirtschaftlicher Bedeutung wurde. Heute gilt Wertheim als Zentrum der deutschen Laborglasindustrie.

Glas aus Wertheim: Qualität und Präzision

Rund 100 Glas erzeugende oder verarbeitende Betriebe haben sich rund um Wertheim angesiedelt. Es waren Zuwanderer nach dem 2. Weltkrieg, vor allem aus Thüringen, die hier 3.000 Arbeitsplätze schufen und der Stadt zu wirtschaftlicher Prosperität verhalfen. In den letzten Jahrzehnten wurde „Glas aus Wertheim" zu einem Synonym für Qualität und Präzision. Die Produktpalette reicht von Thermometern über Messgeräte bis hin zu hoch technisierten Laborgeräten. Neben der Herstellung von technischem Spezialglas werden auch künstlerisch gestaltete Gläser in Wertheim produziert. Das Glasmuseum am Rand der Altstadt gibt einen faszinierenden Einblick in die Welt des Glases und der Kunstglasbläser (Glasmuseum s. S. 221).

Die Weltabgeschiedenheit sowie die Romantik Wertheims und seiner Mainlandschaft zogen vor allem während der Weimarer Republik viele Künstler an. Die prominentesten Vertreter stellte eine Malergruppe um Otto Modersohn: seine Frau, Louise Modersohn-Breling, Friedrich Ahlers-Hestermann sowie Gertraud Rostowsky, eine Freundin des in Würzburg geborenen Schriftstellers Max Dauthendey (1867–1918). Auch ungarische Maler fanden den Weg hierher. So malte Margit Gräber mit ihrem Mann Vilmos Perlrott-Csaba in Wertheim.

Das sog. Blaue Haus in Wertheim

Louise Modersohn-Breling: Glückliche Tage in Wertheim

Louise (1883–1950), die Tochter des Münchner Kunstprofessors Heinrich Breling, lernte durch ihren Vater bereits 1896 den schon damals bekannten Worpsweder Maler Otto Modersohn kennen. Nach ihrer Gesangsausbildung heiratete sie ihn im Jahr 1909. Die beiden wohnten in Fischerhude, gelegentlich auch im benachbarten Worpswede (bei Bremen). Besonders nach der Geburt ihrer beiden Söhne Ulrich (1912) und Christian (1916) begann Louise Modersohn-Breling, sich der Malerei zuzuwenden. Studienreisen führten das Paar 1916, 1922 und 1924 nach Mainfranken und vor allem nach Wertheim. Auch 1923 und 1925 bereisten sie die Gegend. 1924 notierte die Malerin:

„Wir waren in Wertheim so glücklich, lebten einfach, ohne die Umgebung unnützer Dinge, hatten in wenig Raum viel Platz für Malerei und sonst nichts, eine Zahnbürste, einen Kleiderschrank, drei silberne Löffel, aber Gas und elektrisches Licht und eine Gummibadewanne. Die Bilder stellte man so beim Zubettgehen, daß am Morgen der erste Blick darauffallen konnte. Das war ein Götterleben!"

Auch Otto Modersohn begeisterte sich in seinem Tagebuch für die Stadt: „Wertheim, überragt von seiner Ruine, am Zusammenfluß von Tauber und Main macht einen malerischen Eindruck". In vielen Bilder verewigte er Wertheim und die Landschaft des Mainvierecks. Die Modersohns wohnten bei ihren Arbeits- und Ferienaufenthalten am Ortseingang von Kreuzwertheim (kurz hinter der Mainbrücke, wenn man von Wertheim kommt). Von hier hatte das Künstlerehepaar einen malerischen Blick auf den Main, auf die Altstadt und Burgruine. Ausflüge führten Otto Modersohn und seine Frau auch nach Homburg, Lengfurt, Triefenstein, Stadtprozelten und zum Kloster Bronnbach. Im Grafschafsmuseum sind einige Arbeiten der mainfränkischen Aufenthalte von Otto Modersohn und seiner Ehefrau Louise zu bewundern.

Information/Verbindungen/Adressen

- *Vorwahl* ✆ 09342.
- *Information* **Tourist-Info Wertheim/Fremdenverkehrsgesellschaft**, Rechte Tauber 10 (Am Spitzen Turm), 97877 Wertheim, ✆1066, 📠 38277. April–Okt. Mo–Fr 10–17 Uhr, Sa 10–12 Uhr, Nov.–März Mo–Fr 10–16 Uhr.

Stadtführungen für Einzelpersonen: April-Okt. Mo–Sa 17 Uhr, Preis 2,50 €, Treffpunkt am Spitzen Turm.

Es gibt zudem eine **Tourist-Info** im Wertheim Village (Outlet Shopping), Almosenberg, Wertheim/Bettingen, geöffnet Mo–Sa 10–20 Uhr, ✆ 85840.

- *Verbindungen* Wertheim ist über die **Maintalbahn** mit Stadtprozelten, Freudenberg, Bürgstadt und Miltenberg verbunden, von dort weiter nach Aschaffenburg. Bahnhof Wertheim, ✆ 1341.

Schiff, Linienfahrten von Mai bis 15. Okt., Auskünfte: Wertheimer Personenschiffahrt, Mainplatz, ✆ 1414, 📠 22826.

- *Adressen* **Angeln**, Scheine auf den Campingplätzen Bettingen und Wertheim sowie bei der Stadtverwaltung (Zimmer 2, ✆ 301259).

Baden, Hallenbad beim Gymnasium, Conrad-Wellin-Str., ✆ 301433. Freibad in den Christwiesen mit Erlebnisbecken (Riesenwasserrutsche und Wildbach), Wertheim-Bestenheid (2 km), ✆ 3010.

Tennis, Sportanlagen Wartberg, Neue Steige 125, ✆ 6006.

Mainviereck Karte S. 199

Übernachten/Essen & Trinken

Am Malerwinkel, am Rand der Fußgängerzone, in ruhiger Lage unweit des Spitzen Turms, liegt dieses moderne, rosa gestrichene Hotel. Die sympathische Herberge bietet komfortable und freundliche Zimmer mit neuem Mobiliar. Das Hotel besitzt auch eine Restaurant (regionale Küche) mit einer ruhig gelegenen Terrasse, die im Sommer von jüngeren Gästen geschätzt wird. EZ 45–55 €, DZ 69–78 €. Neuplatz 1, ✆ 9169000, ℻ 916923.

Kette, idyllisches Hotel mit Terrasse am rechten Tauberufer, Zugang zur Tauberpromenade. Gutbürgerliche Küche mit marktfrischer Ware. Mittleres Preisniveau, Spezialität: fangfrische Fische und Kuchen aus eigener Konditorei. Freundliche Bedienung. 100 m von der Altstadt entfernt. EZ 30–45 €, DZ 50–70 €. Zimmer zur Tauber verlangen (sonst viel Verkehr). Lindenstr. 14, ✆ 9070, ℻ 907202. www.tauberhotel-kette.de

Schwan, Hotel mit Restaurant (mittlere Preisklasse) und Terrasse, erbaut auf der ehemaligen Stadtmauer und dem alten Stadttor. Mit modernem Anbau, in dem sich avantgardistische Zimmer befinden. Das Hotel befindet sich direkt an einem Parkplatz in der Nähe des Mains. EZ 58–89 €, moderne Suiten 110–130 €. Mainplatz 8. www.hotel-schwan-wertheim.de

Adler, das älteste Gasthaus der Stadt – gegenüber von der Stiftskirche – soll einst sogar den Reformator Martin Luther mit Bratwürsten verköstigt haben, erzählen Eingeweihte. Heute speisen hier Einheimische und Besucher gleichermaßen. Hauptgerichte ca. 10 €. Urig-romantische Gaststube und kleiner Altstadt-Biergarten. Mühlenstr. 8, ✆ 1337, ℻ 22329, Mo Ruhetag.

Pfeiferhannes, besonders im Sommer, wenn man die Gartenterrasse im malerischen Innenhof des Rathauses mit Blick zur Burgruine genießen kann, empfiehlt sich dieses Restaurant, das lokale Weine zu Genossenschaftspreisen verkauft. Es liegt gleich neben dem Glasmuseum und dem Rathaus. Gutbürgerliche Küche. Mühlenstr. 26. Mo Ruhetag, Di ab 17 Uhr geöffnet, Mi–So Mittags- und Abendtisch.

Jugendherberge Frankenland, am Hang gelegen, mit Blick auf die Wertheimer Burgruine, ca. 10 Min. zu Fuß von der Altstadt. Alte Steige 16, ✆ 6451, ℻ 7354.

Campingplatz Bettingen, am Mainufer im Stadtteil Bettingen, 2 km von der Autobahn Frankfurt–Nürnberg, liegt dieser beliebte Platz, der von Apr.–Okt. geöffnet ist. Eine Nacht für 2 Pers., Auto, Wohnwagen, Strom kostet 13 €. Geiselbrunnenweg 31, ✆/℻ 7077.

Wein/Feste

• *Weinverkauf* **Tauberfränkische Bocksbeutelkeller Wertheim**, Verkauf von lokalen Weinen – vor allem Silvaner, Müller-Thurgau und Kerner, im südlich gelegenen Stadtteil *Reicholzheim*. Die Genossenschaft, der 610 Winzer mit einer Rebfläche von 220 ha angehören, baut zu zwei Drittel Müller-Thurgau an. Die Weinproben finden im alten Ambrosius-Balbus-Keller aus dem Jahr 1760 statt. Verkauf Mo–Fr 9–12 und 13–17 Uhr, Sa 9–12 Uhr. St.-Georg-Str. 1–3, ✆ 29000, ℻ 290080.

Weine in großer Vielzahl kann man auch kaufen direkt am Marktplatz in **Geschenkschachtel Witt**, Marktplatz 15, ✆ 914116, ℻ 914115. Auch Weinversand ist möglich. www.geschenkschachtel-witt.de

• *Feste* Stimmungsvoll ist das **Tauberblubber- und Zwiebelploatz-Fest** im historischen Weinkeller jedes Jahr Anfang Oktober.

Wandern/Einkaufen

• *Wandern* **Nach Urphar**, von der Wertheimer Stiftskirche führt ein Fußweg steil nach oben zur Burg. Dieser Weg ist mit einem roten Balken auf weißem Grund gekennzeichnet. In ca. 10 Min. erreicht man die weitläufige Ruine. Von hier führt der markierte Wanderweg weiter zum Wertheimer Stadtteil Urphar (s. S. 214). Es geht zuerst durch ein Waldstück in Richtung Osten (vorbei am Aussichtsturm) auf dem Mainhochufer. Nach ca. 4 km sieht man linker Hand im Tal das Dörflein (auf der linken Mainseite). Eine mit einem roten Punkt auf weißem Grund markierte Straße bringt den Wanderer hinab nach Urphar. Wegstrecke ca. 5 km, Gehzeit 1 Std.

• *Einkaufen* **Wertheim Village Outlet Shopping**, in der Nähe des Wertheimer Ortsteils Bettingen entstand auf freier Flur in den letzten Jahren eine Stadt, die an

Eine der größten Burgruinen in Mainfranken: Burg Wertheim

Walt Disney erinnert. Eine geschlossene Mauer mit Türmchen und Erkerchen umschließt das riesige Areal, das in seinem Inneren wie eine Fußgängerzone mit schachbrettartig verlaufenden Wegen angelegt ist: „Wertheim Village" ist ein Paradies für modebewusste „Trendsetter." Hier gibt es die Vorjahreskollektionen von eher gehobenen Marken wie Armani, Mexx oder Picard zu reduzierten Preisen. Angesichts des riesigen Angebots gerät man allerdings leicht in Verwirrung. Geöffnet Mo–Sa 10–20 Uhr. Almosenberg, Wertheim-Bettingen, ✆ 9199111, www.wertheimvillage.com. Anfahrt über A3 und A66, Ausfahrt Wertheim/Lengfurt.

Wertheim/Sehenswertes

Burg: Die weitläufige Anlage aus rotem Buntsandstein zählt zu den größten Steinburgen in Süddeutschland. Die stauferzeitliche Befestigung aus dem frühen 13. Jh. wurde im 15. und 16. Jh. erheblich erweitert. Einst war sie Sitz der Grafen von Wertheim. Die zahlreichen Wohngebäude auf der Bergnase waren durch umfangreiche Wehranlagen und eine tiefe Schlucht gesichert. Besteigt man den 23 m hohen Bergfried, kann man den Ausblick über das Maintal genießen, den schon die Wertheimer Grafen – wenn auch aus verteidigungstechnischen Gründe – zu schätzen wussten. Die Ruine teilt sich in vier Abschnitte: das vordere Bollwerk, das obere Bollwerk, das nach Süden ausgerichtete hintere Bollwerk und die eigentliche Zitadelle. Früher war der Zugang zur Burg nur über eine Zugbrücke möglich. Brunnen machten die Anlage unabhängig von externer Wasserzufuhr. Im 17. Jh. besetzten während des 30-jährigen Kriegs gleich zweimal schwedische Truppen die Stadt und die Festung. 1634 legten kaiserliche Truppen die Burg in Trümmer. Als 1648 bayerische Regimenter die Schweden in der Festung beschossen, war das Ende der Anlage besiegelt. Die Burgruine wurde unbewohnbar und verfiel.

Öffnungszeiten 16. Okt. bis Ostern 10.30–16Uhr, Sommerhalbjahr 9–22 Uhr bzw. bis Einbruch der Dunkelheit. Eintritt 1 €. Informationen über Veranstaltungen auf der Burg bei der Stadt Wertheim, ✆ 301311 Auf der Burg befindet sich auch eine Gaststätte, die täglich geöffnet ist.

Mainviereck Karte S. 199

Spitzer Turm: Der Wach- und Aussichtsturm stammt vermutlich aus dem 13. Jh. und wurde im 15. Jh. erhöht. Er diente auch als Gefängnis („Angstloch"); heute wird das alte Gemäuer für stimmungsvolle Weinproben genutzt. Einst war der Spitze Turm ein Eckpunkt der Stadtbefestigung mit insgesamt 18 Türmen und Toren. Der Aufstieg zum Turmstübchen lohnt sich. Denn was einst die Wächter schon sahen, ist noch immer zu bestaunen: eine Altstadt in Dreiecksform mit mittelalterliche Struktur.

Stiftskirche: Die dreischiffige gotische Pfeilerbasilika wurde 1383/84 auf einem romanischen Vorgängerbau errichtet. Erst später wurde der Glockenturm (1419) gebaut. Er besitzt eine ganz besondere Uhr: Die Zifferblätter auf der Ostseite, also in Richtung der Burgbewohner, weist nur einen Stundenzeiger auf, das vergoldete Zifferblatt für die Bürgerschaft (Richtung Marktplatz) einen Stunden- und Minutenzeiger. Im Chor der Kirche sind eine Reihe von Grabmälern erhalten, wie z. B. die so genannte Bettlade für den Grafen Ludwig III. zu Löwenstein und Gräfin Anna. Rechts vom Eingang gelangt man zur Heilig-Geist-Kapelle im Turm, zu der eine Treppen hinaufführt. Hier steht die berühmte Wertheimer Madonna, die um 1320 von einem unbekannten Künstler geschaffen wurde. Sie zeigt Maria mit dem Jesuskind, das in eigenartiger Weise auf dem Oberschenkel der Muttergottes steht. Nebenan die *Kilianskapelle:* Die spätgotische Doppelkapelle (15. Jh.) diente als Grablege.

Engelsbrunnen: Das Renaissancewerk aus rotem Sandstein (1574) zeigt zwei Engel, die über der Brunnenbekrönung das Wappen Wertheims halten. Die oberen Figuren sind Personifikationen der damals bekannten Planten Merkur, Venus, Mars, Jupiter und Saturn.

Die „Bettlade" im Chor der Stiftskirche beherbergt das Grabmal für den Grafen Ludwig III. zu Löwenstein und Gräfin Anna

Die gotische **Marienkapelle** wurde 1447 nach einem christlichen Pogrom gegen jüdische Wertheimer anstelle der zerstörten Synagoge errichtet. Die Grabsteine der einstigen jüdischen Gemeinde sind heute noch auf dem **Jüdischen Friedhof** am Mainufer, außerhalb der Altstadt, zu sehen.

Hofhaltung: Bis 1781 befand sich in dem Gebäude die Hofhaltung der Fürsten von Löwenstein-Wertheim-Rosenberg. Das Barockportal (1749) zeigt noch immer das Wappen des Fürsten Carl zu Löwenstein-Wertheim. Im Südwesten des großen Innenhofs mit dem so genannten Weißen Turm sind die inneren Stadtwehre zu sehen, die sich von der Burg zum Tauberufer hinabzogen. Heute wird das repräsentative Gebäude von der Stadtverwaltung genutzt.

Wertheim/Museen

Grafschaftsmuseum Wertheim und Otto-Modersohn-Kabinett: Auf mehr als 2200 qm beherbergt das Grafschaftsmuseum in seinen nebeneinander gelegenen Häusern, dem Alten Rathaus und dem Haus der Vier Gekrönten, eine überregional bedeutende kulturhistorische Sammlung aus Stadt und ehemaliger Grafschaft Wertheim. In zahlreichen volkskundlichen Abteilungen werden neben Weinbau, Fischerei und Blaudruck auch Möbel, Textilien und Münzen gezeigt. Eine beachtenswerte Kunststammlung umfasst historische Ansichten aus Wertheim und Franken sowie Gemälde aus dem Kreis der Heidelberger Romantiker. Ein Raum ist *Otto Modersohn* (1865–1943) und seiner Ehefrau *Louise Modersohn-Breling* gewidmet. Daneben finden regelmäßig Sonderausstellungen statt.

Öffnungszeiten Di–Fr 10–12 und 14.30–16.30 Uhr, Sa 14.30–16.30 Uhr, So 14–17 Uhr. Eintritt 2 €, erm. 1 €. Rathausgasse 6–10, ✆/℻ 301511. www.grafschaftsmuseum.de

Glasmuseum: Gegenüber der Hofhaltung ist in einem schönen Fachwerkhaus von 1577 das Glasmuseum beheimatet. Die Sammlung zeigt exemplarisch die Geschichte, Herstellung und Verwendung des uralten Werkstoffes Glas von den Anfängen bis zur Gegenwart. Ein Schwerpunkt des Hauses sind die für den Spessart typischen Wanderglashütten und deren Produkte. Einige Exponate nehmen auch Bezug zu den in Wertheim hergestellten technischen Spezialgläsern (s. S. 216). Regelmäßige Glasbläservorführung, ein vielfältiger und interessanter Museumsshop, Wechselausstellungen zum Thema Glas, auch mit zeitgenössischen Künstlern, und die traditionelle Weihnachtsausstellung machen den Besuch des Museums zu einer interessanten Erfahrung.

Öffnungszeiten mit Glasbläservorführung Apr.–Okt. und 1. Advent bis 1. Januar Di–So 10–12 und 14–17 Uhr, Fr/Sa 13–19 Uhr, So 13–17 Uhr. Eintritt 2 €, erm. 1 €; Mühlenstr. 24, ✆ 6866, ℻ 916711.

Schlösschen im Hofgarten: Erst vor kurzem eröffnete das Museum im Hofgarten, eine Dependance des Grafschaftsmuseums Wertheim. Es beherbergt drei herausragende Kunstsammlungen: eine Sammlung von Pariser Porzellan aus der Zeit zwischen 1780 und 1830, eine Sammlung von Gemälden des 19. Jh., vorwiegend aus dem Rhein-Neckar-Raum, sowie eine Sammlung von Gemälden und Aquarellen der Berliner Secession, darunter Bilder von Max Liebermann, Lovis Corinth, Max Slevogt und Fritz von Uhde. Das Schloss wurde im Jahr 1777 von Friedrich Ludwig Graf zu Löwenstein-Wertheim-Virneburg am Weg zwischen Wertheim und Eichel als kleine Sommerresidenz errichtet. Neben dem Schloss ist auch der Landschaftsgarten, der das Gebäude umgibt, sehr sehenswert.

Öffnungszeiten 1. April bis 31.Okt. 14–17 Uhr, Eintritt 3 €. Würzburger Straße 30 (an der L2310 Richtung Eichel), ✆ 301511.

Kreuzgang des Zisterzienserklosters Bronnbach

Wertheim/Umgebung

Kloster Bronnbach: In vielen Windungen schlängelt sich die Straße südlich von Wertheim durch das liebliche Taubertal. Vorbei an den Bauern- und Winzerstadtteilen Waldenhausen und Reicholzsheim, trifft man auf das Kloster Bronnbach (10 km), umgeben von Wäldern am Fuß eines Weinbergs. Die Zisterzienserabtei wurde als Tochterkloster von Maulbronn 1151/57 gegründet. Das Kloster war in den Jahren 1803–1986 im Besitz des Fürstenhauses Löwenstein-Wertheim-Rosenberg. Erst durch den Kauf des Main-Tauber-Kreises konnte die bedeutende Abtei Stück für Stück saniert und dadurch erhalten werden. Heute wird die weitläufige Anlage von Archiven und Instituten und als Veranstaltungsort genutzt. In der ehemaligen Klosterscheune aus dem 16. Jh. ist das **Museum für ländliches Kulturgut** untergebracht, eine Dependance des Wertheimer Grafschaftsmuseums. Es zeigt Exponate ländlichen Kulturgutes unter dem Thema „Verstädterung der Dörfer im Lebens- und Arbeitsbereich".

Öffnungszeiten Nach Voranmeldung beim Grafschaftsmuseum Wertheim, ✆ 301511.

Das **Kloster** und die bereits 1222 geweihte dreischiffige **Basilika** im spätromanisch-frühgotischen Stil sind nur im Rahmen einer Führung zu besichtigen. Die mittelalterliche Ausstattung der Kirche ging vor allem im 30-jährigen Krieg verloren. Die heutige Einrichtung mit den Barockaltären stammt fast ausnahmslos aus dem 17. und 18. Jh. Der Hochaltar und die Seitenaltäre (1670–1714) sind Werke zweier Würzburger Meister: des Bildhauers Balthasar Meister und des Malers Oswald Onghers. Eines der hervorragendsten Ausstattungsstücke ist das 1778 von dem Klosterbruder Daniel Aschauer geschaffene Chorgestühl.

Südlich der Kirche schließt sich der um 1300 errichtete Kreuzgang mit schönen spätromanischen Ornamenten im östlichen Teil an. Um ihn ordnen sich – gemäß den Bauregeln der Zisterzienser – im Osten der Konventbau mit dem spätromanischen Kapitelsaal (um 1200) und dem Arbeitssaal, im Süden das Kalefaktorium (Wärmehalle), das Refektorium (Speisehalle) und der Küchenbau sowie im Westen das Konversenhaus mit Cellarium und Laienrefektorium. Über dem derzeit nicht zugänglichen Refektorium liegt der prächtige Josephsaal, der nach dem Bauherrn Abt Joseph Hartmann (1699–1724) benannt ist. Der helle, aufwändig ausgestattete Raum zeigt Wandmalereien des Würzburger Künstlers Johann Adam Remele, die überwiegend Szenen aus der Josephs-Geschichte aus dem Alten Testament zum Inhalt haben. Beachtenswert ist der eindrucksvolle Parkettboden des Festsaals, der mit seinen Einlegearbeiten die Struktur der Decke reflektiert. Vor dem Kloster hat sich eine barocke Gartenanlagen mit Figuren erhalten. In den Sommermonaten finden im Kloster Konzerte statt. Nördlich der Kirche (links vom Haupteingang) konnte die malerische Orangerie mit ihren 1774 allegorischen Fresken die Jahrhunderte überdauern.

- *Öffnungszeiten* Das Kloster kann innen nur im Rahmen von etwa einstündigen Führungen besichtigt werden. Apr.–Okt. Mo 10–12, Di–Sa 10–17 Uhr, So 13–17 Uhr, Dauer 1 Stunde, Preis 3 €, erm.1,50 €.
- *Übernachten/Essen & Trinken* Im **Gasthaus Klosterhof**, dessen Gebäude aus dem Jahr 1713 stammt, gibt es preiswertes fränkisches und schwäbisches Essen. Rustikale Gasträume mit Hirschgeweihen. Hier werden Bronnbacher Weine und Würzburger Bier ausgeschenkt. Schöner Biergarten. Das Gasthaus, seit vielen Jahrzehnten in Familienbesitz, vermietet auch einige Zimmer. Bronnbach 1, ✆/℻ 09342/7316.

Kreuzwertheim

Noch immer prägt das 1736 als Witwensitz für die Reichsgräfin Sophie Friederike von Löwenstein erbaute Schloss das Dorf gegenüber dem historisch jüngeren Pendant Wertheim. Das heutige Aussehen der nicht öffentlich zugänglichen Anlage bestimmt die Neo-Renaissance, denn im 19. Jh. wurde das Schloss – heute Sitz des Fürstenhauses Löwenstein-Wertheim-Freudenberg – umfassend neu gestaltet. Die meisten Besucher Kreuzwertheims kommen heute jedoch nicht unbedingt wegen der kunsthistorischen Sehenswürdigkeiten, sondern wegen des renommierten Weinguts von Alois Konstantin Fürst zu Löwenstein-Wertheim-Rosenberg. In der malerischen Gutsverwaltung im Ortszentrum können die edlen Weine des Fürsten probiert werden.

Kreuzwertheim, die Urzelle der mittelalterlichen Grafschaft Wertheim, ist heute noch ein Winzerort; Kaffelstein heißt die bekannte Lage. Im Zentrum des Markts steht die alte *Wehrkirche zum Heiligen Kreuz*, an deren Turm noch Schießscharten zu erkennen sind. Auch eine Reihe von Kugeleinschlägen am romanischen Tor beim Kirchplatz beweist: Hier ging es nicht immer friedlich zu. Von der Inneneinrichtung der Kirche verdient die spätgotische Altar-Kreuzigungsgruppe aus der Zeit um 1470 besondere Beachtung. Einst soll die Kirche Pferdewallfahrtsstätte gewesen sein. Das Hufeisen an der eisenbeschlagenen, schweren Tür war sicherlich von einem Pilger als Ehrengabe gestiftet worden. Auf dem malerischen Kirchplatz hat sich ein steinernes Kreuz erhalten, das aus den Anfängen der Christianisierung stammt und dem Dorf seinen Namen gab.

- *Vorwahl* ✆ 09342.
- *Information* **Markt Kreuzwertheim**, Lengfurter Str. 8, 97892 Kreuzwertheim, ✆ 92620, ℻ 926233.
- *Bootsverleih* **Der Bootsplatz**, Kanuladen und Verleih, Hauptstr.4, ✆ 913177, ℻ 4653.
- *Übernachten/Essen & Trinken* **Hotel an der Herrnwiesen**, am westlichen Rand Kreuzwertheims. Das blau gestrichene, schön eingewachsene Haus bietet ge-

Mainviereck Karte S. 199

schmackvoll eingerichtete Zimmer (mit Internet-Zugang). Die Herberge besitzt einen großen Garten sowie spezielle Zimmer für Nichtraucher. EZ 45–80 €, DZ 65–85 €. In den Herrnwiesen 4, ✆ 93130, ℻ 931311. www.herrnwiesen.de

Landgasthof Franz, einfacher, rustikaler Gasthof im Ortszentrum. Spezialität des Hauses sind Brotzeiten (eigene Schlachtung) sowie Fisch- und Wildgerichte. Bratwürste mit Kraut 5 €. Gute Auswahl an lokalen Bieren und Weinen. Es werden auch funktionale Zimmer (teilweise Etagendusche) vermietet. EZ mit Dusche 33 €(ohne Dusche 28 €), DZ mit 55 € (ohne Dusche 43 €), Appartement für 6 Pers. 120 €/Nacht. Hauptstr. 18, ✆ 6600, ℻ 6622.

• *Wein* **Weingut Fürst Löwenstein**, das traditionsreiche Weingut, das im Besitz des Fürsten von Löwenstein-Wertheim-Rosenberg ist, findet man in der Rathausgasse. Der malerische Gutshof mit romantischem Innenhof serviert Weine von erstklassiger Qualität, die aus den ältesten Reblagen Deutschlands stammen. Homburger Kallmuth und Bronnbacher Kemelrain wurden bereits 1102 urkundlich genannt. Das Weingut, seit mehr als 100 Jahren in fürstlichem Besitz, ist bekannt für seine trockenen Weine, insbesondere gute Silvaner und Spätburgunder aus den fränkischen Spitzenlagen Homburger Kallmuth und Bürgstadter Centgrafenberg. Insgesamt werden 27 ha bewirtschaftet. Auf Muschelkalk und Buntsandstein wachsen Silvaner, Spätburgunder, Müller-Thurgau, Riesling, Bacchus, Kerner und Weißburgunder. Die großen Gewächse einiger Spitzenlage reifen in Barriques heran. Verkauf: Di–Fr 13–17 Uhr, Sa 10–14 Uhr oder nach Vereinbarung. Rathausgasse 5, ✆ 92350, ℻ 923550. www.loewenstein.de

Kreuzwertheim/Umgebung

▶ **Haslocher Eisenhammer**: Schon von ferne hört man das Klopfen. Mit seiner gewaltigen Schlagkraft schlägt der Eisenhammer in monotonem Rhythmus auf die glühend heißen Rohlinge. Der Haslochbach bewegt das mehr als 200 Jahre alte Werkzeug. Talaufwärts wurde ein künstlicher Wassergraben geschaffen. Dort wird das Wasser gespeichert und dem Hammertriebwerk zugeleitet. Am Ende dieses so genannten Wasserbaus liegen die Wasserräder, die die massiven Eisenhämmer gleichmäßig antreiben. In der Hammerschmiede, 3 km nördlich des Dorfs Hasloch, kann der Besucher den letzten Eisenhammer im Spessart miterleben. Selbst die Einrichtung aus der Gründungszeit von 1779 hat sich erhalten. Der Freiformschmied Armin Hock stellt heute Glockenklöppel für Kirchenglocken her, die an Gießereien im In- und Ausland geliefert werden. In der Blütezeit dieses Handwerks waren hier 16 Hammerschmiede in Schichtarbeit beschäftigt; ihre Wohnungen hatten sie gleich über dem Hammerwerk. Durch die Hochöfen des Ruhrgebiets verstummten die vielen Eisenhämmer des Spessarts bereits im 19. Jh. Heutzutage wird der Haslocher Eisenhammer nur noch aus Traditionsgründen weiter betrieben.
Öffnungszeiten Nur nach Vereinbarung. Eisenhammer Hasloch, Dornrosenstr. 18, 97906 Hasloch, ✆ 09392/1852, ℻ 09342/805170 (Eisenwerk Kurtz).

Stadtprozelten

Wahrzeichen der Kleinstadt (1.700 Einwohner), deren Häuser sich wie an einer Perlenschnur entlang dem Mains aufreihen, ist die Henneburg. Die noch gut erhaltene Ruine auf einem nach drei Seiten abfallenden Bergsporn des Spessarts zählt zu den eindrucksvollsten im Mainviereck.

Stadtprozelten hat sich seinen mittelalterlichen Charakter weitgehend bewahrt. Davon zeugen nicht nur prächtige Fachwerkhäuser, sondern auch das *Rathaus* (1520) mit seinem auf zwei toskanischen Säulen sitzenden Erker. Der Sitzungssaal ist noch heute in Betrieb. Es lohnt sich, auch einen Blick in die *Pfarrkirche* mit ihrem gotischen Turm zu werfen. An der Nordwand ist die so genannte Gräfin von Henneburg zu sehen, eine lebensgroße Sandsteinfigur einer Heiligen aus dem 13. Jh.

Die *Henneburg* gehörte Ende des 13. Jh. den Grafen von Wertheim, von 1317–1484 dem Deutschen Orden. Schon der bayerische König Ludwig I. schätzte im 19. Jh. die eindrucksvolle Ruine und ließ Arbeiten gegen den weiteren Verfall durchführen. Noch heute können zwei Türme bestiegen werden, die ein prächtiges Panorama über das geschwungene Maintal bieten.

Anfahrt Die Burg ist von der Hauptstraße zu Fuß zu erreichen oder mit dem Auto über den Großen Steig und Neuen Weg (1,5 km). An der Burg gibt es einen Parkplatz. Die Gaststätte Henneburg-Schänke ist zwischen Mai und Oktober an den Wochenenden geöffnet.

- *Vorwahl* ✆ 09392.
- *Information* **Stadt Stadtprozelten**, Hauptstr. 132, 97909 Stadtprozelten, ✆ 97600, 📠 976018, Mo, Di, Mi, Fr 8–12 Uhr, zusätzlich Mi 16–18Uhr, Do 10–16 Uhr, www.stadtprozelten
- *Verbindungen* Mit der **Autofähre** (im Sommer bis 20 Uhr) zum Nachbarort Mondfeld auf der linken Mainseite.
- *Übernachten/Essen & Trinken* **Pension Erika**, an einem Südhang (Neubaugebiet), 1 km oberhalb des historischen Ortskerns, liegt die villenartige Pension von Erika Schnellbach. Die Ruhe und die herrlichen Ausblicke auf das Maintal (Schwimmbad im Garten) sind die Pluspunkte dieses rustikalen Gästehauses. DZ ab 47 €, EZ 29 €. Odenwaldstr. 5, ✆ 6363, 📠 6444. www.pension-haus-erika.de

✆📠**Campingplatz** , am Mainufer beim Bootsclub, nur durch die Bahnlinie vom Zentrum getrennt. Eigene Anlegeplätze. Am Mainufer 1, ✆ 7866, 📠 7566. Ganzjährig geöffnet.

Gasthaus Bauernstube

Hofthiergarten, ein von Obstgärten umgebener Weiler auf der Hochebene des Spessarts ist ein ideales Ausflugsziel (über Kleiner Steig, in Richtung Neuenbuch, 2 km von Stadtprozelten). Das hübsche Fachwerkhaus mit einem Biergarten unter einem Kastanienbaum bietet leckere und dazu preiswerte fränkische Brotzeiten. Für die Frische und Qualität garantiert die eigene Schlachtung. Sehr gute Obstbrände, die aus der eigenen Brennerei stammen. Die vielen Stammgäste schätzen die freundliche Atmosphäre des Hauses. Hofthiergarten 3, ✆ 7337. Übrigens erreicht man von Hofthiergarten zu Fuß in ca. 15 Min. die Ruine Henneburg.

Freudenberg

Das Städtchen (4.200 Einwohner) am linken Mainufer besitzt eine eindrucksvolle *Burgruine*, die in den Sommermonaten als Kulisse für Theateraufführungen dient. Die Befestigung wurde von den Würzburger Bischöfen zwischen 1190 und 1200 errichtet. Die Kirchenmänner wollten damit ihr Territorium gegenüber den Mainzer Herrschern absichern; heute gehört Freudenberg zu Baden-Württemberg.

Von der Burgruine in Freudenberg bietet sich ein schöner Blick auf Main und Spessart

Die Altstadt liegt auf einem schmalen Streifen wischen dem Main und den steil ansteigenden Bergen, sie ist kaum mehr als eine einzige lange Straße, die allerdings viel befahren ist. Sehenswert sind neben dem 1499 erbauten *Rathaus* das dreigeschossige *Amtshaus* (frühes 17. Jh.) mit seinem Renaissanceportal. In der romanischen *Friedhofskapelle St. Laurentius* haben sich 700 Jahre alte Wandmalereien des „Freudenberger Meisters" erhalten. Vom Zentrum führt ein steiler Weg in rund 10 Min. hoch zur Burgruine. Am Ziel gibt es einen Brunnen zur Abkühlung.

• *Vorwahl* ✆ 09375.

• *Information* **Stadtverwaltung Freudenberg**, Hauptstr. 152, 97896 Freudenberg, ✆ 92000, ✆ 920050. Mo–Do 7.30–12.15, Di 13.15–17.30, Fr 7.30–12.45 Uhr. www.freudenberg-main.de

• *Baden* 500 m nördlich von Freudenberg gibt es am Main einen 2 ha großen Badesee, der direkt mit Quellwasser gespeist wird. Sehr schöne Lage, gepflegte Anlage mit Gaststätte und Seeterrasse. See mit Wasserrutsche, Spiel- und Sportanlagen, künstliche Inseln. Von Mitte Mai bis Anfang Sept. geöffnet. Mühlgrundweg.

• *Bootsverleih* Im gegenüberliegenden Kirschfurt (Bayern) gibt es den **Kanu Treff Maintal**, Theresienhofstr. 3, ✆ 09375/718 oder 09376/1387, ✆ 974112. Ein 1er Kajak kostet 25 €.

• *Übernachten/Essen & Trinken* **Goldenes Faß**, das sehr schön unmittelbar am Mainufer gelegene, 1968 erbaute Hotel besitzt modern eingerichtete Zimmer, teilweise mit Balkon. Beliebtes Restaurant, Spezialitäten sind frisches Wild und Fische sowie österreichische Mehlspeisen. Diätkost möglich. Zimmerpreise 75 €, Halbpension 12 €. Fassgasse 3, ✆ 9299970, ✆ 9299977. www.goldenesfass.com

Zur Rose, am Ortsausgang Richtung Wertheim liegt dieser Gasthof mit seinem Buntsandstein-Untergeschoss. Die Rose bietet gutbürgerliche Küche (große Auswahl). Für ein Hauptgericht muss man mit ca. 11 € rechnen. Terrassenbetrieb, allerdings relativ laut wegen der Ortsdurchfahrt. EZ ab 32,50 €, DZ ab 56 €. Hauptstr. 230, ✆ 653, ✆ 1491. Di Ruhetag.

See-Camping Freudenberg, großer Campingplatz direkt am Main und beim Naturbadesee gelegen. Ganzjährig geöffnet. Spielplatz, Freischach, Babybad, Kiosk, Hunde erlaubt. Mühlgrundweg 10, ✆ 8389, ✆ 1431. www.seecamping-freudenberg.de

• *Obstbrände* **Gebrüder Josef & Matthäus Ziegler GmbH**: Die Edelobstbrennerei zählt zu den bekanntesten Brennereien Frankens. Die traditionsreiche Brennerei (seit 1865)

bietet feinste Edelbrände verschiedener Preisklassen, auch schöne Geschenke und Raritäten wie z. B. einen Edelobstbrand in der Ziegler Flasche mit gegossenem Zinn-Ornament im Barockstil in einer Kirschholzkiste für 170–250 €. Schöne Probierstube. Hauptstr. 26, ✆ 92880, 📠 928811. www.brennerei-ziegler.de

Bürgstadt

Am Centgrafenberg, einem Südhang aus rotem Sandstein westlich von Bürgstadt, wachsen Rotweine, die zu den besten Frankens gehören. Dieser trockene, steinige Boden, der die Wärme des Miltenberger Talkessels zwischen Spessart und Odenwald aufnimmt, bringt immer wieder exzellente Burgunder hervor. Das Winzerdorf am Main (4600 Einwohner, 19 Weinbaubetriebe), heute mit dem benachbarten Miltenberg längst zusammengewachsen, ist jedoch nicht nur wegen seiner Spitzengewächse bekannt, sondern auch wegen seiner hervorragenden Gastronomie.

Bürgstadt – über 1000 Jahre im Besitz von Kurmainz – ist ein idealer Standort für Besucher, die Beschaulichkeit lieben und die authentische Atmosphäre eines Winzerdorfs schätzen. Ins benachbarte Miltenberg, Inbegriff mittelalterlicher Romantik am Main, ist es nur ein Katzensprung. Doch Bürgstadt hat selbst Historisches zu bieten, wie die 800 Jahre alte Martinskapelle mit ihrer „Armenbibel" oder das Rathaus mit seinem Renaissancegiebel. Unter Liebhabern fränkischer Küche ist Bürgstadt seit langem ein festes Ziel. Die sich gegenüberliegenden Gasthöfe Stern und Adler sind seit Jahren bekannt für ihre hervorragende Küche. In den Sommermonaten ziehen auch Besenwirtschaften wie z. B. das Weingut Neuberger mit seiner Häckerstube (Freudenberger Str. 7; ✆ 2562, 📠 7008) viele Genießer aus der Umgebung an.

Rudolf Fürst: Rotweinfürst von Franken

In Franken besitzt der Rotwein noch Seltenheitswert. Obwohl in den letzten Jahren die Anbauflächen kontinuierlich zunahmen, spielen Rotweine quantitativ kaum eine Rolle. Einer der Pioniere des fränkischen Roten ist das Bürgstadter Weingut Rudolf Fürst. Auf dem Buntsandstein mit Lehm- und Tonauflagen wachsen durchaus Spitzengewächse, wie das Weingut Jahr für Jahr beweist. Vor allem Spätburgunder der Toplage Centgrafenberg genießen unter Kennern einen hervorragenden Ruf. Fürst bewirtschaftet rund 12 ha Rebfläche, beim Rotwein dominieren Spätburgunder, aber auch Frühburgunder und Domina. Das Weingut bietet aber auch interessante Silvaner, Rieslinge und Weißburgunder. Ein Besuch des Aussiedlerhofs mit einer Jahresproduktion von rund 100.000 Flaschen lohnt sich deshalb für Weinliebhaber unbedingt. Übrigens betreibt die Familie bereits seit 1638 Weinbau. Große Erfolge feierte Fürst mit seinem „Parzival", einer Cuvée aus Spätburgunder und Domina, der an die bekannte Dichtung von Wolfram von Eschenbach erinnert, die auf der nahen Wildenburg entstanden sein soll (S. 239). Das Angebot wird ergänzt durch feine Brände, insbesondere Mirabelle, Wildkirsche und Trester vom Spätburgunder sowie handgerüttelte Sekte aus Spätburgundertrauben. Der Klassiker Centgrafenberg Spätburgunder trocken kostet ca. 18 €, und ein im Barrique ausgebauter „Parzival" 15 €. Ein stilvolles Weingut mit freundlichem Ambiente.

Verkauf Mo–Fr 9–12 und 14–18 Uhr, Sa 10–15 Uhr, Hohenlindenweg 46, ✆ 8642, 📠 69230. www.weingut-rudolf-fuerst.de

Mainviereck Karte S. 199

• *Vorwahl* ✆ 09371.

• *Information* **Tourist-Info Bürgstadt**, gegenüber dem Rathaus gelegen, Thomastr.7, ✆ 959692, ✆ 959691. Sie ist mit einem PC mit Touch-Screen ausgestattet, sodass man sich auch außerhalb der Öffnungszeiten informieren kann. www.buergstadt-info.de. Außerdem Infos beim **Markt Bürgstadt**, Große Maingasse 1, ✆ 97380.

• *Tennis/Squash* Tennishalle, Squash-Courts sowie Sauna, Fitnessstudio und Solarium im **Tennis-Treff**, Erfstr. 31 (am Schwimmbad), ✆ 67181.

• *Schwimmbad* **Erftalbad**, Erlebnis- und Freizeitbad mit Großwasserrutsche, Strömungskanal etc. ✆ 3350.

• *Übernachten/Essen & Trinken* **Weinhaus Stern**, der Traditionsgasthof (seit 1638), ein Fachwerkhaus in der Ortsmitte, wirkt schon auf den ersten Blick sehr einladend. Die Gaststube mit großen Fenstern und holzvertäfelten Wänden ist schlicht. Allerdings wird die fränkische Küche des Stern seit vielen Jahren von Einheimischen und Gästen gleichermaßen geschätzt. Viele saisonale Gerichte, die nicht nur frisch, sondern auch raffiniert zubereitet sind. Hauptgerichte ab 15 €, Menü ab 28 €, dazu unter anderem Spitzenweine von Rudolf Fürst. Besonders schön ist es im Sommer auf der mit Weinreben überdachten Terrasse. Tischreservierung empfehlenswert. Daneben werden auch Zimmer vermietet, z. T. mit Whirlpool oder Dampfdusche ausgestattet. EZ 40–55 €, DZ 70–105 €. Hauptstr. 23/25, ✆ 40350, ✆ 403540. www.hotel-weinhaus-stern.

Gasthof Adler

Die leichte Regionalküche des Traditionshauses (3 Sterne) hat viele Anhänger. Besonders im Sommer, wenn im romantischen Garten leckere Grillgerichte und Bürgstadter Weine (nicht zu teuer) serviert werden, empfiehlt es sich, frühzeitig zu reservieren. Die Hauptgerichte liegen bei ca. 15 €. Die Zimmer befinden sich im funktionalen Gästehaus (direkt an das Gasthaus angebaut) und in dem im Garten befindlichen Landhaus, das überwiegend aus Holz gebaut ist und geschmackvoll eingerichtete, behagliche Zimmer samt kleinen Balkonen besitzt. Relaxte, stilvolle Atmosphäre. Reichhaltiges Frühstücksbuffet mit frischen Produkten. Eigene Obstbrände. Kostenloser Fahrradverleih. EZ ab 47 €, DZ ab 63 €. Hauptstr. 30, ✆ 97880, ✆ 978860. www.gasthof-adler.de

Weingut Stich, „Im Löwen", das Jugendstil-Ambiente mit Stuckdecken lässt den an und für sich schon hervorragenden Wein noch ein bisschen besser munden. Dazu öffnen Gerhard und Helga Stich immer zur Osterzeit (und nur dann!) die ehemaligen Gasträume täglich ab 12 Uhr. Mostsuppe, Blaue Zipfel, eingelegter Käse und Rindfleischsalat sind dann die passende Beilage zu Müller-Thurgau, Silvaner, Gewürztraminer und Spätburgunder. Freudenberger Straße 73, ✆ 5705, ✆ 80973. www.weingut-stich.de

• *Wandern* 500 v. Chr. errichteten die Kelten eine Fliehburg mit Ringwall auf dem Wannenberg (Heunefässer und Heunestein) 1 km nordwestlich von Bürgstadt. Bei Grabungsarbeiten in den 1980er Jahren stieß man auf eine Toranlage (1200–800 v. Chr.) Eine breite Straße führt vom Ortszentrum zum **Wannenberg**. Zuerst gelangt man zur Ruine der Centgrafenkapelle. Mit dem Bau wurde 1629 begonnen, doch der Einfall der schwedischen Truppen 1630 verhinderte die Vollendung des Kirchleins aus rotem Sandstein. Von hier bietet sich ein schöner Ausblick über das Maintal. Von dort läuft man in westliche Richtung oberhalb des Berghangs zum Ringwall. Beim Verkehrsamt ist eine lokale Wanderkarte im Maßstab 1:25.000 erhältlich, mit exakten Wegangaben.

Rotweinwanderweg: mit einem Rotweinglas markiert, Ausgangspunkt ist die Tabakhalle im Streckfuß. Dauer 2 Std., insgesamt 6,8 km. Dabei schöne Ausblicke ins Maintal.

Bürgstadt/Sehenswertes

Martinskapelle: Das um 1200 erbaute Kirchlein – eines der ältesten am Untermain – lohnt sich vor allem wegen seiner *Armenbibel* für Analphabeten und einer ausdrucksstarken Kreuzigungsgruppe (um 1500) im Chorbogen. Die Kirche befindet sich in unmittelbarer Nähe der Alten Kirche. Äußerlich unscheinbar, ist man überrascht von der künstlerisch hochwertigen Ausstattung der Kirche. Sie ist ein echtes „Highlight". Im Inneren sind an den Längswänden mehrere Dutzend Medaillons (Ende des 16. Jh.) mit Motiven aus der Heilsgeschichte zu sehen. Die Fresken im Chorbogen stellen das Jüngste Gericht dar. Auskunft und Anmeldung bei der Gemeindeverwaltung Bürgstadt.

Den Schlüssel für die Kapelle verwaltet die gegenüberliegende Gärtnerei Kling, Martinsgasse 22, sowie die Fa. Hofmann, Martinsgasse 18. Die Besichtigung ist kostenlos.

Rathaus: Zentrum des Orts ist das zwischen 1590 und 1592 erbaute Rathaus mit seinem auffälligen Renaissancegiebel und einem sechseckigen Turm an der Südseite.

Museum Bürgstadt: In der einstigen *Mittelmühle*, einem Gebäude aus dem 19. Jh., wird auf anschauliche Weise ein Einblick in die Geschichte des Marktes Bürgstadt gewährt. Es behandelt die Themenkreise Weinbau, Sandsteingewinnung und –verarbeitung, Tabakanbau, Aspekte der Ortsgeschichte sowie in einem eigenen Zimmer das Leben des bedeutenden Barockkomponisten Michael Breunig, der 1699 in Bürgstadt geboren wurde. In einem eigenen Raum wird über die Heimatvertriebenen des 2. Weltkriegs erzählt. Daneben finden Sonderausstellungen statt.

Öffnungszeiten So 14–18 Uhr; Gruppen auf Anmeldung. Eintritt frei. Am Mühlengraben 1, ✆ 973892 und 2348.

Miltenberg

„Miltenberg erschien mir immer als das Herz von Deutschland. Der Marktplatz mit dem Brunnen ist für mich das deutsche Mittelalter schlechthin.", notierte einst Elly Heuss-Knapp, die Ehefrau des Bundespräsidenten Theodor Heuss. Dem kann man heute noch zustimmen, Mittelalter und Romantik haben nichts an ihrer Attraktivität verloren.

Die 10.000 Einwohner große Stadt am Main, wo sich Spessart und Odenwald die Hand reichen, ist ein Touristenmagnet. Bereits in der zweiten Hälfte des 19. Jh., insbesondere seit dem Anschluss an das Eisenbahnnetz, wurde Miltenberg als Musterbeispiel deutscher Romantik zum beliebten bürgerlichen Reiseziel.

Heutzutage platzt „die Perle am Main" – wie sich Miltenberg gerne nennt – vor allem im Sommer und Herbst aus allen Nähten. Während woanders in den Stadtzentren hässliche Betonbauten entstanden, hat sich die Kreisstadt des gleichnamigen Landkreises ihre mittelalterliche Architektur fast vollständig erhalten. Dank seiner günstigen Lage an der wichtigen Handelsstraße von Nürnberg nach Frankfurt und ausgestattet mit Privilegien wie Messe-, Münz- und Stapelrecht nahm das 1237 zur Stadt erhobene Miltenberg eine blühende Entwicklung. Vom Wohlstand zeugen noch immer die prächtigen Fachwerkhäuser mit ihren hohen Fassaden. Der von der mächtigen Mildenburg überragte Marktplatz ist zweifellos der schönste Fleck der verwinkelten Altstadt.

Miltenberg ist jedoch älter, als es auf den ersten Blick erscheint. Schon in der Jungsteinzeit und Eisenzeit wurden auf den umliegenden Bergen Ringwälle angelegt. Die strategisch günstige Lage des Talkessels, wo die beiden Flüsschen Erfa und Mud in den Main fließen, erkannten auch die Römer. Bereits um 150 errichteten sie zwei Kastelle zur Sicherung des Limes: nördlich der Mündung der Mud in den Main das Kastell Miltenberg-Ost und westlich der Mündung der Erfa das Kastell Altstadt. Als 1803 Napoleon Kurmainz auflöste, gehörte die Stadt zuerst zu Hessen-

Mainviereck Karte S. 199

Darmstadt, ab 1816 schließlich zu Bayern. Das einst zentral gelegene Miltenberg befand sich plötzlich an der Peripherie des Wittelsbacherreiches und verfiel in eine Art Dornröschenschlaf – aus dem es erst in den letzten Jahrzehnten aufgewacht ist.

Information/Verbindungen/Adressen

• *Vorwahl* ✆ 09371.

• *Information* **Tourismusgemeinschaft Miltenberg-Bürgstadt-Kleinheubach,** Rathaus Miltenberg, Engelplatz 69, 63897 Miltenberg, ✆ 404119, ✆ 9488944, Mo–Fr 9–17 Uhr, Sa (Mai–Okt.) 10–13 Uhr. Kostenlose **Stadtführungen** Mai–Okt. Mi und Sa 10.30 Uhr, Treffpunkt bei der Tourist-Information. www.miltenberg.info

• *Verbindungen* **Zugverbindungen** nach Wertheim sowie Amorbach, tägl. ca. 20 Mal über Klingenberg, Obernburg nach Aschaffenburg. Bahnhof, Brückenstr., ✆ 11861, Fahrplanauskunft 0800/15070902510. Sehr gute **Busverbindungen** nach Bürgstadt, Freudenberg und Wertheim sowie Kleinheubach-Laudenbach und Amorbach. Von Miltenberg werden von Mai bis Mitte Okt. **Schifffahrten** über Bürgstadt, Freudenberg, Stadtprozelten nach Wertheim, Fahrräder können mitgenommen werden. Außerdem gibt es im August eine Schiffsverbindung über Obernburg nach Aschaffenburg. Auskunft: Reederei Henneberg, ✆ 3330, ✆ 1406.

• *Adressen* **Baden**, im Hallenfreibad am Main, nordöstlich der Altstadt, mit Sauna, Solarium und Außenwarmbecken. Im Sommer werktags bis 21 Uhr, am Wochenende bis 20 Uhr geöffnet. Jahnstraße. ✆ 404150.

Bootsverleih, Dieter Fürst, Steingässerstr. 50, ✆ 1507 oder 0170/ 6970656.

Tennis/Squash, s. Bürgstadt.

Übernachten/Essen & Trinken

Altes Bannhaus (11), das aus rotem Sandstein errichtete Bannhaus war einst Teil der Mildenburg. Heute beherbergt das ehemalige Gefängnis (Innenräume relativ dunkel) in seinem Gewölbe aus dem 13. Jh. ein stimmungsvolles Restaurant, das unter Feinschmeckern einen guten Ruf besitzt. Ab 17 € kann man hier bodenständig oder international schlemmen. Es werden exzellente fränkische Weine beispielsweise vom Weingut Fürst ausgeschenkt, die jedoch relativ teuer sind. Zentrale Lage in der Altstadt. Es werden auch einfache Zimmer mit Bad/Du vermietet: DZ 80–100 €, EZ 18–36 €. Hauptstr. 211, ✆ 3061, ✆ 68754. www.Altes-Bannhaus.de

Jagdhotel Rose (6), das romantische Haus (3 Sterne) aus dem Jahr 1622 an der viel befahrenen Straße nach Aschaffenburg/Amorbach hat sich vor allem durch sein stilvolles und sehr einladendes Restaurant einen Namen gemacht. Wolfgang Schneiders klassische und regionale Spezialitätenküche (vor allem Wild und Fisch) wird von vielen Gästen geschätzt. In Kristinas Kaffeestüble gibt es hausgemachte Kuchen. Freundliche Bedienungen. Das harmonische Haus am westlichen Ende der Altstadt verfügt auch über klassisch-komfortable Hotelzimmer: EZ ab 65 €, DZ ab 93 €, auch preisgünstige Wochenendarrangements. Hauptstr. 280, ✆ 40060, ✆ 400617. So-Abend bis Mo-Mittag geschlossen. www.jagdhotel-rose.de

Hopfengarten (2), das sympathische, traditionsreiche Hotel (2 Sterne) in der Altstadt bietet eine gute Küche mit frischen fränkischen Spezialitäten. Ruhige Lage in einer Seitengasse zum Main. Es werden Miltenberger Weine aus eigenem Anbau ausgeschenkt. Hauptgerichte ab 12 €. Malerische Terrasse. Die Gasträume und die 14 Zimmer sind gemütlich eingerichtet. EZ 36–59 €, DZ 68–99 €. Ankergasse 16, ✆ 97370, ✆ 69758. Di/Mi erst ab 17 Uhr, www.flairhotel.com/hopfengarten

Weinhaus am Alten Markt (12), das Weinhaus ist Miltenberg wie aus dem Bilderbuch: Das 500-jährige Haus – im 30-jährigen Krieg lebte hier der Zehntgraf Leonhard Gackstatt – mit seiner schmucken Fachwerkfassade und der kleinen Terrasse am schönsten Platz der Stadt ist rustikal und gemütlich (Kachelofen). Gutsortierter Weinkeller. Es werden auch komfortable Zimmer (die schönsten mit Erker) vermietet: pro Person zwischen 31 und 44,50 €. Marktplatz 185, ✆ 5500, ✆ 65511. Mo Ruhetag.

Anker (3), seit 1911 befindet sich dieser Gasthof in der Altstadt (neben dem Gericht) im Besitz der Familie Zöller. Preiswerte Küche, fast alle Hauptgerichte unter 10 €. Gute offene Weine und Miltenberger Bier. Es werden auch großzügige Zimmer vermietet (DZ 68 €); Kegelbahn vorhanden. Hauptstr. 31, ✆ 2424, ✆ 69853. Fr Ruhetag, www.gasthof-anker-miltenberg.de

Übernachten

1 Hotel-Restaurant Brauerei-Keller
2 Hotel Restaurant Hopfengarten
3 Gasthof Anker
4 Weingut Karl Streuer
5 Campingplatz Mainwiesen
6 Jagdhotel Rose
7 Hotel Café Restaurant Mildenburg
11 Hotel Altes Bannhaus
12 Weinhaus am Alten Markt

Essen & Trinken

1 Hotel-Restaurant Brauerei-Keller
2 Hotel-Restaurant Hopfengarten
3 Gasthof Anker
4 Weingut Karl Streuer
7 Hotel Café Restaurant Mildenburg
9 Bräustüble
10 Kaffeehaus im Altstadtmarkt
11 Hotel Altes Bannhaus

Cafés

8 Café Gingko

Brauerei-Keller (1), das stattliche 3-Sterne-Haus bietet eine große Auswahl an offenen Frankenweinen (relativ teuer) und Bieren von Fass. Durchgehend warme fränkische Küche, am Mi Haxentag. Seit 1881 ist dieses großzügige Haus bereits in Familienbesitz. EZ 55 €, DZ ab 86 €. Hauptstr. 66–70, ✆ 5080, 📠 508100. www.hotel-brauerei-keller.de

Weingut Karl Streuer (4), das einladend wirkende Gasthaus liegt zentral, aber dennoch ruhig (Fußgängerzone) und vermietet einige großzügige Zimmer. Sehr gute Küche, eigener Weinbau. Hauptgerichte ab 13 €. DZ 67 €, Hauptstr. 42, ✆ 7286.

Mildenburg (7), schöne Lage am Main, altstadtnah (allerdings viel Verkehr), einfache, aber nette Atmosphäre, Hauptgerichte im Restaurant ab 12 €, hauseigene Konditorei. Zimmer EZ (ohne Dusche) 18 €, mit Dusche 33 €, DZ 58–75 €, kostenloser Wasch- und Trockenservice. Mainstr. 77, ✆ 2733, 📠 80227. www.hotel-mildenburg.de

Altstadtmarkt (10), Caféhaus in einem historischen Gebäude mit Dachterrasse und Terrassengarten, Gewölbekeller, Verkauf von schönen Geschenken. Hauptstr. 131, ✆ 660830 📠 660831 oder 506150.

Bräustüble (9), das zu den Faust-Braustuben gehörende Gasthaus liegt direkt an der Mainpromenade mit sehr schönem Biergarten. Hier werden sämtliche Biere der Brauerei Faust ausgeschenkt. Um die Ecke, in der Hauptstr. 219, befindet sich die ehemalige Brauerei „Zum weißen Löwen", die ins 17. Jh. zurückgeht. Seit 1875 befand sie sich im Besitz der Familie Faust und wurde schließlich in Brauerei Faust umbenannt. Löwengasse 3, ✆ 2709, 📠 69472.

Ebenfalls durch die schöne Lage mit großem Biergarten zum Main zeichnet sich das neben dem Bräustübchen befindliche **Café Gingko (8)** aus, das eher vom jüngeren Publikum besucht wird. So–Mi 9–18 Uhr, Do–Sa 9–23 Uhr.

Campingplatz Mainwiesen (5), das 17.000 qm große Areal am der Altstadt gegenüber liegenden Mainufer ist von Ende März bis Ende Sept. geöffnet. Slipanlage, Bolzplatz, Bootsverleih und Lebensmitteleinkauf. Joseph-Wirth-Str. 9, ✆ 3985 oder 68723.

Mainviereck
Karte S. 199

Wein/Wandern

• *Wein* **St. Kilian Kellerei** (Kilianskeller, Nr.243), im Schwarzviertel gelegen, angeblich Miltenbergs tiefster Keller mit Weinausschank, Weinprobe und Kellerführung, ✆ 2120 oder 0170/3267019, Johann Geiger.

• *Wandern* Eine detaillierte Wanderkarte (kostenpflichtig) ist in der Touristinfo erhältlich. Empfehlenswert ist ein Spaziergang durch das so genannte Schnatterloch hinaus, wo man sich sofort in der freien Natur befindet.

Miltenberg/Sehenswertes

Mildenburg: Die malerische Befestigung über der Miltenberger Altstadt sollte einst die Kurmainzer Zollstätte an der wichtigen Handelsstraße Nürnberg–Frankfurt schützen. Bereits im frühen 13. Jh. entstand die Befestigung, aus dieser Zeit stammt auch der wuchtige Bergfried. Der gotische Palas entstand Ende des 14. Jh., die anderen Anbauten im frühen 16. Jh. Während des Markgrafenkriegs 1552 zerstörte Albrecht Alcibiades, Herrscher von Kulmbach-Bayreuth, im Kampf gegen die Bistümer am Main die Festung. Erst im 19. Jh. wurden die Ruinen restauriert. Der Burghof und der Bergfried sind begehbar, jedoch nicht das renovierungsbedürftige Hauptgebäude.
Öffnungszeiten Mai–Okt. Di–Fr 14–17.30 Uhr, Sa/So 13–17.30 Uhr. ✆ 1243.

Marktplatz: Der romantische, leicht ansteigende Platz ist das wohl beliebteste Fotomotiv im Mainviereck. Er ist umgeben von spitzgiebeligen Fachwerkhäusern und der ehemaligen Mainzer Amtskellerei, die heute als Stadtmuseum dient. Beachtenswert sind der Marktbrunnen, den Michael Juncker 1583 im Renaissancestil schuf, und das aus rotem Sandstein erbaute dreigeschossige Rokokohaus (1750).

Museum der Stadt Miltenberg: Auf den Spuren der Römer

Am Marktplatz stehen die historischen Häuser, in denen das Museum der Stadt Miltenberg auf inzwischen 1400 qm untergebracht ist. Ursprünglich bestand das Museum aus einem 1541 für den Kurmainzer Amtmann Bernhard von Hardheim errichteten Haus, inzwischen sind weitere, von der Stadt sanierte historische Gebäude dazu gekommen. Somit ist das Museum eine Mischung zwischen Freilichtmuseum und Stadtmuseum, denn alleine die Gebäude sind einen Besuch wert. Die sehenswerte Sammlung führt durch die 2000-jährige Geschichte des Orts. Themen sind dabei u. a. Geschichte(n) des Hauses, Entstehung Miltenbergs, Miltenberg in bayerischer Zeit und seit 2006 Leben und Arbeiten in einer neuzeitlichen Stadt. Einen der Höhepunkte des Museums bilden die Funde aus den beiden Miltenberger Römerkastellen. So sind beispielsweise Teile eines römischen Bades ausgestellt, daneben zahlreiche Reliefs und auch der lokale Verlauf des Limes wird dokumentiert. Aufschlussreich sind auch die erhaltenen Zeugnisse der jüdischen Gemeinde wie z. B. der Thoragiebel der ersten Miltenberger Synagoge aus der Zeit um 1300. Eine eigene Werkschau würdigt den Miltenberger Maler Philipp Wirth (1808–1878). Zahlreiche Exponate stellen auch den Alltag vergangener Zeiten dar: von Bierflasche und Mostkrug bis hin zum Schiffsmodell und Fischernetz. Daneben finden Wechselausstellungen und Veranstaltungen statt.
Öffnungszeiten Mai–Okt. Di–So 10–17.30 Uhr, Nov.–April Mi–So 11–16 Uhr. Hauptstr. 169–175, Am Schnatterloch, ✆ 404153. www.museum-miltenberg.de

Pfarrkirche St. Jakobus: Die im 18. und 19. Jh. mehrmals veränderte Pfarrkirche am Marktplatz wurde ursprünglich im 14. Jh. errichtet. Mit einer spätgotischen steinernen Dreikönigsgruppe mit Maria (um 1400) ist der rechte Seitenaltar geschmückt. Beachtung verdienen auch die Buntsandsteinkanzel (1635) mit ihren

Passionsreliefs von Zacharias Junker d. Ä. sowie der Altaraufsatz (1624) von Hans Juncker, der sieben Szenen aus dem Leben Marias zeigt, und das 1527 vom Mainzer Bildhauer Hans Backoffen geschaffene Steinkruzifix (linker Seitenaltar). Die Kirche beherbergt auch das Wallfahrts-Gnadenbild „Maria uff den Staffeln". Die 75 cm hohe Holzfigur, die um 1400 entstand, beeindruckt durch ihre hoheitsvolle, dennoch menschliche Haltung.

Das Gasthaus zum Riesen

Die malerische **Stadtbefestigung** Miltenbergs mit neun Türmen ist besonders am Berghang noch weitgehend erhalten. Im Osten wird die Altstadt vom Würzburger Tor und im Westen vom Mainzer Tor begrenzt.

Franziskanerkirche: Der einschiffige Bau am Engelplatz entstand nach Plänen des italienischen Architekten Antonio Petrini zwischen 1667 und 1668. Das Portal mit dem Wappen des Erzbischofs Johann Philipp von Schönborn gestaltete der Bildhauer Zacharias Juncker d. J.

Gasthaus Zum Riesen: Im Jahr 1590 wurde das stattliche Fachwerkhaus im Stil der Hochrenaissance als Herberge erbaut. Hundert Eichenstämme wurden laut Protokoll von 1589 aus dem Stadtwald bewilligt, um die „Fürstenherberge" zu errichten. In dem Gebäude mit seinen fünf Stockwerken, das an der Abzweigung der Riesengasse von der Hauptstraße liegt, nächtigten während des 30-jährigen Kriegs so berühmt-gefürchtete Männer wie der schwedische König Gustav Adolf, Wallenstein oder der Feldmarschall Piccolomini. Heute gilt das Haus als ältester Gasthof in Deutschland.

Altes Rathaus: Das im 14. Jh. errichtete Rathaus war zugleich auch Markthalle und Lagerhaus. Über einen gotischen Torbogen betritt man das Gebäude, das im 18. und 19. Jh. mehrmals umgebaut wurde (Hauptstr. 37).

Synagoge/Jüdischer Friedhof: Die ehemalige Synagoge aus dem späten 13. Jh. steht heute im Hinterbau einer Miltenberger Brauerei (Hauptstr. 199), sie ist nicht zu besichtigen. Versteckt liegt der ebenfalls nicht zugängliche jüdische Friedhof am Burgweg, außerhalb der Altstadt. Die vielen erhaltenen Grabsteine seit dem 15. Jh. sind ein Zeugnis der blühenden jüdischen Gemeinde Miltenbergs.

Laurentiuskapelle: Die an der Straße nach Kleinheubach gelegene spätgotische Kirche entstand 1456. Im Chor haben sich Fresken aus dem späten 15. Jh. erhalten. Beachtenswert auch der spätgotische Flügelalter mit der jugendlichen Figur des Kirchenpatrons St. Laurentius (1509).

Mainviereck
Karte S. 199

Miltenberg/Umgebung

▸ **Kleinheubach**: Das barocke *Schloss* und der herrliche Schlosspark sind ein lohnenswertes Ziel, auch wenn die Räumlichkeiten innen nicht zu besichtigen sind. Die von Johann Dientzenhofer ausgeführte und von dem Darmstädter Hofbaumeister Remy de la Fosse geplante Anlage (1723–32) gehört heute den Fürsten von Löwenstein-Wertheim-Rosenberg. Das Schloss war zum Zeitpunkt der Recherchen geschlossen. Die Nebengebäude sind zum Teil saniert und als Büros oder Wohnungen vermietet. Der weitläufige *Schlosspark* am Mainufer wurde zwischen 1817 und 1818 im englischen Stil angelegt, kurz darauf entstand die originelle ägyptische Tempelanlage.

▸ **Großheubach**: Der Winzerort (5000 Einwohner) am rechten Mainufer mit seinem schmucken Fachwerkrathaus (1612) ist bekannt für seine Weinlage Bischofsberg. Bereits seit 900 Jahren bestimmen die Reben das Leben in Großheubach. Waren es im 18. Jh. jedoch noch rund 120 ha Anbaufläche, so werden heute rund 44 ha Silvaner, Riesling oder Spätburgunder angebaut. Zweimal im Jahr, im Juni und im August, veranstalten die Großheubacher Winzer ihre *Weinfeste*.

• *Information* **Tourist-Information Abendanz'sches Haus**, Kirchstr. 6, 62920 Großheubach, ✆ 09371/409943, 📠 409988.

• *Übernachten/Essen & Trinken* **Zur Krone**, die ambitionierte Küche des gemütlichen Gasthofs im Ortszentrum genießt unter Einheimischen eine sehr guten Ruf. Es werden sowohl fränkische als auch internationale Gerichte in dem gemütlichen Restaurant angeboten. Hauptgerichte ab ca. 13 €. Hinterm Haus gibt es einen schönen Biergarten. Es werden Weine vom Bürgstadter Winzer Rudolf Fürst ausgeschenkt. DZ 65 72 €, EZ 42 €. Viel befahrene Straße. Direkt am Haus beginnt der Wanderweg zum Kloster Engelberg, das man auf jeden Fall gesehen haben sollte. Miltenberger Str. 1, ✆ 09371/2663, 📠 65362. www.gasthaus-krone.de

Rosenbusch, etwas abseits der viel befahrenen Miltenberger Straße liegt das gemütliche 3-Sterne-Haus mit preiswerter Küche. Es werden auch Zimmer vermietet sowie zahlreiche Pauschalarrangements angeboten, EZ 44 €, DZ 65–91 €, Sauna und Whirlpool im Haus, Radfahrer willkommen. Es liegt ebenfalls am Wanderweg zum Kloster Engelberg. ✆ 8142, 📠 69838, Engelbergweg 6. www.hotel-rosenbusch.de

Oberhalb der Rebgärten von Großheubach liegt das **Kloster Engelberg**. Zu dem Franziskanerkloster mit seiner reich geschmückten Wallfahrtskirche führen 612 Stufen hoch. Wer die Mühe auf sich genommen hat und den schönen Kreuzweg hoch gelaufen ist, wird mit einem herrlichen Panorama entlohnt. In der Klosterschänke (10–18 Uhr, Mo Ruhetag) kann man sich mit hausgemachten Brotzeiten und dunklem Klosterbier vom Fass sowie Wein aus eigenem Anbau für den Rückweg stärken. Der Ursprung des Engelbergs liegt vermutlich um 1300. Damals wurde eine einfache Holzkapelle zur Ehren des Erzengels Michael als Kämpfer gegen heidnische Gottheiten errichtet. Um 1310 wurde eine Marienstatue aufgestellt, die noch heute als Gnadenbild in der Marienkapelle verehrt wird. Bereits für das Jahr 1406 ist eine Wallfahrt historisch nachgewiesen. Als die Zahl der Wallfahrer ständig wuchs, entschied der Mainzer Erzbischof und Kurfürst 1630, ein Kloster zu errichten. Die ursprüngliche Kapelle wurde durch ein Gotteshaus aus Stein ersetzt und durch den Bau der Antoniuskapelle (1697) und der Marienkapelle (1699) erweitert. Schließlich errichtete man Mitte des 18. Jh. die Familiengruft der Fürsten von Löwenstein auf der linken und 1900 die Votivkapelle auf der rechten Seite.

Laudenbach: Nordwestlich von Miltenberg liegt das natte Dörfchen Laudenbach. Der Ort besitzt ein Anfang des 18. Jh. entstandenes Schloss (privat) mit einem weitläufigen Park. In die 1960 erbaute Kirche wurden der Turm und der Chor der barocken Vorgängerkirche einbezogen.

Barock-Städtchen Amorbach

Amorbach

Im südlichsten Teil der Region am Untermain, bereits im Odenwald, liegt das fränkische Barockstädtchen Amorbach (4300 Einwohner). Die verwinkelte Altstadt besitzt noch viel Atmosphäre. Die meisten Besucher kommen wegen der prächtigen Abteikirche, die die größte Barockorgel der Welt beherbergt. Ein weiteres Juwel des ehemaligen Benediktinerklosters ist die frühklassizistische Bibliothek mit ihren jahrhundertealten, in Leder gebundenen Bänden. Trotz der reizvollen Lage und der vielen Kunstschätze ist Amorbach kein überlaufenes Ausflugsziel.

Amorbach kam bereits 1272 an das Erzstift Mainz. Noch heute erinnern Gebäude an die ehemaligen Herren, wie beispielsweise die Amtskellerei, die als Heimatmuseum dient. Prägend für die Stadt waren in den letzten beiden Jahrhunderten die Fürsten zu Leiningen, die durch die Säkularisation von 1803 auch die ehemalige Benediktinerabtei samt Kirche erhielten. Das Städtchen besitzt daneben noch eine Reihe von kuriosen Sehenswürdigkeiten. Dazu zählt außer dem ältesten Fachwerkhaus in Bayern vor allem die Sammlung Berger. Eine findige Unternehmerin gründete dieses Privatmuseum, das eine schier unglaubliche Teekannen-Kollektion präsentiert. Viele Besucher Amorbachs schätzen auch die überdurchschnittliche Gastronomie, die selbst Feinschmecker zufrieden stellt. Das am Zusammenfluss der Mud und des Bilbachs gelegene Städtchen soll der Legende nach 714 von Bischof St. Pirmin gegründet worden sein. Und auf der 5 km südöstlich gelegenen Ruine der Wildenburg diktierte später der des Schreibens unkundige Wolfram von Eschenbach seinen „Parzival“.

- *Vorwahl* ✆ 09373.
- *Information* **Stadt Amorbach,** Altes Rathaus, 63913 Amorbach, Marktplatz 1, ✆ 209-40/-41, 📠 20933, Mo–Fr 10–12 und 15–17 Uhr. www.amorbach.de
- *Verbindungen* **Zugverbindung** nach Miltenberg (ca. 12x im Sommer), Auskunft ✆ 1214. **Busverbindung** nach Erbach und Michelstadt.

Mainviereck Karte S. 199

• *Adressen* **Fahrradverleih** im Zweiradladen von Markus Eichhorn, Weilbacher Str. 5, ✆2328.

• *Übernachten/Essen & Trinken* **Victoria (5)**, Liebhaber traditioneller, aber auch neuer leichter Küche werden in dem Restaurant mit seinem heiter-mediterranen Ambiente und den hohen Räumen auf ihre Kosten kommen. Empfehlenswerte Menüs. Exzellente, aber sehr teure Weine aus Bürgstadt. Ein unkomplizierter, freundlicher Service sorgt für eine angenehme Atmosphäre. Johannisturmstr. 10. Di Ruhetag.

Hotel Schafhof (1)

Das Luxushotel liegt traumhaft an einem Waldhang des Otterbachtals (2 km westlich von Amorbach). Das ehemalige Klostergut aus dem 15. Jh. mit seinem Haupthaus aus rotem Sandstein, das von Charlotte und Lothar Winkler geführt wird, besitzt viele Charme und Atmosphäre. Die Küche des Schafhofs genießt einen exzellenten Ruf. Feines gibt es im eleganten Restaurant Abtsstube (1), fränkische Spezialitäten werden in der rustikalen Benediktinerstube serviert. Für ein Menü darf man zwischen 45 und 76 € investieren, à la carte ab 30 €. Wer einen Besuch etwas preiswerter gestalten möchte, gönnt sich einfach auf der Terrasse eine Tasse Kaffee und genießt die wundervolle Aussicht auf die Odenwaldhügel. Das einsam gelegene Landhotel serviert übrigens auch Apfelwein aus eigener Produktion. Fahrradverleih und Tennisplatz vorhanden. EZ ab 105 €, DZ 130—170 €, Suite 210–275 €. ✆ 97330, ✆ 4120. www.schafhof.de

Brauerei Burkarth (3), vielfach empfohlene Küche mit fränkischer Hausmannskost, gemütliches Ambiente. Hauptgerichte 9–17 €. Am Marktplatz 4, ✆ 4863, ✆ 204281. Mo und Di Ruhetag. www.brauerei-burkarth.de

Amorstüble (4), die beliebte Weinstube von Hans Mehring serviert gutbürgerliche, deftige Küche (Wildspezialitäten). Hauptgerichte ab 9 €. Johannisturmstr. 6, ✆ 1292, Di Ruhetag.

Etzel (2), das Lokal gegenüber der Brauerei Etzel am Rand der Altstadt serviert preiswertes fränkisches Essen . Auch saisonale Gerichte wie Pfifferlinge. Die Gaststätte ist ein beliebtes Ziel für Busreisende. Biergarten vorhanden. Boxbrunner Str. 4/6, ✆ 1243. Mi Ruhetag.

Der **Trailer-Campingplatz (6)** ist ganzjährig geöffnet, Breitensteiner Weg 7, ✆ 4768 oder 4828.

Amorbach/Sehenswertes

Seegarten: Der Fürstlich Leiningische Seegarten war ehemals der barocke Klostergarten, wurde aber 1803-1806 umgestaltet von Friedrich Ludwig von Sckell im Auftrag von Fürst Carl Friedrich Wilhelm zu Leiningen. Dieser gilt als Begründer des Landschaftsgartens in Deutschland und hat unter anderem auch den Englischen Garten in München geplant.

Abteikirche: Die wertvolle Kirche des ehemaligen Benediktinerklosters wurde zwischen 1742 und 1747 errichtet und ist heute in Privatbesitz. Da die Kirche nicht beheizbar ist, wird sie nur von Frühjahr bis Herbst genutzt. Die Stuckarbeiten stammen von Wessobrunner Künstlern wie Johann Michael Feichtmayr und Johann Georg Übelherr. Das Gotteshaus beeindruckt vor allem durch seine vielen, hellen Fresken. Der 1750 vollendete Hochaltar mit seinen sechs Marmorsäulen zeigt ein Bild des Augsburger Malers Matthäus Günther, das die Aufnahme Mariens in den Himmel darstellt. Von Günther stammen auch die farbenfrohen Deckengemälde. Beachtenswert sind auch die Kanzel des Würzburger Hofbildhauers Johann Wolfgang van der Auvera und das schmiedeeiserne Chorgitter im frühen Rokokostil. Der spektakulärste Teil der Innenausstattung ist aber die *Orgel*, die von 1776–1782 von den Brüdern Philipp und Heinrich Stumm aus dem Hunsrück geschaffen wurde. Sie verfügt

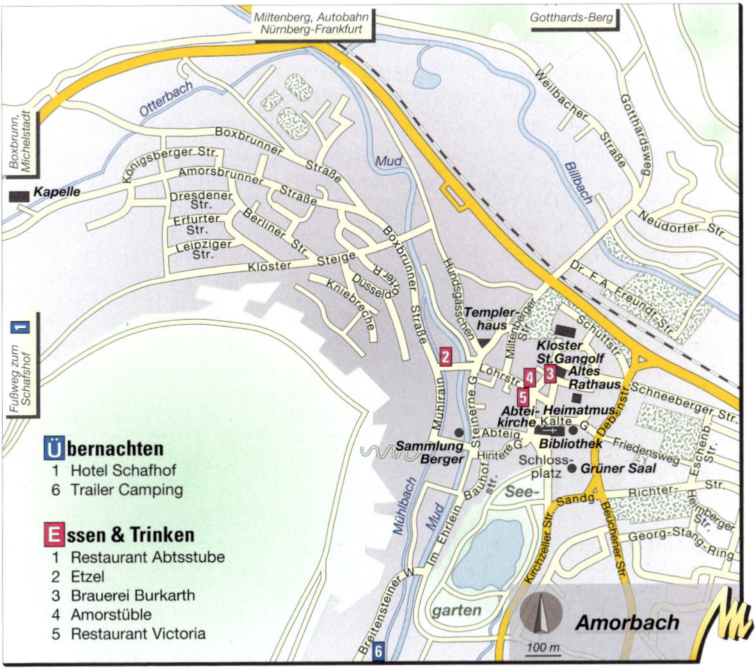

über 5100 Pfeifen und 66 Register! An der berühmten Orgel finden jeweils am Oster- und Pfingstmontag sowie an einem Sonntag im Herbst große Konzerte statt.

Konvent: Weitere Höhepunkte des einstigen Klosters, das vermutlich bereits 743 gegründet wurde, finden sich im Koventbau, nämlich der *Grüne Saal*, ein klassizistischer Konzertsaal, der ganz in Weiß und Grün gehalten wurde, mit Stuckaturen von Andreas Dittmann (1793) und die *Klosterbibliothek*, ein rechteckiger, mit einer Galerie versehener Raum, der noch heute die Bibliothek des Fürsten zu Leiningen beherbergt. In 100 Bücherschränken sind etwa 30.000 Bände aufbewahrt. Neben der frühklassizistischen Ausstattung fällt besonders das Deckenfresko (1790) auf, das allegorisch die Weisheit, die Tugend und die Wissenschaften darstellt.

- *Information/Anmeldung* Fürstlich Leiningsche Verwaltung, Postfach 1180, 63913 Amorbach, ✆ 971545, 📠 971560.
- *Öffnungszeiten* Das Kloster ist grundsätzlich nur im Rahmen einer Führung (verschiedene Kombinationen möglich) zu besichtigen. März–Okt. werktags 10–18 Uhr, So 11–18 Uhr. Preise ab 4 €. www.fuerst-leiningen.de
- *Orgelspiele* werktags 11 und 15 Uhr, Sonn- und Feiertage 12 und 15 Uhr.

Kirche St. Gangolf: Die am nördlichen Rand der Altstadt gelegene barocke Stadtpfarrkirche, deren Bau 1744 vollendet wurde, entstand nach Plänen des Mainzer Hofbaumeisters Maximilian von Welsch. Sie kommt nur wegen der starken Konkurrenz durch die Abteikirche bei den Besuchern oftmals zu kurz. Das imposante Gotteshaus besitzt eine kostbare Innenausstattung aus dem Rokoko und beginnendem Klassizismus. Das Deckengemälde (1753) von Johann Zick im Hochchor zeigen

Mainviereck Karte S. 199

Motive aus dem Leben des heiligen Gangolf und das Fresko im Hauptschiff berichtet vom Leben des heiligen Sebastian. Die beiden barocken Kanzeln der Kirche stammen von Antonio Bossi. Übrigens hatte die rechte Kanzel hatte nur eine dekorative Funktion. Zu ihr führt nicht einmal eine Treppe hinauf.

Templerhaus: Der spätromanische Turmbau aus dem Jahr 1291 (!) ist vermutlich das älteste erhaltene Fachwerkhaus in Bayern. In den Mauern des originellen Gebäudes ist heute ein *Museum für Bauforschung* untergebracht. Das Templerhaus gewährt einen interessanten Einblick in die spätmittelalterliche Wohnkultur und Bautechnik.

Öffnungszeiten Mai–Okt. Mi 16.30–17.30 Uhr, Sa 11–12 Uhr. Bädersweg 1.

Altes Rathaus: Das spätgotische Gebäude mit seiner Freitreppe und dem verschieferten Obergeschoss entstand bereits 1478. Heute ist es Sitz des Verkehrsamts.

Sammlung Berger: Teekannen und Niki de Saint Phalle

Die Sammlung von Eva Maria Berger zählt zweifellos zu den ungewöhnlichsten Museen Frankens. Das Dachgeschoss (eine Art Gewächshaus) des nüchternen Firmengebäudes prunkt mit der größten Teekannensammlung Europas. So manches absurde Stück befindet sich unter den rund 2500 Exemplaren. Außerdem sind eine kuriose Pepsi-Cola-Sammlung sowie eine Puppensammlung zu bestaunen. Frau Berger war auch eine leidenschaftliche Kunstsammlerin. Im Erdgeschoss sind Werke so renommierte Künstler wie Niki de Saint Phalle, Keith Haring oder Christo ausgestellt. Beeindruckend ist das Bibliotheken-Bild von Patrick Hughes, das dem Betrachter beim Wechseln des Standpunkts immer neue Perspektiven eröffnet, sowie der über 3 m hohe, aus 2400 Büchern bestehende „Turm" von Metej Kren, ein wahrhaft schwindelerregendes Exponat. Übrigens sind auch künstlerische Arbeiten von Eva Maria Berger selbst ausgestellt.

Öffnungszeiten Apr.–Okt. täglich außer Mo 11–17.30 Uhr, Wolkmannstr. 2, ✆/📠 99081.

Heimatmuseum: In der ehemaligen Kurmainzer Kellerei, einem spätgotischen Bau, der zwischen 1483 und 1485 entstand, ist das Heimatmuseum untergebracht. Es zeigt Exponate der Römerzeit, zum Kloster und dem Fürstenhaus Leiningen sowie Funde von der Wildenburg.

Öffnungszeiten Apr.–Okt. Mi und Sa 15–17 Uhr. Kellereigasse 6, ✆ 97150.

Amorsbrunn

Um die malerisch gelegene gotische Wallfahrtskapelle im Otterbachtal rankt sich die Legende, dass die Quelle in der Kirche gegen Kinderlosigkeit helfe. Nach dem Westfälischen Frieden vor mehr als 350 Jahren wurden die Bewohner aufgerufen, von diesem Wasser zu trinken, um die im 30-jährigen Krieg dezimierte Bevölkerung wieder zu vermehren. Die Kapelle aus dem 15. Jh. besitzt noch eine wertvolle Innenausstattung mit einem geschnitzten Flügelaltar (um 1500), wo aus der Brust des Stammvaters Jesse die Äste mit den zwölf königlichen Ahnen Jesu wachsen. Das Becken, in dem sich das Wasser sammelt, stammt übrigens von 1565 (Mai–Okt. 10–17 Uhr.)

Amorbach/Umgebung

Wildenburg: 5 km südlich von Amorbach steht die berühmte Ruine der romanischen Burg. Auf diesem Sitz der Herren von Dorn soll Wolfram von Eschenbach einen Teil seines berühmten Epos „Parzival" (entstanden 1200–1220) diktiert haben. Im Bauernkrieg von 1525 wurde die Festung weitgehend zerstört, der Bergfried kann allerdings heute noch bestiegen werden.

- *Öffnungszeiten* an Sonn- und Feiertagen, größere Gruppen auch nach Voranmeldung unter ✆ 06284/1354 oder ✆ 09373/ 971545.
- *Anfahrt* Die Ruine ist von **Buch** (im Tal) zu erreichen. Von dem Ort geht es entlang der Mud leicht bergauf. Eine schmale Asphaltstraße führt zu einem Waldparkplatz, von dort zu Fuß bergauf zur Ruine (ca. 20 Min.). Eine Alternative ist der Weg über Preunschen (auf der Höhe). Vom Ortsrand ist die Ruine ebenfalls in ca. 20 Minuten zu erreichen.

In **Preunschen** gibt es im Watterbacher Haus auch ein *Waldmuseum* (Mi/Do und Sa/So 11–17 Uhr, ✆ 09373/7306).

Gotthardsberg: Auf dem nordwestlich von Amorbach gelegenen Berg entstand anstelle der im 12. Jh. zerstörten Burg Frankenberg Mitte des 13. Jh. ein Kloster. In ihrer Geschichte wurde die Anlage mehrmals zerstört. 1714 brannte die Kirche zum letzten Mal nieder und blieb seitdem Ruine. Erst in den 50er Jahren wurde die Pfeilerbasilika mit den teilweise erhaltenen romanischen Arkaden wieder eingedeckt. Der Aussichtsturm von 1878 bietet ein schöne Sicht über sieben Täler bis zum Spessart. Ein Wanderweg, der mit einer blauen, waagerechten Raute gekennzeichnet ist, führt zu der ehemaligen Kirchenruine.

Klingenberg

Der Rotwein machte dieses malerische Städtchen berühmt. Schon Friedrich Rückert dichtete ein wenig derb: „Und nicht vergessen sei vom Main, der Klingenberger Rote, dran möchte man, o süße Pein, sich trinken grad zu Tode." Noch heute genießen die Spätburgunder, die am Schlossberg unterhalb der Burgruine wachsen, einen hervorragenden Ruf.

Die Stadt betreibt bereits seit 1912 ein eigenes Weingut, das für überdurchschnittliche Qualität steht. Ein Spaziergang durch die sonnenverwöhnten Steillagen des

Orts lohnt sich nicht nur für Weinliebhaber, denn von hier bietet sich ein schöner Blick auf die Altstadt mit ihren mittelalterlichen Fachwerkhäusern. Der Wein machte das 6100 Einwohner große Städtchen berühmt, den Reichtum verdankt die Stadt allerdings dem Ton. Seit Anfang des 18. Jh. wurden die hochwertigen Tonvorkommen abgebaut. Das Material wurde zum Beispiel in der Bleistiftindustrie als Beimischung zu Graphit verwendet. Der Gewinn für die Stadt war so hoch, dass man allen Klingenberger Bürgern einst Steuerfreiheit gewähren und sogar ein zusätzliches Bürgergeld auszahlen konnte.

Information/Verbindungen

- *Vorwahl* ✆ 09372.
- *Information* **Tourist-Info**, Hauptstr. 26a, 63911 Klingenberg, ✆ 921259, 📠 12354, Mo–Fr 9–12 und 14–17 Uhr, von Juni bis Oktober auch Sa 10–12 Uhr. www.stadt-klingenberg.de
- *Verbindungen* Klingenberg liegt an der **Bahnlinie** Aschaffenburg–Miltenberg, daher sehr gute Verbindungen in beide Nachbarstädte. Der Bahnhof liegt im Stadtteil Trennfurt. Auskunft: Busse ✆ 06021/13956, Bahn ✆ 06021/19419.

Übernachten/Essen & Trinken

Zum Alten Rentamt, das Feinschmeckerlokal von Ingo Holland in der Altstadt gilt als exklusivste Adresse der Stadt (und weit darüber hinaus). Die außergewöhnliche Küche und die exzellenten Weine genießt man im stilvollen Rahmen. Die Restaurantkritiker loben Hollands Gespür für exotische Gewürze und ungewöhnliche Kombinationen. Hauptgerichte ab 35 €, 3-Gänge-Menü 55 €, 4-Gänge-Menü 70 €. Hauptstr. 25a, ✆ 2650, 📠 2977. Tägl. ab 18 Uhr, Sa/So auch Mittagstisch. Mo/Di Ruhetag. www.altes-rentamt.de

Dazu gehört auf der gegenüberliegenden Straßenseite der **Colonialwarenhandel Altes Gewürzamt**, ✆ 134757, 📠 2977.

Hotel/Restaurant Paradeismühle

Das malerisch gelegene 3-Sterne-Hotel im Röllbachtal (1 km westlich vom Klingenberger Stadtteil Röllfeld), umgeben von Spessartwäldern, ist eine feine Adresse für Liebhaber von Landhotels. Das Hotel besteht im Kern aus einer 1798 errichteten Fachwerkmühle. Im Stammhaus liegen liebevoll restaurierte, geschmackvolle Gästezimmer, die individuell eingerichtet sind. Das weitläufige Gelände bietet auch einen Kinderspielplatz und einen kleinen Swimmingpool sowie eine Sauna. Ambitionierte Küche mit zahlreichen Fisch- und Wildspezialitäten. Konservatives Ambiente. Preiswerte offene Klingenberger Weine aus eigener Produktion. Der gut sortierte Weinkeller verfügt über rund 200 Weine. Zimmer im alten Mühlengebäude oder im später angebauten Gebäudeteil. Es lohnt sich, Zimmer mit Balkon zu nehmen, um im Sommer die Abendsonne zu genießen. DZ 70–85 €, EZ 41,50–49 €, zahlreiche Arrangements. Paradeismühle 1, ✆ 1487, 📠 1587. www.paradeismuehle.de

Fränkischer Hof, mitten in der Altstadt liegt dieses Hotel. Auf der idyllischen Terrasse werden preiswerte Tagesgerichte serviert. Innen rustikal-nüchtern eingerichtet. Ruhige Lage, bei Radfahrern beliebt. EZ 45–50 €, DZ 75–80 €, Pauschalangebote und Sonderangebote für Gruppen ab 8 Personen. Lindenstr. 13–15, ✆ 94050, 📠 12647. Mo erst abends geöffnet.

Goldener Engel, Laudenbach. hinter der altdeutschen Fassade kocht Udo Meisenzahl zur Begeisterung verwöhnter Gaumen. Tatar oder Hackbraten zum Sattessen, Feines wie die Flusskrebsterrine oder legendäre Nachspeisen machen dem Namen des Hauses alle Ehre. Hauptgerichte ab 11 €. Laudenbach, Miltenberger Str. 5, ✆ 09372/99930. www.goldner-engel.de

Campingplatz Mainwiese, der im südlichen Stadtteil Röllfeld gelegene Platz ist von Apr.–Sept. geöffnet. Erw. 3 €, Wohnwagen 4,60 €, Auto 1,20 €. Ringstr. 24, ✆ 2828, ✆ 12516.

Im Stadtteil Trennfurt auf der gegenüberliegenden Mainseite gibt es einen weiteren Campingplatz: **Aqua-Camping**, ✆ 2390, ✆ 912422, der bis Ende Okt. offen hat. Der Platz liegt 800 m vom Mainufer entfernt.

Wein

Weingut der Stadt Klingenberg, das städtische Weingut (ein funktionaler Zweckbau), das rund 20 ha Rebfläche bestellt, ist größter Rotweinproduzent in Franken. Vor allem die Gewächse aus der Buntsandstein-Terrassenlage Schloßberg haben viele Liebhaber, sie gehören zu Die Rotweine werden nicht in Bocksbeutel, sondern in Burgunderflaschen abgefüllt. Beim Rotweinausbau wird traditionell die Maischevergärung und der biologische Säureabbau angewendet. Nicht zuletzt deshalb gelten die Kingenberger Weine als besonders bekömmlich. Daneben gibt es auch weniger beachtete, aber dennoch außergewöhnliche Weißweine wie halbtrockene Rieslaner und Gewürztraminer. Verkauf: Mo–Fr 8–12 und 13–17 Uhr, Sa 10–13 Uhr. Das Weingut liegt ca. 1 km südlich der Altstadt (Richtung Röllfeld), Wilhelmstr. 107, ✆ 2438, ✆ 921059. www.klingenberg-main.de/weingut

Klingenberg/Sehenswertes

Burgruine: Bereits um 1170 wurde von Conradus Colbo, dem Mundschenk von Kaiser Barbarossa, die Clingenburg erbaut. Später kam sie in den Besitz der Mainzer Kurfürsten. 1683 wurde die Befestigung durch französische Truppen zerstört. Heute sind noch Teile der ehemaligen Wohnbauten, Reste der Stadtmauer und die Grundmauern des Bergfrieds erhalten. Von der Burgruine führt ein Wanderweg durch den Klingenberger Wald zu einem 1906 errichteten Aussichtsturm, der inmitten einer Ringwallanlage liegt.

In der Burgruine finden jährlich von Ende Juni bis Anfang Aug. **Festspiele** statt; Information und Kartenvorverkauf beim Verkehrsamt. Der Aussichtsturm und die benachbarte bewirtschaftete Schutzhütte sind Mi, Sa/So und an Feiertagen ab 10 Uhr geöffnet.

Teddymuseum: Die Liebe zum Bären

Das von Renate und Wolfgang König 1994 in der Klingenberger Altstadt eröffnete Teddymuseum ist für alle Bären-Liebhaber ein kleines Paradies. Längst sind die Tiere nicht nur Spielzeug, sondern auch Kult- und Kitschobjekt. Gezeigt werden Plüschteddybären von Herstellern wie Steiff, Bing, Schuco oder Crämer, aber auch Bären aus fränkischer Produktion. Darüber hinaus werden die bedeutendsten Teddybär-Comicfiguren dokumentiert. Übrigens veranstaltet das Privatmuseum auch Kurse zum Selbermachen von Teddybären.

Öffnungszeiten Di–Fr 14–18 Uhr, Sa/So 10–18 Uhr. Eintritt 2 €, erm. 1 €. In der Altstadt 7, ✆ 921167.

Weinbau- und Heimatmuseum: In der ehemaligen Brauerei aus dem 19. Jh. ist das Weinbau- und Heimatmuseum untergebracht. Die Sammlung erläutert die Arbeit der Winzer von der Traubenlese bis zum Befüllen der Flasche. Eine Gläser- und Flaschensammlung sowie Fotos ergänzen die Ausstellung. Neben dem Thema Wein ist auch der ehemaligen Tongrube der Stadt eine Abteilung mit zwei Schaustollen gewidmet.

Öffnungszeiten April–Okt. Sa/So 14–17 Uhr. Wilhelmstraße 13, ✆ 20305 oder 13311.

Mainviereck Karte S. 199

Tonbergwerk

Im hiesigen Bergwerk wird durch die Stadt Klingenberg nachweislich seit 1740 Ton abgebaut. Das Vorkommen ist wegen seiner grau-schwarzen Farbe und seiner hohen Reinheit weltweit einzigartig. Bis zum Ersten Weltkrieg bescherte das Tonvorkommen der Stadt einen legendären Reichtum, viele repräsentative Bauten und technische Einrichtungen in Klingenberg wurden aus dem Gewinn des Bergwerks finanziert. Noch heute ist die Tongrube in Betrieb. Der Ton wird derzeit mit einer Belegschaft von nur sechs Bergleuten gewonnen, gefördert und verarbeitet. Die selektive Gewinnung erfolgt noch in traditioneller bergmännischer Arbeit mit dem Druckluftspaten. Der Ton wird in alle Welt exportiert.

Mespelbrunn

Wie sieht ein Märchenschloss aus? Wie das Wasserschloss von Mespelbrunn, könnte die Antwort heißen. Die von ausgedehnten Laubwäldern umgebene Anlage mit ihrem hohen Bergfried – vorwiegend im Stil der Renaissance erbaut – regt bis heute die Fantasie von Romantikern an. Doch das Schloss, das sich malerisch im Teich spiegelt, ist nicht nur ein sehenswertes Museum, sondern bis heute Sitz der Reichsgrafen von Ingelheim, die noch immer einen Gebäudetrakt bewohnen.

Als Hauptschauplatz des populären Films „Das Wirtshaus im Spessart" wurde das Mespelbrunner Wasserschloss so bekannt, dass es noch Jahrzehnte später von diesem „Ruhm" zehrt. Schloss Mespelbrunn am Rande des gleichnamigen Ortes (2500 Einwohner) – nahe der Autobahn Nürnberg–Frankfurt – ist ein beliebtes Ziel für Reisebusse.

Die Echters, einst von den Kurmainzern in den Spessart geschickt, um das damals menschenleere Gebiet zu erschließen, bekamen 1412 für ihre Pionierleistung vom Mainzer Erzbischof die Gegend um das heutige Schloss geschenkt. Zu Beginn des 15. Jh. entstand ein fester Turm. Erst zwischen 1551 und 1569 wurde die Burg im Stil der Renaissance erweitert. Nach dem Aussterben der Echters erhielt 1665 die Familie von Ingelheim das Schloss. Mespelbrunn, das den 2. Weltkrieg unbeschadet überstand, war bereits durch Gedichte von Friedrich Rückert und als Schauplatz von Märchen vielen Generationen bekannt. Historikern ist Schloss Mespelbrunn als Geburtsstätte von Julius Echter (1573–1617), Fürstbischof von Würzburg, Begründer des Juliusspitals und der Universität, ein Begriff. Er führte mit Hilfe der Jesuiten die Gegenreformation in den Bistümern Würzburg und Bamberg durch.

Besucher können den Nordflügel mit Sälen und historischen Gemächern samt Kapelle im Rahmen einer Führung besichtigen. Die restlichen Flügel werden privat genutzt. Über den romantischen Schlosshof geht es zuerst in den Rittersaal (Erdgeschoss) mit seinen Rüstungen aus dem 30-jährigen Krieg und Jagdtrophäen aus dem Spessart (mit Ausnahme des Elchgeweihs). Der größte Raum des Schlosses wurde vor allem für Festlichkeiten genutzt. Im Rundturm ist die schmucke Kapelle zu finden, die bereits 1492 entstand. Den Alabasteraltar schuf 1611 der Würzburger Bildhauer Michael Kern. Bis heute finden hier Gottesdienste statt. Über ein reich verziertes Portal (1664) geht es hinauf zum Obergeschoss. Hier liegt der Spei-

Wasserschloss im Spessart: Mespelbrunn

sesaal mit zahlreichen Jagdtrophäen und einem Kamin von 1566, der noch heute von der Familie bei besonderen Anlässen genutzt wird. Den anschließenden Ahnensaal schmücken Familienporträts aus dem 17. und 18. Jh. Durch ein Renaissanceportal geht es zum Echterzimmer mit seiner eindrucksvollen Decke. An der Wand das Porträt des einflussreichen Würzburger Fürstbischofs und Gegenreformators, der am 18. März 1545 vermutlich in diesem Zimmer geboren wurde. Danach folgt das Chinesische Zimmer mit seiner außergewöhnlichen Ledertapete sowie zahlreichen Porzellantellern und am Ende des Rundgangs das Fürstenzimmer mit einem Himmelbett aus dem 17. Jh. Beachtenswert ist der Spiegel aus der bekannten Lohrer Manufaktur.

Anfahrt/Öffnungszeiten Das Schloss liegt am südöstlichen Rand des Straßendorfs Mespelbrunn. Der Parkplatz ist gebührenpflichtig. Die letzten 500 m müssen zu Fuß zurückgelegt werden. Geöffnet Karfreitag bis Allerheiligen Mo–Sa 9–12 und 13–17 Uhr, So 9–17 Uhr, Eintritt Erw. 3,50 €, erm. 2 €. Schlossverwaltung Mespelbrunn, ✆ 269, ℻ 995979, www.schloss-mespelbrunn.de

• *Information* **Fremdenverkehrsverein Mespelbrunn**, Hauptstr. 164, 63875 Mespelbrunn, ✆ 06092/319, ℻ 5537, Mo–Do und Sa 9.30–12 Uhr, Fr 9.30–12 und 15–16.30 Uhr.

• *Verbindungen* Per **Bus** (Linie 40) ist Mespelbrunn mit Aschaffenburg verbunden. Werktags fast stündlich, am Wochenende ca. 9x. Info-✆ 06021/33920.

• *Wandern* Kulturweg „Unterm Herrnbild", Infos dazu beim Fremdenverkehrsverein.

• *Übernachten/Essen & Trinken* **Schlosshotel Mespelbrunn**, das 4-Sterne-Hotel liegt nur einen Steinwurf vom Wasserschloss entfernt. Kein Besucher kommt an diesem Haus vorbei, denn es liegt zwischen dem Besucherparkplatz und dem Schloss. Bereits im Jahr 1910 entstand das weitläufige, komfortable Hotel. Es wurde von der Familie Rüger erbaut, die seit Generationen als Förster und Jäger im Dienste der Reichsgrafen von Ingelheim standen. Heute ist das immer wieder umgebaute und erweiterte Haus ein moderner Hotelbetrieb. Alle Zimmer sind individuell und geschmackvoll eingerichtet, z. T. mit Whirlpool oder Rundbadewanne. Die idyllische Terrasse zieht besonders im Sommer viele Gäste an. Auf der Speisekarte stehen fränkische und

Mainviereck Karte S. 199

internationale Gerichte. Empfehlenswert sind Wild, Fisch und die Tagesmenüs. Die Innenräume wie Rittersaal oder Jagdstube sind rustikal-elegant eingerichtet. Das Familienhotel bietet interessante Pauschalarrangements an. Es gibt auch ein römisches Dampfbad und eine Sauna. EZ 60–65 €DZ 85–160 €; Schlossallee 25, ✆ 06092/6080, ℻ 608100. www.schlosshotel-mespelbrunn.de

Gegenüber vom Schloss liegt die Gaststätte **Zum Pferdestall**, eine Gartenwirtschaft mit schönem Blick auf das „Märchenschloss". Im Schlosshof 5, ✆/℻ 1698, täglich ganztags geöffnet, www.pferdestall-mespelbrunn.de

Mespelbrunn/Umgebung

Weibersbrunn: Hier wurde im Juni 2006 ein Museum in der alten Schule eröffnet zum Thema „Mit Mondglas zu Weltruhm". Kunstwerke aus Glas, die in Spessarter Hütten gefertigt wurden, sind neben Exponaten aus Land- und Forstwirtschaft sowie traditionellem Handwerk zu bewundern.

Öffnungszeiten Informationen bei der Gemeinde, ✆ 06094/ 98870. www.weibersbrunn.de

Wörth am Main

Wörth verdankt seinen Ursprung den Römern. Diese errichteten hier am Limes ein Römerkastell in der „Au", einem Flurstück neben der B 469 Richtung Obernburg. Bereits seit dem 13. Jh. war der Ort (1291 Stadtrechte) eine Schifferstadt, der Schiffbau ist seit dem 17. Jh. nachgewiesen. Die Themen Schifffahrt und Schiffbau werden in der einstigen Wolfgangskirche dokumentiert. Nach einem verheerenden Hochwasser wurde 1883 „Neu-Wörth" in eine Baulücke zwischen Stadtmauer und Bahnhof verlegt. Ein Relikt des alten Wörth hingegen ist das pittoreske Rathaus mit Erkerchen und Eingangshalle, das vor rund 400 Jahren errichtet wurde.

Schifffahrts- und Schiffbaumuseum: in der barocken Wolfgangskirche an der südwestlichen Stadtmauer. Wörth mit seinem malerischen Ortsbild war einst ein regionaler Zwischenhandelsplatz, der früh befestigt war. Viele Schiffer transportierten und handelten hier mit Holz. Auch für den Schiffbau bot der nahe Odenwald als Rohstofflieferant ideale Voraussetzungen. An Beispielen der Stadt Wörth werden die technischen Veränderungen, vor allem im 19. Jh., aufgezeigt. Die ungewöhnliche Ausstellung erstreckt sich über drei Stockwerke und zeigt neben Schiffsmodellen auch Fotografien, Werkzeuge, Geräte und viele schriftliche Dokumente. Sozusagen als Blickfang steht vor dem Museum der Dieselschlepper „Pax". Vom Museum sind es nur wenige Meter zum Main und auf der anderen Flussseite steht noch heute ein weitläufiges Werftgelände (Erlenbach).

- *Öffnungszeiten* Sa/So 14–17 Uhr, Rathausstr. 72, ✆ 09372/72970 oder 98930 (außerhalb der Öffnungszeiten).
- *Camping* In Wörth gibt es zwei Campingplätze für Touristen, aber auch für Dauercamper, direkt am Main: Campingplatz **Mainruh**, Landstr. 85, ✆ 73359, und Campingplatz **Thiel**, Wiesenweg 3, ✆ 5165.
- *Wandern* **Kulturweg „Im Zeichen der Schifffahrt"**, Infos bei der Tourist-Info oder unter www.spessartprojekt.de.

Obernburg

An der Stelle des römischen Kastells Nemaninga aus dem 1. Jh. entwickelte sich im Mittelalter ein Städtchen. Noch heute ist der rechteckige Grundriss des römischen Kastells erkennbar. Ein Ring mit sechs Türmen und Toren umgibt die malerische Altstadt mit ihren Fachwerkhäusern. Das didaktisch interessant gestaltete Museum informiert über die antike Vergangenheit dieses lebendigen 8800 Einwohner großen Orts am Main.

Obernburg wurde bereits 1313 zur Stadt erhoben und erhielt das Recht, eine Befestigung zu bauen. Teilweise ist die Wehranlage noch heute erhalten. Sehenswert sind insbesondere das Untere und Obere Tor (mit einer Uhr von 1523). Das Wahrzeichen des sympathischen Städtchens ist allerdings der Almosenturm: Dank einer Stiftung erhielten unschuldig verarmte Bürger an diesem Turm einst Geld und Lebensmittel.

- *Vorwahl* ✆ 06022.
- *Information* **Stadtverwaltung Obernburg**, Römerstr. 62–64, ✆ 619140. **Stadtführungen** nach Vereinbarung mit dem Verkehrsamt.
- *Verbindungen* Sehr gute **Zug-** und **Busverbindungen** nach Aschaffenburg und Miltenberg. Im August ist Obernburg auch per **Schiff** mit Miltenberg und Aschaffenburg verbunden. Auskunft ✆ 09371/3330.
- *Übernachten/Essen & Trinken* **Zum Karpfen**, das 3-Sterne-Haus bietet fränkische Küche (Hauptgerichte um 12 €). Der Familienbetrieb (bereits in der sechsten Generation, seit 1829) ist bekannt für Fischgerichte, aber auch leichte Sommergerichte (mittleres Preisniveau). Das Restaurant ist in einem Fachwerkhaus untergebracht. Im Sommer beliebter Biergarten. Das kubisch-moderne Gästehaus (mit Sauna und Solarium) besitzt angesichts des Straßenverkehrs Lärmschutzfenster. EZ 51 €, DZ 73 €. Mainstr. 8–13, ✆ 208960, 📠 20896555. www.hotel-karpfen.de

Obernburg/Sehenswertes

Kochsmühle: Die städtische Stiftsmühle, heute Musikschule, bekannte Kleinkunstbühne und Galerie, trägt den Namen ihres letzten Besitzers. Das malerische Gebäude (beim Römermuseum) entstand, als Obernburg vom Mainzer Erzbischof 1313 zur Stadt erhoben wurde. Im Garten steht die Kopie eines römischen Dreigöttersteins. Das Original findet man übrigens im Aschaffenburger Stiftsmuseum.

Museum Römerhaus: Obernburg – am Rande des Imperiums

Rund 160 Jahre war Obernburg Teil des Limes, der das Römische Imperium von Germanien trennte, zuerst nur ein Holzkastell, ab Mitte des 2. Jh. als Steinkastell. Die ummauerte Befestigung besaß zum einen Unterkünfte und Versorgungseinrichtungen für die Soldaten, die aus Aquitanien und Britannien stammten. In der Nachbarschaft wohnten und arbeiteten aber auch Kaufleute, Händler und Wirte, ja selbst Prostituierte. Das 1996 eröffnete Museum vermittelt in idealer Weise die römische Zeit am Untermain. Für die Sammlung wurde ein bäuerliches Anwesen umgebaut. Die meisten Funde aus römischer Zeit stammen vom Kastell Obernburg, dem benachbarten Vicus und dem Gräberfeld. Die zahlreichen Exponate wie Grabsteine, Steinfragmente und Inschriften vermitteln ein anschauliches und exemplarisches Bild der Römer am Limes. Dabei wird das Alltagsleben nicht ausgespart. Ausstellungsstücke aus den Bereichen Handwerk, Essen, Trinken und Handel machen die Antike lebendig. Ein Höhepunkt: Im Museumskeller wurde eindrucksvoll ein Mithrasheiligtum rekonstruiert.

Öffnungszeiten Di–Sa 14–16 Uhr, So 11–17 Uhr; , Untere Wallstr. 29a, ✆ 619159, 506311 oder 71988 (Förderkreis Römermuseum).

Mainviereck Karte S. 199

Kapelle St. Anna: Das Kirchlein geht auf das 13. Jh. zurück und steht vermutlich am Platz eines Mithrasheiligtums aus römischer Zeit. Das Altarfragment, das dem Sonnengott geweiht war, wurde unter dem ehemaligen Hauptaltar gefunden und ist heute vorne links eingemauert. Beachtenswert sind außerdem die spätgotischen Fresken im Chor sowie Holzfiguren aus dem 16. und 18. Jh.

Schloss Johannisburg, das Wahrzeichen von Aschaffenburg

Aschaffenburg

Die „Quaste am Schwanz des bayerischen Löwen" wird die Stadt vor den Toren Frankfurts bildreich genannt. Dabei ist es mit der weiß-blauen Vergangenheit gar nicht so weit her. Nicht einmal 200 Jahre gehört die westlichste Stadt Mainfrankens – heute ein wichtiges Wirtschafts- und Industriezentrum – zum Freistaat. Freilich hinterließen die Wittelsbacher, die das südländische Flair des „bayerischen Nizzas" schätzten, manche Spuren. So entstand unter Ludwig I. über Rebhängen das Pompejanum, die Nachbildung einer römischen Villa – ein faszinierendes Kuriosum über dem Main in Nachbarschaft des Renaissanceschlosses Johannisburg.

Aschaffenburg ist heute das wirtschaftliche, kulturelle und verkehrstechnische Zentrum am Untermain nahe der Grenze zu Hessen und dem Rhein-Main-Gebiet. Ihren Aufstieg hat die Stadt dem Mainzer Kurfürsten Johann Schweickard von Kronberg zu verdanken, der nach dem 2. Markgrafenkrieg (1552/53) das beeindruckende Schloss Johannisburg errichtete. Mächtige Herrscher waren in dem Renaissancebau zu Gast: Kaiserin Maria-Theresia, Napoleon Bonaparte. Von hier aus verwalteten die Mainzer Fürstbischöfe den Untermain bis Miltenberg und Amorbach. Vor allem in den Sommermonaten schätzen die Herren ihre Residenz in Aschaffenburg, schließlich war der waldreiche Spessart ein ideales Jagdrevier. Kurfürst Friedrich Carl von Erthal (1774–1802) war es schließlich, der Aschaffenburg zur permanenten Residenzstadt erhob. 1810 war die Stadt kurze Zeit Teil des Großherzogtums Frankfurt, ehe sie 1804 an Bayern fiel.

Christian Schad: Dadaist und Maler der Neuen Sachlichkeit

In der Stiftskirche St. Peter und Alexander findet sich das Kunstwerk, das den Dadaisten und Maler der Neuen Sachlichkeit, Christian Schad (1894–1982), im Jahr 1943 nach Aschaffenburg führte. Er war beauftragt worden, eine Kopie der so genannten Stuppacher Madonna von Matthias Grünewald anzufertigen, die er vier Jahre später fertig stellte. Bereits 1942 hatte sich Schad wegen Porträtaufträgen am Main aufgehalten. Als schließlich sein Atelier in Berlin durch Bomben zerstört wurde, zog er endgültig nach Mainfranken. Der Künstler ließ sich in dem Dorf Keilberg, wenige Kilometer östlich von Aschaffenburg nieder, wo 1961 ein Atelierhaus entstand. Hier wohnte er bis zu seinem Tod im Jahr 1982. Schad, der zuvor in Zürich, Genf, Neapel, Rom, Wien und Berlin gelebt hatte, wurde bekannt durch seine dadaistischen Bilder und Fotografien („Schadografien"). In den 20er Jahren wandte sich der weltoffene Schad der Neuen Sachlichkeit zu. Es entstanden die „chirurgisch" gemalten Porträts von exzellenter technischer Virtuosität, wie die des Grafen St. Genois d'Anneaucourt, Egon Erwin Kischs oder sein Selbstbildnis. Genau diese Werke sollten ihn später berühmt machen. In der Zeit des Nationalsozialismus und der Adenauer-Ära geriet der zurückgezogen im Spessart lebende Künstler in Vergessenheit. Erst 1968 setzte in Italien und Deutschland eine Wiederentdeckung Schads ein. 1972 gab es eine große Werk-Retrospektive im Palazzo Reale in Mailand, 1980 in der Staatlichen Kunsthalle Berlin. Mit umfangreichen Werkschauen wurde Schad schließlich 1997/98 in Zürich, München und Emden einem breiten Kunstpublikum in Erinnerung gerufen.

Im Aschaffenburger Schloss Johannisburg sind einige Arbeiten dieses außergewöhnlichen Künstlers zu sehen, der sich in seinen letzten Lebensjahrzehnten dem Magischen Realismus zugewandt hatte. Darunter eines seiner schönsten Spätwerke, das Selbstporträt „Die Umgebung" (1967). Es zeigt den Maler in seinem blauen Kittel vor einer komponierten Kulisse mit der Rokokofigur Andromeda aus dem Park Veitshöchheim, Pariser Bauwerken, einer Straße an der französischen Riviera und aufeinandergetürmten Karusselltürmen.

Information/Verbindungen

- *Vorwahl* ✆ 06021.
- *Information* **Tourist-Information Aschaffenburg**, Schlossplatz 1, 63739 Aschaffenburg, ✆ 395-800/-801, ✆ 395802, Mo–Fr 9–17 Uhr, Sa 10–13 Uhr.
www.info-aschaffenburg.de
- *Verbindungen* Aschaffenburg verfügt über eine exzellente **Bahnanbindung** sowohl über Hanau mit Frankfurt als auch über Lohr mit Würzburg und über Obernburg–Klingenberg mit Miltenberg, Amorbach und Wertheim. Zahlreiche **Busverbindungen** in den Spessart, wie nach Mespelbrunn oder nach Großostheim. Auskünfte bei der Verkehrsgemeinschaft am bayerischen Untermain, ✆ 06021/33920. Mit dem **Schiff** gibt es vom 31.3. bis 6.10. Mainschleifenrundfahrten, Di–Fr, Erw. 6 €, Kinder 4 €, Info: Aschaffenburger Personenschiffahrt, ✆ 87288 oder 0171/8951844.

Übernachten/Essen & Trinken (siehe Karte S. 248)

- *Übernachten* **Wilder Mann (11)**, im Tal an einer verkehrsreichen Straße unweit des Mains gelegen, zählt dieses großzügige Hotel (4 Sterne) zu den Klassikern der

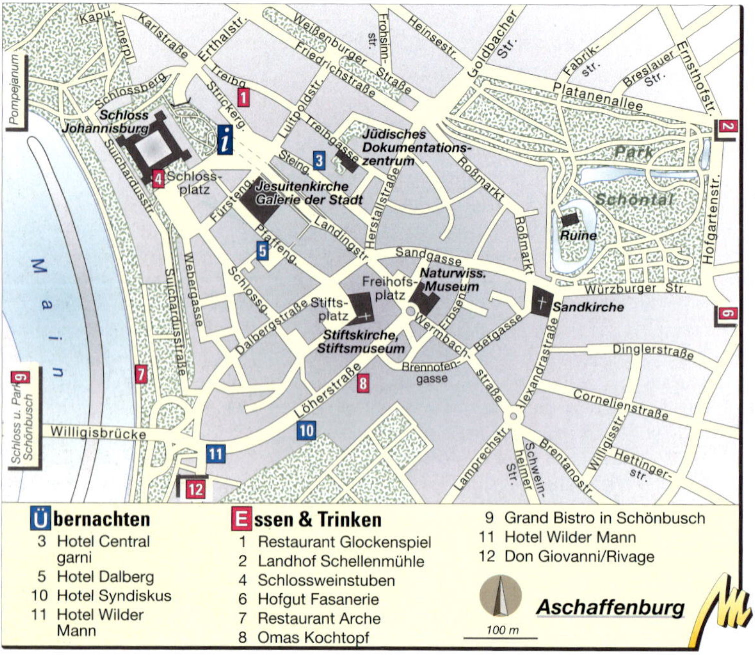

Aschaffenburger Gastronomie. Bisweilen speist man im Restaurant Gemüse, Kräuter und Obst vom gegenüberliegenden Hang. Fische sind die Spezialität des Hauses. Hauptgerichte ab 15 €. Komfortable Mittelklassezimmer, neuer Wellnessbereich. Preise: EZ 62–71 €, DZ 87–97 €, es werden auch Appartements vermietet (für 2 Pers. 86–163 €). Löherstr. 51, ✆ 3020, ℻ 302234, www.hotel-wilder-mann.de

Fasanerie (6), am nordöstlichen Stadtrand, inmitten des reizvollen gleichnamigen Parks, liegt diese malerische Ausflugsgaststätte. Ursprünglich war sie ein kurfürstliches Hofgut mit Fasanengarten. Die nach historischem Vorbild wiedererstandene Gaststätte verfügt über modern eingerichtete Zimmer. Vor allem der Biergarten (Selbstbedienung) zieht im Sommer viele Gäste an. Bismarckallee 1, ✆ 91006.

Grand Bistro in Schönbusch (9), das frühere Haus des Hofgärtners von Park Schönbusch besitzt bereits seit 1783 einen Schankraum. Auf der idyllischen Terrasse mit herrlichem Blick auf den Unteren See werden fränkische und italienische Gerichte serviert. Mittleres Preisniveau. Die Innenräume sind schlicht eingerichtet. Ein paar Schritte weiter gibt es unter den romantischen Biergarten-Arkaden eine Selbstbedienungsgaststätte. Gegenüber liegt der Tanzpavillon. Es werden auch ein paar Zimmer vermietet. ✆ 0170/2777311, Mario Rescigno, Kleine Schönbuschallee.

Syndikus (10), rustikales Hotel der 3-Sterne-Kategorie am Altstadtpark. Es werden 26 Zimmer vermietet: EZ ab 59 €, DZ ab 80 €, auch luxuriöse Suiten, Fitness- und Wellnessbereich. ✆ 449990, ℻ 4499944, Löhrer Str. 35.

Dalberg (5), das nach dem Mainzer Erzbischof Carl Theodor von Dalberg benannte Hotel (4 Sterne) liegt im Herzen der Stadt (beim Theater) und nur ein paar Schritte vom Stiftsplatz entfernt. Von dem etwas unscheinbaren Eingang sollte man sich nicht abschrecken lassen.Mexikanisches Restaurant im Erdgeschoss. Die Zimmer sind hell und elegant ausgestattet. EZ 70–85 €, DZ 95–125 €. Pfaffengasse 12–14, ✆ 3560, ℻ 219894.

Central (3), sehr zentral und ruhig in der Fußgängerzone gelegenes, preisgünstiges Hotel: EZ ohne Dusche ab 33 €, mit Dusche ab 48,60 €. Steingasse 5, ✆ 23392, 📠 219125. www.hotel-central-aschaffenburg.de

• *Essen & Trinken* **Glockenspiel (1)**, postmodern eingerichtetes Restaurant mit gutem Preis-Leistungs-Verhältnis. Sehr gute Salate und guter Fisch. Nettes Ambiente, sehr preiswerter Mittagstisch. Gegenüber von der Stadtbibliothek. Schlossplatz 1, ✆ 583820, 📠 583821. So Ruhetag.

Schlossweinstuben (4), im Schloss Johannisburg. Durchgehend warme Küche mit preiswerten Tagesgerichten und Schoppenweinen. Es gibt sogar ein Gericht nach einem Rezept des kurfürstlichen Hofkochs Ende des 16. Jh. Stilvolle, rustikale Räumlichkeiten. Es werden Weine der Staatlichen Hofkellerei Würzburg ausgeschenkt. Im Sommer kann man herrlich im Schlossgraben sitzen. ✆ 12440. Mo Ruhetag.

Landhof Schellenmühle (2), das Ausflugsziel, ca. 2,5 km östlich vom Stadtrand, liegt inmitten des Röderbachtals, umgeben von Obstgärten, Pferdekoppeln und Mischwäldern. Die 1831 erbaute Mühle besitzt einen schönen Biergarten. Viele gute offene Weine. Schmerlenbacher Str. 50, ✆ 91846.

Omas Kochtopf (8), das an einer viel befahrenen Straße gelegene Lokal bietet preiswertes Essen. Die meisten Hauptgerichte liegen bei ca. 10 €. Es stehen auch typisch fränkische Gerichte wie Hochzeitssuppe oder Lammschäuferle auf der Karte. Ansonsten internationale Küche. Löherstr. 27, ✆ 27625. So erst ab 14 Uhr geöffnet.

Arche (7), das auf einem Schiff befindliche Restaurant (Schiffsterrasse) besticht durch seine schöne Lage mit herrlichem Blick auf die Mainpromenade und das Schloss. Sauerbraten 10 €. ✆ 25770.

Schlossweinstuben beim Schloss Johannisburg

Besonders empfehlenswert: **Don Giovanni/ Rivage im Seehotel Niedernberg (12)**. Origineller Italiener mit Überraschungseffekten. Menü 42–69 €, à la carte 32 €. 63843 Niedernberg, Leerweg, ✆ 06028/9990. www.seehotel-niedernberg.de

Aschaffenburg/Sehenswertes

Schloss Johannisburg: Das gewaltige Wahrzeichen Aschaffenburgs, ein 90 x 90 m messender Vierflügelbau, wurde am Hochufer des Mains errichtet. Kunsthistoriker zählen die gewaltige Anlage aus rotem Sandstein mit ihren markanten Ecktürmen zu den bedeutendsten Schlossbauten der deutschen Renaissance. Der unter dem Mainzer Erzbischof Johann Schweikard von Kronberg zwischen 1605 und 1614 errichtete Bau, den der Straßburger Architekt Georg Ridinger entworfen hatte, diente den Mainzer Erzbischöfen und Kurfürsten als Sommersitz. An gleicher Stelle hatte bereits im Mittelalter eine Burg gestanden, die im Markgräflerkrieg 1552 größtenteils zerstört wurde. Der Bergfried aus dem 14. Jh. ist heute das wichtigste Relikt aus dieser Zeit. Das im 2. Weltkrieg schwer beschädigte Schloss beherbergt im

Aschaffenburg Karte S. 248

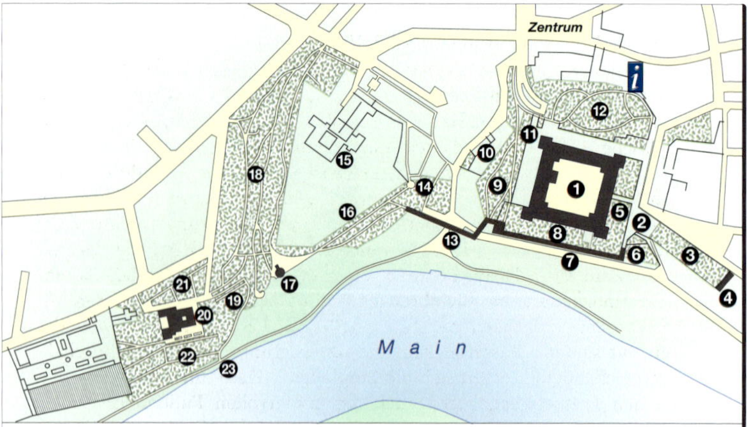

1 Schloss Johannisburg
2 Schlossplatz
3 Kastanienwäldchen
4 Säulenhalle
5 Schlossgraben mit Brücke zum Hauptportal
6 Schlossgartentor daneben Kräutergärtchen
7 Wappenmauer
8 Südwestlicher Schlossgarten auf der Mainterrasse
9 Nordwestlicher Schlossgarten
10 Betriebshof
11 Tor zur nördlicher Bastion
12 Neue Gartenanlage
13 Teil der alten Stadtmauer mit Theoderichstor (Mitte 15. Jh.), darüber Laubengang
14 Bastion am Karlsberg
15 Kapuzinerkloster
16 Buchengang
17 Pavillon
18 Ehemaliger Stadtgraben
19 Pergola
20 Pompejanum
21 Kiefernhain
22 Weinberg
23 Pompejanumfelsen

Schloss Johannisburg und Pompejanum in Aschaffenburg

Inneren drei Museen: Die Räume und Sammlungen des Schlosses einschließlich der restaurierten Schlosskirche (prächtiger Altar und Kanzel von dem fränkischen Bildhauer Hans Juncker), die Dependance der Bayerischen Staatsgemäldesammlung und das städtische Schlossmuseum. Maler von Lucas Cranach d. Ä. über Peter Paul Rubens bis hin zu Christian Schad sind hier zu sehen. Außerdem können die klassizistischen Wohnräume besichtigt werden, die Ende des 18. Jh. unter Erzbischof Friedrich Carl von Erthal nach Plänen des portugiesischen Architekten Emanuel Joseph von Herigoyen entstanden sind. Eine weitere Sehenswürdigkeit ist die Dauerausstellung „Rom über die Alpen tragen" mit ihren aus Kork gefertigten Architekturmodellen berühmter römischer Bauwerke. Im Ostturm des Schlosses erklingt jeden Tag dreimal das Carillon-Glockenspiel aus 48 Glocken. Das Schlossmuseum widmet sich der Stadtgeschichte, zeigt Glas aus Spessarter Hütten, Möbel aus Renaissance, Barock und Biedermeier und besitzt einen Gedenkraum, der dem 1842 in Aschaffenburg gestorbenen Schriftsteller Clemens Brentano gewidmet ist.

Öffnungszeiten April–Sept. 9–18 Uhr, Okt.–März 10–16 Uhr, Mo geschlossen. Eintritt 4 €, erm. 3 €. Schlossplatz 4, ☏ 38674-0, 38674-30.

Pompejanum – die römische Villa am Main

Das Pompejanum ist ein wahres architektonisch Schmuckstück am Hang über dem Main. Zwischen 1840 und 1848 ließ es König Ludwig I. von Bayern nach Ausgrabungsplänen der pompejanischen Villa Kastor und Pollux errichten, als idealtypische 1:1-Nachbildung eines römischen Hauses. Pompeji, die römische Provinzstadt in der Nähe des heutigen Neapel, wurde 79 n. Chr. durch einen Ausbruch des Vesuvs verschüttet. Ludwig I. hatte zusammen mit seinem Architekten Friedrich von Gärtner die Ruinen besucht. Damals entstand die Idee für den Nachbau. Bereits 1840 kaufte der bayerische König das Grundstück am Main. Die Villa, die heute Exponate der bayerischen Antiken-Sammlung (Marmorskulpturen, Kleinbronzen, Götterthrone) zeigt, fasziniert als eindrucksvolles, sozusagen begehbares Modell. Um zwei Innenhöfe, das Atrium mit seinem Wasserbecken und das begrünte Viridarium im rückwärtigen Gebäudeteil reihen sich die Empfangs-, Gäste- und Speisezimmer. Neben den Fresken begeistern auch die prachtvollen Fußbodenmosaike. Interessant ist auch der Blick in eine römische Küche (Culina) mit Kopien römischer Bronzegeräte und originalen Amphoren aus antiker Zeit. Umgeben ist das Pompejanum von einem Kiefernhain, einem Weinberg und exotischen Bäumen, die der Anlage ein einzigartiges mediterranes Flair verleihen.

Öffnungszeiten April – Mitte Okt. 9–18 Uhr, Okt.–März geschlossen. Eintritt 4 €, erm. 3 €, Informationen über ✆ 218012 oder über die Schloss- und Gartenverwaltung Aschaffenburg, ✆ 386570.

Stiftskirche St. Peter und Alexander: Die Stiftsbasilika ist eine kunsthistorische Schatztruhe. Ursprünglich wurde sie an der Stelle eines spätkarolingischen Vorgängerbaus errichtet. Der älteste Teil der heutigen Kirche beherbergt einen malerischen Kreuzgang mit schönen Säulenkapitellen aus der ersten Hälfte des 13. Jh. Die *Maria-Schnee-Kapelle* an der nördliche Seite wurde erst 1516 vollendet, von ihrem Altar blieb nur der Rahmen des von Matthias Grünewald geschaffenen Marienbilds erhalten, in den eine Kopie von Christian Schad eingefügt ist. Das Original wurde bereits während des Bauernkriegs weggeschafft und befindet sich heute in Stuppach bei Bad Mergentheim.

Weitere Kunstschätze in der Stiftskirche:

Das kostbarste Kunstwerk befindet sich in der ersten Seitenkapelle an der Südseite: die um 1525 entstandene Beweinung Christi von Matthias Grünewald.

Gemälde der Schule von Lucas Cranach wie das Altargemälde Auferstehung Christi und Erlösung der Gerechten aus der Vorhölle (um 1520).

Der Renaissance-Bildhauer Hans Juncker schuf den Magdalenenaltar (um 1620) in einer südlichen Seitenkapelle sowie die Kanzel (1602).

Überlebensgroßes romanisches Holzkruzifix im Hauptschiff.

Die Kirche besitzt wertvolle Grabmäler. Beispielsweise wurde hier der letzte Kurfürst von Mainz begraben, der 1802 gestorbene Friedrich Carl von Erthal. Sein Epitaph, das erst 1818 fertig gestellt wurde, zeigt ihn als sterbenden antiken Helden.

Spätromanisches Hauptportal an der Westseite (um 1220), das im Bogenfeld Christus als Weltenrichter zeigt.

Pfarrkirche „Unserer Lieben Frauen" (Muttergottespfarrkirche): Bereits im 12. Jh. wurde diese Kirche geweiht. Der heutige Bau entstand zwischen 1768 und 1775. Im 2. Weltkrieg wurde die Kirche schwer beschädigt. Das gewaltige Deckengemälde stammt aus dem Jahr 1967 und wurde von Prof. Hermann Kaspar geschaffen.

Aschaffenburg Karte S. 248

Sandkirche: Die 1756 erbaute Votiv- und Wallfahrtskirche im Rokokostil besitzt lebensfrohe Fresken. Das Deckengemälde wurde 1986 renoviert.

Schloss und Park Schönbusch – ein gärtnerisches Juwel

Der letzte Mainzer Erzbischof und Kurfürst hinterließ den Aschaffenburgern ein gärtnerisches und architektonisches Juwel. Nur 4 km westlich vom Stadtzentrum entstanden Schloss und Park Schönbusch. Die Anlage unweit der Bundesstraße nach Darmstadt gilt unter Kennern als eines der frühesten Beispiele englischer Gartenkunst in Deutschland. Noch heute verzaubert die Parklandschaft mit ihren klassizistischen Gebäuden den Besucher. Im Mittelpunkt steht das zurückhaltend-elegante Sommerschloss des Mainzer Kurfürsten. Keine imposante Repräsentationsanlage, sondern ein geschmackvolles Schlösschen, das im Stil Louis XVI. eingerichtet wurde. Beachtenswert sind insbesondere die aufwändig rekonstruierten, farbig bedruckten Stofftapeten. Die zehn Innenräume geben ein anschauliches Beispiel für die herrschaftliche Wohnkultur gegen Ende des 18. Jh.

Der ursprünglich als kurfürstlicher Wildpark angelegte Garten wurde bereits ab 1774 unter Friedrich Carl von Erthal, dem Mainzer Erzbischof und Kurfürsten, umgestaltet: Seen wurde ausgehoben, Hügel aufgeschüttet, Kanäle angelegt. Der portugiesische Architekt Emanuel Joseph von Herigoyen hatte die Gebäude entworfen, allen voran das Schloss, das zwischen 1778 und 1782 entstand. Auch der Freundschaftstempel, der die klassische Architektur des römischen Pantheons sozusagen ins Miniaturhafte transferiert, stammt von Herigoyen. Erst später wurden die ursprünglich strohgedeckten Hirtenhäuser des von Obstbäumen und Viehweiden umgebenen „Dörfchens" errichtet. Besonders spannend ist das Versteckspiel im Irrgarten, einem runden Labyrinth aus Feldahornhecken um einen Fächerblattbaum. Von einer hölzernen Beobachtungskanzel kann man die Suche verfolgen. Der 1785 berufene Schwetzinger Hofgärtner Friedrich Ludwig von Sckell gestaltete Schönbusch schließlich zu einem der frühesten klassizistischen Gärten in Deutschland. Mit der Säkularisation von 1803, die das Ende des Mainzer Kurstaats bedeutete, mussten alle Ausbaupläne für Schönbusch für immer ad acta gelegt werden.

Heute gleicht ein Spaziergang durch den weitläufigen Park einer kleinen Entdeckungstour. Eingebettet in idyllische Landschaftsbilder findet man immer neue Beispiele der Staffagearchitektur: Rote Brücke, Kaskade, Hirtenhäuser, Philosophenhaus, Platanenwiese, Speisesaal, Aussichtsturm, Orangerie, Obelisk. Einen ganzen Tag kann man hier mühelos verbringen, ideal für Familien mit Kindern.

• *Öffnungszeiten* Der Park ist ganzjährig frei zugänglich. Das Schloss kann nur im Rahmen einer Führung besichtigt werden: April–Sept. 9–17.30 Uhr, Okt.–März geschlossen. Eintritt 2,50 €, erm. 2 €. Führungen halbstündlich. ✆ 625478 oder Schloss und Gartenverwaltung ✆ 386570.

• *Verbindungen* Mit der Buslinie 3 „Park Schönbusch" ab Bahnhof Aschaffenburg.

Park Schöntal: Der 1780 angelegte Park am Rand der Altstadt ist noch heute eine Oase der Ruhe. Inmitten der Anlage die pittoreske Ruine der *Kirche zum Heiligen Grab*, die 1552 im Markgräflerkrieg nieder brannte.

Aschaffenburg/Museen

Stiftsmuseum: Es befindet sich seit 1861 im ehemaligen Kapitelhaus des Stiftes St. Peter und Alexander, einem Bau der bis auf die Gründung des Stiftes im 10. Jh. zurückreicht und selbst eine Sehenswürdigkeit ist. Die Anlage umschließt gemeinsam mit der Stiftskirche den romanischen Kreuzgang von 1240–1245. Die interessante Dauerausstellung besitzt zahlreiche römische Funde aus den Limeskastellen am Untermain von Stockstadt bis Wörth und andere archäologische Funde, auch aus dem Stadtgebiet von Aschaffenburg. Außerdem sind mittelalterliche Plastiken, kirchliche Schätze, altdeutsche Tafelmalerei und religiöse Volkskunst zu sehen. Beachtenswert im „Paramentenraum" sind die Messgewänder aus Aschaffenburger Kirchen sowie die „Schatzkammer" mit Reliquiaren, Monstranzen und Messkelchen.
Öffnungszeiten täglich außer Di 10–13 und 14–17 Uhr; Eintritt 2,50 €, erm. 1,50 €. Stiftsplatz 1a, ✆ 444795-0, ℻ 444795-90

Naturwissenschaftliches Museum: im *Schönborner Hof*, der 1673–1681 für Melchior von Schönborn als Stadtpalais erbaut wurde. Das Museum zur Zoologie, Botanik und Paläontologie führt in seiner geologischen Abteilung auch in die Erdgeschichte des Mainvierecks ein. Daneben verfügt das Haus über eine umfangreiche vogel- sowie insektenkundliche Sammlung.
Öffnungszeiten 9–12 und 16–18 Uhr, Mi geschlossen. Eintritt 1 €, erm. 0,50€, Wermbachstr. 15, ✆ 45610523, ℻ 3867430.

Jüdisches Dokumentationszentrum: städtische Dauerausstellung zur Geschichte der Aschaffenburger Juden. In der Nachbarschaft der 1938 zerstörten Synagoge am Wolfsthalplatz, im ehemaligen *Rabbinatshaus*, sind Dokumente und Objekte zur Geschichte der einst blühenden jüdischen Gemeinde von Aschaffenburg ausgestellt, deren Mitglieder von den Nazis vertrieben oder ermordet wurden.
Öffnungszeiten Mi 10–12 Uhr, Do 16–18 Uhr und 1. So im Monat 10–12 Uhr; Eintritt frei. Treibgasse 20, ✆ 29087.

Kunsthalle Jesuitenkirche: In der ehemaligen *Jesuitenkirche* (beim Schlossplatz) sind sehr häufig interessante Ausstellungen zeitgenössischer Künstler zu sehen.
Öffnungszeiten Di 14–19 Uhr, Mi–So 10–13 und 14–17 Uhr; öffentliche Führung jeden So um 11 Uhr. Pfaffengasse 26 (neben Schloss und Stadthalle), ✆ 218698, ℻ 218698, www.kunsthalle-jesuitenkirche.de

Aschaffenburg/Umgebung

Großostheim: südwestlich von Aschaffenburg. Am weiten Marktplatz des Dorfs steht die *Kirche St. Peter und Paul*. Die alte Wehrkirche (13. Jh.) beherbergt im lin-

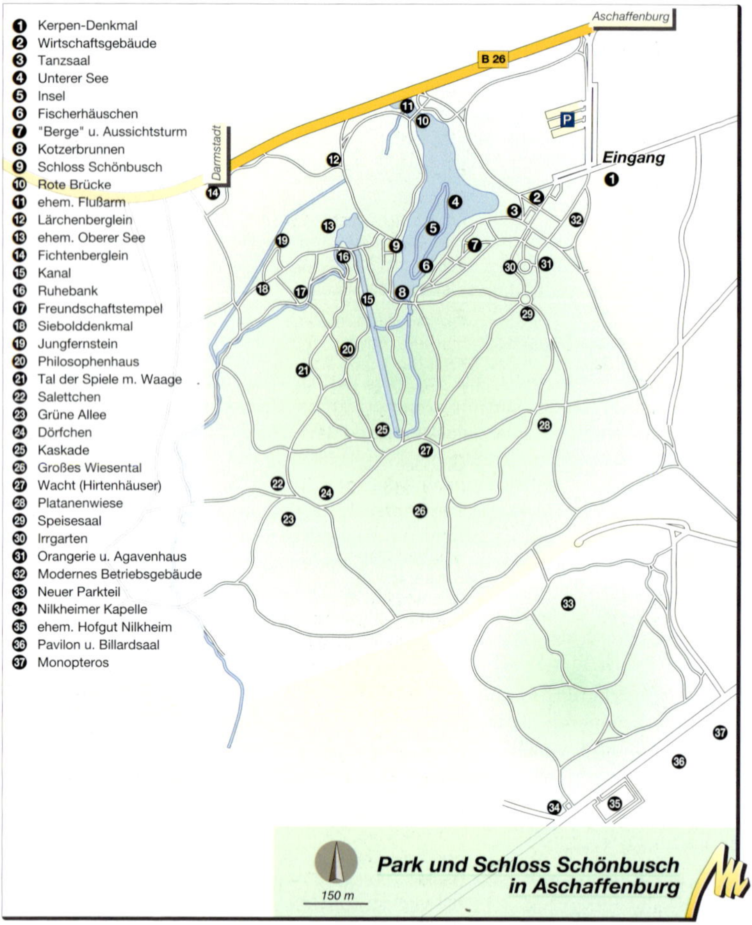

ken Seitenschiff die aus Lindenholz geschnitzte *Beweinungsgruppe* von Tilman Riemenschneider. Vermutlich schuf der Würzburger Meister die Plastik um 1515. Die höchstwahrscheinlich unvollständige Gruppe zeigt Maria, auf ihren Beinen liegt der Leichnam Jesu, der ganz dem Betrachter zugewandt ist. In den Gesichtern und an der Körperhaltung der anderen sechs Figuren sind die Trauer und das Entsetzen spürbar. Beachtenswert ist auch der spätgotische Flügelaltar, der zwischen 1480–90 entstand. Den Innenraum der Kirche dominiert das eindrucksvolle Deckengemälde (1771), das an den Seiten das Martyrium der Kirchenpatrone Petrus und Paulus darstellt. In den Seitenschiffen konnten spätgotische Fresken aus der Zeit um 1500 freigelegt werden.

Ebenfalls am Marktplatz liegt das *Nöthings-Gut* (1485–1599), der heute das *Bachgaumuseum* beherbergt. Hier sind vor allem landwirtschaftliche Geräte, sakrale Kunstwerke, Keramik aus Spessart und Odenwald sowie eine Weinbauabteilung zu sehen. Öffnungszeiten Mai–Juli und Sept.–Okt. So 15–17 Uhr, ✆ 06026/1226.

Register